W0074878

Der vorliegende Band versammelt eine Auswahl von Texten, die Martin Walsers vielfältige und kontinuierliche Auseinandersetzung mit der deutschen Schuld dokumentieren, und zwar von seinen schriftstellerischen Anfängen in den fünfziger Jahren bis in die Gegenwart. Darunter sind Essays wie «Unser Auschwitz» (1965) und «Auschwitz und kein Ende» (1979), die sogenannte Paulskirchenrede (1998), Aufsätze über Heine, Kafka, Rudolf Borchardt, Victor Klemperer und Lilli Jahn sowie Auszüge aus seinen Romanen und Theaterstücken – Texte, die deutlich machen, was in mitunter turbulenten Kontroversen in den Hintergrund geriet: dass Martin Walser sich als einer der ersten deutschen Schriftsteller überhaupt mit dem Holocaust befasste und die deutsche Schuld bis heute sein poetisches Selbstverständnis grundiert.

Martin Walser, 1927 in Wasserburg geboren, lebt in Überlingen am Bodensee. Für sein literarisches Werk erhielt er zahlreiche Preise, darunter 1981 den Georg-Büchner-Preis und 1988 den Friedenspreis des Deutschen Buchhandels. Außerdem wurde er mit dem Orden «Pour le Mérite» ausgezeichnet und zum «Officier de l'Ordre des Arts et des Lettres» ernannt. Seine jüngsten Veröffentlichungen sind «Schreiben und Leben. Tagebücher 1979–1981» und «Shmekendike blumen», ein Lesebuch über den jiddischen Autor Sholem Yankev Abramovitsh.

Der Herausgeber Andreas Meier, 1957 geboren, ist Professor für Neuere deutsche Literatur an der Bergischen Universität Wuppertal. 2015 erscheint sein «Martin Walser Werkverzeichnis (1949–2009)».

Martin Walser

Unser Auschwitz

Auseinandersetzung mit der
deutschen Schuld

Herausgegeben und mit
einem Nachwort versehen
von Andreas Meier

Rowohlt Taschenbuch Verlag

Originalausgabe
Veröffentlicht im Rowohlt Taschenbuch Verlag,
Reinbek bei Hamburg, März 2015
Copyright © 2015 by Rowohlt Verlag GmbH,
Reinbek bei Hamburg
Satz aus der Stempel Garamond, InDesign
Gesamtherstellung CPI books GmbH,
Leck, Germany
ISBN 978 3 499 27126 7

Inhaltsverzeichnis

Ehen in Philippsburg

(Auszug)

Professor Mirkenreuth bot Kaffee an und Cognac und Zigaretten, sorgte für Bequemlichkeit und breitete behaglich seine Biographie vor Hans' Bleistift aus. Hans lernte einen musterhaften Mann mit einer musterhaften Biographie kennen. Der Professor war früher selbst Journalist gewesen, sogar beim Rundfunk hatte er schon gearbeitet, Schulfunk, ja, und dann war der Krieg gekommen, den er als Kriegsberichterstatter an allen Fronten kennengelernt hatte. Bis auf den heutigen Tag existierten noch seine berühmt gewordenen Schilderungen von Luftkämpfen auf Tonband. Er spielte Hans eines davon vor. Er selbst war in einem «Jäger» mitgeflogen, hatte den ganzen Kampf aufgenommen, auch das, was über die Kehlkopfmikrophone laut wurde: die Atemzüge der Flugzeugführer, der feindlichen und der eigenen, die Beschimpfungen, in die sie während des Kampfes ausbrachen, die Flüche, die Warnungen, die sie den Staffelkameraden zuriefen, wenn ein Gegner sich von rückwärts aus dem toten Winkel heranpirschte, und schließlich sogar noch die letzten Schreie der abgeschossenen Flugzeugführer, der tonlose Schrei: ich brenne; der gurgelnde Fluch: damned; das Röcheln, das in Geprassel unterging, bis zu dem Klick, dem Geräusch, das den Augenblick festhielt, in dem Mirkenreuth sein Aufnahmegerät wieder abgeschaltet hatte. Gegen Ende des Krieges waren seine Reportagen verboten worden, er hatte Innendienst tun müssen, dafür aber hatte ihn die Besatzungsmacht sofort rehabilitiert, er war beauftragt worden, die Volkshochschulen im Lande aufzubauen, für Verbreitung demokratischer Gesinnung zu sorgen, und schließlich hatte er sogar an der Technischen Hochschule einen Lehrstuhl für Pädagogik und Philosophie erhalten; nie aber war in all der Zeit seine Sorge für den Rundfunk eingeschlafen, als Angehöriger des Rundfunkrates hatte er Einfluß genommen und gebessert, was er zu bessern vermochte.

Ja, und dann seine Programmkonzeption: der Rundfunk müsse zum Herzen sprechen und dürfe nicht dem Intellekt oder niederen Instinkten dienen! Mancher Verantwortliche sei darüber schon gestolpert. Nicht Instinkt, nicht Intellekt, sondern Herz! Denn der Rundfunk sei die Sonne des Familienlebens in der heutigen Zeit. In den Ameisenwohnungen der Großstadt, in dieser Zeit, in der alles der Zerstreuung oder der Spezialisierung diene, da die Familie den zersetzenden Kräften geschäftstüchtiger Libertinisten ausgesetzt sei, da müsse der Rundfunk Erbauung und Belehrung so verbinden, daß die Familie einen neuen Schwerpunkt erhalte … Hans stenographierte mit klopfenden Schläfen. Dieser Bekanntgabeton öffentlicher Männer erregte ihn immer wieder. Er verschmerzte den Sturz des alten Intendanten jetzt leichter. Hier war ja doch wieder ein Mann, der es gut meinte. Hans bedankte sich und trug seine Notizen ins Büro.

Halbzeit

(Auszug)

Es muß schön sein, wenn man sich's leisten kann, sich vor einem Beruf zu drücken, sagte Susanne.

Das kann sich jeder leisten, sagte ich großspurig.

Meinen Sie, sagte Susanne und sah mich feindselig an. Sie habe einen Onkel in Breslau gehabt, sagte sie, Onkel Herbert, bei dem konnte man Vogelfutter und Hundekuchen und Wellensittiche kaufen. Der hat 1936 einen großen Käfig ins Schaufenster gestellt. In dem Käfig lebten eine Katze und eine Blaumeise. Onkel Herbert hatte die beiden so aneinander gewöhnt, daß sie aus einem Tiegel fraßen. Aber sein Ladengehilfe, der HJ-Führer war, wechselte eines Morgens die Katze aus, als mein Onkel gerade nicht im Laden war, und als der Onkel zurückkam, war die Blaumeise tot. Außen am Schaufenster klebte ein großer Zettel, auf dem stand: So geht es, Herr Schwedenser, wenn die Rasse sich rührt.

Schon wollte ich einwenden, daß die Idee des Onkels, falls er mit seinem Käfig etwas Symbolisches im Auge hatte, eine sehr unglückliche Idee gewesen sei, aber Susanne, die jetzt Gott sei Dank viel leiser geworden war, sprach sofort weiter. Um diese Zeit sei sie in Kolumbien gewesen. Onkel Herbert habe einen Brief um den anderen geschrieben, aber ihre Eltern hätten immer zurückgeschrieben, wovon denn er, der zoologische Händler, in Bogotá leben wolle? Onkel Herbert fuhr dann nach Budapest,

9

wurde Lotterieeinnehmer. Ein paar Jahre später brachte man ihn nach Auschwitz, wo er, Sie wissen ja.

Mhm.

Sie hob ihre Stimme an und leierte rasch herunter, was sonst noch passiert war. Sie sprach, als stünde sie unter einem ihr widerlichen Zwang, als erzähle sie gegen ihren Willen die Geschichte eines langweiligen Sonntagsausflugs. Und weil sie so hastig sprach, so, als sei es sinnlos, bei irgendeinem Punkt länger zu verweilen, wirkte alles wie ein Trickfilm, der zu schnell läuft, ein Trickfilm, in dem Bewegungen von Heeren dargestellt werden mit Männchen, Pfeilen und gestrichelten Linien, der Globus drehte sich, Breslau ein roter Punkt, Jahreszahlen schossen auf, begannen zu glimmen, zu brennen. Herr Schmolka griff seine Frau an der Hand, sie hielt es noch für eine alltägliche Zärtlichkeit, er aber zog sie über den Globus hinüber, hinab nach Kolumbien. Wievielmal fliegt einem da Ruß ins Auge, daß es tränt? Die Münder der Direktoren in Bogota straffen sich unter den Bärtchen, öffnen sich dann aber wieder, als Herr Schmolka aus der gerade in Hamburg gekauften Offenbacher Mappe die Papiere hervorholt. Dies ist zwar eine Zementfabrik, mein Herr. Aber immerhin ein deutscher Chemiker. Bereut er alles? Oder warum sonst sagt er seiner Frau ins Gesicht, daß sie ohne ihn in Dachau säße? Was jetzt geschieht, hätte auch in Breslau geschehen können. Dann hätte aber Frau Schmolka keine so weite Reise gehabt, bis sie mit der zweijährigen Susanne wieder bei ihrer Mutter war. Die führt sie gleich wieder auf den Breslauer Bahnhof und fährt selbst mit. Vorsichtig über die Perrons des Schlesischen äugend, zieht sie Tochter und Enkelin hinter sich in die U-Bahn. Zum Anhalter. Und nach Genua. Das kleine Schiff hastet wieder über das Meer. Herr Schmolka ist überrascht. Er stellt seine Frau vor, Lissi, geborene Spiegel, aus Köln. Die Schwiegermutter bietet ihm allen Schmuck an. Aber was soll er mit zwei

Frauen? Das geht doch nicht. Also kann er auch den Schmuck nicht nehmen. Zurück nach Breslau. Die Großmutter in Gedanken an der Reling. Die Mutter mit Augen ohne Regung im Liegestuhl, wahrscheinlich hält sie ein Buch vors Gesicht. Auch ein solches Schiff kommt an. Die Großmutter legt vielleicht sogar Wert darauf. Sie rennt zum Postamt, telegraphiert nach Budapest und schickt Tochter und Enkelin hinter dem Telegramm her, als sollten sie's einholen. Der Onkel Lotterieeinnehmer, der sich zu helfen gewußt hat, empfängt sie und küßt, darf man annehmen, von Susannes kleinem Gesicht die vielen tausend Kilometer.

Oma selbst kann nur in Breslau leben. Mir passiert nichts, schreibt sie in jedem Brief. Schließlich ist er Offizier gewesen, sollen sie nur die Tür aufreißen, sein Eisernes erster Klasse liegt unter Zellophan auf staubfreiem Kissen, und beim Freikorps noch ein Bein verloren. Sorgt euch nicht um mich, schreibt sie bis sie, nach Bautzen transportiert, das nicht mehr und auch sonst nichts mehr schreiben kann, weil sie, Sie wissen ja.

Ihren Fohlenmantel hat sie denen mit nach Budapest gegeben und den ganzen Schmuck.

Folgt ein kurzes Kapitel, überschrieben: gut, daß die beiden katholisch sind. Susanne seh' ich im Bergkloster unter Magyarenmädchen sitzen, als wäre sie selbst eins. Die Nonnen lehren zwar die Kleinen, alle Juden seien Menschenfresser, aber Susanne weiß ja nicht, daß sie eine Jüdin ist. Mitten in den Gesang rennt Mutti hinein. Susanne geniert sich. Endlich fährt der Omnibus. Der Onkel bleibt zurück und weint, als wisse er schon, daß ihn einer verraten und nach Auschwitz bringen wird. Der Zuschauer folgert: solang einer Abschied nimmt, weiß er mehr, als er selbst ahnt. Insbesondere der, der zurückbleibt. Warum bleibt er dann zurück? Weil er nicht ahnt, was er weiß. Einer Ahnung gehorcht er blind, gegen das, was er weiß, gibt es Argumente.

Vom vereisten Laufsteg, zwischen Rumänien und dem türkischen Schiff, fallt Mutti ins Wasser, wird aber gerettet. In Istanbul ist es eine Zeit lang, wie es in Istanbul sein soll. Bis hierher kommen die Landsleute wohl nicht. Ein richtig reicher Mann, der einfach Geld genug hat und Häuser und Diener, ein Landsmann sogar, Susanne darf ihn Onkel nennen, der sorgt für sie. Im Hotel braucht Susanne, wenn die Mutter in der Stadt ist, nur an der grünen Quaste mit den goldenen Troddeln zu ziehen, dann kommt Achmed und fragt, was sie will, sogar ans Bett setzt er sich und erzählt Märchen in einer lustigen Sprache, die sie zur Hälfte versteht. Es geht in Achmeds Märchen ganz anders zu als in ihrem Märchenbuch. Wenn sie starr vor Angst ist, streichelt er sie. Plötzlich prasselt Regen herab und verjagt das Geschrei von der Straße. Susanne erschrickt, und erschrickt gleich noch einmal, denn Achmed legt sich zu ihr. Sie schreit, obwohl sie nicht recht weiß, warum. Wie vom Schutzengel selbst geschickt, es gibt ihn also doch, kommt Mutti. Achmed grinst, erklärt, zieht sein Gesicht in die Breite und in die Länge und Mutti lacht und gibt ihm ein Trinkgeld, da lacht er noch mehr, und immer noch lachend, geht er rückwärts und sich verbeugend hinaus. In der nächsten Szene gehen beide, die ich, wie es zur Zeit ähnlicher, wenn auch milderer Schicksale üblich war, *unsere Reisenden* nennen dürfte, gehen also jetzt beide durch eine Istanbuler Straße. Die Szene könnte prächtig sein, verziert mit Gewändern, gebogenem Kupfer, Perlvorhängen, Bilderbuchgesichtern, aber auf dem Marktplatz von Saloniki werden schon Transporte zusammengetrieben, und plötzlich greifen noch vier Hände durch den hellichten Tag, die beiden werden wie Fische, die man ins Bassin bringen will, in den steinernen Hof geschleppt, an den Wänden stehen zwanzig schöne Gestalten und lachen. Mutti zahlt in bar, was denen ihr Vergnügen wert wäre, da läßt man sie laufen.

Ein Schiff wird gerüstet, nach Haifa zu fahren. Susanne liegt mit Fieber im Hotel. Der Arzt hat in München studiert und rät ab. Das Schiff fährt ohne die beiden und geht unter, denn was die Landsleute nicht mit dem Brandstempel versehen und dann sorgfältig vergasen können, das wollen sie wenigstens en gros ersäufen.

Aber in den zweiundzwanzig Omnibussen, die über den Libanon holpern, bis Tel Aviv, da sind sie drin. Landschaft gilt nichts momentan, nichts die Zedern, aus denen Vorfahr Salomo die Sänfte bauen ließ, nichts der Geruch des Libanon, nichts Narde, Safran, Kalmus, Zimt, Myrrhe und Aloe, nur Entfernung gilt und die Frage, ob man am Ende noch Rommel entgegenfährt.

Jetzt beginnt das Kapitel: daß Susanne und ihre Mutter katholisch sind, ist kein Vorteil mehr. Mutti sucht Anschluß bei den Engländern. Bei Leschnitzers wohnen sie. Frau Leschnitzer hat man sich klein vorzustellen. Ihre Sorge ist, Teddy könnte klein bleiben. Wenn man doch bloß einen hat. Susanne wird endlich ausgebildet: Gepäckmärsche, Gänge durch arabische Dörfer, das komische Gefühl im Rücken, plötzlich schaut man um, aber kein Gewehrlauf blinkt, die Gadna legt Wert auf derlei Mutproben. Dazu Hebräisch, Althebräisch, Talmudübungen, Baruch ta adonai, und warum dann Jehováh gesagt werden muß. Eine neue Muttersprache, die die Mutter zwar nicht spricht, soll Susanne bekommen. Wenn jemand am schönen Strand von Tel Aviv – ist das da draußen ein Schnorchel? da, der Strich? – etwas fragt, muß sie antworten: hier spricht man hebräisch. Immer häufiger fällt ihr auf, daß viele Kinder einen Vater haben. Der ist tot, sagt Mutti, gestorben in Bogotá. Plötzlich rennt Frau Leschnitzer herein und ruft: die Araber, Krieg. Die Mutter näht Kunstblumen aus Velours. Über den Häusern summt es. Susanne zieht die Mutter vom Fenster weg. Die Bombe krepiert, ein Splitter schlägt durchs Fenster. Susanne wird eine Autorität. Mutti schenkt ihr den Fohlenmantel. Aber sie sind immer noch katholisch, und Mutti kann die neue Muttersprache nicht. Überhaupt gehören sie nach Breslau. Leschnitzers sind schon fort. Also fahren sie hinter Leschnitzers her nach Berlin. Breslau haben die Landsleute verscherzt. Ein für allemal. Tante Maria ist angeblich nach Moskau geflohen und in Rußland verschwunden, Onkel Herbert und Oma, Sie wissen ja, und wo sind die Brüder des Vaters? Es könnte sein, in Amerika. Muttis Cousine ist in Rio, das weiß man. Und Sophie war immer besorgt. Was soll man auch in Berlin, wenn man doch nicht mehr nach Breslau kann. Also nach Rio. Der Globus läßt sich zwar drehen, die Route ist bekannt, aber im Jahr fünfzig ist es nicht günstig, Kolumbierin zu sein, wenn man von Berlin aus nach Brasilien will, auch nicht, wenn man's von München, von Zürich, von Genua – die Tante dort zählt nicht – vom Schiff aus probiert, man landet zwangsläufig mit einer Vierwochengenehmigung in Buenos Aires und sitzt dort in der Barackenvorstadt ohne Klo und wird mit jedem Tag noch illegaler.

Helmut Preiß geht mit Susanne aus. Sein Chef, Herr Kuhn, früher Cohn, sieht das nicht gern, warum denn eine Jüdin, Helmut, sagt Herr Kuhn. Aber Helmut, vom VW-Werk gerade herübergeschickt, ein offener Karosserieschlosser, der weiß, was er wert ist in einem Land ohne viel Karosserieschlosser, aber mit viel Karambolagen, Helmut rast gegen die Intrige, wie er es kürzlich im Deutschunterricht gelernt hat, und geht mit Susanne aus. Wolfgang Deutelmoser geht mit Susanne aus. Er fährt sie sogar aus. Sein Vater verkauft deutsche Werkzeugmaschinen und sieht vorerst noch zu.

Franz Hohwein geht mit Susanne aus. Zu Fuß. Franz, ein Kürschner aus Linz. Er schneidert ihr aus dem Fohlenmantel eine Jacke für die paar kühleren Tage.

Wolfgang und Franz und Herr Kuhn machen Helmut ganz nervös. Man sieht ihn mit Susanne in irgendeiner Calle gehen, eine Zeitung kaufen, bloß um sie zu zerreißen. Die Fetzen wirft er in die Luft. Verächtlich, eine Geste gegen Wolfgang wahrschein-

lich, streut er alles Kleingeld, das er bei sich trägt, in den Straßen-
dreck. Plötzlich sagt er: Ich komme mir vor wie ein Wurm, der
die Steilwand von der Straße zum Trottoir hinaufklettern will
und immer wieder herunterfällt. Susanne weiß nicht, was Pu-
bertät ist. Sie findet Helmuts Launen abscheulich. Trotzdem ist
sie dankbar, daß er nicht zu den Parties geht, zu denen sie nicht
eingeladen ist. Das sind die Parties bei Kuhn und bei Dr. Wagner,
der ein hoher SS-Arzt war und in Buenos Aires als Frauenarzt
rasch großen Zulauf fand. Man erzählt, er habe nicht nur Leute
umgebracht, sondern auch die Kinder der Allerhöchsten aus den
erlauchten Leibern ans Licht der Welt gezogen. Der Führer selbst
habe sich von ihm diesen und jenen gynäkologischen Tip geben
lassen, bloß daß er es ein bißchen leichter hätte. Mathilde Wagner
ist so alt wie Susanne. Mathilde liebt Wolfgang Deutelmoser, der
Susanne liebt, die eigentlich Helmut liebt, der sie eigentlich auch
liebt, aber nicht lieben soll, denn er soll Mathilde Wagner lieben,
sagt Herr Kuhn. Im Ausland sorgt man füreinander. Eine Party
nach der anderen gibt Herr Kuhn, um Mathilde und Helmut viel
Gelegenheit zu geben.

Helmut nimmt, jetzt schon heimlich, Susanne mit ins Stadion.
Es fällt nicht das richtige Tor. Ein Tumult entsteht, eine Tribüne
bricht zusammen, und Helmut werden drei Rippen eingedrückt,
und ein Körperteil, den Susanne vorher noch nicht bei ihm gesehen hat, wird verletzt. Mit dem Judenmädel wenn du noch einmal
gehst, dann fliegst du, sagt Herr Kuhn. Andererseits hat man also
im Ausland auch eine gewisse Macht über die, für die man sorgt.

Mutti näht in der Baracke Kunstblumen aus Velours. Einen
Herrn sieht man besonders oft vorbeigehen. Schließlich tritt er
ein und stellt sich vor: Schweizer ist er, Kaufmann ist er und
heißt Bruno de Summer. Seine Geschichte ist die Geschichte
seiner Methode. Aus Chile ausgewiesen, erfolgreicher Geschäfte wegen. Schlechtes argentinisches Baumwolltuch verkauft er

teuer als englischen Stoff. Natürlich kann er andere Verkäufer englischen Stoffs immer noch beliebig unterbieten. Sein Musterballen übrigens ist tatsächlich beste englische Ware. Soviel hat er investiert. Nun mietet er sich ein Taxi, immer gleich für einen ganzen Monat, fährt vor bei Waisenhäusern, Pfarrämtern, Klöstern, gibt sich katholisch, vielleicht ist er es auch, und wenn er abfährt, sind Waisen, Pfarrer und Nonnen wieder für lange Zeit mit schwarzem Tuch versehen. Ihm bleibe, sagt er und weist damit auf das Ausgetüftelte seiner Methode hin, jedesmal gerade noch Zeit genug, bis zum Taxi zu kommen, bevor seine Kunden den Unterschied merkten.

Jetzt also zieht er, auch hier erfolgreich, mit einigen Koffern in die Baracke. Ob er zuerst Susanne haßte, ob Susanne mit dem Haß begann, ist unter diesen Umständen unerheblich. Sicher ist, daß das Zusammenleben in einer solchen argentinischen Vorstadtbaracke das Verheimlichen von Abneigung, das wortlose Hinunterschlucken von immer wieder hochkommendem Ekel nicht befördert. Die Katastrophe wird vorbereitet durch einen Gang Susannes zum Arzt. Natürlich nicht zu Dr. Wagner, sondern zu einem Arzt, der sich nicht nur mangels anderer Gelegenheit aufs Heilen umgestellt hat. Während ihrer Tage soll sie nicht schwer arbeiten, sagt der Arzt, vor allem nicht mit Wasser. Susanne mag das der Mutter nicht sagen. Die erzählt ja doch alles dem Ekel. Der Knoten wird geschürzt durch Frau Schmolkas Anordnung, Susanne solle den Boden wischen. Susanne hat ihre Tage. Also weigert sie sich. Und weil Herr de Summer grinsend dasteht und sich bereitmacht, ihr beim Putzen zuzuschauen, weigert sie sich heftig, und sie gibt nicht den wahren Grund an, sondern sagt, daß sie sich nicht mit dem Dreck dieses Schwindlers abgeben werde. Dieser Satz war längst fällig gewesen. Aber auch der Wutschrei des Herrn de Summer war gut und lange vorbereitet. Für ihn war ihr Satz der oft herbeigesehnte Grund, sozusagen den Kopf verlieren zu dürfen, sich spontan zu gebärden, und das tat er denn auch: sprang auf sie zu und schlug und würgte sie. Sie trat ihn, wohin sie ihn treten konnte, entkam, denn ein Kämpfer war er nicht, und lief schreiend auf die Straße. Kam mit einem Polizisten zurück und dachte: jetzt kann ich ihn kriegen, jetzt wird alles aufgedeckt. Aber als sie den Blick ihrer Mutter sah, fiel ihr ein, daß es nichts gab, was sie so sehr zu meiden hatte wie Berührung mit Polizei und Behörden. Also schwieg sie und überließ es Herrn de Summer, dem Polizisten einen Drink anzubieten und eine Zigarette und ihm unterdessen zu erklären, was für ein schwer erziehbares, nervöses, ja leider immer mehr zur Hysterie neigendes Mädchen Susanne sei. Mutti nickte. Da nickte auch der Polizist und ging. Der Polizist aber vergißt Susanne nicht. Mitten auf der Straße sieht man ihn auf Susanne zugehen. Wenn der Kerl wieder was will, sagt er, holst du mich.

Deutelmosers fahren ans Meer. Wolfgang steckt Susanne Geld zu, daß sie nachfahren kann. Sie wohnt im Hotel nebenan. Wenigstens mit seiner verheirateten Schwester bringt Wolfgang sie zusammen. Wenn die Eltern im Schatten dösen, liegt Susanne mit Inge am Strand und unterhält sich mit ihr über den Orgasmus. Sicher liegen beide auf dem Rücken, daß sie einander nicht sehen. Das Getöse der Brandung erlaubt die Illusion, es handle sich um zwei Selbstgespräche. Wolfgang läßt ihnen Zeit. Es ist möglich, daß die Schwester den Auftrag hat, Susanne kennenzulernen. Vielleicht ist Inges Bericht so gut ausgefallen, daß Wolfgang unvorsichtig wird, zuviel Zeit mit Susanne verbringt und den Vater so reizt, daß der nicht mehr ruhig zusehen kann, sondern ein Verbot erlassen muß. Aber Wolfgang trotzt noch. Wir dürfen uns eben vorerst nicht sehen lassen. Susannes Illegalität ist um eine Nuance bereichert.

Helmut, das war wohl einer, der rasch zu schreien anfing, sich rot färbte, aber es hielt nicht an. Und schließlich kann man nicht leben, wie man's in den Aufsätzen schreiben mußte. Schule und Leben, hat vielleicht Herr Kuhn gesagt und ihm diesen Zahn gezogen. Es ist möglich, daß bei Mathilde Wagner die Überlegung eine Rolle gespielt hat: ich nehme Helmut, um ihn Susanne wegzunehmen. Solche Gedanken hatte sie natürlich erst, als Wolfgang klipp und klar gesagt hatte, daß mit ihm nicht zu rechnen sei. Und hatte Mathilde, als sie nun Helmut heimführte, nicht einen Ersatz für Wolfgang, wie er intimer gar nicht gedacht werden kann?, da sie doch Helmut genau von dem Mund zurückholte, an dem Wolfgang noch hing.

Susanne aber, die jetzt nur noch einen halben Freund hatte, denn was ist ein Freund, den man nicht zeigen darf?, und Franz Hohwein war nur ein Trabant, Susanne wurde vom Schicksal ein Onkel zurückerstattet, den sie noch nie gesehen hatte; trotzdem sage ich: zurückerstattet, denn man hat ein Anrecht auf einen Onkel. Onkel Bernhard ist plötzlich leibhaftig in der Welt, in Buenos Aires sogar, man kann ihn besuchen, ihm die Hand reichen über den Ladentisch, an dem er Uhren verkauft. Hilf dir selbst, Gott hat zu tun, sagt Onkel Bernhard. Das Geschäft geht so lala. Es muß ja nicht immer eine echte Schweizer sein, sagt er und lächelt. Die Frau ist ihm allerdings wegen eines Herdenbesitzers von der bolivianischen Grenze sang- und klanglos, und er pfeift mit breiten Lippen zwischen Sch und Ui und macht eine Bewegung, die den raschen Start eines Vogels imitiert. Hatte nicht Flintrop sich dieser Geste bedient, um mir das Verschwinden Melittas mitzuteilen? Männer wissen offensichtlich, daß man den Sachverhalt nur mit dem Wort *futsch* ausdrücken könnte; ihre momentane Stimmung aber verbietet ihnen dieses Wort, also begnügen sie sich mit der Andeutung und beweisen dadurch viel Schamhaftigkeit und Zartgefühl. Frauen würden entweder einen heftigen Satz herausstoßen, der gipfelt in *abgehauen*, oder sie säßen ungekämmt und gäben kaum hörbar von sich: er hat mich verlassen.

18

Onkel Bernhard steckt Susanne jedesmal kleine Briefchen zu, die er mit violetten Rosen bemalt hat und mit Gedichten in schlesischer Mundart. Die Gedichte sind sozusagen lustig. Auch so gemeint. Aber Susanne wird rot, wenn sie sie liest. Es gibt da Stellen. Beim nächsten, mit Beklemmung unternommenen Besuch setzt sich Onkel Bernhard ans Klavier und sagt: komm, wir singen. Quien canta sus males espanta. Sie muß sich neben ihn setzen, und dann singt er die Lieder, die sie von Leschnitzers kennt. *Reegentropfen, die ann mein Fennster klopfen* und *Wiien, Wiien nur Duu alllein.* Onkel Bernhard singt immer lauter, Susanne summt mit, soweit sie kann. Dann ruft Onkel Bernhard: ausgerechnet Bananen, und lehnt seinen Kopf gegen ihre Schulter und weint. Susanne wagt kaum mehr zu atmen. Gott sei Dank erholt sich Onkel Bernhard wieder und spielt und singt zum Abschluß: *Klaine Mööve, flieg nach Hellgoland.* Zweistimmig gelingt das nächste Mal: *Du Du liegst mir im Hää-erzen.* Susanne singt, als ginge sie durch den Wald. Sie fragt sogar: kannst du *O Donna Clara*? Das war Frau Leschnitzers Lieblingslied! So bringt denn Onkel Bernhard Anfang der fünfziger Jahre seiner Nichte *O Donna Clara* bei, und da wird auch Susanne ganz anders zumute. Onkel Bernhard stürzt zur Schublade hin und sagt: das sind die Photos dazu.

Susanne lernt die ihr vorenthaltene Familie kennen. Auf dem Eisbärenfell, Grübchen links und rechts, später: aufgewölbte Locken, später: linkisch an die Lehne des Sessels gepreßt, auf dem der Opa sitzt, später: aufrecht alle, Armgirlanden über viele Nacken geflochten, das ist deine Tante Maria, nach Moskau, ja, der arme Herbert, Opa als Einjähriger, schneidig, was, Breslau, Blücherstraße, ja, Cousine Berta, Dachau, Moritz, Friedrich, Kanada, Sophie, Emil, Rio, Genua, Olga, Auschwitz, Auschwitz, Auschwitz, Bautzen, Hans, Jakob, Josef, Theresienstadt, Brasilien, wahrscheinlich Warschau, Kattowitz, ja, der auch, nein, nichts mehr gehört. Susanne sucht und sucht in den Gesichtern. Du hast Jakobs Augen, ganz auf Tante Olga kommst du heraus. Damit hatte sie nie was anfangen können. Jetzt forschte sie nach ihrem Mund, nach ihren Augen in den Photomündern, Photoaugen. War es überhaupt notwendig, daß die Photographie erfunden wurde, dann um dieses Augenblickes willen, in dem Susanne aus zwanzig Stücken vergilbten Photopapiers sich eine Art Heimat zusammensucht, die es aufnehmen soll mit irgendeinem grünen Tal, in dem andere jede Weide beim Namen kennen. Und der mit herausforderndem Lächeln das Mädchen umfaßt, frech sogar dieses Lächeln, unsympathisch, das ist Vater?

Ach was, sagt Onkel Bernhard, Eberhard ist doch nicht tot, er lebt, lebt ganz gut in Guayaquil, der Gauner, und hat eine Apotheke. Sie bekommt die Anschrift und schreibt. Ja, sie soll nur kommen. Onkel Bernhard meldet sie an beim Konsul von Ecuador. Für Samstagnachmittag, denn es fehlt ihr an Unterlagen. Der Konsul ist so fett, wie man ihn sich vorzustellen hat, er schließt die Tür und schätzt sie ab. Die Jalousien sind dicht. Schließlich jagt er ihr um alle Sessel nach und schnauft und lacht und quiekst noch dazu, verstellt ihr den Weg hinterm Schreibtisch und lacht jetzt ganz tief. Hinterm Rauchtisch bleibt sie zitternd stehen. Es sei doch nur ein Spaß, sagt er und küßt ihr die Hand. Das Visum bekommt sie. Und als sie dankt, da küßt er ihr noch einmal die Hand und sagt: gracias igualmente.

Bruno de Summer ist wirklich ein gütiger Mensch. Reisegeld gibt er ihr. Wolfgang rechnet nach und sagt: das reicht nicht. Hast du nicht noch alte Kleider. Sie holt die Jacke, die Franz mit Linzer Händen im Geiste Wiens aus dem Breslauer Fohlenmantel geschneidert hat. Aber mehr als vierzig Pesos bekommt sie nicht auf dem Trödelmarkt. In der letzten Nacht nimmt Wolfgang sie noch mit in seinem Wagen. Am Morgen weckt Mama. Susanne kann sie nicht anschauen. Susanne ist so erstaunt, daß Mama nichts bemerkt. Wolfgang ist nicht am Zug. Er hat es ihr gesagt, daß er nicht kommen kann. Was hätte er seinem Vater sagen sollen. Sie haben sich also gleich danach verabschiedet. Hasta pronto, hat er gesagt. Hasta luego, hat Susanne gesagt und hat die Wagentür leise zugemacht.

Das Geld reicht nur bis Valparaiso. Hat sie nicht aufgepaßt, oder hat auch Wolfgang nicht richtig gerechnet? In einem Reisebüro steht Enrico, ein Spanier, steht zwar nur, um Auskunft zu geben, aber da Susanne damit nicht geholfen ist, gibt er auch Geld. Acht Tage bleibt sie. Aber sie wird erwartet in Guayaquil. Versteh doch, Enrico, mein Vater.

Am Lächeln erkennt sie ihn. Er schaut sie an und sagt: ta, ta, una taza de plata. Er küßt sie. Mein Gott, sein Mund!, ist der weich. Die neue Mutter. Eine Kölnerin. Susanne soll sie auch Lissi nennen. Und plötzlich hat Susanne einen Bruder, fast so alt wie sie selbst. Maurice. Die Photos kennt sie fast alle. Die Wohnung kostet 2000 Sucres, aber man sieht über ganz Guayaquil und hat nicht soviel Insekten wie die Chulos drunten. Ja, die Apotheke ist auch drunten. Natürlich.

Kay zeigt ihr die vielen kleinen Töpfe. Der Vater beobachtet. Maurice kommt nie ins Geschäft. Susanne reinigt Gläser und macht Pakete auf. Abends werden die Sucres gezählt. Maurice hat also zeit seines Lebens einen Vater gehabt. Lissi weint zuweilen. Der Vater lächelt wie auf dem Bild und geht zum Hafen hinab. Immer treibe er sich bei den Chulos herum, deshalb sei er bei den Gringos nicht beliebt. Wir könnten eine viel bessere Kundschaft haben. Das also ist eine Familie.

Kay Johns geht mit Susanne aus. Kauft ihr ein Coca auf der Promenade. Er will nach New York zu seiner Mutter und richtig studieren. Susanne lernt Englisch mit ihm. In New York werden sie heiraten. Bei ihm weiß sie sicher, daß er sie braucht.

Mr. Swobe fragt nach den Unterlagen. Einen Geburtsschein,

nein, hat sie nicht. Eine Röntgenbescheinigung, o ja, die beschafft sie. Sofort. Einen Taufschein hat sie noch. Gilt der nichts? Solche Papiere, sagt Mr. Swobe, können gefälscht sein. Sie soll wiederkommen, wenn er Marken und Stempel mit den Marken und Stempeln in seinem Katalog verglichen hat. Und wie ist es mit polizeilichen Führungszeugnissen? Alle Länder, in denen Susanne seit ihrem vierzehnten Jahr war, möchten bitte solche Zeugnisse ausstellen. Aber an wen sich wenden in Israel? Wenn Leschnitzers noch dort wären, aber so? Deutschland ist kein Problem. Argentinien, tja, da war ich doch eigentlich gar nicht. Mr. Swobe verspricht, alles auf dem Konsulatsweg zu besorgen. Als Mr. Swobe alles auf dem Konsulatsweg besorgt hat, ist die Röntgenbescheinigung abgelaufen, denn sie gilt nur vier Wochen, also eine neue, und die kostet wieder. Aber Mr. Swobe drückt noch ein Auge zu. Und er will nichts dafür. Amerika ist eine Hoffnung wert. Mr. Swobe, I thank you so much, sagt sie und bemüht sich, die Worte so unbeschädigt als eben möglich über die Lippen zu bringen.

Wenn es um New York geht, kann man eigentlich gar nicht übertreiben. Hat nicht die Heirat geklappt? War nicht gleich die Wohnung in Brooklyn bereit?, und auch schon ein Job bei PAA? Zum ersten Mal weiß sie sicher, daß sie dann und dann soundso viel Geld bekommt. Und während sie die Nummern der Zollscheine einträgt, fliegen draußen die großen Tiere ein, rasen auf das Gebäude zu, fangen sich aber rechtzeitig und stehen nun, als trauten sie sich nicht weiter, als müsse Susanne das Fenster aufkippen und ihnen Mut machen, näher zu kommen. Kay, bitte, auch Kay kann gleich anfangen in der Apotheke, und am Abend studiert er Chemie. Kays Mutter kocht. Kays Mutter schenkt ihr eine Marabujacke, immer schon bestimmt für Kays Frau. Bloß, Kay ist fahrig, zerschlägt leicht etwas und kann einen nicht richtig anschauen. Gäbe er nicht besser das Studieren auf? Man sieht sich ja kaum. In Guayaquil hat er doch überhaupt nicht getrunken. Und jetzt gleich diesen Burban. Sie öffnet Briefe, die aus Ecuador kommen. Man verweigert ihm etwas, weist ihn ab. Nun gesteht er, daß es das Morphium ist, das ihm fehlt. Sie will gehen. Er bettelt, bereut, bessert sich. Bevor er Susanne hatte, glaubte er, bei ihm sei nicht alles in Ordnung. Das hat ihm eine beigebracht. Jetzt hat er Angst. Susanne bleibt. Aber manchmal kommt sie mit einem geschwollenen Auge nach Idlewild. Sie ist unter all den hübschen Dingern die einzige, die mit einem geschwollenen Auge kommt. Der Neuseeländer, der sie eingestellt hat, wird mißtrauisch. Der Personalchef aber verteidigt sie.

Am 7. September 1954 verzögert sie den Abflug einer Maschine um drei Minuten. Sie hat die Papiere am Zollschalter stempeln zu lassen und stellt sich immer rechtzeitig an. Am 7. September 1954 aber hat sie geträumt, hat sich am falschen Zollschalter angestellt, bis der schottische stationofficer hereinlief und brüllte und sie vor allen Leuten herabkanzelte. Sie weint. Er reißt ihr die Papiere aus der Hand. Rennt hinaus. Dann kommt er und schreit: Was soll ich jetzt ins Journal schreiben? Drei Minuten Verspätung, weil Missis Johns schlief, ja?, soll ich das hineinschreiben? Dann sind Sie dran, das wissen Sie.

Sie geht zum Chef. Gibt alles zu. Beschwert sich aber über den Schotten. Und sie bekommt recht. Man sieht den Schotten hinter ihr herlaufen. Kuchen bringt er ihr jetzt und Blumen. Einmal sogar Whisky.

Doris bekommt ein Kind von Elvis, dem Kanadier, und will sich scheiden lassen. Susanne rät ab. Nicht, bevor du sicher weißt, daß Elvis dich nimmt.

In Brooklyn tanzen Kay und Susanne. Kay wütend, weil er die südamerikanischen Tänze nicht kann. Schließlich schaut er bloß zu und trinkt. Zu Hause schlägt er sie. Nicht ganz zu Unrecht, sagt sie, denn sie liebte ihn nicht. Bloß weil sie glaubte, es sei schon alles vorbei, hat sie ihn genommen; aus Mutlosigkeit.

Nachzuholen wäre: Lissi ist mit Maurice nach Peru geflohen. Weiß Gott zu wem. Der Vater gibt die Apotheke auf, kommt nach New York und ergattert einen Job bei der Union Carbide. Wohnt in Bronx.

Kay schlägt wieder. Der Anwalt sagt: 500 Dollar an mich, 200 Dollar an meinen Kollegen in Chauvava, 500 die Reise, und Sie sind geschieden. Kays Mutter ist es nur darum zu tun, daß ihr Sohn ohne finanzielle Verpflichtung davonkommt. Immer wenn Susanne es nicht verstehen soll, spricht sie schwedisch mit Kay. Susanne sitzt solange da und wartet, bis man wieder mit ihr spricht. Ihr Vater gibt die 1200 Dollar. Susanne fliegt nach Mexiko und ist noch vor Weihnachten geschieden. Der Vater, der damit nicht gerechnet hat, ist an Weihnachten schon besetzt. Die Marabujacke hat ihr Mutter Johns wieder abgenommen. Die ist für Kays Frau, sagt sie.

Aber am 26. hat der Vater Zeit. Sie fährt bis Woodlawnstation. Es war ihm wichtig, sie abzuholen. Auf dem Weg in die Oneida Avenue macht er Geständnisse. Man sieht ihn auf sie einreden. Die Hände nimmt er aus den Manteltaschen. Mr. Elliot, bei dem er wohnt, erzählt ihm immer jüdische Witze. Aber Herr Schmolka lacht nicht. Was Jiddisches und Hebräisches vorkommt in den Witzen, verstehe er nicht. Susanne, bitte, wenn er Anspielungen macht oder Witze erzählt, lach nicht, so far vermutet der nur, aber wissen tut er gar nichts! Susanne verachtet ihren Vater zum ersten Mal von ganzem Herzen. Und schließlich, sagt Herr Schmolka, als er Susannes Gesicht sieht, sind wir doch tatsächlich Deutsche. Susanne bleibt stehen, es schneit, schneit, schneit, da sagt Herr Schmolka: oder wenigstens Kolumbier.

Durch einen Brief von Enrico aus Valparaiso erfährt Susanne einen Monat später, daß ein älterer Herr im Reisebüro gewesen sei, den er zuerst für Susannes Vater gehalten habe, er habe sich dann aber als Señor Bürger oder so ähnlich vorgestellt, habe Grüße von Susanne ausgerichtet: er sagt, er kenne dich seit langem, schrieb Enrico. Susanne hatte ihren Vater, als er in Geschäften nach Valparaiso flog, gebeten, Enrico Grüße zu bestellen. Der Vater aber hat es vorgezogen, nicht ihr Vater zu sein.

Kay ruft jeden Tag in Idlewild an. Ich beobachte dich, sagt er. Wenn du einen anderen hast, passiert was. Plötzlich steht er vor der Haustür und heult und verspricht alles und droht gleich wieder.

Ihr Vater sagt: jemand sollte nach Deutschland fahren. Ich kann nicht. Ich fahre da nicht mehr hin. Ich kann einfach nicht. Aber wir müssen uns um unsere Entschädigung kümmern. Du hast Anspruch auf mindestens 1500 Dollar für Ausbildungsverlust, und mir werden sie wohl oder übel 20000 Dollar zahlen müssen. Willst du?

Susanne landet in Berlin. Große Freude bei Leschnitzers. Teddy ist zwar kein Riese geworden, aber Frau Leschnitzer ist zufrieden. Er hat ein Atelier für Graphik und den Mund voller Projekte. Als er hört, daß Susanne sich hat scheiden lassen, ohne Abfindung, sagt er: Susanne, was ham se bloß mit dir gemacht? Haste denn gar nicht übrig von deine Vorfahren? Leschnitzers wollen Susanne nicht mehr gehen lassen. Teddy begleitet sie in den Ostsektor. Sie muß Tante Maria besuchen wegen der Unterlagen. Tante Maria, die dreiunddreißig nach Moskau floh. Sie hat eine Tochter mitgebracht. Anja studiert jetzt Jus, spezialisiert sich auf Jugendkriminalität. Ein alter Mann würde ihr nichts ausmachen, sagt sie. Sonst erfährt man nicht viel. Sehr hilfsbereit seien die Russen gewesen, ja. In Sibirien, ja, da war Tante Maria auch. Jetzt ist sie Redakteurin. Teddy sagt: Sie könnten mit uns in die Internationale Buchhandlung gehen. Am Alex. Da gibt's dolle Platten, Susanne, kosten so gut wie nischt. Die Tante geht mit. Susanne bekommt eine Menge russischer Chöre, herb und schummrig, und ein Beethoven-Violinkonzert à la David Oistrach. Die Tante hat eine graue Haut und Augen, die immer zu Boden schauen, wenn sie sich nicht zusammennimmt. Sie haßt Amerika. Sie will mit den Brüdern, die im Westen sind, nichts mehr zu tun haben. Von wem leben die denn? Ein Offizier kommt überraschend zu Besuch und bringt Kognak mit, von dem es Susanne sofort schlecht wird. Die Unterhaltung wird böse, weil die Tante und der Offizier alles besser wissen. Nur was die Neger angeht, da sind sich alle einig. Sie wird wütend, wenn sie daran denkt. Vielleicht weil ich Jüdin bin, sagt sie. Ich mache kein Geheimnis daraus wie mein Vater. Entweder es macht einem Mann nichts aus, oder es macht ihm was aus, dann kommt er sowieso nicht in Frage.

Susanne sah auf das Tischtuch, ackerte mit dem langen Zeigefingernagel eine Furche ins Tischtuch und sah mich dann an, eine Art besänftigendes Lächeln im Gesicht, als sei ich es, den man beruhigen müsse. Ich konnte nichts sagen. Ihr letzter Satz. Als leide sie an einer Krankheit, als sei sie ein Krüppel! Wie lange humanisieren wir eigentlich die Bestie schon? Und mit welchem Ergebnis? O Susanne. Wie ist das Leben doch so. Ja, aber, ach so, und dann sind Sie hierhergekommen, ins Reisebüro, na ja, bei Ihren Sprachkenntnissen, und Sie bleiben jetzt hier, natürlich, entschuldigen Sie, Sie heiraten im September, aber dann werden Sie doch nicht mehr arbeiten, oder?

Wir müssen gehen, sagte Susanne.

Ja, natürlich.

Ob Josef-Heinrich sie so gut kannte wie ich? Wenn er sie nicht heiratet, bringe ich ihn um. Und wenn er sie heiratet? Bring' ich ihn auch um.

Es machte mir nichts aus, daß die vier Ober nun alles wußten. Und die paar Gäste auch. Hoffentlich dachten die alle, daß ich heimginge mit ihr. Bestimmt dachten sie das. Ich hatte es doch auch oft genug gedacht, wenn zwei miteinander lachend das Lokal verließen.

Internationale der Überlebenden

Die Überlebenden betrachten einander mit Mißtrauen. Wer selber davongekommen ist, sagt doch noch vom anderen: Charakter kann der nicht gehabt haben.

Ilja Ehrenburg ist für viele ein Anlaß zu so selbstlosen Äußerungen.

Glücklicherweise ist da auch noch Ehrenburgs sagenhafter Deutschenhaß. Er soll sogar die Rote Armee zur schlimmsten Grausamkeit gegen die Deutschen angestiftet haben. Ob das eine Erfindung des Goebbelsministeriums ist oder Wahrheit, ist immer noch fraglich. Daß Ehrenburg uns haßt, dürfte allerdings ebenso wahr wie begründet sein. Und übrigens: die Rote Armee mußte nicht von einem Literaten aufgehetzt werden. Es genügte wohl, den Rotarmisten mitzuteilen, wie sich unsere Spezial-Einheiten in der Sowjetunion vorwärtsmordeten.

Aber zweifellos: ein Deutschenhasser ist er. Soll ich ihn deshalb mit weniger Interesse lesen? Bin ich verpflichtet, zurückzuhassen? Deutschenhasser! Ich höre so ein Wort, sehe die große Phrase flattern und spüre nichts von jenem Haß, obwohl ich doch wirklich auch ein Deutscher bin. Ich hoffe sogar, daß das, was Ehrenburg als das Deutsche haßt, gar nicht existiert. Ehrenburg reagiert auf eine furchtbare Erfahrung. Ihm, dem Betroffenen, kann man den Kurzschluß, Faschismus ist gleich deutsch, nicht verübeln. Wir können jetzt ruhiger unterscheiden und sind deshalb weniger berechtigt, einfach zurückzuhassen und etwa zu sagen: das Buch eines solchen Mannes darf bei uns nicht erscheinen.

Warum eigentlich sollen wir nicht erfahren, wie jemand über uns denkt, der sich in eine Feindschaft gegen uns hineingelebt hat? Der Unterschied zwischen dem, was Ehrenburg haßt, und uns kann durch nichts so deutlich werden wie durch eine halbwegs souveräne Aufnahme dieses Buches bei uns. Schließlich sollten wir uns gerade Ehrenburg gegenüber nicht von irgendeiner Soldatenzeitung vertreten lassen. So leicht dürfen wir es ihm einfach nicht machen. Vielleicht wird er, dem Revisionen so wenig erspart bleiben wie uns, auch seine Beziehungen zu uns noch einmal revidieren. Und hierzulande wäre eine natürliche Neugier auf Ehrenburg wirklich angemessener als borniertes Fahnenschwenken. Wie man den Stalinismus überleben konnte, das müßte alle interessieren, die den Hitlerstaat überlebten. Als Überlebender ist Ehrenburg ein Schicksalsgefährte von ehrenwerten Herren im Staat und von uns allen. Warum also die Feindseligkeit der Überlebenden untereinander? Die Überlebenden aller Länder wären eine Internationale wert. (Um einem Mißverständnis vorzubeugen: Ein Überlebender ist nur, wer auch hätte ein Opfer sein können.)

Der Schwarze Schwan

Deutsche Chronik 2

Für Klaus Kammer

Personen

Rudi Goothein
Professor Liberé
Irm, *Liberés Tochter*
Frau Liberé
Professor Goothein, *Rudis Vater*
Dr. Harald von Trutz
Tinchen, *Adoptiv-Tochter Liberés*
Gerold
Figilister
Seelschopp
Bruno

Bühnenbild

Der Rundhorizont zeigt die vollkommen realistische Ansicht einer Nervenheilanstalt in Waldumgebung. Gebaut um die Jahrhundertwende und seitdem nicht verändert. Vor diesem Hintergrund werden so sparsam wie möglich die einzelnen Schauplätze angedeutet: Liberés Arbeitszimmer. Anstaltsgarten. Wohnzimmer und Terrasse der Familie Liberé. Wäscheplatz. Zimmer 104.

Erster Akt

Professor Liberés Arbeitszimmer. Ein Schreibtisch. Zwei Stüh-
le. Professor Goothein, Rudi, Liberé.
Liberé im weißen Mantel. Goothein und Rudi im Straßen-
anzug. Rudi ist elegant, aber fast zu formbeflissen angezogen.
Abituranzug. Er sieht ein bißchen eingesperrt aus in diesem
Anzug. Der Kragen reicht weit am Hals hinauf und ist sehr
gestärkt. Auf dem Boden spielt Tinchen. Während der ganzen
Szene ist Liberé damit beschäftigt, Sahnebesen zusammen-
zubiegen. Er hat fertige Griffe neben sich liegen. Goothein
reagiert zuweilen mit ärgerlichen Blicken auf Liberés Arbeit.
Liberés Beschäftigung macht ihn nervös.

GOOTHEIN Was Rudi braucht, ist nicht Sizilien. Hier in Karwang wird er sich erholen. Sie braucht er, Liberé, und schon
ist er gesund.

RUDI Das heißt, Herr Professor, mein Vater glaubt, ich sei krank.

GOOTHEIN Nein, nein, nein. Krank nicht. Entschuldige. Aber
die Nerven, Liberé, zuerst das aufreibende Abitur, und dann
mach ich noch den Fehler und sage, da feiern wir doch die
Verlobung gleich mit. Doch, doch, Rudi, das war ein Fehler.
Ich will bei Gott nicht den Unfehlbaren spielen. Ist doch
denkbar, du wolltest gar nicht mehr. Da hast du endlich dein
Maturum, wärst ein freier Mann. Nu hängt dir aber die Verlobung am Hals. Weil du vorher was versprochen hast. In all
dem Druck. Wie'n Gelübde. Wenn ich's Maturum schaffe,
verloben wir uns. Das hatt' ich nicht bedacht. Also arrangier
ich die Feier zu früh und da geht ihm der Gaul durch. Ist doch
nur zu verständlich, Junge. Nur, wie er das dann abmacht, Li-

beré, daran seh ich, er braucht Erholung. Weigert er sich doch öffentlich, sein Reifezeugnis entgegenzunehmen. Öffentlich, Liberé, weist er sein Maturum glatt zurück. Wie mir das peinlich war, Liberé, ich sitz da unten, festtäglich, und er geht rauf und sagt nein. Verstehen Sie, weil er glaubt, daß die Verlobung jetzt …

RUDI Laß doch die Verlobung aus dem Spiel, Papa. Es geht um den Prozeß, Herr Professor, zuerst will ich meinen Prozeß hinter mir haben …

GOOTHEIN So redet er seitdem. Hält Reden, Liberé, Reden!

RUDI Zuerst in den Gerichtssaal, Papa, dann nehm ich das Zeugnis.

GOOTHEIN Schon gut, Junge. Das erzählst du alles dem Herrn Professor und dabei erholst du dich.

RUDI Ich bin nicht besonders mutig, Herr Professor. Ich brauch ein günstiges Klima für den Prozeß, eine Nachricht über mich, die die Richter betört, eine Nachricht, die die Richter mit geschlossenen Augen einatmen, so schön ist sie. Ich könnte, zum Beispiel, das Volkswagenwerk belagern.

GOOTHEIN Hören Sie, Liberé, das Volkswagenwerk!

RUDI Ich könnte verlangen, daß das Werk dem Staat Israel übereignet wird. Daß das nicht geht, weiß ich auch. Aber ist es nicht rührend, ein Zeichen der Einsicht, der Umkehr? Der Angeklagte will das große Werk dem Staat Israel vermachen. Verstehen Sie, ich will mich gut stellen mit allen Verwandten meiner Opfer. Dann, meine Herren Richter, bin ich bereit.

GOOTHEIN Rudi, mein Junge, nu laß dir doch Zeit. Liberé, Herrgott, es könnte doch jemand kommen jetzt, und Rudi den Garten zeigen. Mein Freund Liberé ist ein großer Gärtner, Rudi. Und du hast doch was übrig, Rudi, für Blumen. Das hat er von meiner Frau, Liberé. Sie kannten sie ja. Das war auch eine große Gärtnerin.

LIBERÉ Ich hab mich spezialisiert, Goothein. Auf Thujen.

GOOTHEIN Auf Thujen, Rudi, hörst du. Thujen.

LIBERÉ Vielleicht mag er Thujen nicht.

GOOTHEIN Ach, das glaub ich nicht. Er muß sich das alles zuerst einmal ansehen. Nicht wahr, Rudi.

RUDI Herr Professor, mein Vater will mich los sein. Aber bedenken Sie, wem Sie Unterschlupf gewähren, wenn Sie mich aufnehmen.

GOOTHEIN Rudi, Dr. von Trutz wird dir die Thujen zeigen.

RUDI Ja, Papa. Ich gehe schon. Zu den Thujen. *Rudi geht.*

TINCHEN Onkel?

LIBERÉ Ja, Tinchen?

TINCHEN Die Thuja heißt auch Lebensbaum.

LIBERÉ Obwohl sie … *Er bietet zur Fortsetzung an.*

TINCHEN … vor allem auf Friedhöfen vorkommt.

LIBERÉ Sehr gut, Tinchen. Wissen Sie, Goothein, wie meine schönste Thuja gewachsen ist?

GOOTHEIN Nu hören Se doch endlich mit Ihren Thujen auf, Liberé. Un' daß Se da andauernd wie'n Sträfling so Zeug flechten, find ich, entschuldigen Se schon, das find ich nicht gerade sehr taktvoll.

LIBERÉ Das hab ich angefangen, als ich nach Karwang kam, Goothein. Es beruhigt.

GOOTHEIN Mich erinnert es. Gerade Sie hätten keinen Grund. Jetzt hören Sie doch endlich auf damit.

LIBERÉ Entschuldigen Sie. Das ist wahr. *Hört auf.*
Rudi rasch von rechts.

RUDI Schlimmstenfalls, Herr Professor, könnten Sie, die Kapazität, mir ein Gutachten austüfteln, wenn Sie das vor Ihrem Gewissen, ich meine nicht aus Mitleid sollen Sie, das nicht, aber wenn Sie's verantworten könnten, zu schreiben: dem Rudolph Goothein ist kein Prozeß zu machen, der kommt

33

nicht in Frage wegen unvollständiger Zurechnungsfähigkeit. Und gegen Juden hat er sowieso nichts. Er bringt um, wie es sich grad gibt. Bitte, Herr Professor, sagen Sie nichts. Was Sie denken, weiß ich auch so. Ich sehe es doch selber ein, jetzt, daß Ihnen das nicht zugemutet werden kann, bloß weil ich vor Feigheit im Kreis herum denk. Kein Gutachten, ich habe Sie um nichts gebeten, Herr Professor. Um nichts und wieder nichts. Entschuldigen Sie, bitte. *Er geht rasch ab.*

GOOTHEIN So redet er, Liberé. So schrecklich durcheinander. Liberé, jetzt fangen Sie schon wieder an mit dieser Drahtflechterei. Das ist eine ganz gemeine Taktlosigkeit. Sie ham sich entzogen damals. Ich hab meine vier Jahre abgemacht. Sozusagen auch für Sie. Jawohl. Ich bin nicht nachtragend. Ich hab ja meinen Vorteil davon. Erst in der Haft ist es mir nämlich aufgegangen, daß ich kein Nervenarzt bin. So von sieben bis zwölf operieren, da wissen Se dann eben, was Se getan haben. Na ja, vier Jahre Gelegenheit zum Nägelkauen, wer da nicht draufkommt, was los is' mit ihm. Aber daß jetzt ausgerechnet Sie, Leibniz …
Liberé schaut auf. Nicht heftig. Eher erstaunt.
Entschuldigen Sie, Liberé, alter Freund. Jetzt werd ich auch noch taktlos. War nicht meine Absicht. 'ne Fehlleistung, Liberé. Für mich heißen Se nu wirklich Liberé. Ich trag Ihnen nischt nach. Ich bin froh, daß ich meine vier Jährchen gleich abgemacht habe. War ja außerhalb auch nischt los. Keine Kohlen. Nischt zum Beißen. Dafür die blühendste Hexenverfolgung. Das war nicht die schlechteste Zeit für'n Happen Sühne. War einfach 'ne Art Kriegsverlängerung. Aber Sie waren ja immer schon 'n bißchen introvertiert. Jede Wette, Sie ham sich mehr aufgebrummt als vier Jahre. Un' die machen Se jetzt brav hier ab. Das Dumme ist bloß, so 'ne selbstgebastelte

Verurteilung, das kauft Ihnen draußen keiner ab. Wenn Se mal wieder raus wollen aus dem finsteren Karwang, das stell ich mir herb vor, Liberé, etwa noch nachträglich in 'n Knast, so direkt weg von Tisch und Bett.

LIBERÉ Das Zuchthaus fürcht ich nicht, Goothein. Ich habe trainiert. Fragen Sie meine Frau. Meine Schlafzimmertür hat Beschläge wie eine Zellentür. Ich esse aus Blechgeschirr. Ich flechte soviel wie kaum ein Gefangener. Und ich weiß, das alles gilt nicht. Die Richter und die Zuschauer wollen sich mästen an dir. Mit jedem Geständnis werden sie fetter. Vor lauter Anständigkeit. Die Richter, abends zu Hause, und vormittags stellen sie sich hin, von Schuld keine Ahnung. Das ist es, Goothein, daß sie von der Schuld keine Ahnung haben, dafür ein Kostüm und ein auswendig gelerntes Gesicht. Und das ist die Strafe. Der ausgeliehene Ernst, mit dem sie dich behandeln. Vor Zuschauern, die sich gütlich tun. Am liebsten wär ihnen der Galgen. Auf jeden Fall wollen sie sich sauber vorkommen. Dazu soll ich ihnen dienen. Das vermag ich nicht. Obwohl ich weiß, ohne diese Demütigung, ohne Zuschauer ist alles, was ich hier tu, keine Bestrafung.

GOOTHEIN Sie rackern sich ja ganz schön ab, mein Lieber. Aber von mir ist nichts zu befürchten. Wenn ich schon mal einen von früher treff und der fragt mich nach'm Leibniz, da sag ich sofort: der ist in Südamerika, bei den andern, kuriert Kastrationskomplexe von Rindermillionären. *Lacht.* Aber jetzt sagen Se bloß, was machen wir mit dem Jungen.

LIBERÉ Es wär besser, Sie nähmen ihn wieder mit.

GOOTHEIN So wie er jetzt ist. Unmöglich. Rennt herum, spielt 'ne fürchterliche SS-Charge. Wie mir das peinlich ist, Liberé! Jetzt wo die Leute allmählich vergessen. Wenn jetzt der Junge solchen Tinneff macht, werden die alten Geschichten wieder aufgewärmt. Und der arme Junge, Liberé. Der hat sich da was aufgeladen, und ich kann ihm nicht helfen. Ich bin heraus aus der Praxis.

LIBERÉ Ich hab eine Tochter, Goothein. Für die hab ich eine Vergangenheit erfunden. Ein Kind frägt viel. Jahr für Jahr hab ich aufgebaut. Ein ganzes Indien. Tage in Madras erfunden. Reisen nach Bangalore. Kleine Abenteuer am Ozean. Den Strand bevölkert mit Erinnerungen. In jedem Augenblick bin ich gefaßt auf neue Fragen. Rudi ist eine Gefahr für Irm. Was, wenn er sich an Irm erinnert? An Hedi, ihren früheren Namen, den ich ausradierte aus ihrem Gedächtnis? Wenn alles plötzlich aufbricht und sie Rosenwang vor sich sieht. Das ist in Indien nicht unterzubringen.

GOOTHEIN Das ist doch abgesackt und weg. Wissen Sie noch, mit wem Sie spielten als Sie drei waren? Nee, Liberé, nee, nee, das laß ich nicht gelten.

LIBERÉ Goothein, nehmen Sie ihn wieder mit. Ich bitte Sie. Um seinetwillen. Ich bin nicht der Richtige für seinen Fall. *Liberé nimmt hastig seine Drahtarbeit auf.*

GOOTHEIN Sie sind der Richtige, Leibniz. Sie ham doch eine Kraft, das weiß ich doch, Sie brauchen bloß hinzuschauen, da schmelzen ei'm doch glatt die Fingernägel von der Hand. *Sieht Liberés Arbeit.* Liberé, nu fangen Se nicht schon wieder damit an, ja!

LIBERÉ Ach. Entschuldigen Sie, bitte.

GOOTHEIN Wenn Sie's wenigstens könnten. Das kann man ja nicht mitansehen. *Er greift zu.* Allein geht das eben nicht. Sehen Sie, der Nebenmann hat die Drähte gebogen. Aber, nicht freihändig, mein Lieber, sondern am Dorn, den er vor sich hat, so, übers Kreuz, das hält. *Er führt das an seinem Spazierstock vor.* Und erst wenn alle sechs Drähte gebogen sind, die Einführung ins Lochblatt. Jeder Draht führt genau seinem Ausgangspunkt gegenüber zurück in das Lochblatt. Jetzt die

Fixierung. Das untere Ende des längsten Drahtes, des sogenannten Kuppeldrahtes, wird zurückgebogen in die Öffnung
des Griffs. Sie sind einfach ein Dilettant, Liberé. Ein ganz ro-
siger Dilettant sind Sie. Als Häftling.

LIBERÉ Ja, ich weiß.

Es wird dunkel.

2

*Liberé im Anstaltsgarten: Im Hintergrund Anstaltsfassaden.
Vorne links eine vielstämmige Thuja. Man kann die Stämme
nicht gleich zählen. Sie sind keinesfalls so ebenmäßig gewachsen, wie Liberé sie sieht. Vor der Thuja eine Bank.*

*Auftritt Dr. von Trutz und Rudi von rechts: Liberé geht auf
Rudi und Trutz zu.*

RUDI Herr Professor, der Doktor hört und hört nicht auf, mich
mit Maturum und Verlobung zu traktieren. Ich denke, ich soll
mich erholen hier.

DR. VON TRUTZ Herr Goothein meint, ich …

RUDI Nicht diesen Namen, bitte. Mein armer Vater kann nichts
dafür. Jetzt allerdings, da er mich, anstatt mich anzuzeigen,
hier verbirgt, macht er sich mitschuldig. Jetzt läuft der Prozeß
ohne mich.

DR. VON TRUTZ Welcher Prozeß.

RUDI Lieber Doktor von Trutz, jeden Tag, in jeder Zeitung können Sie's lesen.

DR. VON TRUTZ Hier gibt's keine Zeitung.

RUDI Eine Maßnahme meines Vaters. Er hat Angst, ich lese, daß
meine Kameraden verurteilt werden, und les ich das, fürchtet
er, dann stell ich mich doch noch.

DR. VON TRUTZ Herr Goothein …

RUDI Herr Doktor!

DR. VON TRUTZ Rudi, gehen wir noch einmal zurück. Nach der Abiturfeier ...

RUDI Herr Professor!

LIBERÉ Danke, von Trutz. Wir sehen uns nachher beim Essen.

Dr. von Trutz verbeugt sich knapp und geht.

LIBERÉ Gefällt dir mein Garten?

RUDI Sie wollten den Brief. Hier ist er.

LIBERÉ *geht auf seine Thuja zu:* Eigentlich unsinnig, die Bank so zu stellen, daß man die schöne Thuja im Rücken hat, findest du nicht.

Rudi zuckt mit den Schultern.

Du zählst die Stämme? Gib zu, du hast die Stämme gezählt. Da, die Stämme dieser Thuja. Eins, zwei, drei, vier, fünf, sechs, sieben. Ausgerechnet sieben Stämme. Ohne daß ich was tat an dem Baum.

RUDI Der Brief, Herr Professor.

LIBERÉ Lies ihn vor.

RUDI Ich soll den Brief laut vorlesen.

LIBERÉ Du hast ihn doch geschrieben, sagst du.

RUDI Ich sag, ich muß ihn geschrieben haben.

LIBERÉ Dann mußt du ihn auch vorlesen können.

RUDI Ich kann ihn auswendig, so ist es nicht. Bloß, laut hab ich ihn noch nicht gelesen. Verzeihen Sie also, wenn der Vortrag noch Mängel hat.

LIBERÉ Bitte.

RUDI Rosenwang, zweiter März, zweiundvierzig. Bitte nicht unterbrechen, Herr Professor. Rosenwang, zweiter März, zweiundvierzig. Betreff Aktion 14f 13 in den Konzentrationslagern, Bezug Verfügung Amtsgruppenchef Dora, Strich Dora-Ida, Strich eins, Strich a-zet, Punkt, Doppelpunkt, 14f 13, Strich, O, te, Strich S, Strich Geheim ...

LIBERÉ Bitte, Rudi, laß das doch weg.

RUDI Tagesbefehl-Nummer Drei-vier-Strich-vier-drei. An die Lagerkommandantur Groß-Rosen. Uns erscheint der 24. März 1942 als Ankunftstag der geeignetste, da wir in der Zwischenzeit von anderen Konzentrationslagern beliefert werden und für uns arbeitstechnisch ein Zwischenraum notwendig ist. Sollte es Ihnen möglich sein, die Häftlinge in Omnibussen anzuliefern, so schlagen wir Ihnen die Anlieferung in zwei Transporten zu je 107 Häftlingen und zwar am Dienstag, den 24. März und Donnerstag, den 26. März vor. Die Gemeinnützige Krankentransportgesellschaft wäre Ihrerseits termingerecht zu verständigen. Wir bitten Sie, zu unseren Vorschlägen Stellung zu nehmen und uns den endgültigen Bescheid zukommen zu lassen, damit wir dementsprechend weiter disponieren können. Gezeichnet Rudolf Goothein. *Gibt ihm den Brief.* So. Jetzt. Der Herr Professor schweigt.

LIBERÉ Wie alt bist du?

RUDI Das ist schon meinem Vater eingefallen, mich danach zu fragen.

LIBERÉ Du hast ihm den Brief gezeigt?

RUDI Nein.

LIBERÉ Warum nicht?

RUDI Ich weiß nicht. Ich traute mich nicht. Mein Vater ist, verstehen Sie, er ist sehr gütig. Aber nachdem ich den Brief gefunden hatte, als alles wieder auftauchte, plötzlich wimmelte es mir im Kopf, das Gedächtnis liefert mir, was ich nicht will, läßt aufmarschieren Figur um Figur, ich könnte jetzt schon einen Film danach drehen, so genau seh ich wieder, wie es war, das wirkte sich wohl aus, Papa jedenfalls sorgte sich. Was ist, fragt er, hast du Pilze gegessen. Nein, sag ich, ich bilde mir bloß was ein, mein Gedächtnis wird auf einmal so hell, sag ich, und ich such zu Hause nach dem Koppel, das muß doch noch da sein, sag ich, aber da greift Papa ein, kommt wie der Lehrer mit dem Schwamm, der die Sauerei wegwischen will von der Tafel, und er schafft es nicht. Der Brief, da hilft kein Schwamm, auch nicht der Geburtsschein, den er mir vorhält, der Brief trägt meinen Namen und der Brief ist echt.

LIBERÉ Der Geburtsschein wohl auch.

RUDI Gefälscht um mich zu decken. Mein Vater liebt mich, verhätschelt mich, verstehen Sie.

LIBERÉ Du mußt ihm den Brief zeigen.

RUDI Nein. Niemals. Herr Professor, bitte. Mein Vater und ich, wir sind nicht so gegeneinander, wie man das oft hört. Vielleicht weil ich von meiner Mutter nicht mehr kenne als ein paar Fotos, die nicht zusammenpassen. Auf jedem Foto eine andere Person. Einen solchen Brief, Herr Professor, den meinem Vater zeigen, ich könnte nie mehr sprechen mit ihm.

LIBERÉ Also hast du ihn geschrieben.

RUDI Zuerst hab ich mich natürlich gewehrt. Vorsicht, sagte ich mir, Vorsicht, Rudi. Du hättest diesen Brief geschrieben. Und vergessen. Das Koppel getragen, und vergessen. So was einfach vergessen. Mein Gott, Vorsicht, dann kann jetzt jeder kommen, mir in die Schuhe schieben, was er will. Ich kann es vergessen haben. Aus Kellern, Dachböden, Hunde können kommen, solche Briefe in der Schnauze. Kinder Schiffchen falten aus dem Papier, das den Mord mit meinem Namen besiegelt. Also Vorsicht, sagte ich. Es ist auch Papas Name. Da ist die Schuld, Herr Professor, ein ungeheurer Kittel. Jetzt, wem paßt er? Also frag ich Papa. Womit, Papa, hast du dein Leben so verbracht? *Imitiert:* Ach Junge, was tut ein Chirurg von einem Schlamassel zum anderen. Ein Chirurg operiert eben. Daneben hat er noch seinen Goldfisch. Und sein Klavier. *Wieder als Rudi:* Plötzlich wußte ich: es ist ein Glück, einen schrulligen Vater zu haben. Lächelnd seh ich, daß er älter wird.

Und ich weiß, er muß schon immer ein bißchen so gewesen sein. Besorgt um den Goldfisch. Und in der Klinik immer pünktlich. Du warst also immer Chirurg, Papa? *Imitierend:* Aber ja, Junge. Schon in früher Jugend hab ich immer gern was zerlegt. *Als Rudi:* Und dann hat er's eilig, Herr Professor. *Imitierend:* Junge, ich hab heut vier Mägen und ein Herz. Erhol dich, Junge, dein Vater muß in die Klinik. *Rudi schlägt nach einer Schnake auf seinem Handrücken.*

LIBERÉ Was … was tust du da.

RUDI Eine Schnake.

LIBERÉ Du tötest Schnaken?

RUDI Sie wollen mich ablenken, Herr Professor. Schnaken! Bitte, sagen Sie meinem Vater nichts von dem Brief.

LIBERÉ Du mußt es ihm sagen.

RUDI Schonen wir den armen Mann vor dem Detail. Mörder, das ist schön allgemein. Daß sein Sohn ein Mörder ist, daran wird er sich gewöhnen.

LIBERÉ Du spielst dich auf, Rudi.

RUDI Stimmt.

LIBERÉ Spielst den Täter.

RUDI Ich üb die Rolle wieder, die ich früher spielte, dann vergaß.

LIBERÉ Das prickelt angenehm, solang man weiß, man hat sich das selber ausgedacht. Hat man aber wirklich was getan, Rudi, dann hat man Blei im Nacken. Der Kopf dreht sich nicht mehr. Du kannst nicht mehr nach hinten schauen. Du aber mischst dich einfach ein. Päppelst dir Erinnyen auf. Stopfst sie aus mit Stroh. Damit du was zum Gruseln hast. Hochmut ist das. Du spielst mit der Schuld. Lädst dir Morde auf, die dich nichts angehen. Und dabei schaust du dir zu.

RUDI Muß ich doch, Herr Professor. War ich's, war ich's nicht. Könnte ich's gewesen sein? Sie waren damals in Indien, sagt Papa. Ich weiß nicht, wie ich mit Ihnen reden soll. Wer nicht hier war zu der Zeit, weiß nicht, wozu er imstand gewesen wäre.

LIBERÉ Ich weiß es, Rudi.

RUDI Möglich, Sie haben mal ein Krokodil gequält, Mosquitos vergiftet, was! Bitte, Herr Professor, zündet einer vor Ihnen eine Zigarette an und beim ersten Zug qualmt ihm der Rauch so blaugelb dick aus dem Mund, woran denken Sie da? An Nikotin, Teerprodukt, Kranzgefäße oder Verbrennung indischer Witwen? Ja? Ich seh sofort Kamine, besonders plumpbreit-rechteckige Kamine. Und es riecht so.

LIBERÉ Rudi, ich hab das Rauchen verboten in Karwang.

RUDI Oh, schön. Also doch eine passable Anstalt für mich.

LIBERÉ Eine solche Thuja, zum Beispiel, findest du nicht so schnell wieder. Es wundert mich, daß du nicht siehst, wie eigenartig sie gewachsen ist. Falls du bemerkt hast, wie sie aussieht mit ihren sieben Stämmen, sag es ruhig. Mich erschreckst du nicht damit. Von hier, Rudi, vielleicht siehst du's von hier aus. *Er führt ihn so, daß Rudi die Thuja von der Seite sieht.*

RUDI Besser, Sie sagen gleich, was Sie damit auskundschaften wollen. Ich bin nicht aufgelegt, über Gewächse zu plaudern.

LIBERÉ Merkwürdig, Rudi, manchmal friere ich unter deiner Verachtung, aber manchmal tut es mir richtig wohl, daß du mich so scharf verachtest.

RUDI Ich, Sie verachten, Herr Professor! Ich mache mir höchstens Sorgen um Sie. Es könnte ja sein, Sie ruinieren an mir, wenn Sie mich nicht gradekriegen, Ihren guten Namen.

LIBERÉ Ein guter Name, Rudi, ist ein Pseudonym.

RUDI Also ist der Name meines Vaters mein Pseudonym. Also brauch ich endlich meinen wahren Namen. Sagen Sie's meinem Vater, sein Name bleibt unversehrt, ich bin getauft durch mein Handwerk von damals. Sagen Sie's meinem Vater: ich habe gestanden. Sagen Sie ihm, es ist so: sein Sohn ist der

Schwarze Schwan. Und wenn es ihn tröstet: einmal hatte ich sogar einen Augenblick der Schwäche, wie ein Mensch. Das war im Spätherbst. Ich vor dem Block, die Wolken schon mit kalten Rändern, messerscharf, vom Wind geschliffen, ich schon mit wärmerer Unterwäsche, wohlig eingefaßt fühlt man sich da, und vom Tor her die Omnibusse der Gemeinnützigen Krankentransportgesellschaft Berlin. Das war 'ne Firma, Herr Professor, haftete unbeschränkt dafür, daß aus Groß-Rosen und sonst woher das Material gesund ankam, auf mich zu, und ich stand in wärmerer Unterwäsche als die, schwenkte den Daumen links, den Daumen rechts, grad wie der Daumen Lust hatte, bis die Kleine kam, da sag ich: Halt, der Daumen bleibt stehen, sie schaut so, ich sag: wie heißt du? Hedi, sagt sie. So, sag ich, Hedi.

LIBERÉ Was sagst du?

RUDI Hedi heißt sie.

LIBERÉ Hedi?

RUDI Hedi. Und ich frage: wer bin ich? Der Schwarze Schwan, sagt sie. Da gibt's nichts zu grinsen, schrei ich, ich heiß Rudi, schrei ich und schwenk den Daumen nach rechts, weil ich sie, so grad aus Laune, leben lassen will, sie aber geht nach links, nach links, ihren Alten nach, läßt mir zwei Namen zurück, Hedi. Und ich nicht mehr Rudi. Ich der Schwarze Schwan. Getauft von der. Und tatsächlich, der Name paßte. Ein Name, der nicht paßt, bröckelt ab, hält sich keine vierzehn Tage. Der Schwarze Schwan, das paßte so gut wie meine wärmere Unterwäsche, faßte mich ein, eine Silhouette mit dem Dolch gezogen, ich sah mich gehn in diesem Namen, konnte ihn lesen in den Augen, die auf mich zukamen den Herbst und den Winter, all die Jahre.

LIBERÉ Setz dich, Rudi. Setz dich hierher.

RUDI Das ist der Unterschied, Herr Professor. Ich kann mich

nicht mehr setzen. In mir ist ein Lärm. Schüsse, Güterzüge, Gebell, und immer die durchdringende Tischglocke des Vorsitzenden. Ein Lärm ist das, Herr Professor, daß man taub werden möchte.

LIBERÉ Du dekorierst dich mit Gewissen. Aber du spürst nichts. Was du daher erzählst, berührt dich nicht.

RUDI Oh, Herr Professor, Sie sind wirklich ein Kenner.

LIBERÉ Von Schuld hast du nicht mehr Ahnung als ein Richter. Du prahlst.

RUDI Das ist doch das Schlimme. Ich spür's, daß ich prahle. Ich weiß, was geschah, ich seh mich alles tun, was ich tat, und es tut mir nicht leid. So helfen Sie mir doch.

LIBERÉ Da schau diese Thuja an. Die sieben Stämme. Siehst du denn nicht den Leuchter, Mensch! Siebenarmig, diesen Leuchter.

RUDI Also ein Leuchter. Ach so, ja, natürlich, so ein Leuchter soll das sein.

LIBERÉ Du willst ein Mörder sein, man schüttet dir einen Kübel Blut hin und du sagst, was soll die rote Farbe. Gib's auf, Rudi.

RUDI Ich frage nur, wie übt man das, Reue, Herr Professor, so, daß es einen brennt.

LIBERÉ Geh, Rudi, geh. Vor diesem Baum, so zu prahlen, so unbeschwert, so harmlos, bitte, geh jetzt.

RUDI Entschuldigen Sie bitte, Herr Professor, in puncto Pietät hapert's bei mir. Schon in der Schule an jedem Feiertag fehlte mir das Talent, meinem Gefühl zu übersetzen, was das Ehrenmal meint. Entschuldigen Sie mich also bitte bei Ihrem botanischen Souvenir, dem siebenarmig leuchtenden Gewissensrequisit. Und sehen Sie bitte, wie ich mir jetzt Mühe gebe. Sofort wird jetzt ins Taschentuch der Knoten gemacht. So. Jetzt hab ich auch mein Mahnmal. Portabile. Immer griffbereit. Oder müssen es sieben Knoten sein? Oder sieben Millionen Knoten? Das will ich fleißig überlegen, Herr Professor. Adieu.

Er geht. Liberé bleibt vor seiner Thuja.

3

Wohnzimmer, offen zur Terrasse.

Es fallen auf einzelne indische Souvenirs; ein Buschmesser; ein Schachtisch, dessen Platte von einem Elefanten getragen wird. Professor Liberé, Frau Liberé, Irm, Dr. von Trutz. Irm sitzt unbequem. Die anderen stehen, schauen aneinander vorbei. Dr. von Trutz steht neben Irm, wirft einen Blick in ihr Buch. Irm blättert. Zum Lesen ist sie nicht aufgelegt, aber sie weiß nicht, was sie sonst tun soll. Frau Liberé, im übertrieben ausgeschnittenen Kleid, an der offenen Terrassentür.

FRAU LIBERÉ Eine Luft ist das. Man tappt von einem nassen Lappen in den anderen. Feuchtes Spinnweb ist das, keine Luft. Schwaden, Schlieren und keine Luft. Warum wird die Partie nicht aufgebaut? Was ist, ihr Herrn, heute seid ihr dran. Ich habe frei heute, Irm. Kein Mensch kann heute abend von deiner Mutter eine Schachpartie verlangen. Das Buschmesser müßte man nehmen, die triefenden Schwaden kreuz und quer zerfetzen, bis Luft einströmt von irgendwoher. Es muß doch noch irgendwo Luft geben, die man atmen kann, die man spürt, die ausgibt. Harald?

DR. VON TRUTZ Liebe Schwiegermama?

Irm schaut unwillig auf.

FRAU LIBERÉ Weißt du, warum Schlangen so nackt sind?

DR. VON TRUTZ *zögernd, schaut zuerst zu Irm:* Wenn man bedenkt, aus welcher Zeit die Reptilien …

FRAU LIBERÉ Harald, da unterm Schulterblatt, bitte, kratz mich. Die Schnaken haben sich eingestellt auf uns. Sie kennen genau die Stellen, wo wir nicht hinkommen mit der Hand. Tiefer, Harald, noch ein bißchen, ja, da, jaaa.

DR. VON TRUTZ Sie ziehen dich vor.

FRAU LIBERÉ *zu Harald, aber gegen ihren Mann gemeint:* Das ist alles, was ich jetzt habe von meinem süßen Blut, daß mich die Schnaken vorziehen. Mein Gott, Irm, früher, wir hatten Gäste, ein Haus, jedes Fest mußte dreimal gefeiert werden, soviel Freunde hatten wir. Leute waren das! Wo du hinhörtest: ein Bonmot. Ob Hindenburg starb, oder ob so ein Zeppelin verbrannte … im Parterre nur Seidentapeten … und jetzt wird man schief angeschaut, wenn man eine Schnake umbringt, die einen eine Stunde lang gepiesackt hat. Da nicht, Harald, das kitzelt, zuletzt lach ich noch. Lachen und Rauchen verboten, die Anstaltsleitung. Danke, Harald.

Dr. von Trutz tritt zurück, verbeugt sich, geht wieder zu Irm. Er will seine Hand auf ihre Schulter legen. Sie entzieht sich ein wenig. Er bemerkt das und greift verlegen mit der rechten Hand an sein linkes Ohrläppchen.

FRAU LIBERÉ Wenn ihr weg seid, wer kratzt mich dann?

LIBERÉ Ich, liebe Hille.

FRAU LIBERÉ Du! Du züchtest sie ja, die Biester.

LIBERÉ Nur die Thujen.

FRAU LIBERÉ Eben, daß das Ungeziefer besser gedeiht. Ein Glück, Irm, daß wenigstens du herauskommst aus diesem Dschungel.

DR. VON TRUTZ In Indien, könnt ich mir denken, war es noch feuchter als hier in Karwang.

Frau Liberé lacht kurz und grell auf.

Ich war nie in Indien, entschuldige. Ich dachte bloß … *Bricht verlegen ab.*

LIBERÉ Lassen Sie sich nicht einschüchtern. Sie haben vollkommen recht, von Trutz. *Schlägt nach einer Schnake.*

FRAU LIBERÉ Wie, Hermann, du schlägst nach Schnaken. Harald, hast du das gesehen, der Professor hat eine Schnake erledigt. Wie erklären wir uns das.

LIBERÉ Ganz einfach, liebe Hille. Die Schonzeit ist vorbei.

FRAU LIBERÉ Das will ich mir merken. Harald, hilf mir. Das Monstrum, ich kann es nicht mehr sehen. *Sie geht rasch zu dem niederen Tisch, dessen Platte von einem Elefanten getragen wird. Harald kommt sofort und greift zu.*

DR. VON TRUTZ Aber wohin? Wir haben so ziemlich alle Möglichkeiten durch.

FRAU LIBERÉ Hermann, wieso verbietest du mir nicht, den Schachtisch zu verschleppen? Wieso wird heute niemand gezwungen, mit dir Schach zu spielen? Bist du krank?

LIBERÉ Nein.

Pause.

IRM Warum hast du eigentlich Rudi nicht mitgebracht, Papa?

LIBERÉ Weil er Ruhe braucht.

FRAU LIBERÉ Hinter meinen Sessel damit, dann ist er mir aus den Augen.

Sie tragen den Tisch hinter Frau Liberés Sessel.

IRM Wenn du den Tisch los sein willst, wir nehmen ihn mit.

FRAU LIBERÉ Da es sich um ein indisches Souvenir handelt, mußt du deinen Vater fragen.

LIBERÉ Der Tisch ist eine Erinnerung, Irm …

FRAU LIBERÉ Woran?

LIBERÉ Das weißt du so gut wie ich.

FRAU LIBERÉ Für Indien hab ich, scheint es, kein Gedächtnis. Mir ist, wir wären nachts durchgereist. Ein Reiseführer hat ein paar komische Namen geleiert. Morgens waren wir wieder hier.

LIBERÉ Das ist das unerforschliche Gedächtnis der Frauen, von Trutz.

FRAU LIBERÉ Nein, Harald, das halt ich nicht aus. Sobald ich die Hand über die Sessellehne streck, hab ich Angst, ich berühr den Elefanten.

Harald kommt zu Hilfe.

Zurück, wo er war und eine Decke drüber. *Zu ihrem Mann:* Falls du nichts dagegen hast.

LIBERÉ Aber Hille, du sollst dich wohlfühlen hier. *Erschrickt.* Mein Gott, wo ist Tinchen?

FRAU LIBERÉ Das wissen wir doch nicht.

IRM Mit mir spricht sie ja nicht. Sag ich was, rennt sie weg.

LIBERÉ Sie ist ein Kind.

FRAU LIBERÉ Ein dreißigjähriges.

LIBERÉ Aber ein Kind.

FRAU LIBERÉ Da hat man einmal Glück gehabt, das eigene Kind normal, dann muß er eins adoptieren, das für immer von der Gehirnhautentzündung geschlagen bleibt. *Sie wirft eine Decke über den Schachtisch.*

IRM So ein armes Wesen sollte einfach sterben können, das wäre das beste, findest du nicht, Papa.

LIBERÉ *laut:* Irm!

FRAU LIBERÉ *rasch:* Du bist sie los in ein paar Tagen. Ihr heiratet und ich … verkomm mit Tinchen im Geschlappere dieser grünen Finsternis. Wenn ich mal besonders übermütig bin, leg ich die Hand auf die Türschwelle und stelle mir vor, ein Zug fährt darüber. Das große Lokomotivengeräusch. Eine Sekunde ohne Froschgequak. Ach Irm, ich in der Stadt, als erstes würd ich Schaufenster einwerfen, Leute beschimpfen, Polizisten beleidigen, bis sie gemein werden, einkaufen links und rechts, mir Paketchen nachtragen lassen wie eine Negerkönigin. Anzünden sollte man diesen Wald. Petroleum in jeden Tümpel.

Nichts als eine einzige nasse Schweinerei die sogenannte Natur. Ein Turnlehrer bist du gerade nicht, Harald, aber Irm wird dich ein Leben lang lieben dafür, daß du sie hier rausgeholt hast. Und gleich in ein Hochhaus. Wievielte Etage, Irm?

IRM *zuckt mit den Schultern.*

DR. VON TRUTZ *rasch:* Siebzehnte.

FRAU LIBERÉ Irm! Siebzehnte Etage. Rundherum Dächer. Straßen. Eine Stadt aus Stein, trocken und kühl.

DR. VON TRUTZ Manchmal kommt mir vor, sie freut sich gar nicht.

IRM Wie oft willst du's eigentlich hören pro Tag, daß ich mich freue? Nimm mich mit oder nimm mich nicht mit, aber spiel nicht andauernd den Weihnachtsmann.

DR. VON TRUTZ Irm, in der Stadt, bei mir, du wirst die Tür immer offen finden. Ob du hinaus willst oder herein.

FRAU LIBERÉ Er ist einfach zu nachsichtig mit dir, das ist sein Fehler.

IRM Dabei weiß er, was der Hauslehrer gemacht hat mit mir.

LIBERÉ Von wem?

IRM Von mir.

FRAU LIBERÉ Das wäre nicht nötig gewesen.

DR. VON TRUTZ Ich begreife nur nicht, warum man dieses Scheusal nicht der Polizei übergeben hat.

FRAU LIBERÉ Mit der Polizei haben wir's nun mal nicht. Jeder sein eigener Richter. Das müßtest du eigentlich gelernt haben in den drei Jahren. Gedächtnis genügt.

LIBERÉ Wenn man eins hat.

DR. VON TRUTZ Zum Vergeben haben wir keine Macht, Herr Professor. Wir sind trotz allem keine Pfarrer.

FRAU LIBERÉ Verglichen mit uns bist du einer.

IRM Ach Mama, jetzt redest du wieder, als wären wir weiß Gott was für eine Familie.

FRAU LIBERÉ Ich schweige.

LIBERÉ Irm hat recht. Du redest.

FRAU LIBERÉ Ich schweige.

LIBERÉ Du redest! Also, von Trutz, Sie täuschen sich. Da Sie fast so wenig Gedächtnis haben wie meine Frau, wissen Sie nicht, was es heißt, einen Menschen seinem Gedächtnis zu überlassen.

DR. VON TRUTZ Oh, ich könnte Ihnen heute noch wörtlich wiederholen, was unser Kompaniechef immer vor dem Angriff sagte. Ich weiß leider noch sehr genau, daß ich zwei Kilometer vor Kiew einen Platten hatte. In Minsk ging mir das Kölnisch Wasser aus. Und als aus dem Dunst der Elbrus auftauchte, hatte ich den Schnupfen. Und …

LIBERÉ Das sag ich doch. Sie merken sich alles Mögliche, aber Sie haben kein Gedächtnis.

FRAU LIBERÉ Wie meine Frau.

LIBERÉ Ähnlich, liebe Hille.

FRAU LIBERÉ Weil ich dein … dein heiliges Indien nicht auswendig kann. Frag doch Irm einmal aus über Indien.

LIBERÉ *rasch:* Sie war zu jung. Irm, bitte, schau jetzt endlich, wo Tinchen so lange bleibt.

Irm ab.

FRAU LIBERÉ Woher haben wir also den entsetzlichen Elefantentisch, lieber Hermann?

LIBERÉ Ich weiß es. Du weißt es auch.

FRAU LIBERÉ Also, paß auf, Harald. Strandfest, am Ozean, dreißig, vierzig riesige Zelte, der Maharadscha von Sowieso-Pur, dreihundert Gäste beim Eis, beim Tee, beim Eistee, plötzlich die Elefantenherde …

LIBERÉ Hör auf.

FRAU LIBERÉ Zelte, Gäste, Gedecke wirbeln durch die Luft…

LIBERÉ Hille!

FRAU LIBERÉ Du rettest die Maharani, er schenkt dir dafür den Elefantentisch.

Liberé lacht gezwungen, Dr. von Trutz lacht ebenfalls.

LIBERÉ Es ist Ihnen klar, sie will mich parodieren.

DR. VON TRUTZ Ich kenne die Szene, Professor. «Indisches Grabmal».

FRAU LIBERÉ War es nicht «Tiger von Eschnapur».

DR. VON TRUTZ Jetzt werd ich unsicher.

Man hört Tinchen singen. Dann kommt sie, hinter ihr Irm. Tinchen ist halbwegs wie ein Jungmädel angezogen. Schwarzer Rock, weiße Bluse, ein Dreieckstuch. Sie ist zirka dreißig Jahre alt, aber schwer von Gestalt. In der Hand hält sie einen Aluminiumtopf, schüttelt ihn wie eine Sammelbüchse. Münzen scheppern.

TINCHEN

Wildgänse rauschen durch die Nacht
mit schrillem Schrei nach Norden
Unstete Fahrt habt Acht habt Acht
die Welt ist voller Morden.

FRAU LIBERÉ Aufhören. Sie soll endlich aufhören.

IRM *nach dem Lied:* Ich kann sagen, was ich will, Papa, sie tut, als höre sie nicht.

TINCHEN Keiner soll hungern und frieren. Für das Winterhilfswerk, eine Spende bitte.

LIBERÉ Komm, Tinchen, komm zu mir. *Er holt Münzen aus der Tasche, wirft sie hinein.*

FRAU LIBERÉ Hab ich dir nicht verboten, du ungezogenes Kind …

TINCHEN Tante, die Scharführerin hat gesagt: die Älteren verstehen uns nicht. Keine ist zu vornehm für die Sammelbüchse. Wir betteln nicht. Wir dienen. Keine ist zu vornehm zum Dienen.

FRAU LIBERÉ Gib mir den Topf.

TINCHEN Und wenn dann gezählt wird bei der Sonnwendfeier …

FRAU LIBERÉ Gib her. *Sie entreißt ihr den Topf.*

LIBERÉ Hille.

FRAU LIBERÉ Ekelhaft. Ein Zahn. Rasierklingen. Knöpfe.

TINCHEN Nichts ist so klein, es kann doch nützlich sein. Der Vierjahresplan sagt dir, laß nie Papier …

FRAU LIBERÉ Aufhören! Woher ist das Zeug?

TINCHEN Die von Zimmer 104 geben immer am meisten. Und der Groschen ist von Rudi.

Frau Liberé zieht ihr die Bluse aus.

Nicht, Tante, die Uniform. Zur Sonnwendfeier …

FRAU LIBERÉ *zu Irm:* Hol ihr die Jacke.

IRM Harald, hörst du, die Jacke.

DR. VON TRUTZ Begleite mich wenigstens.

IRM Dann hol ich sie eben allein.

DR. VON TRUTZ Nein, bitte bleib, ich hol sie schon.

Dr. von Trutz ab.

FRAU LIBERÉ Dir darf man gratulieren, Irm. Man wünscht sich zwar immer einen Mann, der einen Nagel gerade in die Wand schlagen kann, weißt du, so mit klingenden Schlägen – *sie begeistert sich* –, die dann immer fester und dumpfer werden. Aber wozu auch! Hast du gesehen, Hermann, wenn er Irm einen Stuhl hinstellt und sie setzt sich, dann berührt er sie zuletzt noch an der Schulter. So lieb ist er.

IRM Mach nur einen Trottel aus ihm. Nur weiter so.

FRAU LIBERÉ Ich! Du behandelst ihn, wie er es nicht verdient. Nur du.

TINCHEN Im Wald, Tante, hat er ihr die Tasche nachgetragen. Mit dem Mund.

IRM Das ist nicht wahr, du lügst, du … du …

LIBERÉ Irm, bitte, sie meint es doch nicht so.

Harald kommt mit der Jacke. Frau Liberé zieht Tinchen die Jacke an, knöpft sie falsch.

FRAU LIBERÉ Danke, Harald. Zu Tinchen: Wenn du noch einmal so ungezogen bist, mußt du sofort auf dein Zimmer.

LIBERÉ Komm, Tinchen, setz dich hier her. *Er knöpft ihr die Jacke richtig.*

FRAU LIBERÉ Harald, zum letzten Mal, hilf mir, so sieht es aus wie ein Altar, wie ein Sarg. *Sie reißt die Decke vom Tisch, die den Tisch bis zum Fußboden hin verbarg.*

LIBERÉ Hille, du tyrannisierst uns ganz schön mit diesem Tisch.

FRAU LIBERÉ Der tyrannisiert mich.

LIBERÉ Mein Gott, so schau halt nicht hin.

FRAU LIBERÉ Ich muß.

LIBERÉ Von Trutz, Sie sehen, das ist ein Fall. Wir müssen meine Frau behandeln. Was schlagen Sie vor. Zwanghafte Fixierung auf ein harmloses Möbelstück.

DR. VON TRUTZ Enttabuisieren.

LIBERÉ Also, liebe Hille, jetzt wollen wir's endlich wissen. Woher haben wir diesen Tisch. *Scharf:* Woher?

FRAU LIBERÉ Aus … aus … Sag es doch selber.

LIBERÉ Woher?

FRAU LIBERÉ Na ja, dann eben aus Benares.

LIBERÉ Richtig, aus Benares. Und von wem?

FRAU LIBERÉ *sagt auf:* Benares ist berühmt durch die Totenverbrennungen. Die Witwen stiegen auf den Holzstoß zum toten Gatten, ein Jüngling legte Feuer, manchmal sprang die Witwe schreiend zur Erde – *persönlicher* –, verstehst du, Harald, es ist nicht jeder Frau Geschmack für die Seele ihres Mannes zu sühnen, es gibt Frauen, die wollen einfach weiterleben, und wär's auch als Witwe – *sagt wieder auf* –, aber die Angehörigen scheuchten die Witwe unter Schmähungen auf den Holzstoß zurück.

LIBERÉ Das haben wir natürlich nicht mehr erlebt, von Trutz. So war es früher. Aber der Tisch, Hille, von wem …

FRAU LIBERÉ Leichenverbrennungen dagegen …

LIBERÉ Das ist bekannt, Hille. Der Tisch …

FRAU LIBERÉ Für Ärzte sehr bequem, Harald. Du kannst praktisch jeden umbringen, der wird so schnell verbrannt, da gibt es keine Schererei.

LIBERÉ Sie sehen, von Trutz, die Patientin meidet das Objekt, um das es ihr geht. Spielen wir lieber eine Partie.

FRAU LIBERÉ Der Benares-Duft, Harald, ein widerwärtig riechender Dampf, am Ufer rußgeschwärzte Männer, mit eisernen Stangen stochern sie in die Scheiterhaufen, rundum Knochen, meterhoch die Asche, und warum das alles? Um die Geister der Verstorbenen zu zähmen. Als müßte jeder Lebende ein schlechtes Gewissen haben, bloß weil er noch lebt. Ist das so?

LIBERÉ Ja.

FRAU LIBERÉ Harald, ist das so?

DR. VON TRUTZ Auf jeden Fall, Professor, Ihre Frau hat ein lebhaftes Gedächtnis, das ist nicht abzustreiten.

FRAU LIBERÉ Überhaupt kein Gedächtnis hab ich. Ich will auch keins. Ich pfeif auf Gedächtnis. Ich lebe. Bloß der, mein lieber Gatte, der will partout, daß ich mir eins anlege, ein sorgsam gehegtes, von allem Unkraut gereinigt, daß nicht plötzlich schwarze Tulpen blühen, aber dann schon lieber gar keins als so ein Schnittlauchbeet von einem Gedächtnis.

LIBERÉ Bist du imstande und sagst, woher wir den Tisch haben, oder willst du weiterphantasieren?

FRAU LIBERÉ Der Tisch ist … ist aus Benares.

LIBERÉ Gut. Und von wem?

FRAU LIBERÉ Von – *gequält buchstabierend* – Mandayan Karumpurath.

LIBERÉ Wer war das?

FRAU LIBERÉ Unser Freund. Direktor von Socony-Oil.

LIBERÉ Im Jahre?

FRAU LIBERÉ 1941.

LIBERÉ Bravo, liebe Hille. Jetzt die Partie, von Trutz.

FRAU LIBERÉ Aber warum hat er uns den Tisch geschenkt?

LIBERÉ Einfach so. Ein Andenken an unsere Freundschaft.

FRAU LIBERÉ Harald, unser Freund Mandayan hatte seine Frau
umgebracht.

LIBERÉ Was sagst du da?

FRAU LIBERÉ Na ja, sie war schwer krank, stell ich mir vor, vielleicht unheilbar, im Kopf, verstehst du, also erlöst er sie, so
was gibt's ja, nachher wird sie verbrannt, er opfert Reis auf
dem Scheiterhaufen, um sich vor den Belästigungen durch die
Tote zu schützen, aber es gelingt ihm nicht, sagen wir, er lei-
det, hält es nicht mehr aus, will sich stellen, der Polizei, der
irdischen Gerechtigkeit, da greift mein Mann ein und lehrt
Mandayan, wie man das macht, täglich an die Toten denken
und doch gut weiterleben, wie man bloß durch Drandenken
alles ins reine bringt.

LIBERÉ Hille!

FRAU LIBERÉ Verstehst du, er lehrt ihn nicht etwa Vergessen,
womit dem Armen geholfen gewesen wäre, nein, er lehrt ihn
das Vegetieren. Und dafür schenkt uns der den Elefantentisch.
Zur Strafe, sozusagen. Daß auch wir ein Leben lang daran
denken. Ich, zum Beispiel, die mit der ganzen Sache nichts zu
tun hatte. Ist das eine akzeptable Version?

LIBERÉ Ja, wenn du jetzt noch zugibst, daß an dieser Geschichte
kein Wort wahr ist.

FRAU LIBERÉ Das stimmt.

LIBERÉ Und wir spielen endlich unsere Partie.

FRAU LIBERÉ Auf dem Elefantentisch.

LIBERÉ Aus Benares.

FRAU LIBERÉ Viel Vergnügen.

Sie geht, alle schauen ihr nach.

Es wird dunkel.

4

Wäscheplatz. Irm nimmt die Wäsche ab. Rudi kommt, sieht sich vorsichtig um, dann tritt er plötzlich zu Irm.

RUDI Weiß. Schön weiß, Irm, das schafft bei mir bloß noch der Tod. Ja, ich bin heute tief gestimmt. Niederträchtig. Übermütig. Kennen Sie Jo-Jo? *Macht die Bewegung.* Spielt einer mit mir, Jo-Jo. Und dann heißt es: Rudi ist launisch. Verstehen Sie. Rudi ist nicht launisch. Mit Rudi wird Jo-Jo gespielt. Das ist der ganze Witz. *Rudi greift nach der Wäsche.* Leider nicht trocken, Irm.

IRM Trockener wird die Wäsche hier nie, Rudi.

RUDI Ach. Meine Anteilnahme, Irm. Was für ein Leben, nie ganz trockene Wäsche. Als meine Mutter noch … die Wäsche war spröd vor Trockenheit, und steif. Vor Trockenheit knisterte die, als meine Mutter … wie würden Sie das sagen?

IRM Als Ihre Mutter …

RUDI Ja, meine Mutter, als sie noch …

IRM Lebte.

RUDI Noch Wäsche abnahm. Wir rannten unter der Wäsche hindurch, obwohl die Wäsche fast bis auf den Boden hing. Ein Geschwader tief gehender Fregatten, Irm. Schwere Segel. Schwer und gebläht. Und wir unten durch, das sagte ich schon. Ja, ja, die Muttersprache. Das hat man davon. Überfrachtet, meine Muttersprache, der Ballast rollt, lang macht sie das nicht mehr. Da muß was über Bord, Irm. Immer der Ärger mit der Wäsche. Auf dem Wäscheplatz. Vom Fenster aus sah ich Sie zwischen der Wäsche. Meine Mutter, denk ich, lauf herunter, und treffe Sie.

IRM Dann werd ich Sie eben in Zukunft für meinen Vater halten.

RUDI Und ich werde mich auf dem Kopf kratzen, bis Sie zugeben, daß ich es bin. Das hat Ihr Vater nicht, diese platonische Krätze, gegen die es keinen Schampon gibt. Wenn ich allein bin, Irm, bürst ich mir stundenlang den Kopf, kaum ist er trocken, fängt diese höhere Unreinheit wieder an zu jucken und ich kratze, bis die Arme schmerzen.

IRM Weiß das mein Vater?

RUDI Ach, Sie Lämmchen! Der hat es mir sogar empfohlen. Solang ich nicht bereuen kann, hab ich auch nichts getan. Sagt er. Und er hat recht. Jetzt üb ich also Reue. Sehen Sie, hier sitzt das Gedächtnis. Von hier aus wird die Kopfhaut angegriffen. Das Gedächtnis sendet einfach, was es hat. Das erzeugt die ewige Krätze. Der Vorrat ist unendlich. Dafür ist gesorgt. Ach, Irm, lassen Sie uns Englisch sprechen. Da kommen einem nicht immer solche Wörter in die Quere. Krätze, zum Beispiel! Lassen Sie uns eine Sprache sprechen, in der ich nicht weiß, was Krätze heißt.

IRM Bitte nicht Englisch.

RUDI Nichts ist so lustig wie eine Fremdsprache. Eine Ballonfahrt ist das, eine Fremdsprache. Es geht bloß so dahin. Die Erde wird ungenau und ringsum wird es mit einem Mal warm.

IRM Ich krieg eine Gänsehaut bei Englisch.

RUDI *greift nach einem Leintuch:* Ich helf Ihnen. Das kann ich nämlich.

Sie straffen ein Leintuch, dann falten sie es zusammen.

IRM Jetzt bin ich wieder Ihre Mutter.

RUDI Dann müssen Sie rufen: nun lassen Sie doch endlich die Kinder!

IRM Ich seh keine.

RUDI Da, sehen Sie nicht, ein Bub, ein Mädchen. Nun lassen Sie doch die Kinder!

IRM Nun lassen Sie doch die Kinder!

RUDI Aber nicht zu mir, sondern zu dem Mann. Zu dem schwarzen Mann da.

IRM Was ist das für ein Mann?

RUDI So'n schwarzer Mann. Den gibt's ja wohl in jeder Jugend. Vielleicht sogar in Indien.

IRM Ich weiß nichts mehr von Indien. Papa sagt, ich habe ein schlechtes Gedächtnis.

RUDI Das ist was Gutes, ein schlechtes Gedächtnis. Was hab ich davon, daß ich noch jeden schwarzen Mann weiß, der vorbeikam am Wäscheplatz.

IRM Mit einer Mütze.

RUDI Nehmen Sie doch die Mütze aus dem Mund, sagte meine Mutter zu dem.

IRM Die schwarze Mütze.

RUDI Sie erschrecken mir ja die Kinder! Ich lief dem nach. Meine Mutter rief. Der hatte lange Stiefel.

IRM Einen Dolch?

RUDI Natürlich einen Dolch. Ihm gehörten alle Omnibusse. Wir wurden eingefangen. Das Mädchen und ich. Erst wenn die Omnibusse leer waren, durften wir wieder ins Freie. Es gibt Kranke, die stecken an, verstehen Sie. Sogar die Vorhänge wurden zugezogen. Mit Tischen und Stühlen bauten wir ein Barackenlager. Wenn Verdunkelung war, durften wir alles. Das Mädchen hatte einen langen Zopf, den klemmte ich in die Schublade. Zuerst lachte sie, dann schrie sie. Die Bauernkinder haben die Omnibusse jedesmal gezählt. Mach dich bloß mausig, sag ich, dann kommst du in'n Backofen von mei'm Vater. Das war im Krieg, Irm. Da hat er wohl als Bäcker gearbeitet. Mußte ja jeder was anderes tun als er wollte, Krieg ist Krieg. Verstehen Sie. Der Bäcker wird Soldat. Der Doktor wird Bäcker. Der Rauch roch so. Noch beim Frühstück. Die Klapsmühle raucht wieder! Ich hatte immer Streit mit diesen Bauernjungen. Und meine Mutter hatte keinen Appetit. Luftveränderung. Immer hieß es bei uns Luftveränderung. Aber sie kriegte einfach keinen Appetit mehr. Plötzlich ließ sie das Leintuch fallen, riß mich mit, wir rannten ins Haus. Nicht anfassen, rief sie, nicht anfassen. Der Ruß. Sie mochte den Ruß nicht aus dem Kamin. So war das früher. Da rußten die Kamine noch. Wir sind da weggezogen. Ro… Ro… Rosenwang. Ja, ich war einmal in Rosenwang. Richtige Skandale gab es mit diesem Ruß. Die Technik muß noch sehr weit zurück gewesen sein, damals in Rosenwang, sonst hätte meine Mutter nicht soviel ausstehen müssen. Sie würden sich doch auch ärgern, wenn Ruß auf diese weißen Tücher fiele.

IRM Was Sie erzählen, kann ich mir gleich vorstellen.

RUDI Eigener Herd, Goldes Wert. Weißes Leinen. Rote zackige Buchstaben. Das hing in der Küche.

IRM Sie rannten dem Mann nach. Dem schwarzen.

RUDI Ich und Hedi mit dem Zopf. Schwarzer Mann, schwarzer Mann, riefen wir und der dreht sich um und lacht. Was heißt das: SS? haben wir gefragt. Schwarzer Schwan, sagt er und hielt die mit dem schwarzen Zopf an ihrem schwarzen Zopf. Ich hatte ein Messer und als er weg war, war ich der Schwarze Schwan und zog das Messer und nahm den Zopf, den hatte ich doch immer eingeklemmt, wo es ging, in die Schublade, in die Tür, den schnitt ich ab, sie schreit, eine Hand auf mich zu, ich fall, mit dem Messer … das hat ganz schön geblutet – *greift sich unwillkürlich an den Hals* –, in Rosenwang oder sonstwo … sehen Sie, so ist das, wenn Sie eine Muttersprache haben, ein Wort gibt das andere, und am Ende glaubt man selber daran. Ich glaube, man muß sehr vorsichtig sein mit einer Muttersprache.

IRM Sie haben eine Narbe am Hals, Rudi.

RUDI Kommen Sie, bevor es regnet. Die Wäsche. Hier ist ja immer ein Gewitter bereit.

IRM Wenn Sie reden, hab ich mindestens fünf Ohren. Alles taucht gleich auf. Die Bleiche, die Mütze, der Ruß, Sie sagen etwas und schon seh ich es.

RUDI Ich auch, leider.

IRM Dabei soll ich gerade mit Ihnen nichts reden. Weil Sie doch nicht gesund sind.

RUDI Wer möchte schon gesund sein, Irm. Nach allem. Krank bin ich ja nicht. Nur mein Gedächtnis spukt. Ein wilder Verkehr durch alle Kammern. Wo doch alles hübsch getrennt untergebracht werden sollte. Eine Kammer für die Toten. Eine Kammer für jene Toten. Eine Kammer für den Schulanfang. Und eine für die großen Ferien. Das Leichengift macht mir zu schaffen. Soll ich Ihnen den Korb reintragen?

IRM Nein, das dürfen Sie nicht.

RUDI Ja, richtig, ich bin ansteckend. Aber Sie auch, wissen Sie das.

IRM Es wäre viel lustiger hier, wenn man mit Ihnen reden dürfte.

RUDI Alles Gute, Irm. Der Jo-Jo-Spieler windet mich hinauf. Die Stimmung steigt. Ich könnte Ihnen schreckliche Vorschläge machen. Auf Wiedersehen.

IRM Bleiben Sie doch noch. Ich bleibe doch auch noch. Sogar das Gewitter wartet noch. Extra wegen uns. Meistens sind Sie so traurig, daß man gar nicht reden kann mit Ihnen.

RUDI Wer einen fröhlichen Vater hat, wird leicht ein mieser Kerl.

IRM Ich habe auch so was erlebt mit einem Frühstück.

RUDI In Indien?

IRM Vielleicht hatten wir da auch so'n Wäscheplatz.

RUDI Wäscheplätze wird es überall geben.

IRM Und Ruß?

RUDI Ruß wahrscheinlich auch.

IRM *laut und rasch:* Rudi, der Ruß!

RUDI *nach einer Schrecksekunde:* Ich sag es ja, wie meine Mutter. Irm, Irm, mit Ihnen kann man spielen. Aber sobald ich die Hand ausstrecke nach Ihnen, merk ich, ich erreiche Sie nicht.

IRM Wann wollen Sie eigentlich heiraten?

RUDI Nie.

IRM Schade. Um Sie.

RUDI Mein Jo-Jo-Spieler läßt das nicht zu. Stellen Sie sich vor, meine Frau streckt die Hand herüber, da fällt es dem ein, er läßt mich fallen, meine Frau greift ins Leere, erschrickt, kriegt graue Haare, ich komm später zurück und bin mit einer Greisin verheiratet.

IRM Sie wären mir lieber als der Doktor.

RUDI Ich muß arbeiten. An mir. Sagt der Professor. An Heiraten ist da gar nicht zu denken. Mein Vater kommt. Der will was sehen. Und er soll was sehen. Helfen Sie mir?

IRM Ja, Rudi, gern.

RUDI Das Zimmer 104 kennen Sie?

IRM Bruno kenn ich, den Gärtner.

RUDI Und Seelschopp und Figilister und Gerold.

IRM Papa sagt, das wird nichts mehr mit denen.

RUDI Sehr nette Leute, Irm. Ich bin ein Laie, aber ich behaupte, mit denen ist was anzufangen. Mich behandeln sie zwar wie ein Flaschenkind. Dann wollen sie mich gleich wieder prügeln. Wir sind schon richtig befreundet.

IRM Und was soll ich dabei?

RUDI Ich muß doch arbeiten an mir, der Professor will es, mein Vater will es. Also werde ich meine Freunde von 104 mobilisieren, und dann führen wir meinem Vater und dem Professor was vor.

IRM Und ich?

RUDI Sie könnten mitmachen. Wenn Sie dabei sind, kommt mir vor, geht alles noch mal so gut.

IRM Rudi, könnte ich nicht auch so einen schwarzen Zopf gehabt haben?

RUDI Die hieß nicht Irm.

IRM Den du in die Schublade klemmtest. Und in die Tür.

RUDI Den ich abschnitt.

IRM Als du der Schwarze Schwan warst.

RUDI Ließ ich Hedi nach links gehen. Ich hatte sie … hatte ich sie nicht nach rechts … aber sie ging nach links. Freiwillig.

IRM Davon habe ich auch gehört.

RUDI Ja. Man sprach viel davon. Freiwillig ging die nach links.

IRM Nenn mich Hedi.

RUDI Nein.

IRM Bloß so. Zur Probe.

RUDI Nein.

IRM Es regnet. Die Wäsche.

RUDI Also?

IRM Danke schön.

RUDI Bei mir bedankt man sich nicht.

IRM Doch. Sie haben mir geholfen die Wäsche zusammenzulegen. Und unterhalten haben Sie mich auch.
Sie nimmt den Korb. Rudi will helfen.
Nein, nicht.

RUDI Bis morgen.
Irm ab.
Tinchen hat schon gewartet.

TINCHEN *von der Seite:* Rudi.

RUDI Ach Tinchen, du.

TINCHEN Immer redest du so lang mit Irm.

RUDI Sie begreift so schwer.

TINCHEN Mir hat sie meine Kleiderkarte geklaut.

RUDI Was hat sie?

TINCHEN Und hinten drauf war ein Autogramm von Mölders. Das wollt ich nachher bei der Sonnwendfeier tauschen gegen Prien.

RUDI Gib zu, dich schickt der Onkel.

TINCHEN Der Onkel darf nichts wissen. Er mag doch Prien nicht.

RUDI Ich auch nicht.

TINCHEN Wen magst du?

RUDI *schweigt.*

TINCHEN Verstehe, Rudi. Feind hört mit. Aber zur Sonnwendfeier gehst du mit mir und nicht mit Irm, daß du's weißt.

RUDI Mensch, Tinchen, Sonnwendfeier, so was Langweiliges.

TINCHEN Und wenn ich dir eine Pistole verschaffe?

RUDI Was für eine Pistole?

TINCHEN Onkel hat eine, in der Schublade, eine echte, du könntest ins Feuer schießen.

RUDI Oder in den Himmel.

TINCHEN Oder in die Welt.

RUDI Abgemacht, Fräulein Häuptling, ich erwarte die Pistole.

TINCHEN Abgemacht.

RUDI Tinchen, es regnet.

TINCHEN Bleib. Spiel jetzt mit mir.
Zählt ab:
Itze ditze Silberschnitze
Itze ditze drauß.
Drauß bist du noch lange nicht
Sag mir erst wie alt du bist.

RUDI *reißt sich los, rennt weg.*

TINCHEN Rudi!
Es wird dunkel.

Liberé bei seinen Drahtarbeiten. Tinchen spielt am Boden.

TINCHEN Onkel?

LIBERÉ Ja, Tinchen?

TINCHEN Darf ich dich was fragen, Onkel?

LIBERÉ Aber natürlich, mein Kind.

TINCHEN Ich muß doch bei der Sonnwendfeier den Spruch sagen mit der Vorsehung. Was ist das eigentlich, die Vorsehung?

LIBERÉ Das … das ist … so …

GOOTHEIN *rasch:* Mensch, Liberé, das sind aber miese Nachrichten. Sie hängen, hör ich. Das Pulver verschossen, die Festung unversehrt. Herrgott, Liberé, was haben Sie früher für Gehirne ausgeräumt.

LIBERÉ Sie können ihn gerne wieder mitnehmen.

GOOTHEIN Reden wir doch mal Tacheles. Wo sehen Sie die Wurzel? Und quälen Se mich bitte nicht mit Ihrem Dilettantismus da.

Liberé hört auf zu flechten.

Die Wurzel, Liberé.

LIBERÉ Das Schlüsselerlebnis war dieser Brief. *Gibt ihm den Brief.*

GOOTHEIN *überfliegt den Brief:* Rosenwang, zweiter März, zweiundvierzig. Betreff Aktion 14f 13 in den Konzentrationslagern … An die Lagerkommandantur Groß-Rosen. Uns erscheint der 24. März 1942 als Ankunftstag … Konzentrationslagern beliefern werden und für uns arbeitstechnisch ein Zwischenraum notwendig ist … Häftlinge anzuliefern, … Krankentransportgesellschaft … damit wir dementsprechend weiter disponieren können. Gezeichnet Rudolph Goothein. Ja. Solche Briefe hat man schreiben müssen. Fürchterlich, Liberé. Der arme Junge. Wo er bloß diesen unglückseligen Brief her hat.

LIBERÉ Aus einem Buch.

GOOTHEIN Mein Gott, und ich glaubte, ich hätte alles vernichtet.

LIBERÉ Ein-hundert-sieben. Am 24. März.

GOOTHEIN Sein Geburtstag.

LIBERÉ Sein Geburtstag.

GOOTHEIN Was machen wir, Liberé? Was machen wir bloß?

LIBERÉ Sie müssen zugeben, daß Sie es waren, der diesen Brief schrieb.

GOOTHEIN Das geht nicht. Der Junge hängt an mir.

LIBERÉ Wenn Sie es nicht waren, war er es.

GOOTHEIN Was haben Sie aufgebaut, Ihrem Kind zuliebe! Und von mir verlangen Sie, daß ich meinen Sohn hineinzieh in die schlimmen Geschichten von damals.

LIBERÉ Ihr Sohn ist schon drin.

GOOTHEIN Er hat einen so guten Kern. Sie wissen nicht, wie eng wir sind, er und ich. Er würde es einfach nicht glauben.

LIBERÉ Vielleicht. Aber vielleicht spielt er bloß. Quält sich vor uns. Bis wir es nicht mehr aushalten. Eine zweckvolle Vortäuschung, deren er sich bewußt ist. Er will uns zwingen, alles zuzugeben.

GOOTHEIN Nee, nee, das nicht, Liberé. So ist er nicht. Heimtückisch war er nie. Das ist 'ne echte ethische Hypertrophie, Liberé, 'ne ethische Überkompensation, weil er mit der Verlobung nicht zu Rande gekommen ist. Das nimmt er sich übel. Und so heizt er sich auf. Der Brief ist da bloß der Tropfen, der noch gefehlt hat. Die ganze Skrupulosität is' nischt als 'ne Überkompensation für 'ne eingebildete Insuffizienz. Da konfabuliert er eben. Also, Liberé, daß ich Ihnen das sagen muß, ist ja wohl 'n Witz. Wer is'n nu eigentlich der Neurosen-Spezialist, Sie oder ich.

LIBERÉ Er lähmt mich, Goothein.

GOOTHEIN Wachen Se auf, Liberé, ich bitt Sie.

LIBERÉ Er spielt mir was vor. Jedes Stichwort sitzt. Ich müßte endlich meine wahre Rolle übernehmen. Er spricht auf mich ein. Und ich, ich bleibe stumm. Ich habe, was war, gezähmt. In ein kleines Nagetier verwandelt. Wenn mir mal der Kaffee nicht schmeckt, bin ich schon stolz. Vielleicht gelingt es Ihrem Sohn. *Nimmt den Telephonhörer ab.* Rudi soll jetzt kommen. Und, von Trutz, sagen Sie ihm, sein Vater ist da. Und beiläufig fragen Sie ihn, ob er gleich mit möchte mit seinem Vater. Ja. *Legt den Hörer auf.*

GOOTHEIN Daß er ein Judenhasser sei, wirft er sich nicht mehr vor, sagt der Doktor. Das ist schon was.

LIBERÉ Ja. Er will ein gewöhnlicher Mörder gewesen sein. Unterschiedslos umgebracht zu haben, das wär schon eine Erlösung. Aufgenommen in eine Legion von Mördern. Kameradschaft aus ein paar tausend Jahren. Motive, Umstände jede Menge. Der Verteidiger redet, am Ende würde man selber begreifen, warum man zustach. Überhaupt zugestochen zu haben, das genügte schon. Aber wir wissen doch gar nicht mehr, wie und warum. Goothein, warum? Wissen Sie das noch?

GOOTHEIN Nu fangen Se nicht schon wieder an, Liberé.

LIBERÉ Und jetzt sollen wir hinstehn und Auskunft geben, daß ein ganzer Gerichtssaal vor Verständnis und Verachtung schauern kann.

GOOTHEIN Ham Se mich deshalb hergebeten, daß Se wieder die ollen Kamellen aufwärmen können, Liberé. Sie sind ja schlimmer als 'n Kriegskamerad. Herrgottsakerment, Liberé, wird denn dadurch irgendwas besser? Das ist doch bloß so 'n Bedürfnis bei Ihnen und darüber vergessen Se, warum Se mich herbestellt ham.

LIBERÉ Ich hab es nicht geschafft.

GOOTHEIN Was ham Se nicht geschafft?

LIBERÉ Das Geständnis.

66

GOOTHEIN Das verlangt auch keiner von Ihnen. Dazu ist mein Junge nicht hier, Liberé, daß er sich Geständnisse anhören soll.

LIBERÉ Vielleicht hätte es ihm geholfen.

GOOTHEIN Liberé, allmählich zweifle ich an Ihnen.

LIBERÉ Ich auch, Goothein. Deshalb ließ ich Sie rufen. Ich stell mich nämlich jetzt seinem Hochmut. Ein Mörder! Rudi glaubt, das sei was Besonderes. Die elende Glätte, mit der das vor sich ging. Das waren doch ganz normale Tage. Nur daß man das Gefühl hatte, was Schlechtes gegessen zu haben. Eine besondere Übelkeit. Andauernd. Aber mehr war es doch nicht.

GOOTHEIN Liberé, Liberé, Ihnen fehlen einfach die paar Jahre Zuchthaus. Die Quittung fehlt Ihnen. Aber ich kann se Ihnen doch nicht ausstellen. Ich weiß nicht, was Se immer noch wollen von mir.

LIBERÉ Goothein. Ich will sagen, hätte man einen umgebracht, möglich, daß einem der nachginge, mit einem ganz bestimmten Gesicht, die Augen vielleicht. Wahrscheinlich die Augen.

GOOTHEIN Und bei uns mischt sich's eben. Das stimmt schon. Wenn ich manchmal träum, dann sind's Zahlen. Aber nu allen Ernstes, Liberé, warum bin ich hier.

LIBERÉ Weil ich Schluß mache. Entweder er oder ich. Ich kann ihn nicht behandeln. Also stell ich mich ihm. Hier wird er eintreten. Rudi, werde ich sagen, lassen wir das Versteckspielen. du hast nie was getan, das weißt du. Aber hast du dir einmal überlegt, was du getan hättest, wenn es an dir gewesen wäre, damals, wenn du alt genug gewesen wärst, etwas zu tun? Ja, du bist fein heraus. Allein dein Geburtsdatum macht dich zu einem fabelhaften Kerl. Tausendmal besser als dein Vater. Als alle Väter zusammen. Und das genießt du. Trampelst herum auf jedem, der das Pech hat, dreißig Jahre älter zu sein, der mit hineingerissen wurde, der Gelegenheit hatte, seine entsetzlichsten Eigenschaften kennenzulernen. Und du, der prahlende Gewissensheld, woher weißt du so sicher, du hättest dich damals so makellos bewährt? Man muß Gelegenheit gehabt haben, vorher kennt man sich nicht. Bitte, versuch dich, versuch dich an mir. Dann drück ich ihm die Pistole in die Hand. Wie schwer es ist, abzudrücken, kann ihn nur die Pistole lehren.

GOOTHEIN Ist das nicht zu riskant?

LIBERÉ Diese Art Leben hier riskiere ich gern.

GOOTHEIN Entschuldigen Sie, wenn ich dabei an Rudi dachte. Zu riskant um seinetwillen.

Dr. von Trutz eilig von rechts.

DR. VON TRUTZ Er weigert sich, hierherzukommen. Auf Zimmer 104, sagt er, empfängt er Sie.

GOOTHEIN Was soll das heißen, Liberé.

DR. VON TRUTZ Seine Anspielungen, es ist unüberhörbar, ich habe darauf hingewiesen, der Affektdruck steigt, wir sind zu passiv, Rudi hat die Initiative, der Herr Professor, mit Verlaub, scheint zu staunen. Die Politischen von Zimmer 104, das pure Gift für Rudi. Komme ich mit dem Assoziationsprotokoll, mit der Reizworttabelle, der Herr Professor winkt ab. Jedes methodische Vorgehen wird mir unmöglich gemacht. Ich muß das jetzt sagen. Entschuldigen Sie. Möglich, er treibt zu auf eine offensive Entladung.

GOOTHEIN Liberé!

LIBERÉ Kommen Sie.

TINCHEN Onkel.

LIBERÉ Ja, mein Kind!

TINCHEN Rudi ist schon ein toller Hecht, Onkel, findest du nicht?

LIBERÉ Ja, mein Kind.

TINCHEN Und die Vorstellung, Onkel, du hast mir versprochen …

LIBERÉ Später, Tinchen, wir müssen zu Rudi.

Beide rasch ab.

TINCHEN *spielt:*

Machet auf das Tor, machet auf das Tor es kommt ein goldner
Wagen.

Was will er denn?

Was will er denn?

Er will die Letzte haben.

Es wird dunkel.

Pause.

6

Zimmer 104: Anstaltsmöbel für die vier Insassen Gerold, Bruno, Figilister und Seelschopp. Die vier stellen gerade das Mobiliar um. Rudi zeigt ihnen, wie er es haben will. Alle sind in Eile. Offenbar steht etwas bevor. Irm steht dabei, weiß nicht, was sie hier soll.

RUDI Und wer seinen Text vergißt, hört auf, fragt mich, verstanden. Improvisiert einer, fliegt er raus.

BRUNO Jawohl, Herr Adjutant.

RUDI Das gilt vor allem für dich, Gerold.

GEROLD Ach Rudi, ich bin dir treuer als das Fell dem Fuchs.

RUDI Bei den Lebensläufen, immer kommt ihr ins Plaudern und Ausschmücken. Wenn ihr euch jetzt nicht beherrscht, habt ihr mich hier zum letzten Mal gesehen.

INSASSEN Rudi. Mensch Rudi. Du bist aber ganz schön nervös. Wenn hier einer durchdreht, bist du's.

IRM Rudi, könnten Sie nicht wenigstens andeuten, was Sie vorhaben. Mein Vater wird, wenn er mich hier sieht, sofort fragen.

RUDI Vorerst schauen Sie einfach zu. Amüsieren sich. Das genügt. Gerold, der Schaukelstuhl, prima.

GEROLD Ach Rudi, dir zulieb organisier ich den Herodes ins Kinderheim.

Liberé und Goothein treten rasch ein.

FIGILISTER Achtung.

RUDI Ah, unser verehrtes Publikum. Guten Tag, lieber Vater.

GOOTHEIN Guten Tag, Junge, wie geht es dir?

RUDI Ach, Papa, es könnte jeden Tag besser gehen. Ich muß richtig aufpassen, daß meine Nachtigall nicht zu groß wird, weil sie doch jemands Eule sein kann. Das weiß man ja leider nie.

GOOTHEIN Rudi, ich habe dir Bücher mitgebracht.

RUDI Danke. Leider les ich nicht mehr. Meine Hände, Papa, sobald ich lese, fromm verfolge, wie die Welt zwischen zwei Buchdeckeln aussieht, gleich tropft mir Blut ins Buch, ich schau auf und sehe, wie meine rechte Hand die linke blutig kratzt und die linke wehrt sich nicht. Als wollten sie miteinander darstellen, was ich lese.

GOOTHEIN Rudi, ich kenn dich, du übertreibst. Da schau, Tolstoi, Shakespeare.

RUDI Laß sehen. *Nimmt ein Buch, schüttelt es.* Gut. Ich schenk es Irm! *Nimmt ein zweites, schüttelt es.* Akzeptiert. Für Sie, Irm. Das müssen Sie sich angewöhnen, Irm, jedes Buch zuerst schütteln. Manchmal fallen Zettel raus oder alte Briefe. Die sind in Ordnung. *Gibt Irm die Bücher.* Papa!

GOOTHEIN Ja, Rudi?

RUDI Du wolltest was sagen?

GOOTHEIN Nein. Ja. Natürlich, wie es dir geht. Du fühlst dich besser, kommt mir vor.

RUDI Ach Papa, so gut auch wieder nicht. Je mehr ich mich mit mir abgeben muß, desto weniger überzeugt mich der Mensch. Was für eine Arbeit, um so was intakt zu halten. Trainiere ich die Arme, verkommen die Beine. Und wenn ich die Beine trainier, schrumpf ich oben. Offensichtlich sind wir so gedacht, daß immer mehr verkommt als man erhalten kann. Na ja, wenn man den Fortgang bedenkt. Unsere Bestimmung, Herr Professor, der man sich nicht durch die Flucht in so eine Urne entziehen soll. Schließlich sind wir doch, hoff ich, ein Posten im Haushalt des großen Verwesers. Mit uns wird gerechnet. Wir haben zuviel Urnen verschickt, damals. Da ist zuwenig verwest. Kein Wunder, ist die Balance beim Teufel. Papa!

GOOTHEIN Ja, mein Junge.

RUDI Du wolltest was sagen?

GOOTHEIN Ich. Ach Rudi, ich glaub, ich nehm dich mit. Wenn du willst.

RUDI Wie steht der Prozeß?

GOOTHEIN Welcher Prozeß?

RUDI Du hast mich nicht angezeigt?

GOOTHEIN Rudi, Junge, ich dich anzeigen.

RUDI Affenliebe, Herr Professor, finden Sie nicht auch. Er macht sich zum Komplizen. Na ja. Spielen wir also weiter. Auf Teufel komm raus, sozusagen. Das Stichwort gab der Herr Professor. Kaum war ich hier, sagt er: Du päppelst dir Erinnyen auf. Das war ein Vorwurf. Weiß ich doch von der Schule, Erinnyen, das ist nicht zum Lachen. Also hab ich mir ernst den Kopf zerbrochen. Zum Glück fand ich Freunde hier. Ärmere Verwandte. Experten, was Erinnyen betrifft. Erinnyen, ausgestopft mit Stroh, wird der Herr Professor sagen. Aber doch mit Stroh aus ihrem eigenen Kopf, das immerhin. Dank der Hilfe dieser meiner Freunde bin ich imstande, ein positives Spiel zu geben. Du, lieber Papa, wirst sie als Darsteller höher schätzen, wenn du weißt, wer sie sind – vielleicht dient uns der Herr Professor mit ein paar Daten – und: wofür sie sich halten. Gerold!

Gerold tritt vor.

Gerold ist der Star in unserem Spiel.

GEROLD

Den Schuldigen spiel ich, den Doktor F.,
den spiel ich mit Schminke und mit Klamotten
und spiel ihn von innen, liebe Leut,
denn ich kenn, was ich spiel, aus dem Effeff.
Weil ich doch selbst ein Mörder bin.

Was Bach die Orgel, war mir die Pistole
Fangschuß hier und Fangschuß da,
wo halt ein Fangschuß fällig war.
Zu Befehl: blitzschnell. Zu Befehl: in die Höll.
Zu Befehl, zu Befehl, zu Befehl.

LIBERÉ *zu Goothein:* Funker im Kessel von Tscherkassy. Stirn-
hirnverletzung.

GEROLD Dazwischenreden verbitt ich mir, verstanden!

LIBERÉ Aber ja, lieber Gerold.

GEROLD Auf den Kopf zu sag ich Ihnen, daß Sie gerade wieder
dabei sind, das Gerücht zu verbreiten, ich hätte keinen umgebracht.

LIBERÉ Du hast mich wieder einmal durchschaut, Gerold.

GEROLD Und warum dann der Kopfschuß? Und warum trifft
der dann akkurat so, daß mir das Gewissen anfängt zu singen,
und singt und singt, und ein Fangschuß nach dem anderen
kracht mir im Kopfe aus alten Zeiten.

RUDI Gerold! Stopp! Papa, du siehst, man muß die Welt schützen vor so einem. Bildet sich ein lächerlich scharfes Gewissen
ein, plappert immer bloß von seiner Schuld.

LIBERÉ Die er nicht hat.

GEROLD Wer keinen Kopfschuß hat, kann kein Gewissen haben …

Rudi Gerold! Du kommst ins Plaudern. Du bist jetzt Dokter
F. Verstanden!

GEROLD Zu Befehl. Zu Befehl. Zu Befehl.
Dokter F. tritt zur Seite.

RUDI Jetzt meine lieben Erinnyen, her mit euch. Zuerst Seelschopp, der üble Seelschopp.

SEELSCHOPP *hastig, kurzatmig:* Ja. Ja. Ja. Haar her, zünd mir
Wolfsaugen an, her die Krallen vom Tiger und ein Sümmchen,
Rudi, zum Schikanieren.

LIBERÉ *zu Goothein:* Jüdischer Grafiker, stellte Pässe her, kam nach Dachau, dann nach Theresienstadt. Typisches KZ-Syndrom.

RUDI Unser Seelschopp weiß, wie Erinnyen tun.

SEELSCHOPP

Ach ich war ein schlimmer Fälscher
fälschte ich doch Untermenschen
machte richtige Menschen draus.
Aus Josef Grün hab ich Hans Braun gemacht.
Immer nachts, wenn es Nacht war, nachts.
Draußen Stiefel, ich ins Aquarium
Goldfisch, sagen die Stiefel, Goldfisch
Daniel Seelschopp, Goldfischchen
Schau, wir werfen jetzt Sand in deine Kiemen
Schau jetzt werfen wir. Werft doch, schrei ich.
Sie sagen: Goldfischchen gleich. Werft doch
schrei ich, werft doch, endlich, schrei ich, schrei ich.

RUDI Das reicht. Verehrtes Publikum, unsere erste Erinnye. Alekto! Geh, Alekto, geh und üb dich im Quälen.

SEELSCHOPP Ja. Ja. Ja. *Geht zur Seite.*

GOOTHEIN Rudi.

Liberé hält Goothein, der aufstehen will, heftig zurück.

RUDI Pschscht. Bruno!

BRUNO Hier!

LIBERÉ Fünf Jahre als Gärtner auf dem Obersalzberg. Dementia simplex. Mit Versündigungswahn.

BRUNO Melde gehorsamst, die Wege sind gerupft wie die nackteste Gans. Mein Führer kann kommen. Seines Fußes wird ein Unkraut nicht sein.

RUDI Bruno, du bist Megära. Unsere zweite Erinnye.

BRUNO Megära hat verstanden. Aber Bruno bittet noch.

Rudi Was bittet Bruno noch?

BRUNO

    Meld dem Führer, bitt ich dich,
    daß ich mit dem Schaufelstiel
    seine Freya nicht gehaut.
    Bin doch ein Tierfreund wie Er selbst.
    Haben seine Hunde auch,
    die Er strenger haben sollte,
    mir die Beete oft versaut,
    gehaut hab ich sie nie. Das war
    Anton, mein Gehilfe, der bei
    Woronesch gebüßt hat. Mit Bauchschuß.
    Meld dem Führer, bitt ich dich,
    wenn Er von der Insel kommt,
    wo Er Schach spielt mit Figuren,
    welche sind aus Halswirbeln
    aus dem Hause Habsburg, meld ihm:
    frei hab ich die Wege gehalten
    daß Er wieder kommen kann.

RUDI Meld ich. Ab jetzt. Megära. Und sei mir schön grausam.

BRUNO Zu Befehl.

RUDI Figilister, dürre Krücke, her mit dir.

FIGILISTER Ich komm mit Furcht und mit Eile. Da bin ich.

LIBERÉ *zu Goothein:* Debiler Epileptiker. Überlebte die Euthanasie. Seitdem Schuldpsychose.

FIGILISTER

    Bloß keine Nachsicht mit mir.
    Im Dezember einundvierzig
    muß es kalt gewesen sein.
    Holz und Kohlen waren sämtlich
    an der Front. Also braucht man
    Volksgenossen, braucht man uns.

Wer gute Knochen hat, soll Wärme
geben für die Volkswohlfahrt,
sagt der Herr Professor in Grafeneck.

Bloß keine Nachsicht mit mir.
Im Dezember einundvierzig
als ich sollte Wärme geben
für die Volkswohlfahrt, bemerk ich
daß ich so ein feuchtes Wesen
hab und krieg Angst, ich brenne nicht.
Alter Sabberer brennt nicht gern,
sagt der Herr Professor in Grafeneck.

Bloß keine Nachsicht mit mir.
Im Dezember einundvierzig
als vor Kälte den Schutzengeln
glatt die Flügel wegfrieren
drück ich mich vor dem Verbrennen
geb überhaupt keine Wärme für's Volk.
Dafür kriegst du lebenslänglich
sagt der Herr Professor in Grafeneck.

RUDI Unsere dritte Erinnye: Tisiphone.

GOOTHEIN Rudi, was soll denn das? Komm jetzt. Ich nehm dich
mit nach Hause.

RUDI Ach, Papa, jetzt kommt doch erst das Positive. Gerold,
Seelschopp, Figilister und Bruno, auf die Plätze, fertig, los.
*Während die Insassen als Schauspieler auftreten und den Ti-
tel sagen, hält Rudi eine Wolldecke vor Gerold. Der zieht
dahinter einen SS-Mantel an und tritt mit seinem Satz hervor.*

FIGILISTER Die Domestizierung …

76

BRUNO … beziehungsweise Zähmung …

SEELSCHOPP … der Erinnyen …

GEROLD … durch Dokter F. *Er zeigt auf sich selber.*

FIGILISTER Eine Übung für den Schuldigen.

RUDI Gerold.

GEROLD Zu Diensten.

BRUNO Depp. Jetzt kommt doch das Spiel.

GOOTHEIN Rudi, komm, du …

RUDI Schscht. Jetzt hat das Spiel begonnen. Gerold! *Rudi schiebt Gerold vom Spielplatz, weil der von selber nicht geht.*

RUDI Auf, Alekto, los, Megära, vorwärts, Tisiphone, zeigt eure Krallen und seid mir schön fürchterlich.

ALLE DREI *eher leise, flüsternd:* Teremtemtem. Teremtemtem.

ALEKTO *lauter:* Was wächst bei dir, Tisiphone.

TISIPHONE Bei mir wächst Kerbholz, Alekto.

ALEKTO Was wächst bei dir, Megära.

MEGÄRA Prima Kerbholz wächst bei mir.

ALEKTO Bei mir wächst auch kein Gras.

ALLE DREI *wieder leise:* Teremtemtem. Teremtemtem.

ALEKTO *zeigt hinaus:* Achtung. Er kommt.

TISIPHONE Er stolpert, steht rum und zögert, tut als wüßte er den Heimweg nicht, begafft den Schutt der Oper, die Fassade des Gymnasiums.

MEGÄRA Als müsse man sich wundern über soviel Kaputtes.

TISIPHONE Er grämt sich, weil der Heimkehrerteppich fehlt. Das Glockenbimbam. Der Kuß der kitzligen Jungfrau. Er hüstelt. Kratzt im Dreck der Straßenbahnschienen.

MEGÄRA Die pappigen Lippen schmiert er mit der trockenen Zunge.

TISIPHONE Wenn er mich erst sieht, wetten, ihm bleibt die Luft weg.

MEGÄRA Daß er heimkommt, scheint es, freut ihn nicht.

TISIPHONE Ich stampf ihm mit einem Füßchen jeden Morgen in seinen Teppich die Mulde von Shitomir.

MEGÄRA Ich laß aus den Augen das Mündungsfeuer springen und mit dem Knöchel markier ich den Knall.

TISIPHONE Was er abwirft, klaub ich auf. Was er loswerden will, bind ich ihm auf Leib und Seele.

ALEKTO Bitte, keine grobe Tour. Ein feiner Mörder braucht feine Pfleg. Verstanden. Mal 'ne polnische Anekdote. Ein Name wie Treblinka. Schreit nicht vom rauchenden Blut. Bleibt im Bild. Er ist gewöhnt an Bilder. Was Wirkliches erreicht so einen Dokter nicht.

MEGÄRA Ich werd gedenken des blutroten Frühlings bei Lemberg.

TISIPHONE Ich sing ihm das jiddische Liedel.

MEGÄRA Beseufzen werd ich den würgenden Herbst der Ukraine.

ALEKTO Daß er glaubt, er kann heimkehren jetzt, als hätte er Hasen in Ungarn gejagt, zeigt, er braucht uns. Achtung.

Der Dokter F. tritt ein und stellt sich zum Monolog. Gleichzeitig entrollt Rudi vor den Schränken der Insassen eine vom Krieg zerstörte Hausfassade.

DOKTER F.

Des Lebens Pulse zucken irr, geschändet
dein Name, Vaterland, die Aura, hin.
Du stinkst. Und stinkend hat die Nacht geendet
in der am Himmel deutsch die Sonne schien.
Die drei nicken und schauen einander erstaunt an.
Geplatzt die Sonnwendfeier, der Zauber futsch.
Schieß noch ein bissel, schlag noch ein bissel,
friß noch ein bissel aus der Schlachterschüssel
schubs noch ein bissel die Todeskutsch.
Daß sich ein solches Werk vollende
Genügte hier ein Geist für tausend Hände.

ALEKTO Der Herr Dokter tut sich leid. Soviel spürt man.

DOKTER F. Ach, ihr Erinnyen. Wo ich den Kopf hindreh, da seid ihr schon. Wenn ich mit dem Fernglas auf den Mond schauen könnte, zuerst sähe ich euch. Das ist kein Vorwurf, bitte. Ich mach mir klar, versteht das doch, daß ihr jetzt immer um mich seid. Die Weichsel ist nicht breit genug, die Oder nicht breit genug. Das war ein schlimmer Krieg war das. Der Globus geniert sich, weil wir drauf sind. Wir haben uns ja auch übel, weiß Gott warum, so übel haben wir, so übel uns, daß Ratten jetzt Schneeglöckchen sind gegen uns, so übel, wenn man bloß wüßte, wie's dazu kam, so übel haben wir uns aufgeführt. Und jetzt schaut her, wo ist der Haufen, wo die Tuchfühlung, der Vordermann, weg. Jetzt bring's hübsch unter zwischen Schläfe und Schläfe, dahinein pack jetzt Gestank, Geschrei, die blauen Gesichter.

TISIPHONE Wenn er so weitermacht, uns nicht zu Wort kommen läßt …

DOKTER F. Eins ist gleich klar: der Platz des Arztes war in der Baracke. Ich hörte mehr, als ich sah, und sah viel mehr, als ich tat.

Die drei pfeifen durch die Zähne.

O nein, ich red mich nicht raus. Die Baracke in Brandenburg, Litzmannstadt, Shitomir, Lemberg, Linz, Theresienstadt, ich habe sie mitgebracht. Diese aufreibenden Verlegungen! Eine Durchführung des wissenschaftlichen Auftrags war glatt unmöglich. Ja, glaubt denn wer, der Arzt drängt sich danach, daß man ihm weißes Menschenfleisch zuschubst? Wir waren weit im Tierversuch. Die Mykologie ist jung. Der hautpathogene Pilz triumphiert seit Menschengedenken. Aber wir waren weit in vitro und in vivo, und hatten doch keine Polinnen. Hatte Subouraud Polinnen? Nein. Hatte Plaut Polinnen? Nein. Diese armen Polinnen. Hielten den Rosenkranz davor. Mit der

Nadel mußte ich durch den Rosenkranz durch. Ich bin doch gegen Gewalt. Schrecklich dann die bakteriellen Begleitinfektionen. Knoten in Kirschgröße. Aber die Aktinomyces israeli sind nicht meine Erfindung, das ist Laiengeschwätz. Diese armen armen Polinnen. Der Arzt will doch helfen, versteht sich. Und draußen um den Lehmplatz die Birkenstämme, am dritten Tag blutig. Ich hab sie abwaschen lassen. Man behauptet, der Arzt sei abgehärtet. Dagegen nicht!

MEGÄRA Der bringt uns um alles.

TISIPHONE Es scheint, er braucht uns nicht.

ALEKTO Mir kommt es schlau vor. Er hofft, wenn er so redet, gehen wir.

DOKTER F. Bitte, bleibt. Darf ich mich setzen.

ALEKTO Vor der Baracke auf dem Lehmplatz …

DOKTER F. *eifrig:* Im Winter Schnee, ich weiß, sie standen, barfuß, ohne Stühle, barfuß im Schnee, bis an die Knöchel.

ALEKTO Sobald einer knickte, wegrutschte, umfiel …

DOKTER F. Ein Schuß. Ich hab es gehört. O ja, glaub bloß keiner, so was sei angenehm zu hören.

ALEKTO Du willst dich also setzen, Dokter.

DOKTER F. Sonst fall ich ohnmächtig um, mir zur Erlösung, versteht ihr, die Ohnmacht, ein Schwamm wischt von Schläfe zu Schläfe die schlimmen Daten aus. Sitzend aber bleib ich wach und krall mich an der Erinnerung kaputt. Versteht ihr, darum muß ich sitzen.

ALEKTO Gebt ihm den Stuhl.

TISIPHONE Saditjes poschalsta.

MEGÄRA Sednjete si.

DOKTER F. Oder ich leg mich gleich ins Bett und ihr zieht mir die Kluft an, da, die Häftlingskluft, das wird mir die Träume salzen, glaubt mir. Solang einer wach ist, wehrt er sich, widerspricht er dem Schrecklichen, er muß ja weiteratmen, schlafend ist er geliefert, ein polnisches Gutnacht genügt und die galizische Wanze, ein unausdenkbares Ungeheuer, kommt so die Wand lang, daß es dem Schlafenden die Herzklappen zerdeppert, er ist das Opfer seiner Opfer und sie können endlich umgehn mit ihm wie die Karpatenkatze, wenn sie satt ist, mit der Feldmaus umgeht, die sie peitscht und beutelt und balgt und sorgfältig zerbeißt, ohne sie zu töten. Bringt mir die Häftlingskluft. Bitte.

ALEKTO *nervös:* Ja-doch, bringt sie ihm.

Tisiphone und Megära bringen den Schlafanzug. Sie helfen dem Dokter aus Jacke und Hemd und ziehen ihm den gestreiften Kittel über. Der Dokter legt sich auf das Bett.

TISIPHONE Daß er den Pyjama anzieht als Häftlingskluft …

ALEKTO Er überrascht mich. Hätte jemand ihn so bußwürdig erwartet?

MEGÄRA Keiner, der ihn kennt.

TISIPHONE Ich meinerseits werde, wenn der Pflegling mir so entgegenkommt, eher müde. *Tisiphone gähnt und schläft ein.*

MEGÄRA Alles will er selbst besorgen, das schläfert wirklich ein. *Megära schläft ein.*

ALEKTO Tisiphone, Megära, he … singt wenigstens, begleitet seinen Schlaf, stellt seinem Traum die Weichen, hallo, he. Zum ersten Mal erleb ich das, sie verschenken eine Nacht, die beste Zeit, so hat er sie betört. *Zum Dokter:* Schläfst du?

DOKTER F. Nein. *Springt auf.* Laß uns was tun. Komm, faß an. Schau doch, Alekto. Dein Mißtrauen, obwohl es mich beleidigt, meinen Ernst verhöhnt, ich begreif es ja. Du kannst mir nicht trauen, trau ich mir denn selber? Nein. Ich trau mir nicht. Ich weiß nur, will ich was gutmachen von all dem, was nicht gutzumachen ist, muß ich am Leben bleiben, und gesund. Auf dem Bett liegend fallen mir die Adern zusammen, übermorgen lieg ich und verröchle, also hat sich's, aus. Die

Schuld bleibt ungesühnt zurück. Verwaist. Begreifst du. Sie klagt in einen leeren Himmel. Und ich hab einen leichten eiligen Tod gehabt. Die pure Erlösung. Hilf mir, daß ich mich kräftige. Nur wenn ich kräftig bin, kannst du mich quälen.

ALEKTO Wenn du nicht immer alles selber sagen wolltest, was meines Auftrags ist …

DOKTER F. Doch nur, daß du siehst, wir sind einig. Wenn du Lust hast, kannst du mal den Hörer abnehmen, ob wir noch Anschluß haben. Schließlich soll man draußen ruhig erfahren, daß ich wieder da bin, und wer ich bin, verschweig es keinem, eine Sau von einem Wissenschaftler. Ich fühle mich schmutzig, schmutzig durch und durch, ich kann es mit meiner Auffassung nicht mehr vereinbaren vom Arzt, ich werde den weißen Kittel nicht mehr anziehen, anfangen will ich mit nichts als meinen Händen und Gutes tun.

ALEKTO Geht das nicht zu schnell. Du, Gutes tun?

DOKTER F. *hektisch:* Ich Wissenschaftler ich, das Schwein, was ich tun mußte gegen meinen Willen, infizieren armes weißes Menschenfleisch, die Polin hielt immer den Rosenkranz davor, die schrecklichen Erfahrungen, ich zwinge sie, Gutes zu tun. *Während Dokter F. spricht, vervollkommnet Rudi die Wiederaufbau-Ausstattung. Er zieht vor der Ruinenfassade eine neue Hochhausfassade hoch. Aus Silberpapier; naiv, selbst gebastelt.* Soll das denn bloß Grausamkeit gewesen sein für nichts und wieder nichts. Die Kenntnis, widerwillig erworben, jetzt soll sie zum Heil gereichen. Alekto, wir produzieren. Mittel. Medikamente. Und du und die zwei, ihr bleibt bei mir und kontrolliert in jeder Sekunde, ob ich vergesse. Ich vergesse nichts. Mein Absender wird immer Theresienstadt heißen. Und wo ich hinschau: der Lehmplatz vor der Baracke. Die blutigen Birken. Weck die zwei, es ist sowieso allerhand, jetzt schlafen, weck sie, los, auf Tisiphone, an die Arbeit Megära, mit Brüten und Sinnieren wird das Schreckliche bloß faul. Tisiphone ans Telefon. Megära an die Maschine. Alekto, du entwirfst die Prospekte. Meine Griseofulvine werden aufräumen mit dem Salbenschwindel.

Die drei Erinnyen formieren sich zu einer Arbeitsgruppe. Dokter F. bedient sie mit Befehlen. Sie arbeiten pantomimisch. Dazu eine konkrete Musik. Als Arbeitsplatz wird am besten ein Insassenbett gewählt. Alekto steht, Megära sitzt auf dem Gestell, Tisiphone sitzt auf der Bettkante.

Megära diktierend: Werde ich also um 11 Uhr 15 in Frankfurt landen … *Zu Tisiphone:* Der Anwalt soll schon vor elf … *Megära diktierend:* Falls Sie sich weiterhin weigern sollten, sehen wir uns gezwungen, andere Maßnahmen … *Alekto über die Schulter:* Lauter, Alekto, ein Prospekt muß schreien, hier die Sporenmanschette ums Haar viel zu harmlos, das Haar wird erwürgt von ihr, das muß herauskommen, grafisch, grafisch, grafisch muß das …

Zu Tisiphone: Alarmieren wir das Kartellamt, daß er endlich weiß, der Tropf… *Zu Megära:* Verlangen wir Fairness, wie wir selber Fairness zu üben nie müde … *Zu Alekto:* Zentralnervensystem rot, die ganze Fläche brandrot und hier unter Mucormykose grün, fett grün ein Strich. *Zu Tisiphone:* Ich bin schon weg, nicht vor Montag … *Zu Megära:* … freue ich mich, Ihnen, den Experten der Arbeitsmedizin, vortragen zu dürfen, wie sehr die Fußmykose mit ihren tiefgreifenden Hautzerstörungen die Leistungskraft des arbeitenden Menschen beeinträchtigt.

Zu den drei Erinnyen:

Die Konkurrenz, bloß keine Schwäche jetzt, die Konkurrenz ist verwirrt. Sie disponieren schon verkehrt. Jetzt wird aufgekauft. Aber leise, leise, leise. Ich frag mich überhaupt: sind wir nicht zu laut, nach allem? Meine gestrengen Eumeniden, ihr

seid großartig, ja das seid ihr, aber solltet ihr nicht manchmal an das denken, was war? Bitte, stöhnt manchmal auf, fletscht mich ruhig an, sträubt das Haar, vergiftet den Blick. Danke.
Die drei arbeiten sanfter weiter. Er treibt sie an.
Zu Tisiphone: Kann er nicht sofort liefern, hat er ausgeliefert.
Zu Megära: ... an Lizenzproduktion nicht länger interessiert.
Zu Alekto: ... so nicht, Alekto, zwei Ausrufezeichen, den ganzen Wortsalat weg, weg, weg.
Ach das Parlando der Blätter im Juni. Die Amseln im Abendrot. Liebe Konkurrenz, ich will Sie nicht melancholisch machen. Ich selber bin melancholisch. Hab ich doch 48 Prozent Ihrer Anteile in meine Hand gebracht und weiß nicht, wie Sie das aufnehmen werden? Stimmt es nicht traurig, am Ziel zu sein.
Solch ein Gewimmel, schön zu sehn
wie Eifer sich mit Eifer mißt.
Jetzt steh Gewimmel, schweig Gedröhn.
Klatscht in die Hände. Die drei stehen auf. Er wird feierlich.
Das wär kein Mensch, der das vergißt,
was wir getan unmenschlich, blind.
Laßt uns von Zeit zu Zeit daran denken,
daß wir für immer schuldig sind.
Dann wird ein Gott uns gnädig lenken.
Kurze Schweigeminute. Dann klatscht er wieder in die Hände.
Der Betrieb geht weiter.
Zu Megära: ... übernehmen wir ab sofort Ihre Produktionskapazität. *Zu Tisiphone:* Rückflug am selben Tag ... *Zu Alekto:* ... einfacher, Alekto, einfacher: Hygiene ist kein Luxus ... oder noch besser: ist Hygiene Luxus. Fragezeichen.
Die Musik, eine Mischung aus Arbeitsgeräusch und Rhythmus, wird grell. Einen Augenblick lang geht die Szene als Pantomime weiter, dann ertönt Rudis Gong. Die Insassen hören jäh auf, gehen zu den Schränken.

RUDI Herr Professor, lieber Papa, so wird gespielt. Und siehe: die Schuld schläft ein wie das Kätzchen in der Sonne. *Bittet Irm in den Schaukelstuhl.* Liebe Irm, geben Sie uns im Epilog eine Vorstellung unseres künftigen Befindens. Alles Zeitliche ist uns untertan, wir sind reif für den Schaukelstuhl, die Erinnerung frißt uns aus der Hand. Erfreuen Sie uns bitte mit einer hübschen Begebenheit aus Kinderjahren. Indien, zum Beispiel. Die Palme küßt den Wolkensaum, der Ozean ... na Irm, was tut denn der Ozean? *Pause.* Ich war doch nicht in Indien. Bitte, Irm.

IRM *schaut Rudi an, schaut ihren Vater an.*

LIBERÉ Irm, hörst du? Du bist dran.

IRM *rennt zu ihrem Vater:* Papa, ich weiß nicht, er hat mir nichts gesagt vorher, glaub mir, Papa.

LIBERÉ Tu ihm doch den Gefallen. Erzähl etwas aus Indien.

IRM In Indien dagegen saßen wir abends auf der hölzernen Veranda und hörten, nein, in Indien dagegen, vor allem in Südindien kann man während der Regenzeit, während der Regenzeit gibt es dort ... so gut wie keine trockene Wäsche. In Indien dagegen ... Nein. Papa. Ich kann nicht. Jetzt nicht.

RUDI Schade, Freunde. Sehr schade. So kommen wir um das Schönste. Wie es sein wird, wenn wir in gebändigter Erinnerung schaukeln, das erfahren wir nicht. Indien versagt uns seinen Zauber. Indien gibt kein Gastspiel in Karwang. Schade, schade, schade.

GOOTHEIN Rudi, Junge, laß diesen Firlefanz. Komm, ich nehm dich mit. Nach Hause. Du gehörst nicht hierher.

RUDI Hört ihr, Freunde, was ich zu hören bekomme. Ich gehöre nicht zu euch, nicht ins Gehege der Schuld. Also muß ich nun doch meine Geschichte erzählen, die sich messen kann mit jeder hier anwesenden Geschichte, lieber Vater. Und sie sträubt sich nicht, wie sich Indien sträubt. Sie gibt sich mit Ort und

Datum und östlich von Greenwich. Sagen wir, Rosenwang zweiter März zweiundvierzig, betreff Aktion 14 f 13 erscheint uns der vierundzwanzigste März als geeigneter Ankunftstag, als der geeignetste überhaupt, weil ich da Geburtstag habe und wir in der Zwischenzeit von anderen Konzentrationslagern beliefert werden und für uns arbeitstechnisch ein Zwischenraum …

GOOTHEIN Rudi, was soll das?

Die Insassen rücken mit Rudi zusammen langsam vor gegen Liberé und Goothein.

RUDI … und für uns arbeitstechnisch ein Zwischenraum …

GOOTHEIN Rudi, ich bitte dich …

RUDI … arbeitstechnisch ein Zwischenraum notwendig ist.

GOOTHEIN Liberé, ist das das Resultat der Behandlung?

RUDI Sollte es Ihnen möglich sein, die Häftlinge in Omnibussen anzuliefern …

GOOTHEIN Liberé, so tun Sie doch was.

RUDI … in Omnibussen anzuliefern …

GOOTHEIN Rudi.

RUDI … so schlagen wir Ihnen die Anlieferung …

GOOTHEIN Rudi, Junge, mein Junge.

RUDI … schlagen wir Ihnen die Anlieferung in zwei …

GOOTHEIN Liberé, kommen Sie.

Goothein ab. Liberé folgt langsamer.

RUDI … in zwei Transporten vor …

LIBERÉ *ruft zurück:* Irm, bitte.

Irm folgt zögernd.

RUDI *hinterherrufend:* Falls wir gerade große Wäsche haben, müßten wir die Arbeit leider unterbrechen, weil der Ruß … der Ruß … verstehen Sie doch, der Ruß … Seht ihr, Freunde, an meiner Geschichte sind sie nicht interessiert. So geht es also nicht. Gerold, hast du meine Pistole gut verwahrt?

GEROLD *rennt zum Bett:* Die Pistol ist im Schuh. Der Schuh ist im Bett. Das Bett ist hier. Hier ist die Pistole. *Er holt sie und gibt sie Rudi.*

RUDI Mal sehen, ob wir mit so was die Uhr wieder zum Gehen bringen?

GEROLD Sonst schießt du ihr einfach die Zeiger kaputt.

RUDI Das ist ein guter Rat, Gerold. Danke.

Es wird dunkel.

7

Wohnzimmer und Terrasse. Frau Liberé und Dr. von Trutz. Frau Liberé hat eine Liste, Dr. von Trutz legt die Gegenstände in verschiedene Kisten.

DR. VON TRUTZ Ein Tranchierbesteck.

FRAU LIBERÉ *macht nach kurzem Suchen einen Haken:* Ein Tranchierbesteck. Mit Horngriff. Von Onkel Hans aus Offenburg.

DR. VON TRUTZ Eine Pfanne.

FRAU LIBERÉ Eine Schnellbratpfanne, von Oma Glitz.

DR. VON TRUTZ Eine Tortenschaufel.

FRAU LIBERÉ Eine versilberte Tortenschaufel von Tante Gudrun.

DR. VON TRUTZ Eine Platte mit Silberaufsatz.

FRAU LIBERÉ Massiv Silber, Harald. Das ist von Tante Mara, also massiv Silber.

DR. VON TRUTZ Ich bitte um Entschuldigung. Was ist denn das für ein Tuch.

FRAU LIBERÉ Badetücher, Harald. Du warst zu lang in Rußland und Karwang. Badetücher, von meiner glücklichen Cousine Elli. Am Freitagabend, Harald, werdet ihr baden. Dann hüllt ihr euch in diese Tücher. Das ist das Leben, Harald, wenn man weiß, Freitagabend wird gebadet. Glaubst du, hier schaut jemand darauf, wann du badest? Die Asseln vielleicht, die die rostigen Röhren raufkriechen. Vergiß das nie, Harald, Freitagabend ...

DR. VON TRUTZ ... wird gebadet. Wird gemacht, Mama! Ein Tauchsieder.

FRAU LIBERÉ Manche baden erst am Samstagabend. Aber ich finde Freitag besser. Viel besser.

DR. VON TRUTZ Ein Tauchsieder, Mama.

FRAU LIBERÉ Tauchsieder, das könnte Onkel Hermann sein, Tauchsieder?

Irm kommt.

Irm, weißt du noch, von wem der Tauchsieder kam?

IRM Nein.

FRAU LIBERÉ Wie sollst du auch. Hast ja nie einen Verwandten zu Gesicht bekommen. Wenn ich nicht heimlich Briefe geschrieben hätte, wüßte von der ganzen Verwandtschaft keiner, daß du heiratest. Leg den Tauchsieder mal weg. Komm, Irmchen, beteilige dich.

IRM Was soll ich tun?

FRAU LIBERÉ Mein Gott, du fragst aber auch. Wer heiratet eigentlich. Du oder ich?

DR. VON TRUTZ *hastig:* Ein Besteckkasten.

FRAU LIBERÉ Tafelsilber, zwölfteilig. Von deiner Patin, Irm.

DR. VON TRUTZ H. I. L. Du hast zwei Vornamen, Irm?

IRM Ich weiß nur einen.

FRAU LIBERÉ Der erste ist nicht so ... so ... besonders schön. Wir haben ihn damals, ihrer Patin zulieb, nehmen müssen.

DR. VON TRUTZ Helga?

FRAU LIBERÉ Helga wär ja noch nicht schlimm.

DR. VON TRUTZ Hanne?

FRAU LIBERÉ Auch nicht. Ich darf es euch gar nicht sagen. Der

Herr Professor muß sich wohl zerstritten haben mit deiner Patin.

IRM Hedi!

FRAU LIBERÉ Um Gottes willen, Irm. Bitte, vergeßt den Namen sofort wieder. Papa wird rabiat, wenn er diesen Namen hört.

DR. VON TRUTZ Wo hab ich das bloß gehört, Hedi? Erst neulich. Der Professor hat doch recht. Ich hab kein gutes Gedächtnis.

FRAU LIBERÉ *rasch, ablenkend:* Harald, du weißt sogar noch, daß dir in Kiew das Kölnisch ausging!

DR. VON TRUTZ Nein, vor Kiew hatte ich den Platten.

FRAU LIBERÉ Aber als der Elbrus auftauchte, hattest du einen Schnupfen.

DR. VON TRUTZ Das stimmt. Aber das Kölnisch ging mir schon vor Minsk aus.

FRAU LIBERÉ Also hast du ein gutes Gedächtnis. Laß dir nichts einreden.

DR. VON TRUTZ Ich weiß nicht, hab ich euch das einmal erzählt von dem Kompaniechef, der vor jedem Angriff sagte …

Der Professor ist eingetreten.

FRAU LIBERÉ Was hat er gesagt?

LIBERÉ Na, von Trutz, was hat er denn gesagt?

DR. VON TRUTZ Ach, so wichtig ist das nicht, Herr Professor.

FRAU LIBERÉ Ich möchte jetzt endlich wissen, was dieser Kompaniechef gesagt hat.

DR. VON TRUTZ Später, Mama, es hält jetzt bloß auf.

LIBERÉ So eilig hat man's.

IRM Papa. *Sie rennt zu ihm.*

LIBERÉ Irmchen. Ein paar Tage wird man uns schon noch gönnen.

FRAU LIBERÉ Es ist nicht jedermanns Sache, in Karwang zu verkümmern. Harald hat noch eine Karriere vor sich.

DR. VON TRUTZ Es muß nicht gleich eine Karriere sein. Einfach ein Wechsel, nicht wahr.

LIBERÉ Ja natürlich.

FRAU LIBERÉ Du denkst bloß an dich. Was aus Irm wird, kümmert dich nicht.

LIBERÉ Doch, liebe Hille, das kümmert mich. Wenn Irm fort will … aber will sie denn …

FRAU LIBERÉ Sie weiß doch gar nicht, wie es ist. Aber wir wissen, was sie versäumt, wenn sie hier bleibt.

LIBERÉ Was versäumt sie denn hier, Hille?

FRAU LIBERÉ Alles. Das Leben.

LIBERÉ Ja, richtig. Keine Sorge, Irm. Ich rede nicht auf dich ein. Deine Mutter hat recht. Sie hat wirklich recht.

FRAU LIBERÉ Ich geh mit Irm.

LIBERÉ Ach.

FRAU LIBERÉ Jawohl.

LIBERÉ Mhm. Das ist ja ein großer Aufbruch, plötzlich.

IRM Wir reden doch bloß, Papa. Ohne dich? Ich kann es mir nicht vorstellen. Als wir zum ersten Mal ins Ried gingen, hast du gesagt: wo es mich trägt, trägt es dich auch.

FRAU LIBERÉ Und wer hat es soweit kommen lassen? Wer hat uns eingesargt hier, daß wir uns keinen Schritt mehr zutrauen?

LIBERÉ Ich.

FRAU LIBERÉ Du bist womöglich noch stolz darauf?

LIBERÉ Nein, Hille.

FRAU LIBERÉ Ich fahre mit Irm. Mit Harald. Ich bleibe nicht hier.

LIBERÉ Ich habe es gehört.

FRAU LIBERÉ Du glaubst es nicht.

LIBERÉ Doch, ich glaube es.

IRM Mama kommt ja wieder zurück.

FRAU LIBERÉ Das werden wir sehen.

LIBERÉ Ich muß noch hinüber. *Er geht.*

IRM Papa.

LIBERÉ Bis zum Essen, Irm. *Liberé ab.*

FRAU LIBERÉ Und ich sage euch, er läßt mich nicht gehen. Aber
ich mußte es ihm ins Gesicht sagen. Mir ist schon viel besser
jetzt. Er kann mich doch nicht zum Tod verurteilen, hier, bloß
weil er nicht Manns genug ist, zuzugeben, daß er einmal einen
… einen Fehler machte. Was haben wir noch, Harald?

DR. VON TRUTZ Eine Garnitur Obstmesser.

IRM Hedi. Das paßt doch.

FRAU LIBERÉ Kinder, die Tortengabel, drei Salzfäßchen, hier
noch die Zitronenpresse, daß wir nicht durcheinanderkom-
men.

IRM Hedi! Harald, du wirst mich Hedi nennen.

FRAU LIBERÉ Das wird er nicht.

IRM Der Name hat auf mich gewartet, kommt mir vor. Der ist
mit mir aufgewachsen. Neben mir. Immer mitgewachsen. Jetzt
treff ich ihn endlich. Er paßt. Irm werf ich ab. Irm gibt's nicht
mehr. Jetzt üben wir Hedi. Bis wir's laut sagen können, und
ungeniert: Hedi.

FRAU LIBERÉ *läuft auf Irm zu:* Irm, Kind. Komm. Irm. Mein
Irmchen. Mein armes Kind. *Sie streichelt Irm.*

IRM Mama, Harald, bitte. Da ist Besuch für mich.
*Vorne links an der Terrasse erscheint Rudi. Irm hat ihn zuerst
gesehen.*

FRAU LIBERÉ Ich kann ja gehen. Aber Harald … tja, Harald, das
entscheidest du am besten selbst. *Sie wartet einen Augenblick,
dann geht sie.*

DR. VON TRUTZ *nach einer Pause:* Irm, soll ich sagen, es macht
mir nichts aus, wenn du mich wegschickst.

IRM Bitte, Harald.

DR. VON TRUTZ Und wenn ich nachgebe, verachtest du mich. *Irm schweigt.* Gut, Irm, ich gehe. Aber denk nach, ob wir nicht beide einen Fehler machen. Du, weil du mir den Grund nicht sagst, und ich, weil ich gehe, ohne zu wissen, warum. *Geht, bleibt noch einmal stehen.* Ich bin sicher, es ist ein Fehler.

Irm nimmt hastig ihr Nähzeug und fängt an zu sticken.

RUDI Ich hab die Pistole. Gehst du mit. Zur Thuja. Ich möchte die Pistole auf dich richten. Vielleicht kommt was über mich, ich drück ab, und schon begreif ich meinen Vater.

IRM Und dazu wollen Sie mich … *Sie bricht ab.*

RUDI Das Gericht muß feststellen, daß kein Grund vorhanden war.

IRM Sag Hedi zu mir, zur Probe, Rudi. Bloß einmal.

RUDI Bei der Thuja, nicht hier. Komm.

IRM Gleich, Rudi. Bloß dieses Monogramm noch.

RUDI Du hast jetzt schon Angst. Wahrscheinlich bring ich gar nichts zustande. Ohne den Apparat. Das ging doch immer so: sieben Englein um dich stehn. Der Erste sagt: Du siehst aus wie ein Opfer. Der Zweite holt dich. Der Dritte verlädt dich. Der Vierte beruhigt dich. Ich mach den Daumen krumm. Der Sechste hat schon den Ofen geheizt. Und der Siebte sagt: so, jetzt geh rein. Da wurde immer in der Kette gearbeitet. Jeder hat nur ein Wort gerufen. Den Satz, der da entstand, hat keiner gehört. Gott vielleicht. Oder das Ausland. Was ja fast aufs selbe rauskommt. Gehn wir?

IRM Wenn ich bloß wüßte, warum. Ich begreif es nicht, Rudi.

RUDI Irm, da ist nichts zu begreifen. Glaubst du, die haben es begriffen. Gerade weil es dir ganz unbegreiflich ist, gerade deshalb eignest du dich. Stell dir vor, du stehst am Küchentisch, hast den Lauch schon geholt, es ist Dienstag, und Juli, draußen, über deiner Sonnenblume steht eine Hummel, dann fahr ich vor, der Fahrer öffnet den Schlag, er hat den Zettel, unsere Schritte auf dem Kiesweg, er geht vor mir her, frägt zum Fenster hinein: Goethestraße 17, Professor Liberé? Ja, dann sind wir richtig. Wir wollen bloß die Tochter holen. Mehr weiß der Fahrer nicht. Er ist so einer, der sonst Möbelstücke holt. Deine Mutter wendet sich also an mich. Aber ich bin stumm. Der Fahrer hat nicht einmal den Motor abgestellt. Es ist Dienstagvormittag. Mitte Juli. Wir fahren ab. Passieren ein Tor. Du wirst nach links geschickt. Jetzt sag mir, was es da zu begreifen gibt?

IRM *schweigt.*

RUDI Los! Sag! Begreifst du das?

IRM Nein.

RUDI Na also.

IRM Sag Hedi.

RUDI Hedi gibt es nicht mehr.

IRM Ich kann es beweisen.

RUDI Dein Vater kann mir sogar beweisen, daß ich anno zweiundvierzig kaum aus den Windeln raus war.

IRM Das sieht man, daß du nicht älter bist als ich.

RUDI Ja, das sag ich auch. Du bist ein anderer Jahrgang, sag ich. Rudi, sag ich, was geht's dich an.

IRM Ja, Rudi, ja.

RUDI Dann frag ich aber, warum willst du jetzt ausgerechnet Hedi heißen?

IRM Ich heiß so. Ich hatte einen schwarzen Zopf.

RUDI Den ich einklemmte.

IRM Und abgeschnitten hast du ihn.

RUDI Mit dem Dolch.

IRM Du hattest bloß ein Messer. Der andere hatte den Dolch. Der Schwarze Schwan.

RUDI Ihm gehörten die Omnibusse.

IRM Wenn er weg war, wärst du der Schwarze Schwan. Ich ging auf dich zu.

RUDI Ich ließ dich nach rechts gehen.

IRM Und ich ging nach links. Wie die, über die man sich wunderte.

RUDI Die freiwillig in den Ofen ging.

IRM Immer wenn sie uns in das Zimmer sperrten, spielten wir das.

RUDI Wenn sie die Fenster verdunkelten.

IRM Wir haben es bloß gespielt, Rudi. Das weißt du, wir haben es bloß gespielt.

RUDI Und beim Frühstück roch es dann so.

IRM Sag jetzt Hedi zu mir.

RUDI Nein, Irm. Hedi heißt der Ruß auf unserer Kinderwäsche. Hedi ging nach links. Komm, Irm, gehen wir.

IRM Wieso denn jetzt noch die Pistole, Rudi.

RUDI Mein Vater läuft weg. Den Brief überläßt er mir. Mit meinem Namen.

IRM Ich möchte deine Haare berühren, Rudi …

RUDI Ich bin der Sohn meines Vaters, Irm. Recht hat er, wenn er den Brief nicht annimmt. Was ein Vater tut, das hätte auch der Sohn getan, wenn's an ihm gewesen wäre. Besonders einer, der sich so früh übte wie ich. Komm, Irm, zur Thuja, probieren wir, ob ein Unterschied ist. Ob ich nichts bin als sein Sohn.

IRM Ich möchte gern leben, Rudi.

RUDI Bei so einer Feier am Ehrenmal sah ich einen, kaum hatte der seinen Kranz gelegt, da schaut er auf die Uhr. Das war ein imponierender Mensch, Irm. Ich würde mich immer beherrschen. Und eine Wut kriegen gegen die Toten, weil ich nicht auf die Uhr schauen darf. Irm, wo führt denn das hin?

IRM Ich möchte gern Kinder, Rudi. Und mir ist schon bald egal von wem.

RUDI Leg ihnen nur gleich Pistolen in die Wiege.

IRM Ich hab zwar den Doktor, Rudi, aber manchmal denk ich, wie es wär, wenn, Rudi, wenn dazu noch Liebe käme.

RUDI So hat jeder seine Probleme. Ich möchte gern ein Feuer erfinden ohne Rauch.

IRM Wenn du da bist, Rudi, möchte ich Regenwasser trinken.

RUDI Und so tun, als wär die Wäsche nie rußig geworden.

IRM Ich bin noch nie Straßenbahn gefahren, Rudi … Jetzt weiß ich, warum. Aber ich werde meinen Vater nicht unterbrechen, wenn er von Indien erzählt.

RUDI Gehn wir jetzt zur Thuja, Irm.

IRM Er soll von Indien erzählen, bis er selbst daran glaubt. Mein Vater soll in Indien gewesen sein!

RUDI Meiner soll nicht in Indien gewesen sein.

IRM Wirf die Pistole weg. Es hat doch keinen Sinn mehr, jetzt.

RUDI Wieso soll es jetzt auf einmal einen Sinn haben. Ein Schuß und noch ein Schuß. Du und ich. Das war doch gang und gäbe. Einhundertsieben am vierundzwanzigsten …

IRM Gib mir die Pistole.

RUDI Einhundertsieben am …

IRM Ich bin noch nie Straßenbahn gefahren, Rudi.

RUDI Wir rotten wenigstens die Kinder der Mörder aus.

IRM Ich könnte leben, Rudi. Mit dir.

RUDI Diese zwei Schüsse hätten sogar einen Sinn, Irm. Es wäre eine in alle Winkel der Welt reichende Beruhigung.

IRM Wenn du da bist, Rudi, vergeht Papa, wie ein Schneefleck, den die Sonne trocknet.

RUDI Wir nähmen nicht teil an den Grausamkeiten der nächsten Generation, Irm. Bedenk.

IRM Wenn wir zusammen lebten, Rudi …

RUDI Wir würden alles vergessen.

IRM Ja. Rudi. Endlich. Heucheln oder vergessen, Rudi. Teilnehmen geht nicht. Rudi, bitte vergessen wir.

RUDI Zur Thuja jetzt, oder …

IRM Du kannst den Rauch nicht halten. Er vergeht einfach. Du kannst zwar die Hände ringen.

RUDI Am Ehrenmal. So tun als ob.

IRM Nachher mußt du doch zum Mittagessen.

RUDI Der Magen kennt kein Bedauern. Denn der Magen will seinen Schellfisch haben.

IRM Weil wir leben.

RUDI Es lebe die Luftveränderung.

IRM Du hast doch auch Appetit.

RUDI Darum sag ich, zur Thuja jetzt …

IRM Rudi, ich wär ein Gedächtnis nur für dich.

RUDI Ich danke.

IRM Noch in fünfzehn Jahren könnte ich dir sagen, daß dir heut ein Haar quer in die Stirn hing.

RUDI Ich wüßte nicht, was wichtiger wäre.

IRM Könnte dir sagen, daß dein linker Schuh nicht so fest gebunden war wie dein rechter.

RUDI In einem solchen Gedächtnis will ich keinen Platz.

IRM Von dir könnt ich mir alles merken.

RUDI Du willst das Gras sein, das darüber wächst.

IRM Ich bin es, Rudi. Und du bist es. *Pause.* Rudi.

RUDI Wir zwei in einem Schlafzimmer, ich müßte Sie ununterbrochen beleidigen. Gehen Sie. Es war krumm und gemein, Sie aufzufordern, bloß weil wir einmal unter einem Tisch herumkrochen. Entschuldigen Sie. Jedes Wort jetzt, gegen meinen Willen wird es eine Beleidigung, weil ich verlangte, was man verlangen darf, wenn man noch liebt, sonst aber nicht. Entschuldigen Sie.

Irm geht.

Tinchen hat schon gewartet, bis Irm geht.

TINCHEN Quatsch doch nicht immer so lang mit der. Hast du die Kleiderkarte?

RUDI *schweigt.*

TINCHEN Auf dich ist auch kein Verlaß. Kommst du jetzt wenigstens mit? Du hast es versprochen.

RUDI Was?

TINCHEN Daß du mitkommst zur Sonnwendfeier. Immer bloß mit Irm quatschen, das kannst du. Rudi, komm doch. Mit der Pistole zur Sonnwendfeier, das wär toll, Rudi. Bitte.

RUDI Wo machst du deine Sonnwendfeier.

TINCHEN Bei der Thuja. Ich hab schon Stroh und Holz und Papier.

RUDI Also, gehn wir. Bitte.

TINCHEN Prima und du schießt in das Feuer.

RUDI Also, los, gehn wir.

TINCHEN Sag: im Gleichschritt Marsch.

RUDI Im Gleichschritt Marsch.

TINCHEN *marschiert voraus und singt:*
    Unsre Fahne flattert uns voran.
    Unsre Fahne ist die neue Zeit.
    Und die Fahne führt uns in die Ewigkeit.
    Ja die Fahne ist mehr als der Tod.
    Goothein und Frau Liberé von rechts ins Wohnzimmer.

FRAU LIBERÉ Mir schwebt ein Leben vor, Goothein, ein Leben! Nicht so etwas Eingesargtes. Was ist denn das hier; eine Brautschau für die Würmer, in die Länge gezogen. Übrigens, ist das jetzt so in der Welt, daß man einer Dame kein Feuer mehr gibt, wenn sie dasteht und zeigt, daß sie rauchen will?

GOOTHEIN Oh, ich bitte sehr um Verzeihung. Das kommt vom Zuhören. *Er nimmt die Streichhölzer vom Tisch, will Feuer geben, aber die Streichhölzer zünden nicht!*

FRAU LIBERÉ Moder, Goothein. Schimmel und Moder: Ich sag Ihnen, der Teufel nimmt keinen aus Karwang, aus Angst, der löscht ihm die Hölle durch seine bloße feuchte Anwesenheit.

GOOTHEIN Tatsächlich, eins feuchter als das andere. Das ist ja widerlich. Jetzt stehen Sie mit der kalten Zigarette. Ich war Raucher. Ich kann mir vorstellen, wie Ihnen zumute ist.

FRAU LIBERÉ Nur wenn Besuch kommt darf ich.

GOOTHEIN So streng ist er geworden.

FRAU LIBERÉ Mit uns. Als könnten wir was dafür, daß er aufs falsche Pferd gesetzt hat. Wär er tot, Goothein, ich würde trauern, wirklich, ich ging auf sein Grab, weinen würd ich um ihn, aber ich würde weiterleben. Er dagegen verlangt lebenslängliche Leichenwache. Bloß weil er es nicht über sich bringt, zu büßen. Aber uns mit verrecken zu lassen, das schafft er. Da schaut er zu, so mild wie er ist. Sie haben Ihre Sache ins reine gebracht. Alle Achtung, Goothein. Das nenn ich einen Mann.

GOOTHEIN Er ist eben feiner. Zuchthaus, das ist nicht für jeden. Der würd sich doch schon wegen der Notdurft genieren. Ich kenn ihn.

FRAU LIBERÉ Prost, Herr Goothein! Auf die Lebendigen!

GOOTHEIN Prost, liebe Hille. *Sie trinken.* Is' schon ein Jammer, daß Sie hier so dahinleben. Sie müßten mal raus. Luftveränderung. Eine Frau wie Sie, wirklich, das Leben ist nicht lang genug, daß man's so verschenken dürfte. Wie wär denn das: ich lad Sie einfach ein. Einverstanden?

FRAU LIBERÉ Und ob. Ich komm sowieso in die Stadt. Mit Irm. Er weiß es bereits. Und sagt nichts. Das ist seine neueste Schikane. Er erwähnt es überhaupt nicht, daß ich wegfahre. Wahrscheinlich glaubt er, im letzten Augenblick kusch ich noch. Da täuscht er sich aber. Am Samstag bin ich fort! Für immer! Wenn ich daran denk, am Samstag schon in der Stadt. Was tun Sie am Samstag?

GOOTHEIN Am Samstag … Moment … am Samstag, war da nicht was?

FRAU LIBERÉ Sagen Sie's, wenn Sie mich nicht sehen wollen.

GOOTHEIN Nein, nein, wunderbar, wenn ich frei bin. Wenn ich frei bin, müssen wir uns sehen. Unbedingt. *Probiert hastig die Streichhölzer.* Das ist aber doch zu ärgerlich mit diesen Streichhölzern.

FRAU LIBERÉ Wenn ich frei bin. Das muß man sagen können, verstehen Sie. Sonst pfeif ich auf alles. Wenn ich frei bin. Ich weiß es. Ich bin frei, am Samstag bin ich frei. Wenn Sie frei sind, rufen Sie an. Wenn nicht, dann geh ich ins Kino. Ich will endlich wieder einmal weinen. *Sie fängt an krampfhaft zu heulen.*

GOOTHEIN Das ist ... wenn er jetzt kommt, ich meine, liebe gnädige Frau, die Nerven, jetzt brauchen Sie gute Nerven, wenn Sie's tatsächlich schaffen wollen.

FRAU LIBERÉ Irm mußte ich verheiraten, das Kind drangeben, es war die einzige Möglichkeit, Goothein. Das geht auf sein Konto. Sie wird sich scheiden lassen, wenn wir einmal Boden unter den Füßen haben. Wir werden Freunde finden.

GOOTHEIN Sicher, gnädige Frau.

Dr. von Trutz mit Irm.

FRAU LIBERÉ Ach, die Kinder. Habt ihr Papa nicht mitgebracht.

IRM Er zieht sich um.

FRAU LIBERÉ Was? Herr Goothein, das ist Ihr Einfluß.

IRM Er sagt, weil es der letzte Abend ist.

GOOTHEIN Wie geht es Rudi jetzt, Doktor?

DR. VON TRUTZ Das müssen Sie den Chef fragen. Er hat mich sozusagen ausgeschaltet. *Dr. von Trutz schaut hilflos zu Irm.*

FRAU LIBERÉ Harald, sei nicht so atemberaubend korrekt.

Der Professor kommt. Zum ersten Mal im dunklen Anzug.

GOOTHEIN Na, Gott sei Dank, Liberé. Wie geht es Rudi jetzt?

LIBERÉ Goothein, Sie entschuldigen, ich kann es nicht sehen, wenn meine Frau auf Feuer wartet. *Er zieht ein Streichholz aus der Schachtel, streicht es an, es brennt sofort.*

GOOTHEIN Taschenkünstler. Das hat er bei sich gehabt.

LIBERÉ Der Umgang mit feuchten Streichhölzern will gelernt sein.

FRAU LIBERÉ Womit wir wieder in Indien sind.

GOOTHEIN Was macht Rudi, Liberé.

Liberé geht zum Tisch, auf dem eine Flasche und die vorbereiteten Gläser stehen.

Diesmal nehm ich ihn mit. Sie haben vollkommen recht, Liberé, ich muß selber sprechen mit ihm.

LIBERÉ Hörst du, Irm, Rudi geht zurück in die Stadt, also ist ein Abschied mehr zu feiern. Ihre Braut, von Trutz, sieht aus, als könnte sie einen Schluck gebrauchen.

GOOTHEIN Liberé, ich frage nach Rudi.

LIBERÉ Ja, das höre ich, daß Sie nach Rudi fragen. Und ich finde es sehr begreiflich, Goothein, daß Sie nach Rudi fragen.

GOOTHEIN Wo ist er jetzt?

LIBERÉ Nicht auf seinem Zimmer.

GOOTHEIN Ich hoffe, er hat sich beruhigt.

LIBERÉ Goothein. Wie soll er sich beruhigt haben? Ich bin darauf gefaßt, daß er sich nicht beruhigt hat. Wo ist Tinchen?

FRAU LIBERÉ Ich kann sie ja nicht anbinden.

LIBERÉ Irm?

Irm zuckt mit den Schultern.

LIBERÉ Was ist denn das für Feuer. Bei der Thuja. Die Thuja brennt.

FRAU LIBERÉ Sonnwendfeier. Dein Tinchen. Und sag ich was, rennt sie zu dir und du nimmst sie in Schutz.

Ein Schuß. Alle in den Garten außer Liberé und Frau Liberé.

IRM *kommt mit Tinchen:* Papa, Rudi …

TINCHEN *mit Rußflecken:* Nie glaubt sie einem, Onkel. Ich sag den Spruch. Rudi neben mir. Das Feuer brennt prima. Fertig der Spruch. Jetzt, sag ich, schieß ins Feuer. Er schaut mich an. Schießt und trifft sich selber. Ehrenwort, Onkel.

Dr. von Trutz, Frau Liberé, dann Goothein.

DR. VON TRUTZ Suizid.

GOOTHEIN Leibniz. Leibniz.

LIBERÉ *schweigt.*

GOOTHEIN An welcher Krankheit, Leibniz. Bitte, sagen Sie mir die Krankheit.

LIBERÉ *schweigt.*

GOOTHEIN Er war zart. Das haben Sie nicht bemerkt, Leibniz, wie zart er war.

LIBERÉ *schweigt.*

GOOTHEIN Schweigen Sie nicht! Sie Ungeheuer! Sie sind ein Ungeheuer! Kein Arzt! Längst kein Arzt mehr! Gehen wir, Leibniz.

IRM Papa. *Sie rennt zu ihrem Vater.*

LIBERÉ Hedi, mein Kind. Von Trutz, Hedi … Irm bleibt bei Ihnen. Hedi, ich wollte dich bewahren … Mama wird dir sagen … Hille, du wirst es ihr sagen.

FRAU LIBERÉ Hermann …

LIBERÉ Du wolltest immer, daß ich gehe, jetzt geh ich, du bist sozusagen frei. Leb wohl. *Er will gehen.*

TINCHEN Die Sonnwendfeier, Onkel, komm du doch mit, bitte.

LIBERÉ Tinchen, jetzt nicht. Ich muß in die Stadt.

IRM Papa, ich will mit.

LIBERÉ Bitte, Hedi, bleib.

Er geht. Dr. von Trutz und Frau Liberé halten Irm zurück. Goothein will mit Liberé gehen.

LIBERÉ Ich würde es vorziehen, allein zu gehen. Geht.

FRAU LIBERÉ Irm. Irmchen. Ich werde dir alles erklären.

IRM Zu mir kein Wort.

FRAU LIBERÉ Papa selber will, daß du alles erfährst.

IRM Es geht mich nichts an. Ich will von euch nichts hören. Nichts. Von Harald will ich was hören. Harald, bitte, erzähl du doch, sag, was hat dieser Kompaniechef immer gesagt vor dem Angriff?

Liberé tritt wieder ein.

GOOTHEIN Leibniz.

TINCHEN Onkel, prima, du kommst mit mir …

LIBERÉ Von Trutz, bringen Sie Tinchen aufs Zimmer.

TINCHEN Dann soll Irm auch. Immer darf Irm länger aufbleiben als ich.

LIBERÉ Tinchen, geh jetzt.

Dr. von Trutz führt Tinchen hinaus.

LIBERÉ Ja. Goothein, ich bleibe. Es war überstürzt, vorher. Ich ging nur Ihretwegen. Sie scheinen es zu verlangen. Rudis Tod wäre, wenn ich mich stellte, doch ein bißchen erträglicher. Das meinen Sie doch? Ein bißchen weniger sinnlos, ja? Ich im Gerichtssaal, ein Urteil, öffentlich, eine schöne Wirkung. Die Zuschauer, ich, die Gerechtigkeit, jeder bekäme seine Portion. Ich hätte endlich meine Quittung. Das Einschlafen kein Problem mehr. Das meinen Sie doch. Fragen Sie meine Frau, wie es ist: einschlafen ohne Quittung. Das Enttäuschende, Goothein, man schläft dann doch ein. Ich lebe noch, Sie sehen's ja, ich lebe, und wie ich lebe, nicht wahr, Hille. Es ist erträglich, ja, ja, es ist und ist erträglich. Ich habe meine Souvenirs. Ich hatte sie. Rudi hat sie mir kaputtgemacht, die Bußattrappen, den Gedächtnisgips. Jetzt, bloß noch ein Ärgernis, soll ich also hingehen, mich auslöschen lassen, daß Rudi ein Opfer ist, mit Wirkung. So wollen Sie's doch. Ich soll seinem Tod den Sinn nachliefern. Mich in den Gerichtssaal stellen. Eine Erleichterung für alle. Die Schuld eine Blume, wohlgefällig durch den Duft der Reue, ja? Ein Labsal für jeden. Goothein, ich kann das nicht. Ich, ich bin mir nicht verständlicher als Ihnen, glauben Sie mir das, bitte. Ich kann nichts erklären. Ich weiß bloß: ich kann mich nicht anderen zuliebe trennen von mir und sagen: der war's. Ich bin mir selbst ein miserabler Richter. Und einen besseren, fürchte ich, gibt es nicht.

GOOTHEIN *schweigt.*

LIBERÉ Bitte, lassen Sie sich nicht hindern, Herr Goothein.

GOOTHEIN Rudi hat uns getrennt. *Er will gehen.*

FRAU LIBERÉ Herr Goothein, bitte bleiben Sie doch.

LIBERÉ Hille! Entschuldigen Sie, Herr Goothein. Hinausbegleiten muß ich Sie nicht. Sie kennen den Weg.

GOOTHEIN Ja. Ich kenne ihn. *Er geht.*

LIBERÉ Und wir sollten wohl, sobald Harald zurück ist, unsere Abschiedsfeier zu Ende bringen. *Pause.* Hille. Hedi.

IRM Nicht, Papa. Hedi gibt es nicht mehr, sagte er. *Sie memoriert sorgfältig Rudis Satz:* Hedi heißt der Ruß auf unserer Kinderwäsche. Ich heiße Irm.

LIBERÉ Ich heiße Liberé.

Vorhang.

Unser Auschwitz

Willst Du Dir ein hübsch Leben zimmern,
Mußt Dich ums Vergangne nicht kümmern.
Goethe, Lebensregel

I.

Der Prozeß gegen die Chargen von Auschwitz hat eine Bedeutung erhalten, die mit dem Rechtsgeschäft nichts mehr zu tun hat. Geschichtsforschung läuft mit, Enthüllung, moralische und politische Aufklärung einer Bevölkerung, die offenbar auf keinem anderen Wege zur Anerkennung des Geschehenen zu bringen war.

Über ein Jahr lang haben wir in der Zeitung gelesen, wie es zuging in Auschwitz. Wir waren vielleicht sogar im Gerichtssaal in Frankfurt. Wir kennen die Gesichter der Angeschuldigten, wir erinnern uns an einzelne Zeugen, und am meisten erinnern wir uns an fürchterliche Einzelheiten. Das Unglaubliche hat sich am tiefsten eingeprägt. Das Unvorstellbare hat den nachhaltigsten Eindruck gemacht. Jeder kennt momentan die schrecklichen Instrumente, kann einzelne Wörter zitieren aus dem Jargon der Täter, aus der Sprache der Opfer, weiß gewisse Gebäude und Plätze in Auschwitz und die dort geübten Mordpraktiken; man macht sich eine Vorstellung von der Beseitigung der Leichen, von den so und so und so mißhandelten und gemarterten Körpern. Über ein Jahr lang lasen wir Überschriften dieser Art: «Frauen lebend ins Feuer getrieben», «Suppe und Straßenkot in den Mund gestopft», «Todkranke von Ratten angenagt», «Hähnchen und Vanilleeis für die Henker», «Der Gnadenschuß in der Frühstückspause», «In den Gaskammern schrien die Opfer fast 15 Minuten lang», «In Auschwitz floß der Alkohol», «Genickschüsse an der Schwarzen Wand», «Die Folterschaukel von Auschwitz», «Der Teufel sitzt auf der Anklagebank», «Wie die Raubtiere» …

Kaduk und Boger werden am liebsten in den Zeitungen abgebildet. Sie sind Stars geworden. Reduziert auf die Dimension des Zitats. An ihnen hat man sofort den Inbegriff. Je scheußlicher die Einzelheit, desto genauer wurde sie uns mitgeteilt. Je unfaßbarer das Detail, desto deutlicher wurde es uns beschrieben.

So ist unser Gedächtnis jetzt angefüllt mit Furchtbarem. Und je furchtbarer die Auschwitz-Zitate sind, desto deutlicher wird ganz von selbst unsere Distanz zu Auschwitz. Mit diesen Geschehnissen, das wissen wir gewiß, mit diesen Scheußlichkeiten haben wir nichts zu tun. Diese Gemeinheiten sind nicht teilbar. In diesem Prozeß ist nicht von uns die Rede. Nicht umsonst werden die Angeschuldigten in den Berichten «Teufel» und «Henker» und «Raubtiere» genannt. Wer von uns ist schon ein Teufel, ein Henker, ein Raubtier. Tatsächlich, auf diese Distanz gebracht, läßt sich Auschwitz betrachten. Ja, Auschwitz bringt es sogar zu einer traurigen Art von Attraktion. Die Berichte über die Verbrechen in Auschwitz geraten ganz von selbst in die Nachbarschaft der Berichte über andere Verbrechen: «Siebzehn Bißwunden und Kopfverletzungen», «Singend in den Tod», «Der Hungertod dauert 15 Tage».

Die Faszination, die das Grauenhafte auf uns ausübt, ist bekannt. Und Auschwitz scheint, wenn überhaupt, auf diesem Weg bei uns zur geschichtlichen Berühmtheit zu gelangen. Als Greuelzitat. Wir sind offenbar so. Kein Mensch, glaube ich, könnte des öfteren in Frankfurt im Gerichtssaal zuschauen, ohne von diesen schrecklichen Zitaten ebenso abgestoßen wie angezogen zu werden: Es ist die Frage, ob man sich der Natur dieser Faszination bewußt wird. Immer wieder taucht in den Zeitungsberichten das Wort «Inferno» auf. Dante wird beschworen. Schon einer der Herausgeber der Dokumente aus den Prozessen gegen die SS-Chargen von Buchenwald und Sachsenhausen schrieb: «Vielleicht hat die Phantasie eines Dante, der die Qualen der Hölle schilderte, die Realität der KZ-Verbrechen erahnt.» Oft genug taucht Dante jetzt wieder am Rande des Auschwitz-Prozesses auf. Man spricht von «dantesken Szenen».

Die Berichterstatter wollen vielleicht der bloßen Brutalität der Schlagzeile entkommen und geraten in einen Zusammenhang, der dem Sachverhalt Auschwitz noch fremder ist als der tägliche Raub- oder Sexualmord. Auschwitz mit Dantes Inferno zu vergleichen ist fast eine Frechheit, falls nicht Unwissenheit mildernd ins Feld geführt werden kann. Im Inferno werden schließlich die «Sünden» von «Schuldigen» gesühnt. Dem Inferno folgen immerhin noch Purgatorio und Paradiso. Die Menschen in Auschwitz wären grauenhaft überfragt gewesen, wenn sie einem durchwandelnden Dante hätten die Sünden aufsagen sollen, um derentwillen sie da gequält wurden. Und ihrer Qual folgte lediglich die Vernichtung.

Woher kommt aber die Neigung, die SS-Chargen für «Teufel» und «Bestien» zu halten und die Qualen der Menschen mit Dante zu umschreiben, also aus Auschwitz eine «Hölle» zu machen? Sicher auch daher, daß für den Berichterstatter Auschwitz einfach keine Realität ist. Wer dem Prozeß zusieht, kann ohne weiteres feststellen, daß Auschwitz nur noch für die «Häftlinge», die überlebten, etwas Wirkliches ist. Die SS-Chargen beschreiben ihre damalige Tätigkeit, wie es die Taktik ihrer Verteidigung fordert. Das ist ihr gutes Recht. Trotzdem gesteht man ihnen nicht gern zu, daß es ihnen so leicht fällt, in ihrem Dienstplan-Jargon zu verbleiben. Und man weiß noch nicht einmal sicher, ob sie diesen Jargon benutzen, weil in ihm die Verantwortlichkeit des einzelnen so gut wie unauffindbar ist, oder ob sie wirklich keine eigene Sprache haben für ihre Erinnerung an Auschwitz.

Was Auschwitz war, wissen nur die «Häftlinge». Niemand sonst. Wenn ein ehemaliger «Häftling» im Gerichtssaal nicht weitersprechen kann, wenn er Mühe hat, die ehemaligen Quäler überhaupt anzuschauen, um einen zu erkennen, wenn er wie unter Zwang Redewendungen seiner Folterer wiederholt, Sätze, zwanzig Jahre alt, auch Sätze von Gefolterten, wenn ein paar Minuten lang das Gedächtnis seinen schlimmen Stoff einfach und unverarbeitet hergibt, dann wird ein wenig von Auschwitz real. Der Zeuge Johann Wrobel sagte im Prozeß gegen die Chargen von Sachsenhausen: «Als ich im Fernsehen Sorge und Schubert wiedersah, mußte ich weinen.» Es ist nicht Schuld der SS-Chargen, sondern die Art unseres menschlichen Gedächtnisses, daß die SS-Chargen nicht weinen müssen, wenn sie die ehemaligen «Häftlinge» jetzt wiedersehen. Unser Gedächtnis arbeitet zwar schwer durchschaubar weiter an unseren Erfahrungen, die es aufnimmt, aber wenn wir uns an eine Situation erinnern, so liefert uns das Gedächtnis zuerst einmal ein Abbild unserer damaligen Rolle in der Situation. Dann können wir, nach neueren Einsichten, unsere Rolle manipulieren, wir können sie bedauern, verleugnen, widerrufen. Aber eine wirkliche Macht über uns können diese Kommentare, die wir dem Gedächtnisstoff jetzt beigeben, nicht erringen. Deshalb sollte man sich nicht zu sehr darüber wundern, daß die Angeschuldigten oft lächeln oder fast ironisch wirkende Antworten geben. Das ist nicht Zynismus. Sie können auch heute die Auschwitz-Realität der «Häftlinge» nicht begreifen, weil ihnen ihr Gedächtnis ein ganz anderes Auschwitz aufbewahrt hat; ihr Auschwitz nämlich, das der SS-Chargen.

Auschwitz ist aber seiner «Häftlinge» wegen wichtig geworden, das an den «Häftlingen» Begangene ist der Prozeßstoff und unsere nationale Schwierigkeit. Und eben von dieser Realität des

Lagers wissen wir noch weniger als von der der SS-Leute. Die Situation dieser absoluten Rechtlosigkeit ist uns einfach nicht vorstellbar. Weil wir uns also nicht hineindenken können in die Lage der «Häftlinge», weil das Maß ihres Leidens über jeden bisherigen Begriff geht und weil wir uns deshalb auch von den unmittelbaren Tätern kein menschliches Bild machen können, deshalb heißt Auschwitz eine Hölle, und die Täter sind Teufel. So könnte man sich erklären, warum immer, wenn von Auschwitz die Rede ist, solche aus unserer Welt hinausweisenden Wörter gebraucht werden.

Nun war aber Auschwitz nicht die Hölle, sondern ein deutsches Konzentrationslager. Und die «Häftlinge» waren keine Verdammten oder Halbverdammten eines christlichen Kosmos, sondern unschuldige Juden, Kommunisten und so weiter. Und die Folterer waren keine phantastischen Teufel, sondern Menschen wie du und ich. Deutsche, oder solche, die es werden wollten.

Unsere mangelnde Erfahrung und das Übermaß des Begangenen sind sicher ein Grund dafür, daß wir uns Auschwitz mit solchen Wörtern vom Halse halten. Man kapituliert einfach vor soviel «Unmenschlichkeit». Dann sammelt man Zitate nach Maßgabe der darin spürbaren Brutalität. Die Bedingungen, die diese Brutalität ermöglichten, sind viel zu farblos, viel zu sehr im Historischen, im Politischen, im Sozialen zu Hause, also entschwinden sie uns vor dem saftigen Inbegriff eines SS-Mannes, den wir zur Bestie stilisieren. Ebensowenig kommt es uns ja bei Dante auf die Bedingungen an. Wir lösen die puren Scheußlichkeiten aus ihrem Zusammenhang, machen Dante zu einem Meister des Brutalen, dadurch wird er brauchbar zur Beschreibung der Scheußlichkeiten von Auschwitz, die uns auch erscheinen als Scheußlichkeiten an sich, als pure Brutalität. Aber wenn wir schon Dante und die christliche Hölle bloß der Effekte wegen plündern und fälschen, so sollten wir doch ein bißchen genauer sein, wenn es um Auschwitz geht. Da spielen die Bedingungen eine zu große Rolle, da sind es überhaupt die Bedingungen, die Auschwitz unter uns ermöglichten. Wie Auschwitz für die «Häftlinge» war, werden wir nie verstehen. Aber was geschah, daß es für diese «Häftlinge» ein Auschwitz gab, das sollte nicht in einer Flucht zu phantastischen Umschreibungen – halb *Bild*-Zeitung, halb Dante – verlorengehen.

Auschwitz ist überhaupt nichts Phantastisches, sondern eine Anstalt, die der deutsche Staat mit großer Folgerichtigkeit entwickelte zur Ausbeutung und Vernichtung von Menschen. Wenn man mit wehleidiger Lust (die sich auch als nationaler Protest äußern kann) in der Zeitung die brutalen Fakten zur Kenntnis nimmt, vergißt man leicht, daß all diese mittelalterlich bunten Quälereien eher gegen das System veranstaltet wurden. Unsere Nationalsozialisten waren ja erst am Anfang. Persönliche Grausamkeit hätte über kurz oder lang kaum mehr eine Rolle spielen dürfen. «Fleißaufgaben» nannte der ehemalige «Häftling» Dr. Wolken die grausamen Praktiken der SS-Chargen. Man vergißt angesichts der einprägsamen Folterer, daß das schlechtere Idealisten waren als die besseren Idealisten, die das System entworfen hatten. Es sollte wirklich, wie Ossietzky sah, die «Zeit des desinfizierten Marterpfahls» werden.

Man muß sich die Todesfabrik vorstellen ohne die Requisiten und Eigenschaften, die jetzt den Angeschuldigten vorgeworfen werden: also ohne Kaduks Bergsteigerstock; ohne Bogers Schaukel; ohne Broads Wunsch, die hübscheren Frauen zuerst erschießen zu lassen; ohne Hofmanns «Sportmachen»; ohne Baretzkis tödlichen «Spezialschlag» mit der Handkante; ohne Starks politischen Eifer gegenüber Sowjetkommissaren; ohne Capesius' Anfälligkeit gegenüber gewissen Wertsachen; ohne Klehrs Sucht, den Mediziner zu spielen; ohne Bednariks Lust, mit Stühlen totzuschlagen; ohne Schaufelstiele, Ochsenziemer und Wasser-schläuche ... Auschwitz ohne diese «Farben» ist das wirklichere Auschwitz. Selektion an der Rampe, Transport in die Kammern, Zyklon B, Verbrennungsöfen. Und: wer nicht ermordet wird, arbeitet bei Krupp, bei der I. G., bis er daran stirbt oder auch ermordet wird. Das ist das Betriebssystem. So wurde es von den Idealisten des Nationalsozialismus entwickelt. Als Glied eines umfassenderen Systems. Die persönlichen Befriedigungen der Funktionäre wurden bekämpft und wären sicher gänzlich unter-drückt worden in unseliger Friedenszeit.

In den Nürnberger Prozessen war viel mehr zu erfahren über das sogenannte Dritte Reich als im Auschwitz-Prozeß. Trotz-dem war die Wirkung dieser Prozesse auf uns alle sehr gering. Das kann nicht nur daran liegen, daß wir uns unsere Führer nicht von ausländischen Gerichten verurteilen lassen wollten. Es lag vielleicht auch daran, daß wir noch keinen Sinn haben für das Asoziale, das fein bürgerlich auftritt und sich, bevor es handelt, zuerst legitimiert. Die Prozeßmaterie von Nürnberg war offen-bar nicht zu popularisieren. Da wurde immerhin der Versuch ge-macht, den geschichtlichen Hergang auf Handlungen und Ent-scheidungen von einzelnen und Organisationen zurückzuführen und Verantwortlichkeit festzustellen. Im Auschwitz-Prozeß sit-zen nur noch Chargen auf der Bank. Handlanger, Henker, Ver-führte. Produkte eines heftigen deutschen Erziehungsaufwandes. Täter im altmodischsten Wortsinn. Und wenn schon Teufel, dann eher arme Teufel. Je kleiner die Charge, desto mehr war sie ange-wiesen auf handfeste Tat. Und je handfester die Tat, desto leich-ter herauszulösen aus den Bedingungen des Systems, aus unserer deutschen Geschichte von 1918 bis 1945. Und so lange löst man die Tat als ein persönliches Verbrechen heraus aus unserem na-tionalen Zusammenhang, bis nichts mehr übrigbleibt als die pure Brutalität.

Ein faszinierendes Zitat, das nimmt man willig-widerwillig erschauernd zur Kenntnis und denkt noch: ich bin nicht wie die. Aber wer von uns erliegt nicht der Faszination, dieser hin- und herstreitenden Empfindung angesichts der puren und deshalb gleißenden Brutalität der Figuren, die wir zu Teufeln und Raubtieren stilisierten! Natürlich verabscheuen wir den Täter. Das gehört ja mit zu unserer intimen Auseinandersetzung. Wir empfinden den Unterschied. Und wir nehmen Anteil am Opfer. Der Schmerz der Opfer, die aus Dantes Wortschatz entlehnte Qual, dieser Teil des Zitats ist dringend notwendig für unser Erlebnis. Erst durch den hilflosen Versuch, uns auf die Seite des Opfers zu stellen oder uns, so gut es gehen will, wenigstens vorzustellen, wie schrecklich da gelitten wurde, erst durch diese Anteilnahme wird uns der Täter so verabscheuungswürdig und brutal, wie wir ihn für unsere realitätsarme, aber momentan heftige Empfindung brauchen.

Mit ein wenig Ruhe könnten wir natürlich einsehen, daß es uns nicht gelingt, Anteil zu nehmen am Schmerz der Opfer. Was heißt das denn, wir nehmen Anteil? Wieviel gilt uns unser Bedauern? Hilft es uns, irgend etwas zu tun? Es ist sogar möglich, daß unser Interesse an den Opfern geringer ist als das Interesse an den Grausamkeiten, denen sie damals ausgesetzt waren. Wie lange werden wir die Auschwitz-Zitate mit uns herumtragen? Ich glaube, wir werden Auschwitz bald wieder vergessen haben, wenn wir es kennenlernen nur als eine Sammlung subjektiver Brutalitäten. Warum vergessen wir die täglichen Raub- und Sexualmorde, sobald die Täter in den Zuchthäusern verschwunden sind? Vielleicht doch, weil in den Berichten über diese Fälle das Faktische die Hauptrolle spielte. Ob mit dem Hammer, und wie und wie oft, und ob in der Küche oder auf dem Bootssteg, das spielt die Hauptrolle. Es heißt, das wirke bei Empfänglichen, bei Jugendlichen etwa, im Unbewußten nach. Wir nehmen es mit hin- und herstreitender Empfindung zur Kenntnis, eher kulinarisch als kritisch, dann vergessen wir es wieder und nehmen am nächsten Tag den nächsten Mord ebenso zur Kenntnis. Es kommt kaum vor, daß sich von Mord zu Mord eine Einsicht steigert in die Bedingtheiten solcher Taten. Die gegenständliche Fülle der Nachrichten und die darin enthaltene Brutalität unterbindet die Reflexion. Das Bewußtsein bleibt leer. Und weil weder Höß noch Heydrich, noch Himmler, noch irgendein Rassenideologe oder I. G.-Generaldirektor auf der Anklagebank sitzt, wäre es immerhin denkbar, daß der Auschwitz-Prozeß für uns zu einem monströsen Wust von sensationellen Mordprozessen würde, und wir hätten damit nur noch als Konsumenten greller Schlagzeilen zu tun. Und die sind vergessen, sobald sie durch neue Schlagzeilen abgelöst werden.

Wer weiß denn noch, wie es zuging in Buchenwald und Sachsenhausen? Die Prozesse gegen Sommer, den «Henker von Buchenwald», gegen den «Eisernen Gustav» und den «Pistolen-Schubert» waren Dokumentationen ganz ungeheurer subjektiver Grausamkeiten. Da verbietet sich jeder Vergleich. Und wir wurden unterrichtet über die schrecklichen Einfälle jener Angeklagten. Haben diese Brutalitäten unser Bewußtsein erreicht? Haben sie uns darüber belehrt, was Faschismus ist? Haben sie vermocht, jene verfilzte Liaison zwischen Faschismus und Deutschtümelei aufzusprengen, die nicht nur in niedersächsischen Köpfen überlebte? Sind wir etwa politischer geworden gegenüber dem Osten, das heißt vernünftiger und bescheidener in unseren Ansprüchen? Begreifen wir ein bißchen besser, wie tief der Schrecken denen noch in den Knochen sitzen muß nach unserem letzten Auftritt? Sind wir vorsichtiger geworden gegenüber unserer idealistischen Begabung, die uns immer dazu verleitet, Weltanschauungen aufzubauen wie Verliese, für uns und für die, die wir zu idealen Feinden stilisieren, und das so lange, bis wir (und die Feinde) uns so verhalten müssen, wie es sich für Verfeindete gehört? Was sich in Auschwitz austobte, stammt schließlich auch aus alter Schule, ist von schlechten Eltern. Juden und Slawen, darauf waren wir gedrillt seit langem. Zur Zeit schulen wir um auf Kommunisten.

2.

Wenn die KZ-Prozesse, wie es heißt, ein Beweis sein sollen, daß wir uns nicht scheuen, unsere Vergangenheit zu «bewältigen», müßten sie ja irgendeinen politischen Effekt haben. Daß die Prozesse überhaupt stattfinden, ist strafrechtlich notwendig und kein Beweis für eine politische Entkrampfung. Aber die Sorge, Sommer und Schubert und ihre Kollegen aus Auschwitz können uns von den Staatsanwälten nur in ihren subjektiven Taten vorgestellt werden, und die sind der Art, daß unsere Distanz in keiner Sekunde in Gefahr ist. Wir haben von 33 bis 45 sozusagen in einem anderen Staat gelebt als die Angeklagten.

In der Anklageschrift für den Auschwitz-Prozeß haben die Staatsanwälte eine gründliche Fundierung aller erhobenen Anschuldigungen gegeben. Sie haben die Täter und ihre Taten eingebettet in die Wirklichkeit des sogenannten Dritten Reiches. Aber im Prozeß selber und in der Berichterstattung über den Prozeß konnte von der uns alle betreffenden Wirklichkeit jenes «Reiches» nur noch dann die Rede sein, als die Sachverständigen, die Historiker ihre Gutachten ablieferten. Das ist verständlich, weil ja der Prozeß nur von den Taten handeln kann, für die Täter zu finden sind. Daß aber diese Täter bis zu irgendeinem Zeitpunkt zwischen 1918 und 1945 mit uns allen verwechselbar ähnlich waren, daß sie dann durch spezielle Umstände den Weg nahmen, der sie in diesen Prozeß führte, das kann in einem solchen Prozeß nicht hinreichend zur Sprache kommen. Da ist die

Rede nur von Taten, die wir nicht getan hätten; entweder weil wir überhaupt zu denen gehören, die Taten nur ermöglichen, ohne sie zu tun; oder weil wir, als an der Ermöglichung dieser Taten gearbeitet wurde, noch zu jung waren, oder schlau genug, uns in nutzbringender Entfernung zu halten.

Ganz ohne Zweifel ist auch, daß wir Deutschen von diesen Brutalitäten keine Ahnung hatten. Auch das ist ein Effekt dieses Prozesses. Wir kommen auch als Mitwisser nicht mehr in Frage. Angesichts dieser zwar systematisch vorbereiteten, aber dann doch in gleißender Subjektivität vollzogenen Brutalitäten verlieren wir den Rest von nationaler Solidarität mit den Tätern. Wir vergessen, sozusagen vom Ergebnis betäubt, daß wir zumindest geduldige Zeugen waren, als sich von 1933 bis 1943 ein Schritt nach dem anderen sichtbar vor uns vollzog: Von der *Verordnung zum Schutz von Volk und Staat* (28.2.33) zum *Gesetz zur Wiederherstellung des Berufsbeamtentums* (7.4.33), zum *Gesetz zum Schutze des deutschen Blutes und der deutschen Ehre* (15.9.35) bis hin zu den Verordnungen, die die Kristallnacht ermöglichten, und den im gleichen November erlassenen Verordnungen, die ihr Ziel dann anno 43 erreichten in der *13. Verordnung zum Reichsbürgergesetz*, die die jüdischen Bürger endgültig der Willkür der SS auslieferte. Sollten wir noch ein Gefühl dafür gehabt haben, daß wir dieser Entwicklung zu geduldig zugeschaut hätten, dann sagen wir uns jetzt ganz heftig: wir haben nichts gewußt.

Und tatsächlich: die monströse Wirklichkeit von Auschwitz darf wohl auch über die Vorstellungskraft jenes Bürgers gehen, der geduldig zusieht, wie Juden und Kommunisten aus seiner Umgebung verschwinden. Andererseits wäre aber der Auschwitz-Prozeß doch ein fatales Ereignis, wenn die Ungeheuerlichkeit der Prozeßmaterie dazu führte, daß wir in Zukunft das sogenannte Dritte Reich nur noch aus der Distanz sähen, aus der wir die Scheußlichkeiten von Auschwitz zur Kenntnis nehmen.

Man muß leider vermuten, daß wir jenem Staat näher waren, als wir seiner Manifestation in Auschwitz gegenüber wahrhaben wollen.

Oder geht mich Auschwitz überhaupt nichts an? Wenn in Auschwitz etwas Deutsches zum Ausbruch kam, was ist dann in mir das Deutsche, das dort zum Ausbruch kam? Ich verspüre meinen Anteil an Auschwitz nicht, das ist ganz sicher. Also dort, wo das Schamgefühl sich regen, wo Gewissen sich melden müßte, bin ich nicht betroffen. Nun fällt es mir allerdings immer schwer, das Deutsche in meinem Wesen aufzufinden. (Ich kann nur hoffen, daß andere Landsleute, wenn sie's genau genug nehmen, damit auch ihre Schwierigkeiten haben.) Und trotzdem soll ich mich jetzt, Auschwitz gegenüber, hineinverwickelt sehen in das großdeutsche Verbrechen.

Die idealistischen Denk-Künstler, inländischer und ausländischer Herkunft, haben uns seit 1945 hilfreich bewiesen, daß es keine Kollektivschuld gebe. Dieser Beweis macht einem Idealisten keine Mühe. Er liebt es, seine Vorstellung von personaler Verantwortlichkeit so hoch als möglich zu schrauben. Er will etwas verlangen können vom Menschen. Vom einzelnen. Vom Individuum. Dieses Unteilbare sei willensfrei, findet oder verfügt der Idealist. Wie sehr zusammengesetzt aus biologischer und politischer Geschichte so ein Individuum ist, spielt da keine Rolle. Keine Rolle darf spielen die Erfahrung unserer Idealisten von 1918 bis heute, die zeigt, welche grotesk verschiedenen Haltungen das unteilbare Individuum kurz nacheinander (und sogar gleichzeitig) einnehmen kann. Auf jeden Fall: seit 1945 und angesichts des Auschwitz-Prozesses kommt uns das idealistische Schlupfloch sehr zustatten. Da jeder für sich verantwortlich ist, hat jeder seine Taten selber zu verantworten und nur seine Taten. Wurde einer «schuldig», so ist das seine Sache.

Und das bestätigt sich jeder von uns leicht durch sein Gefühl vollkommener Unschuld, wenn er etwa von Auschwitz hört. Aber vielleicht kommt das doch daher, weil sich die eigene Zugehörigkeit zum völkischen oder nationalen Kollektiv wirklich nicht spüren läßt. Wer, anstatt sein sauberes Gewissen zu erforschen und sein Schamgefühl zu befragen, nachdächte über den willkürlichen und mehr noch unwillkürlichen Anteil, den man hat an den Wirkungen des Kollektivs, der könnte nicht mehr so leicht sagen: die Taten sind bloß die Sache der Täter. Wählten wir die Bezeichnungen für unsere menschliche Art ein bißchen genauer, uns angemessener, also realistischer, dann wären die Ursachen so wichtig wie die Sachen. Dann wäre einer, der aus einem kleinen Kerl einen großen Mörder macht, so verantwortlich wie der, der den Mord besorgt. Und wer am Mord bloß viel Geld verdient hat und jetzt wieder Konzerne bastelt oder Fabriken dirigiert, der bekäme zumindest öffentlich zugewiesen seinen Anteil am vielfachen Mord. Aber das idealistische Strafrecht schaut am liebsten auf die Hände. Und die sind einfach nicht blutig beim politischen oder wirtschaftlichen Verursacher. Das ist gut bürgerliche Justiz. Je weiter unten einer hantierte, desto schlechter ist er dran. Kollektivschuld gibt es nicht. Und von Kollektiv-Ursache sprechen wir lieber nicht.

Wie nah kommt doch da der bürgerliche Individualist dem Anarchismus! Warum dann überhaupt noch Volk oder Staat, wenn ich mich im prekären Fall auf mein persönliches Unschuldsgefühl berufen kann? Daß mein Schamgefühl oder mein Gewissen sich nicht auf Staatliches oder Völkisches erstreckt, weiß ich ohnehin. Und was an mir deutsch ist, fällt wahrscheinlich bloß einem Ausländer auf. Aber ich kann darüber nachdenken, auf welche Weise und wie sehr ich heute dem westdeutschen Staat angehöre, auf welche Weise und in welchem Ausmaß das sogenannte Dritte Reich sich auch als mein staatlicher Ausdruck manifestieren durfte. Meine Staatsangehörigkeit ist konkret.

Man kann auf die Bewandtnis, die es mit der Staatsangehörigkeit hat, allerdings nicht kommen durch Empfindung, sondern allenfalls durch eine Art Denken.

Der Idealist läßt es sich wohl sein bei der Vorstellung, der Volksgenosse von Goethe, Kant und Hegel zu sein (vielleicht auch noch von Marx). Aber mit Goebbels, Göring, Heydrich und Himmler hat er nichts gemein (vielleicht noch mit Ludendorff). Wenn aber Volk und Staat überhaupt noch sinnvolle Bezeichnungen sind für ein Politisches, für ein Kollektiv also, das in der Geschichte auftritt, in dessen Namen Recht gesprochen oder gebrochen wird, dann ist alles, was geschieht, durch dieses Kollektiv bedingt, dann ist in diesem Kollektiv die Ursache für alles zu suchen. Dann ist keine Tat mehr bloß subjektiv. Dann ist Auschwitz eine großdeutsche Sache. Dann gehört jeder zu irgendeinem Teil zu der Ursache von Auschwitz. Dann wäre es eines jeden Sache, diesen Anteil aufzufinden. Es muß einer doch nicht in der SS gewesen sein.

Beobachtet man sich und auch andere bei der Begegnung mit dem Auschwitz-Prozeß, dann erfährt man, daß er, als ein Musterprozeß gegen sozialbedingte Asoziale, in uns lehrbuchhaft sauber unsere eigenen idealistischen und asozialen Erbschaften mobilisiert: unseren Anteil an Auschwitz.

Ohne weiteres entlarvt sich der national-wehleidige Protest gegen den Prozeß als die denkbar dümmste Art, sich heute als deutscher Idealist (oder Faschist) um den Ruf des Vaterlandes zu sorgen. Auf die traurigste Weise idealistisch ist aber auch unsere Distanz zu den SS-Chargen. Wir sind nicht wie die! Aber gleichzeitig finden wir die Strafe, die diese SS-Chargen erwartet, lächerlich unangemessen, wenn wir an die entsetzlichen «Fleißaufgaben» denken, die sie in Auschwitz erfüllten. Offenbar glauben wir noch immer, eine Tat könne gesühnt werden. Und nun gar diese über jeden bisherigen Begriff gehende Tat Auschwitz!

Aber wahrscheinlich wollen wir einfach unsere Ruhe haben. Vergeltung und Schluß. Wenn die Täter wenigstens ein bißchen so behandelt würden, wie sie selber handelten, wäre uns schon wohler. So ziehen uns die SS-Chargen in ihre idealistische Praxis. So gerät man in den Sog des Asozialen. So kapituliert man vor der Anstrengung, den asozialen Instinkt ohne Befriedigung zu lassen. Man will seine Ruhe. Und die trägt den schönen Namen Gerechtigkeit. Daß es für solche Taten keinen Ausgleich, keine Sühne gibt, ist unangenehm.

Wir wollen heraus sein aus dieser Geschichte. Und die Justiz soll uns dazu verhelfen. Und was machen wir mit dem Leiden der «Häftlinge»? Weil es uns nicht gelingen kann, da irgendeinen Sinn hineinzukonstruieren, der uns befriedigen könnte, flüchtet sich unser Instinkt wieder zur Vergeltung. Als wäre dann dieses Unmaß an Leiden schon ein bißchen weniger sinnlos. Wir scheuen die Anstrengung, Auschwitz als ein sinnloses, nie mehr zu sühnendes Morden in unser Bewußtsein aufzunehmen. Wir klammern uns an die subjektiven Brutalitäten. Die ziehen uns an und stoßen uns ab. Wir lassen uns anziehen und abstoßen. Wir isolieren die Brutalitäten, die Ursachen langweilen uns. Die gesicherte Distanz zu den «Teufeln» und «Bestien» erlaubt uns, die gleißenden Zitate als Futter für unser eigenes, geheim gehaltenes Asoziales zu konsumieren. Das können wir uns um so leichter gestatten, als wir ja den Opfern unser ganzes kraftloses Bedauern entgegenbringen. Und die Justiz wird den gesellschaftlichen Auftrag schon erfüllen und die Sache rechtsgemäß erledigen.

Das ist so, weil wir so sind. Unter Menschen ist das Talent zum Sozialen, das der Idealist das Humane nennt, immer noch so schwach, das Asoziale noch so stark, daß die Täter nichts dazulernen können, und alle, die auf die Seite der Täter gehören. Nur die Opfer, soweit sie noch das bloße Leben haben, und die, die auf der Seite der Opfer sind, die können weder Auschwitz vergessen noch so weiterleben, als hätte Auschwitz nie stattgefunden. Für uns aber wird Auschwitz keine Folgen haben. Was jetzt dem primitiven Politiker sein Antikommunismus oder seine Atombombe oder die Todesstrafe, das ist dem Feingeist sein subtiles Verhältnis zur Grausamkeit. Unser Asoziales hat weiterhin seine groben und feinen Funktionäre; wie geheim es sich auch momentan gibt, es kann mobilisiert werden. Natürlich wird sich Auschwitz nie wiederholen. Der nächste Triumph des Asozialen wird sich anders ausstaffieren. Deshalb ist es ja so sinnlos und befriedigend, Auschwitz nur in seinen einmaligen Fakten und sozusagen nur mit den Nerven wahrzunehmen. Aber bitte, wir haben momentan, als Gesellschaft, Erfolg. Und Erfolg macht unempfindlich. Das Bewußtsein hat kein Bedürfnis. Aber die Nerven brauchen starke Dosen. Möglich, es wird uns gegen Ende des Jahrhunderts wieder so langweilig, wie es den feineren Menschen schon am Jahrhundertanfang war. Am Ende kommen wir wieder auf Ideen. Und das ist gern der Anfang des Schrecklichen.

Das Einhorn

(Auszug)

Anselm seinerseits sagte auf:

Nibelungen.
Die Jäger haben gefangen   gar alle deine Leut,
mit Lärm und Feuer brechen   sie durch das Faselreut,
Sie schreien deinen Namen   zerreißen jeden Strauch,
sie treiben die heulenden Hunde   mit Peitschen in den
Rauch.

Mich läßt der Hauptmann holen.   Hin mit ihm auf die
Bank.
Ihr, in die Lindenkrone.   Wetten, die wird krank
nach ihm und zockelt her.   Du kommst, ich hör's, du
schaust,
ich schweig, du weinst, breitest   die Arme aus und traust.

Die springen aus dem Baum   mit einem Schrei.
Du schaust mich an. Ich schweige.   Mich lassen sie frei.
Zu Gott, gelobt sei er und   gepriesen sein Name, schreit
deine Mischpoke im Torkel   und kniet an der Kelter,
bereit.

Ihr habt gebacken das blutige   Brot, jetzt zornt die Stadt.
Noch schützt der Hauptmann den Torkel.   Wer den nachts
                                        gezündet hat,
weiß Gott. Die Jäger sollten   vor christlichem Zorn euch
                                        schützen,
und ihr seid drin verbrannt   samt euren Witzen.

Du warst beim Hauptmann die Nacht,   hast ein Kraut ihm
                                        gepriesen,
das unverwundbar macht   gegen Hauen wie Schießen.
Er lacht. Will mehr. Ja, gleich,   erst wird das Kraut
                                        probiert.
Du schluckst das Kraut. Er schießt. Du fällst.   Er schreit:
                              Wie immer. Angeschmiert.

Tassilo: Das Gespenst von Gattnau

(Auszug)

2

Tassilo steigt aus dem Auto, geht auf einem Kiesweg zum Tor, läutet, und weil sich nichts rührt, läutet er noch einmal.

KNECHTLE *durch die Gegensprechanlage:* Ja?

TASSILO Herr Knechtle?

KNECHTLE Ja.

TASSILO Mein Name ist Grübel. Ich war schon einmal bei Ihnen. Vor acht Jahren. Mit dem Fräulein Koppenwallner. Die davor Sekretärin gewesen ist bei Herrn Dr. Sigrist. *Tassilo hat immer noch eine Information dazugefügt, und nach jeder Information hat er auf Antwort gewartet.* Sie haben uns damals den Schnellkopierapparat vorgeführt, den Sie gerade fertig hatten.

Pause.

Sie haben damals gesagt – es hat sich auf den Selbstmord von Dr. Sigrist bezogen –, wenn man das Blut von selbstmordgefährdeten Personen einmal im Monat richtig untersuchen könnte, könnte man viele Selbstmorde verhindern. Es sei ein Hormonproblem. Und ein Sauerstoffproblem. Erinnern Sie sich?

KNECHTLE Nein.

TASSILO Ich soll Sie grüßen von Fräulein Koppenwallner.

KNECHTLE Danke.

TASSILO Es geht ihr nicht gut.

KNECHTLE Tut mir leid.

TASSILO Wieder das Rückgrat. Die Bandscheiben. Das lebenslängliche Schreibmaschinenschreiben. Sie wäre gern mit herausgekommen. Sie hat so gern für Sie gearbeitet. Als sie noch bei Dr. Sigrist war.

KNECHTLE Grüßen Sie sie auch von mir.

TASSILO Herr Knechtle, ich weiß, es ist unhöflich, Sie so zu überfallen, aber ich glaube, ich muß sprechen mit Ihnen. Nicht wegen mir. Es geht um Sie. Sie wissen vielleicht noch, ich betreibe ein kleines, unwichtiges Auskunftsbüro in Friedrichshafen. Jetzt kommt eine Anfrage aus London. Ihretwegen. Es muß mit dem Dritten Reich zusammenhängen.

KNECHTLE Bitte, kommen Sie, es ist offen.

Tassilo drückt die Klinke, geht über den Hof. Knechtle empfängt ihn vor dem Haus und geht mit ihm hinein.

Grüß Gott, Herr Grübel.

TASSILO Grüß Gott, Herr Knechtle. Wie geht es Ihnen?

KNECHTLE Das Dumme ist, wenn man im Vierundachtzigsten ist, darf man über nichts mehr klagen. Und ich hab' immer so gern geklagt. Mir war immer erst wohl, wenn ich ein bißchen gejammert habe. Jetzt muß ich andauernd zufrieden sein, daß ich noch lebe. Und wissen Sie was, ich bin zufrieden. Andauernd. Daß ich noch lebe. Gerade jetzt, die Blüten, nacheinander Kirschen, Birnen, Äpfel, jetzt stellen Sie sich vor, ich hätte diese Blütenprachtexplosion nicht mehr erlebt.

TASSILO Vor acht Jahren haben Sie gesagt: Mir leaband doa ja mitta im a Fescht.

KNECHTLE Was ist mit dem Ausland? Ich will es nur wissen, weil ich keine Störung brauchen kann. Das Ausland selber interessiert mich nicht. Aber ich weiß, daß ich Feinde habe, im Ausland. Gerade jetzt könnte ich eine Störung weniger ertra-

gen denn je. Ich bin an meinem letzten Projekt. Was Größeres.
Was will das Ausland von mir? Welches Ausland?

TASSILO London.

KNECHTLE Das geht ja noch. Moskau wäre schlimmer gewesen
oder gar Tel Aviv. Was will man in London von mir?

TASSILO Haben Sie einmal eine Schallkanone erfunden?

KNECHTLE Ja.

TASSILO Dafür interessiert man sich. In London.

KNECHTLE Da stecken die Russen dahinter.

TASSILO Stimmt. Einer in London hat alte sowjetische Armee-
zeitungen durchgestöbert, dabei ist er auf Ihren Namen gestoßen. Darf ich offen reden?

KNECHTLE Bitte.

TASSILO Sie werden mit dem Nationalsozialismus in Verbindung
gebracht.

KNECHTLE Natürlich. Klar. Ich habe gearbeitet. Also habe ich
für die Nazis gearbeitet. Wer damals Brot gebacken hat, hat
für die Nazis gebacken. Und wer für die Nazis bäckt, ist ein
Nazi. Dr. Sigrist, Sie erinnern sich …?

TASSILO Ja.

KNECHTLE Sigrist war ein Nazi. Nein, er war ein Nationalsozialist. Das war seine Philosophie. Weltanschauung, hat man
damals gesagt. Er war Nationalsozialist, wie ein anderer An-
throposoph ist oder Buddhist. Ich bin Ingenieur. Nationalsozialismus habe ich nicht nötig gehabt. Rasse und so. Ich glaube an Umstände.

TASSILO Gibt es die Schallkanone noch?

KNECHTLE Wird schon noch irgendwo herumstehen in meinem
G'rümpel.

TASSILO Wie können die Russen davon erfahren haben?

KNECHTLE Die waren hier. Bei mir. In Gattnau. Ende 39. Gleich,
nachdem Molotow und Ribbentrop den deutsch-russischen

Pakt geschlossen hatten. Russische Ingenieure. Eine ganze Delegation. Die sind nach Friedrichshafen gekommen, wegen Dornier, Zeppelin, Maybach. Dann hat ihnen jemand von mir erzählt, und schon waren sie da. Damals habe ich noch eine Halle gehabt für Großprojekte. Wir haben denen sogar das Fotografieren erlaubt. Die Röhren für die Schallkanone. Einzeln. Nicht montiert.

TASSILO Wie soll denn so was funktionieren?

KNECHTLE Ultraschall kennen Sie, das Gegenteil: Infraschall, das sind Töne mit so niederen Frequenzen, daß man sie nicht hört. Aber man spürt sie. Und zwar sehr unangenehm. Eine Art Seekrankheit, Schwindelgefühl, vollkommene Denkunfähigkeit, Zusammenbruch. Der Grund: Jede Materie hat selber eine Schwingung, eine bestimmte Frequenz, jedes Haus, jede Gehirnzelle. Wenn ein Sturm die Eigenfrequenz eines Hauses hat, verstärkt er diese Eigenfrequenz, das Haus vibriert, stürzt schließlich ein. Wolkenkratzer werden extra so gebaut, daß das nicht passiert. Wenn Sie einen Ton produzieren, der die Eigenfrequenz der Alphazellen unseres Gehirns hat, der also die Eigenschwingung anstößt, dann können Sie dieses Gehirn stören, sogar vernichten. Sieben Hertz ist die Frequenz der Alphawellen. Mit einer Röhre von 1,5 m Durchmesser und einem Luftdurchsatz von hundert Litern pro Sekunde kann man einen Sieben-Hertz-Ton erzeugen. Mit einem Röhrensystem, verbunden mit einem Lautsprecher, können Sie einen Schallstrahl erzeugen, einen Akustiklaser, damit können Sie schießen: auf Gebäude, Menschen, was Sie wollen. Sie müssen nur die Resonanzfrequenz Ihres Ziels treffen, die Eigenschwingung. Und durch Dezibelabstufung können Sie genau den Zerstörungsgrad erreichen, den Sie erreichen wollen. Sie können den Soldaten einer ganzen Armee einfach das orthostatische Zentrum lähmen, das heißt, der Gleichgewichtssinn ist außer Funktion, die Armee ist wie total betrunken, taumelt, fällt hin, bleibt liegen, Sie können sie gefangennehmen, ohne Verluste. Und so weiter.

TASSILO Fabelhaft! Warum hat man das nicht gemacht? Im Krieg?

KNECHTLE Die Generäle! Die haben mich ausgelacht. Ich glaube, es war ihnen einfach zu wenig zerstörerisch. Zu unblutig. Und gerade das hat mich interessiert damals. Seit Hitler dran war. Das hat man ja gewußt, Hitler heißt Krieg. Ich habe zwei Buben gehabt, beide im gefährlichsten Alter. Ich habe gleich nach 33 mit der Schallkanone angefangen. Ein unblutiger Krieg. Das war mein Ziel.

TASSILO Und die Buben?

KNECHTLE Tot. Beide. In Rußland.

Nach einer Pause:

Nach 45 habe ich keine Lust mehr gehabt, an der Schallkanone weiterzuarbeiten. Zuerst haben sie mich ja eingesperrt. Als Nazi. Vorbereitung eines Angriffskrieges. Weil in U-Boot- und Panzermotoren ein paar Schräubchen von mir drin waren. Ich war ja kriegsdienstverpflichtet, bei Maybach in Friedrichshafen. Also Nazi. Mein Gott. Wenn ich höre, wie die jungen Leute jetzt mit diesem Wort umgehen! Die tun so, als hätte ihnen das nicht passieren können. Als seien sie besser. Wenn in dreißig Jahren die Menschen soweit sind, daß sie es nicht mehr ertragen, andere verhungern zu lassen, dann werden die Kinder dieser Kinder kommen und sagen: Ihr habt geschlemmt, und die sind verhungert, warum habt ihr nichts getan? Und es ist heute ja nicht verboten zu helfen, man wird, wenn man hilft, nicht erschossen, wie damals. Schon das Wort: Nazi! Nach meiner Meinung hat nur ein Kommunist das Recht, das Wort Nazi zu gebrauchen. Die Kommunisten haben gegen die Nationalsozialisten gekämpft. Nur die Kommunisten. Es ist

126

ihr Wort. Als Ingenieur möchte man, daß etwas genau genommen wird.

TASSILO Sie waren nie Nationalsozialist?

KNECHTLE Nie. Ich bin Ingenieur. An Erlösung nicht interessiert. Nur an Verbesserung. Die Zeit war so, daß die Leute einen Erlöser wollten. Leider.

TASSILO In London hält man Sie für einen … Nazi.

KNECHTLE Da kann man nichts machen.

TASSILO Die wollen hierherkommen.

KNECHTLE Gut zu wissen.

TASSILO Die glauben, Sie hätten die Schallkanone fertig. Man hält Sie für eine Gefahr, Herr Knechtle.

KNECHTLE Da kann man nichts machen.

TASSILO Wollen Sie denen ein Interview geben?

KNECHTLE Nein.

TASSILO Wenn Sie sich wehren, werden Sie verdächtig für die.

KNECHTLE Da kann man nichts machen.

TASSILO Die können ziemlich unangenehm werden.

KNECHTLE Da kann man etwas machen.

TASSILO *lachend:* Mit der Schallkanone!

KNECHTLE So ungefähr. Für meinen Schutz habe ich gesorgt. Ich habe nach 45 gesehen, wozu unsere Befreier imstand sind.

TASSILO Mhm. Was soll ich tun, Herr Knechtle? Die wollen, daß ich den Kontakt herstelle zu Ihnen.

KNECHTLE Das haben Sie ja getan. Ich weiß Bescheid jetzt. Sie auch. Das genügt. Ich danke Ihnen.

TASSILO Und wenn die sich nicht abhalten lassen?

KNECHTLE Hier kommt keiner herein. Ein Ausländer schon gar nicht. Ich bin auch nachtragend. Zweieinhalb Jahre habe ich verloren, hinter Stacheldraht und Gittern. Kein Blatt Papier, kein Bleistift, das vergess' ich denen nicht. Ich war kein Nationalsozialist, verstehen Sie!

TASSILO Ja.

KNECHTLE Also. Machen Sie's gut, Herr Grübel. An die Arbeit!

[...]

14

Zu Hause. Countrymusic-Unterricht im Nebenraum.

TASSILO Jetzt hör dir das an, Mama. *Das Gespenst von Gattnau*. Der Altnazi Kaspar Knechtle ...

MUTTER Ich hab' es schon gelesen, Tassilo.

TASSILO Ich glaube, du stehst nur deshalb so unanständig früh auf, daß du, bis ich komme, immer schon alles gelesen hast.

MUTTER Aber du kommst gut weg, in allen drei Zeitungen. Das freut mich. Allerdings steht überall, daß du es auch nicht schaffst, den Altnazi weichzukriegen.

TASSILO Jetzt benutzt du auch schon diese öffentliche Sprache.

MUTTER Ich zitiere, Tassilo.

TASSILO Entschuldige.

MUTTER Hoffentlich erfährt der alte Mann nicht, wie sie über ihn schreiben.

TASSILO *Das Gespenst von Gattnau.* Das wird er nicht mehr los. Das ist ja der Sinn der Presse, daß sie abstempelt, dir ein Plakat umhängt, darauf steht ein Schlagwort, das bist du dann, für Millionen Leute. Die haben keine Erfahrung mit dir, die wissen nichts von dir, wollen auch gar nichts wissen, du bist *das Gespenst von Gattnau.* Basta.

MUTTER Vielleicht liest er gar keine Zeitung.

TASSILO Wenn ich das wüßte, wäre mir wohler. Diese tausend Mark wären, wenn ich sie überhaupt kriege, fast ehrlich verdient.

MUTTER Noch einen Monat lang täglich zweihundert wäre auch nicht schlecht.

TASSILO Ich fürchte, mir fällt nichts mehr ein, womit ich diese Journalistenschar noch ein bißchen unterhalten könnte. Hoffentlich fällt Herrn Knechtle noch etwas ein heute. Etwas Neues, Sensationelles.

MUTTER Daß wir wenigstens das Geld hätten, die Wand drüben mit Kork auslegen zu lassen, damit dieser Gitarrenlärm ein wenig …

TASSILO Mama! Ich bitte dich.

MUTTER Kork dämpft Schall, das hab ich gelesen.

TASSILO Hör mir bloß auf mit Schall, bitte.

MUTTER Armer Bub.

TASSILO Was sag' ich den Journalisten heute? Gestern, das hat gezündet. *Gespenst von Gattnau* … das ist Brandmarkung, genau wie es Knechtle gestern gesagt hat. Ich glaube, die Presse ist heute, was früher die Kirche war. Sie darf alles kritisieren, aber niemand sie. Wer das wagt, wird fertiggemacht. Über der Kirche hat es wenigstens noch Gott gegeben. Über der Presse gibt es nichts. Heute nacht bin ich wach gelegen und habe nach etwas gesucht, was ich denen anbieten könnte, daß sie noch einen Tag länger bleiben. Das wären weitere zweihundert, Mama. Hör dir einmal an, ob ich das so Herrn Knechtle anbieten kann, eine Story zu seinen Gunsten, daß er bei der Presse wieder besser angeschrieben wäre. Dieser Dr. Sigrist, der SS-Kerl, du weißt, der hat sich also, würde ich sagen, aus einem KZ einen jüdischen Ingenieur geholt, hat den bei sich im Dachboden untergebracht, der arbeitet für Sigrist, erfindet die tollsten Sachen für Sigrist, Sigrist kriegt alle möglichen Naziorden, aber er teilt dem jüdischen Erfinder 1945 nicht mit, daß der Krieg aus ist, läßt den weiter für sich arbeiten. Knechtle, der jetzt auch für Sigrist arbeitet, merkt als Fachmann, daß Sigrist nicht der Schöpfer dieser Erfindungen sein kann, forscht nach, entdeckt alles, befreit den Armen auf dem

Dachboden. Dr. Sigrist sieht den Skandal voraus, die Blamage, die Strafe, bringt sich um. Wie findest du das?

MUTTER Schön, Tassilo, und traurig. Fast wie Fernsehen. Aber Knechtle muß einverstanden sein. Und Sigrist auch.

TASSILO Der ist tot.

MUTTER Seine Frau?

TASSILO Lebt noch.

MUTTER Dann geht es nicht.

TASSILO Ich ändere den Namen.

MUTTER Richtig. Du änderst einfach den Namen. Tassilo! Du fängst an, ein richtiger Schriftsteller zu werden.

TASSILO Ein zweiter Fritz Färber.

MUTTER Nicht gleich größenwahnsinnig werden, Bub.

TASSILO Ich eile zum Schauplatz!

MUTTER Viel Glück.

TASSILO *schon fort:* Danke.

Auschwitz und kein Ende

Seit Auschwitz ist noch kein Tag vergangen. Es gibt eine Zeitrechnung, in der man nicht diskutieren muß, ob Verbrechen verjähren oder nicht. Das ist die Zeitrechnung, die man Geschichte nennt. Daß in dieser Zeitrechnung seit Auschwitz noch kein Tag vergangen ist, spürt man bei jeder Begegnung mit der Auschwitz-Wirklichkeit. Wir können über Auschwitz nicht sprechen mit der historischen Abgeklärtheit, mit der wir über die Völkermorde des 19. Jahrhunderts sprechen. Ein einziges Bild aus einem KZ, und wir haben nichts mehr zu sagen. Oder möchte sich jemand zutrauen, uns zu erklären, wie wir, wie unsere Leute dazu kamen, so etwas zu tun? Es ist nur zu verständlich, daß die Überlebenden und die Angehörigen von Opfern nach Gerechtigkeit durch Strafe trachten; es ist auch verständlich, daß wir, die wir zur Volksgemeinschaft der Täter gehören, uns durch Strafverfolgung glauben entlasten zu können. Ich persönlich teile diesen Glauben nicht. Aus der Individualgeschichte von Tätern weiß man, daß für sie nichts so wichtig ist wie die Erklärung ihrer Tat. Sie müssen sich verständlich werden. Sie müssen wissen, warum sie etwas getan haben. Und dieses Warum enthält dann fast schon eine Art Rechtfertigung. Reine Schuld zu ertragen ist für den einzelnen unmöglich. Und für ein Volk, für eine Gesellschaft? Wir auf jeden Fall helfen uns eben dadurch, daß wir die Schuld, das konkrete Furchtbare, auf eine Handvoll Schergen schieben. Aber die Frage, wie unter uns Wohlerzogenen plötzlich ein paar zu so etwas imstande waren, können wir nicht wegdelegieren von uns. Es dürfte kein Fach und keine Fächergruppe geben, die uns das, was getan wurde, in einem Ursache-Wirkung-Zusammenhang begreiflich machen könnte. Es gibt keine Ursachen, die auf diese Wirkung hin angelegt waren. Und doch ist diese Tötungsfabrik durch uns entstanden. Sie wurde von uns entwickelt. Schritt für Schritt. Nach dem Prinzip moderner Arbeitsteilung. Fachleute machten es möglich. Jeder nur auf seinem Gebiet tätig. Eine Art moralischer Fachidiotie. Ich wage einen Vergleich, der nichts gleichsetzen soll, der nur eine Ahnung ausdrücken soll von dem, was man wissenschaftliche Denkart nennt: Wissenschaftler entwickeln die Möglichkeit, Waffen herzustellen, mit denen die Menschheit ausgerottet werden kann. Sie tun das in aller Unschuld. Sie sind legitimiert. Unsere Nationalsozialisten haben auch ihre Fachleute gehabt, die den Rassismus zu einer wissenschaftlichen Disziplin gemacht haben. Viele haben hochspezialisiert an der Legitimierung mitgearbeitet. Wissenschaftler waren beschäftigt mit der Konstruktion der Tötungsfabriken. Einer, der in Auschwitz tätig war, hieß Dr. Faust. Und Menschen mußten umkonstruiert werden zu Vertilgungsgehilfen. Und zwar auf jeder Ebene: von simpel-beflissen bis subtil-zynisch. In Auschwitz arbeitete unsere ganze Gesellschaft mit. Aber das ist eine Vorstellung, die wir nicht so gut ertragen. Ein Franzose oder ein Amerikaner kann die Bilder aus Auschwitz anders zur Kenntnis nehmen als wir. Er muß nicht denken: Wir Menschen! Er kann denken: Diese Deutschen! Können wir denken: Diese Nazis!? Ich kann es nicht. Diese Schuld ist unter den Bedingungen unserer Geschichte entstanden. Wir haben die ganze Geschichte geerbt. Nicht nur die Patentämter und die Staatsgalerien. Wir sind die Fortsetzung. Auch der Bedingungen, die zu Auschwitz führten. Das heißt nicht, daß wir noch einmal zu so etwas imstande sein könnten. Es heißt nur, daß es nicht genügt, immer wieder unter der furchtbaren Gewalt dieser Bilder zusammenzuzucken und dann gleich eine Ausflucht ins Gesetzbuch zu suchen. Sicher gibt es kein Verhalten, das dem, was in Auschwitz getan wurde, entspricht. Selbst der groteske Versuch, eine Million oder zwei Millionen Tote wegdiskutieren zu wollen, ist nur ein weiterer Beweis, daß es kein richtiges Verhalten gibt. Wir alle sind in Versuchung, uns gegen Auschwitz zu wehren. Wir schauen hin und gleich wieder weg. Leben kann man mit solchen Bildern nicht. Opfer und Täter stehen immer noch auf zwei Seiten. Es gibt Organisationen für Versöhnung. Es gibt Versuche, die Scham nicht zur Lähmung werden zu lassen. Es gibt Unternehmungen zur Entschuldigung. Das alles ist besser als nichts. Das alles beruhigt nicht den Kampf in jedem von uns. Es gibt zu unseren Lebzeiten kein Verhältnis zu Auschwitz. Es gibt für mich keinen Standpunkt, den ich erreichen könnte, um von ihm aus dann eine feste Meinung zu haben über das, was getan wurde; oder wenigstens eine von der Seite der Opfer anerkennenswerte und auf der Seite der Täter erträgliche Empfindung. Jedes Bild von Auschwitz zerschlägt jedes mögliche Abkommen mit dieser Vergangenheit, die keine werden kann. Kein Deutscher kann sich über den Lagerboden erheben und sagen, seine Landsleute, die hier gewirkt haben, seien Psychopathen oder Spezialisten gewesen, mit denen habe er nichts zu tun. Sind wir keine Psychopathen, keine Spezialisten? Was wir mit denen zu tun haben, ist unsere Unruhe, unser Erfolg, unser Anstand, unser Bewußtsein von unserer Rechtschaffenheit, unser ungeheures Vertrauen in unsere Vernunft. Nicht daß wir ein Gewissen demonstrieren sollen, das wir nicht haben, aber wir sollten wenigstens zugeben: Auschwitz ist nicht zu bewältigen. Daß wir überhaupt nach all dem, was war, auf dieses Wort kamen: Bewältigung der Vergangenheit! Weder Gott noch der nachfolgende Humanismus hat uns davor bewahrt, Auschwitz zu betreiben und dann auf Bewältigung umzuschalten. Wenn man diese Zeitenfolge betrachtet, darf man aus Erfahrung sagen, uns fehle etwas. Etwas, was mit Gott und Humanismus beabsichtigt war. Uns fehlt etwas, was über den einzelnen hinausgeht. Etwas, dem er verpflichtet ist. Etwas, das ihn unfähig gemacht hätte, an der Auschwitz-Tötungs-Fabrik in irgendeiner Weise mitzuarbeiten. Etwas, was Gott und Humanismus noch nicht schafften. Wir haben uns zu früh befreit. Vor den Auschwitzbildern kann es jeder erfahren: wir müssen den Prozeß weitergehen lassen. Lebenslänglich. Den in uns. Wir können zwar im Chor keine Tonart finden, in der über Auschwitz gesprochen werden kann. Und als einzelne können wir uns nur eingestehen, daß wir nicht ausgerüstet sind, die Auschwitz-Schuld zu ertragen. Das heißt: nach all den liberalen oder emanzipativen Entbindungsakten finden wir uns als Unbelangbare vor. Angesichts von Auschwitz erfahren wir, daß wir als Individuen schuldabweisend sind; alles, was über unsere inzwischen zur Diamanthärte entwickelte Individualität hinausginge, lehnen wir ab als obsolet, irrational ...

Das sind Eingeständnisse, die sich einem einzelnen vor Auschwitzbildern aufdrängen können. Wir, stolz auf unseren unverbindlichen Pluralismus, müßten zugeben, daß wir das, was wir als Geschichte haben, als einzelne nicht tragen können. Dazu gehört wohl Transzendierendes, Solidarität ... Fremdwörter eben. Was gemeinschaftlich getan wurde, können nicht einzelne tragen. Daher die Verwirrung, die Verdrängung. Und all das bloß Offiziöse gegenüber Auschwitz. Die Überlebenden und die Angehörigen der Opfer sehen sich wie durch einen Opernbühnentrick plötzlich nur noch entspannten, modernen, von allem Verbindlichen emanzipierten Individuen gegenüber. Deutsche, was ist das? Ost? West? Deutsches Volk? Nie gehört. Man ist allenfalls Kölner, Berliner, Stuttgarter, Franke oder Westfale. Aber doch nicht Deutscher. Diese Firma hat 1945 bankrott gemacht. Überlebt haben Siemens, Deutsche Bank, AEG, Bayer, BASF, Flick, Hoesch, Thyssen … Ja, Firmen waren auch dabei in Auschwitz. Aber was ist eine Firma? Hat eine Firma Gedächtnis, Gewissen? Eine Firma ist doch keine moralische Anstalt. Einer kann Bankier sein und Wirtschaftsführer sein unter Hitler und Adenauer und … Nur die Legitimationsgarnitur muß man auswechseln. Also kein Bruch. Nur ein Zusammenbruch. Dann ein Wiederaufbau. Ein Rechtsnachfolger, der zahlt, organisiert, feiert, gedenkt, so gut er kann: das heißt, der hat einen Terminkalender, der bewältigt. Und wir? Wir lassen bewältigen. Wir alle. Wir sind einander viel näher, als es den Ausstattern vom Dienst, den Lieferanten unserer Unverwechselbarkeit, unseren Individualismusproduzenten recht wäre. Auschwitz drängt uns auf einen Fleck. Wie wir auf Auschwitz reagiert haben … gestehen wir es uns doch ein: das zeigt uns eng beieinander. Schlimm genug, daß wir nur durch Schlimmstes, durch die Auschwitz-Schuld auf unsere Gemeinsamkeit hingewiesen werden können. Die Auschwitzbilder zeigen das Gegenteil von dem, was im Gerichtssaal sichtbar wird: Im Gerichtssaal sind die Täter einzelne und die Opfer Legion. In den Bildern aus Auschwitz sind die Opfer einzelne Menschen und die Täter Nation. Das heutige Individuum hat sich von der Nation emanzipiert. Das Individuum ist Gesellschaftsmitglied und läßt bewältigen. Dazu bezahlt es eine offiziöse Aktivität. Das Bewältigen gehört in jene Arbeitsteilung, die Auschwitz ermöglichte. Ins Delegiersystem. Aber beichten, büßen, beten können wir auch nicht mehr. Aber über unsere Belangbarkeit nachdenken, können wir das? Über unsere Zurechnungsfähigkeit nachdenken, könnte das geboten sein? Die ist vielleicht doch nicht nur durch Leistungs- und Genußfähigkeit zu beweisen, sondern auch durch die Fähigkeit dazuzugehören, solidarisch zu sein. Was könnte das heißen, dazuzugehören? Ich glaube, selbst dem Andenken der Opfer und erst recht den Überlebenden kann nicht gedient sein, wenn ein Verbrechen solchen Ausmaßes nachträglich heruntergeteilt wird auf ein paar Bösewichter. Was ist das für eine Einteilung: Ich gehöre dazu, sobald es sich um Goethes *Faust* handelt, aber mit dem Dr. Faust in Auschwitz habe ich nichts gemein. Wir haben mit ihm alles gemein, was wir mit Goethe gemein haben. Mir kommt es für alle Zeiten und Zukunft gefährlich vor, wenn Gesellschaften, Völker, Staaten mit ihrer ganzen Macht und Kraft Verbrechen legitimieren und begehen, und nachher selektieren sie Täter.

In einer Zeit, in der die großen Verbrechen von überindividuellen Tätern unter einer Art aktueller Legalität begangen werden, genügt es nicht mehr, als Individuum fein heraus zu sein und das Gewissen zu einer Sache von Administrationen zu machen, für die man nur als Steuerzahler zuständig ist. Die öffentliche Demonstration der Erlebnisarmut des Ministerpräsidenten Filbinger war ein Schauspiel, das, um eine erschütternde Wirkung zu tun, keinen Sophokles mehr braucht. Offenbar ist eine gewaltige Erziehungs- und Kulturmaschinerie im Betrieb, die gutes Gewissen erzeugt bis in die Hand des Todesurteils-Richters hinein.

Ich glaube: man ist Verbrecher, wenn die Gesellschaft, zu der man gehört, Verbrechen begeht. Dafür haben wir in Auschwitz ein Beispiel geliefert. Keiner kann uns sagen, wie wir mit dem Bewußtsein dieser Täterschaft umgehen sollen. Zu welchem Teil und mit welchen Folgen sich einer als zugehörig, also zurechnungsfähig betrachtet, ist seine Sache. Darüber kann es wohl keine Vorschrift geben. Alles, was einer sagt oder tut, ist ein Eingeständnis. Ein Eingeständnis findet im Unterschied zum Geständnis nicht für andere und vor anderen statt, sondern vor einem selbst und für einen selbst.

Es genügt ein Blick auf ein Auschwitzbild, und jeder gesteht sich wenigstens ein: Wir sind nicht fertig damit. Egal, was du damit machst, du kannst es nicht delegieren. Du kannst nicht bewältigen lassen. Die Gewalt, die in diesen Bildern erscheint, ging von dir aus, jetzt kehrt sie zurück, zu dir. Es genügt nicht, seine Eltern und Großeltern zu fragen: wie war das und das. Frag doch dich, wie es ist.

Ich möchte immer lieber wegschauen von diesen Bildern. Ich muß mich zwingen hinzuschauen. Und ich weiß, wie ich mich zwingen muß. Wenn ich mich eine Zeit lang nicht gezwungen habe hinzuschauen, merke ich, wie ich verwildere. Und wenn ich mich zwinge hinzuschauen, merke ich, daß ich es um meiner Zurechnungsfähigkeit willen tue.

Heines Tränen

Im Jahr 1823 veröffentlichte Heine ein Buch unter dem Titel *Tragödien nebst einem lyrischen Intermezzo*. Es war sein zweites Buch. Ein Jahr nach dieser Veröffentlichung schreibt er in einem Brief: «Mein erstes Buch ist auch in seiner Äußerlich[kei]t ganz deutsch, damals war die Liebe zum Deutschen noch nicht in mir getrübt; mein 2tes Buch ist nur innerlich deutsch; doch fremdartiger ist seine Äußerlichkeit. Daß aus Unmut gegen das Deutsche meine Muse sich ihr deutsches Kleid etwas fremdartig zuschnitt, ist wahrscheinlich. Zu diesem Unmut haben triftige Gründe, gerechter Ennui, Anlaß gegeben.» Dieser «Unmut gegen das Deutsche» hat den *Almansor* produziert, die lyrisch-spanische Tragödie, in der die Mauren die Sorgen der Juden und die Spanier die Anmaßungen der Christen darstellen und alles Tragische durch das Sich-taufen-Lassen entsteht. Heine wäre es damals sicher am liebsten gewesen, wenn er sich, unbehelligt von Judentum und Christentum, als Dichter hätte erproben dürfen. Aber als Göttinger Burschenschafter hat Heine die in Teutomanie umschlagende Begeisterung über die Freiheitskriege erlebt. Er ist sozusagen für immer erschrocken. Seinen Almansor läßt er sagen: «So heimisch ist mir hier und doch so ängstlich!» Er läßt eine Koran-Verbrennung auf dem Markt in Granada vorkommen und sagen: «Das war ein Vorspiel nur, dort wo man Bücher / Verbrennt, verbrennt man auch am Ende Menschen.» Geschrieben 1820. Veranlaßt von der Bücherverbrennung beim Wartburgfest im Oktober 1817. Ein gewisser Maßmann, den ich seit dem Sommer 45, meinem Heine-Sommer, kenne. Damals wunderte ich mich darüber, daß Heine einen Mann durch Jahrzehnte hin verhöhnte, weil der kein Latein könne, sich nicht wasche und eine Art komischer Turner sei. Damals elektrisierten mich Heines steppende Trochäen so, daß ich nicht an Nachschlagen dachte. Ich wollte nichts als Tag und Nacht nachsagen

Und mein Stamm sind jene Asra,

Welche sterben, wenn sie lieben.

Inzwischen gehört Maßmann zur Lebens-Aufgabe: wie war 33 möglich? Dieser Germanist Maßmann also reiste zum Wartburgfest als Mitglied der Berliner Delegation und war von seinem Turnvater Jahn angestiftet, Bücher in das Feuer zu werfen, in dem nur Ulanenschnürleib, Zopf und Korporalstock brennen sollten. Der Berliner Festausschuß hatte den Jahn-Flügel zu so was nicht ermächtigt. Die Fraktion der «Altdeutschen», jener extremistische Flügel, den Heine in Göttingen fürchten gelernt hatte, dessen schwarze Tracht er noch zwanzig Jahre später «Livree des Wahnsinns» nennen wird, war also schuld an dieser Ausschreitung. Einem Heinrich von Treitschke, der Maßmann den «unklarsten Kopf von allen den Berserkern aus Jahns engerem Kreis» nennt, gelingen geradezu Heinesche Hohnfrequenzen, wenn er über Maßmann schreibt, der habe, weil er eine Untersuchung fürchtete, ein ganzes Wintersemester opfern müssen, «um alle die Schandbücher, die er auf dem Wartenberge symbolisch verbrannt hatte, nachträglich zu lesen[1]». Aber zu den verbrannten Büchern gehörte eben auch der «Code Napoléon»,

---

1 Heinrich von Treitschke, *Deutsche Geschichte im neunzehnten Jahrhundert*, Leipzig 1912, Bd. 2, S. 429.

der in Heines Kindheit den Juden ein paar Jahre lang bürgerliche Rechtsgleichheit versprochen hatte. Und es gehörte Saul Aschers *Germanomanie* dazu, und diesem Buch wurde von der schwarzen Fraktion nachgebrüllt: «Wehe über die Juden.»

Nach dem Fest in Thüringen die hysterischen Reaktionen der Höfe und Höfchen, die Ermordung Kotzebues, die sogenannte «Demagogenverfolgung», die Knebelungsbeschlüsse von Karlsbad «gegen die jakobinische Unduldsamkeit»[1] der Studenten, die Hinrichtung Carl Sands, und in diesem Wirrwarr aus nationalem Frühling, teutomaner Berserkerei und metternichscher Reaktion wurden jüdische Häuser gestürmt und Juden mißhandelt – in Würzburg, Karlsruhe, Heidelberg, Darmstadt. Maßmann schrieb: «… das blutgoldene Morgenrot zieht herauf.»[2] Abgesehen vom sozusagen eingefleischten Antisemitismus gab es aktuell und typisch formulierte Vorwürfe: die guten Beziehungen des Hauses Rothschild zu Metternich, die geringe Beteiligung der Juden an den Kriegen gegen Napoleon; man rechnete einander vor, wieviel jüdische und wieviel nichtjüdische Offiziere bei Belle-Alliance gefallen seien … Daß die eigenen Herrschaften zu Metternich genau so gute Beziehungen hatten wie die Rothschilds, und daß es der preußische Staat war, der zur Finanzierung seiner Landwehr den Juden anbot, sich vom Kriegsdienst freizukaufen, und daß es ein bißchen viel verlangt gewesen wäre, von Juden zu verlangen, begeistert gegen den zu kämpfen, der sie von Diskriminierung befreit hatte: das gehört zu den Realbedingungen, an die darf der Grimm, will er lodern, nicht rühren. Am 18. August 1822 erließ Friedrich Wilhelm III. eine Kabinettsordre, in der er aufhob, was den Juden durch das «Stein-Hardenbergsche Edikt» vom 11. März 1812 in Preußen

1 Treitschke, a. a. O., S. 426.
2 Treitschke, a. a. O., S. 429.

gewährt worden war: das Recht zur Bekleidung akademischer Lehr- und Schulämter. Heinrich Heine hatte gerade noch hochgemut an einen Freund geschrieben, er hoffe, «später im Stande zu seyn, den Katheder zu besteigen und der unmündigen Jugend die Vorzeit im Lichte der Wahrheit zu zeigen». Hochgemut hatte er geschrieben, aber nicht arglos. Er hatte ja in Göttingen den «altdeutschen Mummenschanz» selbst erlebt. Treitschke, kein Philosemit, schrieb über diese Stimmung, die Burschenschaften «zeigten ihren Judenhaß mit einer groben Unduldsamkeit, die oft an die Tage der Kreuzzüge erinnerte[1]».

Die Kabinettsordre hieß für jeden Juden, der ein akademisches Amt anstrebte, daß er sich taufen lassen mußte.

Manche Heinebetrachter tun sich mit Heines Taufe sehr leicht, indem die darauf hinweisen, wie wenig ernst der Freigeist das draufgegossene Christentum genommen habe. Diese Tauf-Prozedur am 28. Juni 1825 in Heiligenstadt war ihm aber alles andere als eine Erfrischung im Sommer plus Gelegenheit zum Mimikry-Training. Er hat zwar nichts bekommen, aber er hat etwas verloren. Nicht weil er vorher ein so gläubiger Jude gewesen wäre. Aber bevor er etwas anderes war, war er Jude. Er spürte, wie sehr er sich durch diese Taufe verletzt und erniedrigt hatte. Er versprach sich, nie ein Christ zu werden. Er hat in Berlin Anfang der zwanziger Jahre im «Verein für Kultur und Wissenschaft der Juden» mitgearbeitet. Da begann er, den *Rabbi von Bacherach*, in dem er seine Christenbemalung verurteilte und das Ghettojudentum in voller Poesie erzählte, als wolle er dem Berliner Reformjudentum noch einmal präsentieren, was es aufzugeben entschlossen war. Da kann er erzählen, als heiße er Isaak Babel und stamme aus einem unverminderten Odessa. Die Motive dieses ersten Prosa-Unternehmens verliert Heine nicht

1 Treitschke, a. a. O., S. 421.

mehr bis zum Schluß. Wie hier der Vorsänger in der Synagoge das Buch an die Brust nimmt, «als sei es ein wirkliches Kind», und zwar eines, «um dessentwillen man große Schmerzen erlitten», so wird Heine ein paar Jahre später, im Sommer 1830 auf Helgoland, die Bibel annehmen. Mitten in den Proben zu seiner Hellenenrolle wird er von der Bibel erobert. Er schwärmt von den Juden: «ein Buch ist ihr Vaterland, ihr Besitz, ihr Herrscher, ihr Glück und ihr Unglück». Mohammed habe sie «das Volk des Buches» genannt, Hegel «das Volk des Geistes». Und Christus «gab der ganzen Menschheit das jüdische Bürgerrecht ... Das war eine große Emanzipationsfrage, die jedoch weit großmütiger gelöst wurde, wie die heutigen Emanzipationsfragen in Sachsen- und Hannover ...» Und er bricht richtig aus in Fatamorgana-Begeisterung: «Süßes, stilles, hellsonniges Morgenland!» Und sehnt sich nach Zelten, nach Labans Herden und dem Blöken der Schafe Jakobs. Aber Heine wagt es nicht, was er da so konkret geschrieben hat, zu veröffentlichen. Weder die Poesie der Ghetto-Nation des *Rabbi von Bacherach* noch die helgoländischen Bibelgefühle. Das Fragmentarische beider Prosastücke hätte ihn nicht gehindert, denn im Verschmelzen von Fragmenten zu Büchern war er Meister. Erst nach zehn Jahren Frankreich, als er dort ein anderes jüdisches Selbstbewußtsein kennengelernt hatte und selber unbestreitbar ein deutscher Dichter geworden war, wagt er den *Rabbi* im 4. Salon-Band zu veröffentlichen; die Helgoland-Bibel-Prosa rückt er, als könne er sich auch damit gegen Börnes hinterbliebenen Tadel verteidigen, einfach in sein Börne-Buch ein. In Frankreich, in dem die neue Religion, die «Freiheitsreligion» trotz aller bourbonischen und auch schon hochbourgeoisen Anschläge, immer lebendiger wird, nähert sich Heine von Jahr zu Jahr mehr seinem jüdischen Ursprung. Alles andere in seinem Leben war dagegen vorübergehend, war Rolle, Schutzbehauptung, Rettungsrequisit, Identitätsexperiment,

Angstprodukt, Hilferuf. Marcel Reich-Ranicki, in seinem Buch *Über Ruhestörer*: «Wer immer über Heine schreibt und glaubt, von der Tatsache absehen zu können, daß er Jude war – oder dieses Faktum bagatellisiert –, wird, ich bin davon überzeugt, das Thema verfehlen.[1]»

Aber was war das, der Jude Heinrich Heine?

Dolf Stemberger hat in einem Nachtrag zu seinem Heine-Buch gefragt, wie man «philologisch-historisch nachweisen» wolle, daß Heine «dem jüdischen Volk zugehörig geblieben» sei. «Und wenn man es nachweisen könnte, so müßte unausbleiblich doch die Spur der Religion noch oder wieder zum Vorschein kommen. Sieht man von ihr ab, so muß auch die Identität des Volkes zerfallen.[2]» Das ist wissenschaftlich gesprochen. Da ich nicht so sprechen muß, muß ich auch nicht einsehen, warum das Jüdische an das Religiöse gebunden sein soll; abgesehen davon, glaube ich, war Heinrich Heine ununterbrochen religiös. Was er selber nach 1850 so ostinat das Wiedererwachen seiner religiösen Gefühle nennt, betrifft ja nur den herzlichen Händedruck mit dem alten lieben Gott, an dessen jüdischer Positivität er sich jahrelang genau so gestoßen hat wie an dessen Christversion; aber er hat doch alles, was er trieb, religiös betrieben; von dem, was er, im Frühling seiner Frankreicherfahrung, die «Freiheitsreligion» nannte bis zum Selbstversuch in deutschem Idealismus, bei dem ihn abstieß, sogar richtig verletzte, daß Fichte Gott nur noch als sittliche Weltstruktur demonstrierte. Aber – und darauf käme es mehr an – es gab doch wohl schon vor dem heutigen Staat Israel ein jüdisches Volk, wenn auch im Gohles, im Exil. Anfang des

1 Marcel Reich-Ranicki, *Über Ruhestörer. Juden in der deutschen Literatur*, Frankfurt am Main, Berlin, Wien 1977, S. 54.
2 Dolf Sternberger, *Heinrich Heine und die Abschaffung der Sünde*, Frankfurt am Main 1976, S. 402.

19. Jahrhunderts gehen auch durch das Ghetto die Bewegungen, die man, außerhalb des Ghettos, Romantik nennt. In Berlin wird jener «Verein für Kultur und Wissenschaft der Juden» gegründet. In den Juden regte sich wie in Polen, Tschechen, Ungarn, Italienern und Deutschen das Bedürfnis nach nationaler Selbstversicherung, nach Nationalbewußtsein. Die wissenschaftliche Sprache, die unterstellt, ohne Religion gebe es keine Juden, will sich soweit als möglich entfernt halten vom Rassenvokabular des Nationalsozialismus.

Aber setzt man nicht, wenn man die Juden an ihre Religion bindet, die Praxis solcher Preußengesetze fort, die dem jüdischen Mitbürger in Aussicht stellten, wenn er getauft sei, sei er kein Jude mehr?

Und war er dann etwa keiner mehr? Man lese die Angst nach in Heines Briefen von der Taufe bis zur Ausreise nach Frankreich, die Angst, als Jude aufzufallen.

Die Bewegung, in die diese Nation damals geriet, kann man sich kaum schwierig genug vorstellen.

Sollte man orthodox bleiben und Toleranz fordern, wie der Lessingfreund Moses Mendelssohn wollte; sollte man die Religion reformieren und mit Hilfe französischer Ideen das Ghetto zu sprengen suchen; oder sollte man sich taufen lassen und national jüdisch bleiben; oder sich taufen lassen und sich völlig assimilieren? Die Juden waren weiter weg von der Souveränität als alle anderen. Heine vergleicht sie einmal mit den Iren und den Schwarzen Westindiens. Die Ghettomauern garantieren das Negativ einer Nation. Wollte man sich draußen entwickeln, emanzipieren, zerstörte man vielleicht noch das letzte, was einen zusammenhielt: das Negative. Wer sich also, um seiner selbst willen, taufen ließ, in dem konnte sich jüdisches Gewissen schärfen. Im Jahr 1816 erschien eine Schrift: *Patriotischer Aufruf eines treuen Israeliten an die Fürsten Deutschlands.* Der jüdische Verfasser bittet darin, durch Verbesserung des Schulwesens «meine Nation aus der geistigen Trübheit zu erheben[1]».

Schon in Lessings Stück *Die Juden* (1749) sagt der Jude: «Ich sehe aber, daß Sie Neigung zu mir, und Abneigung gegen meine Nation hatten.»

Heine brachte es in seinem Leben zu zwei Identitäten: zu der eines deutschen Dichters und zu der eines Juden. Aber zwei Identitäten, das ist weniger als eine. Und, seine Lage verschärfend: Dichter sind auf das Nationale strenger angewiesen als etwa Soldaten oder Generäle. Das Nationale ist das Element des Dichters. Hölderlin, der es das *Nationelle* nennt, gebraucht es fast synonym für *eigentümlich*. Heine 1824: «... ich weiß nur zu gut, daß mir das Deutsche das ist, was dem Fische das Wasser ist, daß ich aus diesem Lebenselement nicht herauskann und daß ich – um das Fischgleichnis beizubehalten – zum Stockfisch vertrocknen muß, wenn ich ... aus dem Wasser des Deut[sch]thümlichen herausspringe.» «... meine Brust ist ein Archiv deutschen Gefühls ...» Da also der Dichter notwendig ein Ausbund des Nationalen ist, muß man Heine einen deutsch-jüdischen Dichter nennen, weil er nämlich auf die andere Nation, die jüdische, genau so wenig verzichten konnte, ohne zu vertrocknen. Und wie wenig diese beiden Nationen in ihm zu harmonisieren waren, solange draußen die ein bißchen souveränere die andere behandeln konnte, wie es ihr gerade in den religiösen oder ökonomischen Kram paßte, das demonstriert ein Brief aus dieser Zeit kraß genug: «Alles, was deutsch ist, ist mir zuwider; und du bist leider ein Deutscher. Alles Deutsche wirkt auf mich wie ein Brechpulver. Die deutsche Sprache zerreißt meine Ohren. Die eigenen Gedichte ekeln mich zuweilen an, wenn ich sehe, daß sie auf deutsch geschrieben sind. Sogar das Schreiben dieses Billets

1 Treitschke, a. a. O., S. 419.

145

wird mir sauer, weil die deutschen Schriftzüge schmerzhaft auf meine Nerven wirken. Je n'aurais jamais cru que ces bêtes qu'on nomme allemands, soient une race si ennuyante et malicieuse en même temps ... je quitterai l'Allemagne, je passerai en Arabie ...» und dann schwärmt er in eine morgenländische Idylle hinein. Die Taufe schärfte nur das Gefühl, seine Nation im Exil verlassen zu haben. Goethe hatte kein schlechtes Gewissen, weil er vom gerade sich regen wollenden Bürgertum ins Feudale aufgesprungen war. Er hätte höchstens aufs falsche Pferd gesetzt haben können. Heines Gewissen hinsichtlich seiner eigenen Zugehörigkeit zum jüdischen Volk wurde von Jahr zu Jahr unerbittlicher. Am Anfang hatte er noch versucht, durch scharfes Hinschauen und Bezeichnen die Differenz zum Verschwinden zu bringen. Der Neunzehnjährige im Brief: «... alle Hamburger nenne ich Juden, und die ich, um sie von den Beschnittenen zu unterscheiden, getaufte Juden benamse, heißen auch vulgo: Christen.» Er erlebt da «eine schwüle Spannung» zwischen den einen und den anderen, und er fürchtet, daß unter diesen Umständen sein erstes Buch zu leiden haben wird, daß nämlich «Christliche Liebe die Liebeslieder eines Juden nicht ungehudelt lassen wird». Von da an fallen die Manöver auf, die er unternimmt, um nicht als Jude aufzufallen. Das als Mimikry zu bezeichnen, halte ich nicht mehr für glücklich, da diese Anpassungsversuche eben nicht vom zentralen Nervensystem sozusagen automatisch gesteuert werden, sondern gegen ein von Verletzung zu Verletzung schärfer reagierendes Gewissen erzwungen werden müssen. Seinem Schwager gegenüber vermutet er (1823), daß seine «Anhänglichkeit an das Judenwesen» nur aus «einer tiefen Antipathie gegen das Christentum» stamme. «Ja», sagt er – «ich, der Verächter aller positiven Religionen, werde vielleicht einst zum krassesten Rabbinismus übergehen ...» In einem Brief an Immermann aus dem selben Jahr sieht man, wie die Angst die Sätze um die Tabuwörter herumbiegt. Immermann hat Heines erstes Buch gut besprochen; vor allem hatte er mutig gegen die Terrorfraktion der Burschenschaften geschrieben; schon 1817 hatte er den preußischen König um Schutz gegen die Hallenser «Teutonia» bitten müssen; Heine fühlt sich befreundet mit ihm, schickt ihm das zweite Buch und erörtert im Brief, was er von einem Kritiker ertragen könne und was nicht. Es gebe so vieles in seinem neuen Buch, «das vor der echten Kritik nicht Stich hält, und es würde mich gewiß nicht schmerzen, wenn man auch das aufdeckt, was ich selbst noch nicht erkenne. Nur etwas kann mich aufs Schmerzlichste verletzen: wenn man den Geist meiner Dichtungen aus der Geschichte (Sie wissen, was dieses Wort bedeutet), aus der Geschichte des Verfassers erklären will. Es kränkte mich tief und bitter, als ich gestern im Brief eines Bekannten ersah, wie er sich mein ganzes poetisches Wesen aus zusammengerafften Histörchen construiren wollte und unerquickliche Äußerungen fallen ließ über *Lebenseindrücke, politische Stellung, Religion u.s.w.*» (von Heine hervorgehoben). Im selben Brief tut es ihm einerseits leid, daß Fouqué gerade scharf kritisiert wurde, andererseits empören ihn die «Anmaßungen und Jämmerlichkeiten jener Clique, zu deren Grundsätzen sich Fouqué bekennt», und er lechze danach, «sie bis aufs Blut zu geißeln, jene edeln Recken, die unseresgleichen zu ihren Hundejungen, ja mich vielleicht zu noch etwas weniger, zum Hunde selbst, machen möchten». Einem Joseph Lehmann schreibt er ebenfalls 1823: «Auch erwarte ich, daß Sie, der alle Blätter liest, mich gleich davon in Kenntniß setzen, wenn irgendwo ein Ausfall auf mich, besonders in Hinsicht der Religion, zu finden ist.» Und zur selben Zeit an den Freund Moses Moser: «Wär ich ein Deutscher – und ich bin kein Deutscher, siehe Rühs, Fries a[n] v[ielen] O[rten …]» So weist er im philologischen Zitierjargon auf die antisemitischen Bücher der Professoren hin, von denen einer, nämlich Fries, zur schlimmen Sorte der Wartburger gehört hatte. Was dem einen Angst und Schmerz, ist dem anderen Null und Nichts: Goethe an Sulpitz Boisserée (1816): «Die sämtliche Judenschaft Thüringens erzittert, da ihr grimmiger Gegner (J. F. Fries) … nach Thüringen kommt. In Jena darf nach alten Gesetzen kein Jude übernachten. Diese löbliche Anordnung dürfte gewiß künftighin besser als bisher aufrecht erhalten werden.» Jetzt kann sich keiner mehr dieser immunen Goethelaune wegen über den Humanisten erhaben fühlen. Er verrät nur unsere Schwäche. US-Präsident Johnson hat in den sechziger Jahren vor schwarzen Lehrern gesagt, ihm sei, als er noch als Abgeordneter zwischen Washington und seinem texanischen Wahlkreis hin- und herfuhr, nie zum Bewußtsein gekommen, daß sein schwarzer Fahrer auf der Zweitausend-Kilometer-Fahrt nirgends habe aufs Klo gehen können. Dazu bedurfte es der Civil-Rights-Bewegung.

In dem Brief an Joseph Lehmann sagt Heine wieder zuerst, daß er kein Enthusiast für jüdische Religion sei, aber: «Daß ich für die Rechte der Juden und ihre bürgerliche Gleichstellung enthousiastisch sein werde, das gestehe ich …» Aber auch hier schließt er nicht aus, daß er sogar der jüdischen Religion wieder zusinken könne, und zwar, sagt er, aus «Gemütsweichheit, Starrsinn und Vorsicht für Erhaltung eines Gegengifts». Vom *Rabbi von Bacherach* hoffte er damals, daß er ein Quellenwerk für jüdische Geschichte werde. Mit der Figur des getauften spanischen Juden, der nur noch wegen Karpfen mit Rosinensauce ins Ghetto kommt, verhöhnt er sowohl sich wie die Orthodoxen. Natürlich benutzt er den aufgeklärten Don Isaak Abarbanel dazu, wieder auszusprechen, daß «die dürren, freudlosen Hebräer» und «die trüben, qualsüchtigen Nazarener» das Unterscheiden nicht wert seien; aber die Prosa selbst entscheidet sich in vollen Farben für die «schöne Sarah», zu der sich der Autor noch nicht öffentlich bekennen kann, die er aber die Herztendenz des Buches ausspre-

chen läßt; wer sich zu ihr bekenne, sagt sie zu dem aufgeklärten Don Isaak, der müsse «gegen ganze Völker kämpfen», dabei
gebe es «wenig Dank und noch weniger Ehre zu gewinnen! Und
wenn Ihr gar meine Farben tragen wollt, so müßt ihr gelbe Ringe
auf Euren Mantel nähen oder eine blaugestreifte Schärpe umbin-
den: denn dieses sind meine Farben, die Farben meines Hauses,
des Hauses, welches Israel heißt und sehr elend ist und auf den
Gassen verspottet wird von den Söhnen des Glücks!» Darauf
wird der flotte Don Isaak rot und gerät, heißt es, in «eine unendliche Verlegenheit». Eben die zentrale Verlegenheit Heines, der
damals in einem Brief sagt, er fühle sich nicht stark genug, den
Bart zu tragen und hinter sich herhöhnen zu lassen; er sei nicht
groß genug, Erniedrigung zu ertragen. Er hätte sich gern ange-
paßt. Als er in Berlin nicht Professor werden kann, will er Ad-
vokat in Hamburg werden; als das nicht geht, denkt er an einen
Diplomatenstart in Paris; dann an eine Professur in München;
schließlich wird er unser erster freier Schriftsteller. Und das im
Exil. Er hat alles versucht, das zu vermeiden. Er wäre denen in
Berlin und in München gern ein loyaler Mitarbeiter gewesen. Er
hat seine Beziehungen spielen lassen, hat gebeten, was er schon
geschrieben habe, nicht für das zu halten, was er noch schreiben
könne. Er wollte als deutscher Dichter sein «deutsches Butter-
brot» verzehren. Nur deshalb hat er sich doch die Taufschmach
angetan. Aber sie konnten ihn nicht brauchen. Die Ludwig-
Friedrich-Wilhelm und so weiter. Das spricht viel strenger für
ihn, als wenn er bloß durch Opposition von ihnen getrennt gewesen wäre. Schon 1826 denkt er an Auswanderung. Nicht Wan-
derlust treibe ihn fort, schreibt er dem Freund Moser, sondern
«die Qual persönlicher Verhältnisse (z. B. der nie abzuwaschen-
de Jude) …» Und in diese Angst, als Jude aufzufallen, und daß
das seinem deutschen Dichten und Trachten verderblich werden
könne, in diese völlige Ausgesetztheit traf der plumpe selbstge-

plagte Platen mit seiner antisemitischen Bildchensprache: «Petrark des Laubhüttenfestes»; Knoblauch darf nicht fehlen, der «Samen Abrahams» und der «Stamm Benjamin» auch nicht. Das traf einen, der täglich so etwas befürchtete. Man kann – Hans Mayer hat es vorgemacht – beide verteidigen, als zwei Außenseiter, die sich, weil sie Außenseiter sind, nichts gefallen lassen können. Heine schrieb an Immermann, er habe gesehen, daß man ihn «in der öffentlichen Meinung» habe «vernichten» wollen. In diesem Brief sieht er sich zwar auch schon als politische Figur, aber daß die unheimliche Schärfe, mit der er jetzt gegen Platen ausbricht, Außenseiterpanik ist, ist sicher.

Um seine eigenen Skrupel einzuschläfern, wirft er jüdisches und christliches Bekenntnis immer öfter in einen Topf, nennt, was drin ist, Nazarenertum, und macht selber auf goethesche Art ein möglichst hellenisches Gesicht. Die ganze Welt teilte er zu diesem Zweck in nichts als Hellenen und Nazarener. Das klingt schon fast nach naiver und sentimentaler Dichtung. Shakespeare sei beides, Grieche und Jude. So focht er gegen sein Gewissen – und schärfte es dadurch. Als er dann Luther studierte, imponierte ihm dessen Gewissensbefreiungstat so sehr, daß er rasch für den Protestantismus erglühte und den «Schwan von Eisleben» feierte. Der Protestantismus habe überhaupt das Hebräische vor der Ausrottung bewahrt. In protestantischen Ländern habe sich seit Jahrhunderten in treuer Bibelpflege jüdische Lebens- und Denkart verbreitet. Überhaupt gebe es keine Völker, die einander so innig ähnlich seien wie Juden und Germanen. So ähnlich, «daß man das ehemalige Palästina für ein orientalisches Deutschland ansehen könnte, wie man das heutige Deutschland für die Heimat des heiligen Wortes, für den Mutterboden des Prophetentums, für die Burg der reinen Geistheit halten sollte». Und hatten sie nicht auch den Hauptfeind, Rom, gemeinsam gehabt! Und in ihren nationalen Tugenden glichen sie sich. Wie lasterhaft ging es doch rund um das keusche Israel zu, und ist nicht Sittenstrenge *die* Germanenspezialität? So wollte es ihm vorkommen. So sollte es sein. Das war sein Harmonisierungs-Zauber, den er gegen den Göttinger Alptraum entfaltete. Seine politischen Meinungen stammen geradezu wortwörtlich aus diesem Pogrom-Trauma. Nichts ist ihm so verhaßt wie Herrschaft, die sich nicht legitimieren muß. Autorität ist ihm lieb und wert. Aber sie muß verliehen werden. Vom Volk. Einem König, zum Beispiel. Aber widerrufbar. Man vergleiche, was über Volk und Pöbel einerseits und Aristokratie und Kirche andererseits vorkommt bei ihm, das Ergebnis ist eindeutig. Unter den Privilegierten hat er nämlich schon gelitten, unter den Unterprivilegierten wird er erst leiden, wenn sie an die Macht kommen. Aber selbst die schlimmste Kommunistenherrschaft hätte für ihn noch ein Gutes: «Aus Haß gegen die Nationalisten könnte ich schier die Kommunisten lieben» (1855). Er kann nicht vergessen, daß ihn die «Sbirren der germanischen Conföderazion und ihre teutonischen Lakayen» bedrohten, weil er, wie sein Vater, ein Verehrer Napoleons war, der eben die den Juden in Frankreich 1791 gewährten Bürgerrechte nicht rückgängig gemacht hatte[1]. Ganz kraß kommt die Göttinger Farbe im Börne-Buch vor: «Im Bierkeller zu Göttingen mußte ich einst bewundern, mit welcher Gründlichkeit meine altdeutschen Freunde die Proskriptionslisten anfertigten für den Tag, wo sie zur Herrschaft gelangen würden. Wer nur im siebenten Glied von einem Franzosen, Juden oder Slaven abstammte, ward zum Exil verurteilt.» Und er fragte, Ende der dreißiger Jahre, ob diese «dunklen Narren, die sogenannten Deutschtümler, ganz vom Schauplatz verschwunden» seien. «Sie haben bloß ihre schwarzen Röcke, die Livree des

---

1 Vgl. Eberhard Galley, *Heines ‹Briefe über Deutschland und die ‹Geständnisse›*, in: *Heine-Jahrbuch* 2, 1963, S. 76

Wahnsinns, abgelegt.» Ihren «weinerlich brutalen Jargon» haben sie «vermummt in den Farben und Redensarten des Liberalismus». Daß um 1820 herum die Burschenschaften nicht gesiegt hätten, sei ein Glück. «Man hätte als Waffenbrüder treulich nebeneinander gefochten, man wäre sehr einig gewesen während der Schlacht …, aber den anderen Morgen wäre eine Differenz zur Sprache gekommen, die unausgleichbar und nur durch die ultima ratio populorum zu schlichten war, nämlich durch die welsche Falle.» So hieß dort die Guillotine. An Moritz Embden hat er 1823 geschrieben, es sei ihm lieb, daß der künftige Mann seiner Schwester kein Revolutionär sei.

Wenn einer «à son aise und glücklicher Bräutigam» sei, sei er mit Recht für seine und Europas Ruhe besorgt. Bei ihm sei das anders: er fühle sich «ein bischen seltsam gestimmt», wenn er «zufällig in der Zeitung lese, daß auf den Straßen Londons einige Menschen erfroren und auf den Straßen Neapels einige Menschen verhungert sind». Obwohl er dort ein Umstürzler wäre, gehöre er in Deutschland doch nicht zu den Demagogen, «aus dem ganz zufälligen und geringfügigen Grunde, daß bei einem Siege dieser letzteren einige tausend jüdische Hälse, und just die besten, abgeschnitten werden». Frankreich befreit ihn von dieser Göttinger Lähmung. Der Haß gegen den deutschen Adel, den er, an Münzer und die gemordeten Bauern von 1525 erinnernd, den rohesten der Welt nennt, also der Haß gegen Herrschaft und die Empfindlichkeit gegenüber dem Leiden anderer, das bleiben die zwei Dominanten, nach denen sich alles Politische bei ihm richtet. Aber Politisches als solches gibt es ja nicht bei ihm. Das verhindert er durch seine zur Methode entwickelte Erlebnisart, er nennt es das «beständige Konstatieren meiner Persönlichkeit». Das führt bei ihm nicht zum Einschwemmen von bloßen «Privatgefühlen». Gleich weit weg will er schreiben von «den Werkstätten der Parteien» wie von der «kümmerlichen Privatbegeisterung». Sein Richtmaß ist das Historische: «Die Salons lügen, die Gräber sind wahr.» Von Viktor Hugo sagt er: «... er liebt nur sich; er ist ein Egoist, und damit ich noch Schlimmeres sage, er ist ein Hugoist.» In seinem Bericht über «Französische Maler» sagt er, es gehöre «fast ein Goethescher Egoismus dazu», in einer Stadt wie Paris, beim «Anblick des öffentlichen Elends» ruhig über Kunst zu schreiben. Offenbar verhinderte Leidenserfahrung bei ihm die Bildung von Klassik-Ohropax und also auch die daraus folgende Arbeitsteilung in Kunst, Religion und Politik. Das ist der Effekt jener Peinlichkeit, zwei Nationen anzugehören und dadurch ewig anfälliger zu sein als die, die ihre Identitäten ausbauen können zu Tempeln. Aus dieser zentralen Verlegenheit, wesenhaft zwei Nationen anzugehören, die so unglücklich-glücklich ineinander verwachsen waren, gewann er seinen Ton, den Heine-Ton, diese Simultanität von Tränen und Gelächter.

Wer heute von Anfang bis Ende durchliest, was Heine geschrieben hat, wird Zeuge einer merkwürdig widerläufigen Odyssee. Da will einer fort und kommt heim. Er baut sich ein Schiff aus deutscher Sprache, um abzustoßen von einem Ufer, an dem es noch keinem gut ging; es soll «eine große Reise durch ganz Europa» werden; aber es wird eine Fluchtfahrt. Und die führt, von unmanipulierbaren Kompassen gesteuert, nicht in die Welt, sondern zu dem Ufer, wo er herkommt, aber jetzt ist er stolz, daß das sein Ufer ist. Und diese Fahrt findet, obwohl er ein Schiff gebaut hat, meistens nicht auf dem Wasser statt, sondern auf hartem Land. Der Heine-Leser weiß, daß ich jetzt bei einem Heineschen Traumbild angelangt bin. Heine sieht, daß er, wenn es schon meist über Land geht, leichter vorwärts käme, wenn er das Schiff zurückließe. Er kann nichts zurücklassen. Also muß er schleppen. Zu diesem Schiffschleppbild, das er in einem Traum passieren läßt, bemerkt er: «Wie die Nachtträume meine

Tagesgedanken verhöhnen, so geschieht es auch zuweilen, daß die Gedanken des Tages über die unsinnigen Nachtträume sich lustig machen und mit Recht, denn ich handle im Traume oft wie ein wahrer Dummkopf.» So scheckig mindestens wie Parzival, schleppt er, was er am Tag abwirft, nachts wieder weiter. Und wir wissen alle, wo er ankam. Dabei meine ich nicht jene phantastisch leichten Unterhaltungen mit dem daguerrotypisch genau präsenten, höchst persönlichen, jüdischen Gott – ich kenne allerdings kaum weisere und bescheidenere Religionsgespräche mit Gott als die seinen – ich meine einfach; daß er am Ende die Kostüme, Masken und Attitüden abwarf, die bitter nötig waren während dieser gefährlichen Lebensreise durch eine immer ungünstige Gegend; jetzt, nachdem er so krank ist, daß die in seinem Bewußtsein immer gegenwärtigen Feinde ihm nichts Schlimmeres mehr tun können als er schon hat, jetzt wirft er die früher so hilfreichen Rollen von sich: «Ich bin kein göttlicher Bipede mehr; ich bin nicht mehr ‹der freyeste Deutsche nach Goethe› ... – ich bin jetzt nur ein armer, todtkranker Jude, ein abgezehrtes Bild des Jammers, ein unglücklicher Mensch!» Aber soweit hat ihn kein Damaskus-Erlebnis gebracht. Er hat nur probiert loszukommen und kam nicht los. «Wenn ... bei dem Kämpen der Revolution und ihrer demokratischen Prinzipien», sagt er, «Geburtsstolz» nicht «ein närrischer Widerspruch wäre, so könnte der Schreiber dieser Blätter stolz darauf sein, daß seine Ahnen dem edlen Hause Israel angehörten, daß er ein Abkömmling jener Märtyrer, die der Welt einen Gott und eine Moral gegeben und auf allen Schlachtfeldern des Gedankens gekämpft und gelitten haben».

In seinen unvollendeten «Memoiren» ist die aufschlußreichste Figur jener Bruder des Großvaters, der in der Familie «der Morgenländer» heißt. Dieser wallfahrte nach Jerusalem, hatte ein Gesicht auf dem Berge Moria, war längere Zeit Scheich eines mosaischen Beduinenstammes, war ein Waffenschmied, ein großer Reiter, schrieb französische Verse und englische Prosa, der jüngste Heine las sein Tagebuch, war ganz benommen von diesem «Großohm», ein «unauslöschlicher Eindruck auf mein junges Gemüt», sagt Heine. «... ich versenkte mich so tief in seine Irrfahrten und Schicksale, daß mich manchmal am hellen, lichten Tage ein unheimliches Gefühl ergriff und es mir vorkam, als sei ich selbst mein seliger Großoheim und als lebte ich nur eine Fortsetzung des Lebens jenes längst Verstorbenen! ... In diesen Träumen identifizierte ich mich gänzlich mit meinem Großohm, und mit Grauen fühlte ich zugleich, daß ich ein anderer war und einer anderen Zeit angehörte. Da gab es Örtlichkeiten, die ich nie vorher gesehen, da gab es Verhältnisse, wovon ich früher keine Ahnung hatte, und doch wandelte ich dort mit sicherem Fuß und sicherem Verhalten. Da begegneten mir Menschen mit brennend bunten, sonderbaren Trachten und mit abenteuerlich wüsten Physiognomien, denen ich dennoch wie alten Bekannten die Hände drückte; ihre wildfremde, nie gehörte Sprache verstand ich, zu meiner Verwunderung antwortete ich ihnen sogar in derselben Sprache, während ich mit einer Heftigkeit gestikulierte, die mir nie eigen war, und während ich sogar Dinge sagte, die mit meiner gewöhnlichen Denkweise widerwärtig kontrastierten.»

Man denke da an den Kommentar zu dem Nachtgesicht am Schluß des Börne-Buches, als er sein Nachtverhalten am Tag noch als Dummheiten verurteilen mußte.

«Dieser wunderliche Zustand dauerte wohl ein Jahr, und obgleich ich wieder ganz zur Einheit des Selbstbewußtseins kam, blieben doch geheime Spuren in meiner Seele. Manche Idiosynkrasie, manche fatale Sympathien und Antipathien, die gar nicht zu meinem Naturell passen, ja sogar manche Handlungen, die im Widerspruch mit meiner Denkweise sind, erkläre ich mir als Nachwirkungen aus jener Traumzeit, wo ich mein eigener Großohm war. Wenn ich Fehler begehe, deren Entstehung mir unbegreiflich erscheint, schiebe ich sie gern auf Rechnung meines morgenländischen Doppelgängers.» «Aus den frühesten Anfängen erklären sich die spätesten Erscheinungen», heißt es einmal in diesen Memoiren. Hier also wird fundiert, was bestimmend blieb. Was der christliche Staat von ihm verlangte, war ein Verrat der heiligen Kindheitsbilder. Diesen Verrat nicht begehen zu müssen, dafür kämpfte er mit Gelächter und Tränen. In jenem anfangs erwähnten zweiten Buch, in dem Heine «aus Unmut gegen das Deutsche» nach undeutschen Formen gesucht hatte, findet sich folgendes Gedicht:

Ein Fichtenbaum steht einsam
Im Norden auf kahler Höh'.
Ihn schläfert; mit weißer Decke
Umhüllen ihn Eis und Schnee.

Er träumt von einer Palme,
Die fern im Morgenland
Einsam und schweigend trauert
Auf brennender Felsenwand.

Über dieses Gedicht macht sich Karl Kraus lustig, in seinem überlehrerhaften Schimpfstück: *Heine und die Folgen.*

Daß eine Fichte im Norden von einer Palme träume, sei «eine besondere Artigkeit der Natur», die der Sehnsucht Heines allegorisch entgegenkomme; «ein Einkleiden fertiger Stimmungen» nennt er das. Wenn man Literatur nicht nur liest, um ununterbrochen Qualität zu bestimmen, hat man den Vorteil, auch in so schlichten Versen, vom Heine-Ton berührt zu werden. Gerade Heines Ton – letzten Endes hat jeder nur einen – ist umstritten. Nicht daß man ihm die Meisterfrequenz noch ernsthaft streitig machen könnte; aber welcher andere Dichter veranlaßt, ja nötigt offenbar die, die über ihn schreiben, dazu, deutlich zu machen, daß sie sich über ihren Gegenstand dann und wann ein bißchen erhaben fühlen? Ganz ohne unwillkürliches sozusagen moralisches Naserümpfen steht selten einer die Heine-Strecke durch. Sie schmecken seine Tränen ab, filtern sein Gelächter und machen skeptische Mienen.

Wenn Literaturkunde ein Fach wäre, das seine Lebensbeweise überhaupt durch solche Empfindlichkeit lieferte, dann müßte die Feinfühligkeit Heine gegenüber nicht auffallen. Da man aber in diesem Fach doch mit dem Makel kleinbürgerlicher Philisterei belegt wird, sobald man irgendein nachfragewürdiges Goethe- oder Thomas-Mann-Verhalten auch nur simpel miteinbezieht, finde ich es interessant, daß sich die Betrachter bei Heine so gerne über die moralische Fontanelle beugen. Der vor allem leidende Kämpfer Börne, ins Aktuelle verstrickt wie Laokoon in die Schlangen, konnte sich noch nicht so weit über sich und Heine und die politische Not erheben, daß er hätte sehen können, in welchem Verhältnis Heine zu den Rollen stand, die er spielte. Börne hielt sich für den politischen Kopf und Heine für den weichmütigen, unfesten, unzuverlässigen, sybaritischen, charakterschwachen, wenn nicht charakterlosen Ästheten. Darum überzeuge Heine auch nicht, wenn er die Wahrheit spreche, da er ja an der Wahrheit nur das Schöne liebe. «Darum rührt er auch nicht, wenn er weint; denn man weiß, daß er mit den Thränen nur seine Nelkenbeete begießt.» Als Börnes Hauptwerk war geplant die demokratische Revolution in Deutschland. Wenn man liest, wie ihn ein paar Politik-pour-Politik-Auftritte von Studenten in Göttingen und Frankfurt hoffen machten, wie er das Fackelzug-Vivat des Hambacher Festes 1832, das er selber mitmachte, überschätzte, dann muß man sagen: Heine war der Realist. Der Dichter empfand richtig. Der politische Denker täuschte und täuschte sich. Aber Börne konnte Heine, trotz aller

Einsprüche, wunderbar würdigen. Karl Kraus konnte das nicht. Er möchte ihm Lyrik und Satire schlechterdings absprechen. «Diese Träne hat kein Salz», sagt er, «und dieses Salz salzt nicht». Außer den späten Gedichten, alles «skandierter Journalismus». Und einen schlimmeren Charakterfehler als Journalismus kannte der in seine Fürchterlichkeit Verliebte nicht. War auch Kraus noch zu nah dran? 54 Jahre war Heine tot, als er ihn verdammte.

Heine hat ja einen schönen Teil des Börneschen Tadels in sein Börne-Buch aufgenommen. Aber bevor er Börnes Text auftreten läßt, reagiert er auf den Vorwurf, der ihn am meisten treffen mußte: Talent, aber kein Charakter. Was einer auch schreibt, es soll immer ihn rechtfertigen, das ist klar. Daß er sein darf, wie er fürchtet, sein zu müssen, dafür schreibt er. Am wenigsten taugen zu diesem Rechtfertigungsdienst Schriften, die nur verfaßt werden zu diesem Dienst. Das ist auch klar. Die Rechtfertigung läßt sich nicht inszenieren, sie kann sich bestenfalls unwillkürlich ergeben, wenn einer lediglich sich seiner speziellen Not wehrt. Und sie ergibt sich – das ist Literaturlogik – eher, wenn einer sich selber bekämpft, als wenn er sich verteidigt. Heines Antwort auf Börnes Angriff: «... bei jener Masse von Autoren, denen beim Schreiben nur die augenblickliche Inspiration die Feder» führe, die also «mehr dem Worte gehorchen als befehlen», bei denen komme im Geschriebenen der Charakter durch. Nicht aber beim Artisten. Also bei ihm. Artisten seien «Meister des Wortes, handhaben es zu jedem beliebigen Zwecke, prägen es nach Willkür, schreiben objektiv, und ihr Charakter verrät sich nicht in ihrem Stil». Gerade Heine, sein ganzes Werk, beweist, zum Glück, das schöne Gegenteil. Es ist schon so: am allerschlechtesten verteidigt man sich, wenn man angegriffen wird. Heine zieht sich auf sein unbestreitbares Dichtertum zurück; das leuchtet ein. Aber dann ist es ihm doch nicht wohl, so ganz ohne Charakter, und er sagt, jeder Dichter habe sowieso Charakter.

Sogar Goethe. Endlich aber hört er auf zu argumentieren und schreibt sich als Dichter heraus aus der peinlichen Szene, in der der inzwischen gestorbene Börne als der große Tadelanwalt zurückbleibt bei seinem Bezichtigungsvokabular von Gesinnungslosigkeit bis Bestechlichkeit. Als Selbstverteidiger resigniert Heine. Zum Glück. Und er tut es mit so graziöser Schwermut, daß man aufs tiefste sein Parteigänger wird. Er überläßt sich seinen «bösen Nachtgesichten». Heine ist immer ein Prophet gewesen. Das christliche Weihwasser hat diese Begabung nicht weggeätzt. Er hat Prophetie zur Literaturgattung gemacht. Prophetie als Prosastück, das ist sozusagen sein Höchstes. Und immer aus konkreter Not. Was er aufschreibt, um sich vom toten, aber in seinen politisch-puritanischen Bezichtigungen noch lebendigen Tadelanwalt zu lösen, ist dann die von der Legitimationsnot zernagte Schönheitsvision des bürgerlichen Dichters. Aber mehr als ein halbes Jahrhundert vorweggenommen. Die Klasse durfte sich ja zu Heines Zeit durch ihre Emanzipationspotenz, durch ihre gerade erst begonnene Selbstbefreiung noch ganz gerechtfertigt sehen; aber unter Börnes Ansturm empfindet Heine schon das fin de siècle. Mit solchen Gesichten hört das Börne-Buch auf: «... die Weiber meines Traumes, obgleich noch immer geschmückt mit dem Liebreiz ewiger Jugend, trugen dennoch eine geheime Zerstörnis an Leib und Wesen; die Glieder waren noch immer bezaubernd durch süßes Ebenmaß, aber etwas abgemagert und wie überfröstelt von kaltem Elend, und gar in den Gesichtern, trotz des lächelnden Leichtsinns, zuckten die Spuren eines abgrundtiefen Grams. Auch, statt auf schwellenden Rasenbänken, wie die Nymphen des Julio, kauerten sie auf dem harten Boden, unter halbentlaubten Eichenbäumen, wo statt der verliebten Sonnenlichter, die quirlenden Dünste der feuchten Herbstnacht auf sie herabsinterten ... Manchmal erhob sich eine dieser Schönen, ergriff aus dem Reisig einen lodernden Brand, schwang ihn über ihr Haupt gleich einem Thyrsus und versuchte eine jener unmöglichen Tanzpositurn, die wir auf etruskischen Vasen gesehen ... aber traurig lächelnd, wie bezwungen von Müdigkeit und Nachtkälte, sank sie wieder zurück ans knisternde Feuer.»

Zwischen Klimt und Egon Schiele sieht man ihn hier Zukunft inszenieren aus Verteidigungsnot gegenüber einem Wunschdenker und Avantgardisten, der mehr wollte als das Fällige, als noch nicht einmal das Fällige möglich war. Es ist natürlich auch sinnlos, heute dem Radikaldemokraten Börne Vorhaltungen zu machen im Namen Heines. Aber nicht ganz so sinnlos ist es, die Verdächtigungen der Heine-Tränen bzw. die von Leuten jeder Art ihm gegenüber verübte moralische Besserwisserei auf ihren Grund hin anzuschauen. Ich weiß schon, weder der Dichter noch die Leidensgestalt Heine braucht meinen Schutz. Um unseretwillen sprechen wir von ihm. Wo auch immer man an dieses Leben, das Werk und seine Wirkungen rührt, könnte man leicht von einer Art kolossalen Grams befallen werden. Heine hat selten die direkte Rechtfertigung betrieben, die zwar nicht gelingen kann, die aber im Schwange ist und, falls es Gläubige gibt, das Zitiergebet ernährt. Oder gibt es nur Gläubige, wenn man sich standbildhaft zurechtrüstet und dann im höheren Erlaßton Unbezweifelbares ausstreut? Kann es Heine-Gläubige geben? Eine Heine-Gemeinde, das wäre eine, die sich diese Bezeichnung verbäte. Heine, das ist der, den man heute noch süffisant vorstellt, wie er als Pariser Berichterstatter von einer revolutionären Demokratenversammlung in der Rue Grenelle abhaut, um zu einer Soiree im Faubourg Saint Germain nicht zu spät zu kommen. Der Bürger Heine, der da eilt und dann berichtet, läßt in seinen Berichten, die er «ein daguerreotypisches Geschichtsbuch» nennt, überhaupt keinen Zweifel, welche der beiden Versammlungen besser riecht und welche doch die abgeschmackte ist. Das ist eine typische Heine-Situation: Heine selber bietet in scharfer Schilderung den Zustand von Paris am Beispiel zweier Versammlungen. Er sagt über beide Seiten wirklich ALLES. Aber es gibt Betrachter, die ihm übelnehmen, daß er von der einen Versammlung in die andere eilt. Sie tun so, als hätten sie ihn bei etwas ertappt. Dabei ist er es, der uns auf nichts so sehr hinweist wie auf diesen Gang von einem Lager ins andere: er hat ihn wahrscheinlich realiter nicht an einem Abend geschafft – was auch egal wäre –, er hat diesen krassen Wechsel zum Schreiben benutzt, als Ausdrucksmittel, um zu demonstrieren, in welcher Spannung dieses Paris existiert. Allerdings, er gehörte weder zu Louis Auguste Blanqui noch in den Faubourg. Aber wie! wie drückt er das aus: «Ich bin nicht tugendhaft genug, um jemals dieser Partei (den Republikanern) mich anschließen zu können; ich hasse aber zu sehr das Laster, als daß ich sie jemals bekämpfen würde.» Da deutle, wer kann. Durch «beständiges Konstatieren seiner Persönlichkeit» bzw. durch rücksichtslose Selbsterfassung kommt er zu einem so genauen politischen Urteil. Auf jedem vorkommenden Feld bringt er sich so produktiv ins Spiel. Wenn er sagt, daß in dieser Welt alle entbehrlich seien, ausgenommen die Sonne und er, oder wenn er sagt, daß er unter allen deutschen Dichtern der sei, der ihm der liebste sei, oder wenn er sich einer Lumpigkeit zeiht, weil er aus Eigennutz eine Rezension geschrieben habe, oder wenn er sagt, der einzige, dessen Anti-Goethe-Motiv er kenne, sei er selbst, es sei der Neid, da und an hundert anderen Stellen läßt sich genießen, wie er die trivialen und die heiligen Schwächen in das helle Licht seiner Laune wirft; wie angenehm ist dieser ununterbrochen gegenwärtige Mensch, verglichen mit dem edlen Hintenherum, dem bauchwehmachenden Bedeutung bedeuten, das sonst in unserer Branche üblich ist. Aber nein, einige Unmitreißbare bestehen noch 150 Jahre später darauf, die Lumpigkeit, auf die sie nur durch ihn hingewiesen wurden, vorwurfsvoll zu notieren. «Er kämpfte tatsächlich mit offenem Visier.»[1] Ja, das ist ihm bei den unseren nicht durchweg gut bekommen. Einer Weich-ich-bin-ein-Künstler-Maske etwa würde man solche Mäkelei nicht in die edel gepappten Züge sagen. Aber Heines Identität war nicht so solide, sie hätte die Aufbauten eines höheren Wesens nicht tragen können. Aber dieses Manko war sein Plus. Nichts Sicheres zu sein, schärft offenbar jene Nerven, die dann den Ausdruck schärfen. Seine Tränen und seine Träume haben dieselbe Quelle: «… eine bunte vergiftete Suppe, die nach Sauerkraut schmeckt und nach Orangenblüten riecht (1840)!» Und auch da drückt er sein Zweifaches, das weniger ist als ein Einfaches, in einem Antagonismus von Tag und Nacht aus: «Welch ein grauenhaftes Gefühl, wenn die nächtlichen Träume das Treiben des Tages verhöhnen, und aus den flammenden Mohnblumen die ironischen Larven hervorgucken und Rübchen schaben, und die stolzen Lorbeerbäume sich in graue Disteln verwandeln, und die Nachtigallen ein Spottgelächter erheben …»

So unvereinbar ist er mit sich selbst. Das eine sehnt sich nach dem anderen und das andere verhöhnt das eine. Er ist sich so ähnlich wie die Palme der Fichte, die Orangenblüte dem Sauerkraut, die Mohnblüte dem Rübchen, der Lorbeerbaum der Distel, das Gelächter der Nachtigall. Daraus sind seine Tränen gemacht. Diese Spannung erzeugt seinen Ton. Credos kann man darauf nicht gründen, das stimmt. «Schmerzjubel» nennt er einmal einen Ton, an dem er sich beteiligt fühlte, «scharfen Schmerzjubel».

So groß ist der Umweg – wenn es einer ist –, bis man auch nur anzudeuten wagt, warum Heines Tränen zu trauen sei. Weil er nie einfach weint. Er weint immer zweifach. Bloß Papier zu nässen, läge ihm nicht. Und die lebenswahren Tränen tun eben das.

1 Reich-Ranicki, a. a. O., S. 48.

Heine stimmt nie so mit sich überein, daß er sich einfach sich selbst zu überlassen wagte, und dann setzte ein Drauflosweinen ein. Immer sagt er, daß er weine, und immer bestimmt er, was seine Tränen sollen. Er weint immer aus genauer Not. Er weint brillant oder herzzerbrechend oder agitierend oder vernichtend. Wenn er die Choleratoten auf dem Père Lachaise «bitterlich» beweint, dann sind es die Toten dieser «Stadt der Freiheit», der «Heilandstadt, die für die weltliche Erlösung der Menschheit soviel gelitten» hat. Und über die anno 32 von der Nationalgarde zusammengeschossenen Republikaner berichtet er so: «Ich bin, bei Gott! kein Republikaner, ich weiß, wenn die Republikaner siegen, so schneiden sie mir die Kehle ab …, aber dennoch, die nackten Tränen traten mir heute in die Augen, als ich die Orte betrat, die noch von ihrem Blute gerötet sind. Es wäre mir lieber gewesen, ich und alle meine Mitgemäßigten wären statt jener Republikaner gestorben.» So genau weint er. Die Tränen über die toten Arbeiter sind vielleicht die bloßesten, die er je vorgeführt hat, deshalb heißen sie auch «nackt». Seine Wörter haben nichts Ungefähres. Er konstatiert immer seine Persönlichkeit dazu. Sein Gefühl von jedem Gefühl. Er steht unter dem Zwang, alles legitimieren zu müssen. Er selber fühlt sich unterlegitimiert. Das macht ihn empfindlich gegen Überlegitimiertheit, also faule Legitimität. Wer glaubt, das Seine zu haben, der läßt gelten, was ihn gelten läßt. Wem die erste Geltung, daß man irgendwo dazugehört, so bestritten wurde wie Heine, der läßt dann nichts mehr einfach gelten. Auch nicht die eigene Empfindung. «… je wichtiger ein Gegenstand ist, desto lustiger muß man ihn behandeln.» Um die Richtigkeit dieser Heine-Regel zu beweisen, kann man sie auch andersherum sagen – je unwichtiger, desto feierlicher –, dann stellt sich zum Beleg sofort der heutige Narziß ein, der sich selbst nur in Form von gefrorenem Weihrauch darbieten kann. Wir vom Ausdrucksgewerbe neigen nun einmal zu neronischen

Anmaßungen. Auch darum ist dieser einzige Heine mit Gelächter und Tränen als exorzistische Potenz unentbehrlich. Seine Schöpfungen seien hervorgegangen aus einer «schmerzlichen Erweiterung der Seele», sagt er.

Börne hat in seiner Polemik gerühmt, daß Heine «keine fünf Minuten, keine zwanzig Zeilen heucheln, keinen Tag, keinen halben Bogen lügen» könne. «... er kann kein Lächeln, keinen Spott, keinen Witz unterdrücken ...» Und wenn er doch lüge, heuchle, so merke es jeder gleich, und er hat, sagt Börne, «... von solcher Verstellung nur den Vorwurf, nicht den Gewinn.» «... zu verbergen, daß er etwas zu verbergen habe, so weit bringt er es in der Verstellung nie.» Einen Gegner, der einen so herrlich genau beschreiben kann, muß sich jeder wünschen, der diese Charakterisierung der Heineschen Ironie liest. Diese als Verstellung kennbare Verstellung ist nicht Heines Marotte, weil er ein zu ehrlicher Mann ist, das ist seine literarische Leistung und Methode, die er entwickeln mußte, weil er sich nicht trauen konnte, etwas bloß zu behaupten, ohne es durch alle möglichen persönlichen Konstatierungen sowohl zu belegen wie einzuschränken, oft genug bis zur Aufhebung, daß er am Ende manchmal mehr aufgehoben als gesagt hatte; also hatte er etwas Positives negativ ausgedrückt. Und das ist die Ironie, die Aussageart der Unfesten, deren Ich keine feste Burg ist, und die auch sonst keine solche haben. Der «arme Heine» sagt Börne, habe «zwei Rücken, er fürchtet die Schläge der Aristokraten und die Schläge der Demokraten, und um beiden auszuweichen, muß er zugleich vorwärts und rückwärts gehen». Dieser herrliche Entwurf eines Ironie-Denkmals, dieses Bild einer Ausstattung für nichts als Leiden bzw. Ironie, muß nur insofern korrigiert werden, als Heine ganz eindeutig vor den Schlägen der Überprivilegierten viel mehr Angst hatte als vor denen der Unterprivilegierten.

Es war schon eine kolumbushafte Entdeckung, daß beim

Schreiben immer ein Schreibender dabei sei. Und das sei kein Privatgefühlespender, sondern ein historischer Mensch. Für die Sprache hieß das: Kein einsagendes griechisches Mannequin mehr; auch keine ferngelenkten Sprachkörper mehr, die direkt in die Ewigkeit zielen; dafür jede Menge Einmischungen des Augenblicks, Todesschreie von gerade an Cholera sterbenden Nachbarn nicht ausgeschlossen; «Ja, ich küsse, also leb' ich», hat dieser neue Descartes gesagt, um Fichtes «sum ergo sum» vollends zu demokratisieren. Und plötzlich diese Tiefenschärfe, diesen unendlich weiten Winkel; er kann nicht daguerrotypisieren, ohne selber mit draufzusein; ja darf man denn das? wofür der noch empfindlich ist! war der gute alte Schwarzweißfilm nicht doch besser? und war am besten nicht doch der klassische Stummfilm?

Wären wir eine Disziplin, dann hieße die von ihm eroberte Permeabilität der Sprachmembran für persönliches Dasein längst der Heine-Faktor. Wir, anstatt die Gabe zu nutzen, kehren den Tartuffe hervor, tunken unsere sich besser dünkenden Rüssel in sein sensationelles Elaborat und nehmen uns heraus, anstatt über uns, über ihn zu erschrecken. Ein Nietzsche nicht. Der hat sich gefreut über die disziplinäre Gabe. Die deutsche Prosa neigt ja, wenn es recht hergeht, zur Häßlichkeit. Die hochdeutsche auf jeden Fall. Jeder weiß, wenn er etwas schön sagen will, hat er plötzlich diesen zu erbarmungslosem Drahtverhau geronnenen Sprachgeist im Mund und weiß nicht mehr, wie daraus noch das werden soll, was ihm gerade noch, so schön drängend, in der Seele vorauslief. Unter dieser Zähigkeitsdisposition muß man vielleicht gelitten haben, um, wie Nietzsche, von der Heineschen Errungenschaft begeistert zu sein. Heine ist nicht der einzige geblieben, der so zu etwas kam. Der Mangel, die nicht immer schöne Mutter des Überflusses, machte zum Beispiel auch Robert Walser zu einem beständigen Konstatierer des Persönlichen in Prosa, der so der Sprache weitere Durchlässigkeitsleistungen abgewann. Auch seine Tränen haben manchen, der seine Schafe nur im Trockenen hatte, verwirrt.

Ich gebe zu, ich mag Dichter, bei denen die Unsterblichkeit die Sterblichkeit nicht einfach vertreibt. Bei Heine habe ich das Gefühl, von allen zu Denkmälern gewordenen Literaturpersonen fühle sich sein Denkmal am wärmsten an. Das macht den Umgang mit ihm so angenehm. Am liebsten würde man sich dafür heute noch bedanken bei ihm. Besonders für die vielen schönen Tränen. Besonders für das blitzende Gelächter. Mir kommt vor, er habe in seinem Kampf doch öfter Tränen gebraucht als Gelächter. Ob sie nun alle nach Süden und in den Jordan fließen, wie er einmal dichtet, oder ob sie ihm im Norden das Auge versalzen, trotz ihrer Brauchbarkeit im Ausdrucksdienst entspringen sie erst einmal doch jener Weichmütigkeit Heines, die der von Heine grimmblütig genannte Börne entdeckte. Aber Rührung ist der Anwalt, der den Prozeß verliert, also sage ich nur, daß Heines Tränen sein Werk mit unverlöschlichem Genauigkeitsglanz erfüllen; weshalb eine strenge Wissenschaft darum gebeten wird, zu erwägen, ob in die oberste Themenregion, zu Goethes Frauen, Rilkes Engel und Thomas Manns Künstlerbürger, nicht auch Heines Tränen aufgenommen werden könnten. Da wäre nämlich noch manches zu sagen.

Jagd

(Auszug)

Herr Ortlieb sagte, daß er, Jahrgang 47, gutzumachen versuche, was sein Vater falsch gemacht habe. Er arbeitet an einem Buch, in dem das KZ Dachau dargestellt werden soll, vor allem die Filialen, die sogenannten Außenkommandos. Am 14. April 1945 hat das KZ Dachau 176 Außenkommandos gehabt. Er will darstellen, wie diese Außenkommandos mit den örtlichen Industrien zusammengearbeitet haben in Augsburg-Haunstetten, Friedrichshafen oder eben hier in Überlingen. Er will die Behauptung widerlegen, die Bevölkerung habe von den KZ-Lagern nichts gewußt. Deshalb verbringen Ortliebs jeden Urlaub an einem Ort, an dem eines der Außenkommandos eingerichtet gewesen war. Herr Ortlieb stöbert in den Archiven, spricht mit alten Leuten, inspiziert die Friedhöfe. Das alles tut er in seiner freien Zeit. Er sagt, das sei sein Hobby. Und lacht schrill. In der Bibliothek arbeitet er an einer Bibliographie, zusammen mit einem Theologen in Rom. Der Name dieser Bibliographie sei so kompliziert, daß er sich angewöhnt habe, ihn gar nicht mehr zu nennen, die Leute könnten ihn sich ohnehin nicht merken. Was Ökumenisches, auf jeden Fall. Gisela Ortlieb war inzwischen unter dem Tisch an Gottlieb herangetreten. Gottlieb erschrak, konnte aber nichts tun. Ihr nackter Fuß tastete sich an ihm hoch und nistete sich dann irgendwo bei ihm ein. Daß es so etwas gibt, hatte er schon gehört oder gelesen, aber er hätte nie gedacht, daß es ihm passieren könnte.

Die Verteidigung der Kindheit

(Auszug)

Im Amt mußte er die Vergangenheit von Nelly Pergament, Gela Glasscheib, Babette Rubin und Leopold Direktor so produzieren, daß die Schicksale und die dadurch entstandenen Schäden den Anforderungen der Paragraphen des Bundesentschädigungsgesetzes entsprachen. Zur Erzeugung der Wiedergutmachungsillusion. Es war seine Arbeit, diese Illusion zu produzieren. Ein Sachbearbeiter, Regierungsoberinspektor Budde, und Frau Radde, Sekretärin, sollten ihm helfen, Lebensläufe in die Fragebogensprache zu übersetzen, damit entschieden werden könne, ob Nelly Pergament, die ihren Entschädigungsantrag begründet mit erlittener Verfolgung aus Gründen der Rasse und mit dem Vortrag der Zugehörigkeit zum deutschen Sprach- und Kulturkreis, ob diese Nelly Pergament für einen *Schaden an Freiheit* oder für einen *Schaden an Körper und Gesundheit* oder für einen *Schaden im beruflichen und wirtschaftlichen Fortkommen* oder überhaupt nicht zu entschädigen sei. Mit Regierungsoberinspektor Budde war vor Alfred überhaupt noch niemand ausgekommen. Alfred hatte sich von Budde tagelang alles erklären lassen. Budde war Stettiner, sechzig, schon eher rechtsradikal als konservativ. Er hielt jeden Entschädigungsantrag für einen Versuch, dem deutschen Staat unter Vorspiegelung nicht mehr nachprüfbarer Tatsachen Geld zu *entsteißen*. Dr. Muth, der Abteilungsleiter, sagte von sich selbst, er sei ein Beamter alten Schlags, er fühle sich ver-

168

antwortlich für seine Mitarbeiter, aber er erwarte dafür auch eine weiter gehende Mitarbeit, als manchem recht sei. Korpsgeist hätte man das früher genannt. Dr. Muth sagte, Bequeme stöhnten unter ihm, Ehrgeizige wüchsen über sich hinaus. Herr Budde sagte – aber er sagte das erst, als Alfred ihn fragte, wie er Muths Führungsstil einschätze –: Er führt die Abteilung wie ein Kompaniechef die Kompanie beim Vormarsch. Alfred Dorn galt bald als ein liberaler Fachmann, frei von nationaler Kurzsichtigkeit. Als er das Amt auf einem von der United Restitution Organization veranstalteten Empfang im Hotel am Zoo zu vertreten hatte, wurde ihm das sogar von einem Professor aus Tel Aviv bestätigt. Juden gegenüber sei vorsichtig. An diesen Satz dachte er, wenn er den zu jedem Antrag zu beschaffenden Auszug aus dem Einwohnerregister aus Tel Aviv vor sich hatte und zu der Zeile kam *Religion und Nationalität: Jude.*

Bei diesem Empfang traf er auch den Propst wieder. Dessen erste Frage: Ob er noch immer allein lebe. Alfred erschrak. Nickte. Der Propst: Frau Musica genüge nicht. Es sei nicht gut, daß der Mensch allein sei. Diesen Satz haßte Alfred allmählich. Da beide Sektgläser in der Hand hatten und da die Leute sich im Raum drängten, sagte Alfred, mitunter sei auch er nicht allein. Alfred fragte, ob er den Text der Ansprache bekommen könne, die der Propst bei Mutters Beerdigung gehalten hatte. Der Propst versprach, ihm die Totentagspredigt zu schicken, die solchen Ansprachen zugrunde liege. Alfred verließ den Empfang als erster. Der Propst konnte natürlich nicht wissen, daß dieses Alleinseinsthema im Amt von jedem und jeder andauernd hochgespielt wurde. Und offensichtlich aus den verschiedensten Gründen. Aber sehr einverstanden war der Propst mit Alfreds Arbeit. Wiedergutmachung – wichtiger könne jetzt nichts sein.

Es war eine Produktion von Vergangenheit. Nach Maßgabe

eines Gesetzes. Nelly Pergament, geboren 1881 in Stryi in Ost-
galizien, war 1959 mit ihrem Mann aus Bielitz nach Lemberg
geflohen, dort von den Russen nach Sibirien deportiert worden,
drei Jahre später nach Samarkand, 1946 wieder nach Bielitz, als
Witwe, 1949 weiter nach Israel. In Bielitz seien die Leute gegenüber Deutsch Sprechenden – und das war sie immer gewesen –
voller Haß gewesen. Alfred las: *Mein verstorbener Ehemann und
ich selbst gehoerten mehreren deutschen Vereinen an, ebenso wie
unsere beiden Soehne. Wir besaßen eine deutsche Bibliothek in
unserem Hause und pflegten ausschließlich Verkehr mit deutsch-
sprachigen Kreisen.*

Das hatte sie dem Amt am 7. 11. 1957 geschrieben. Alfred
nahm an der Entschädigungsprozedur für Frau Pergament teil
von 1961 bis 66. Ein Amt mußte ja darauf reagieren, daß Frau
Pergament zuerst angegeben hatte, ihr Mann sei Diplominge-
nieur bei der Bahn gewesen, später aber meldete, man habe in
Bielitz-Biala einen Tucherzeugungsbetrieb gehabt. Nacheinander sei das zu sehen, schrieb sie. Zuerst Bahn, dann Tuch. Man
brauchte aber für alles eine Bestätigung. Wie Alfred Dorn abends
Briefe schrieb, um Fotos von früher zu finden, schrieb er tags-
über an die Heimatortskartei für Oberschlesien, um Nelly Pergaments Vergangenheit paragraphenfest zu produzieren. Aber
Pergaments Betrieb ließ sich in dieser Kartei nicht finden, weil
sie in gemieteten Räumen produzierten. Kann sich die AST (Antragstellerin), fragt die Kartei, an den Namen dessen erinnern,
der ihrem Mann und ihr das Fabriklokal vermietet hat. Man
wird sie fragen. Aber vier Adressen von Textilfabrikanten, die
aus Biala kommen, gibt die Heimatortskartei her. Also wurde
denen geschrieben, nach Brüssel, Passau, Winterthur und Telfs.
Im Handbuch für Industrie und Handel in Polen, Ausgabe 1938,
und im Reichsbranchen Verzeichnis, Ausgabe 1942, und im Te-
lephonverzeichnis der OPD Oppeln, Ausgabe 1942, wurde man

nicht fündig. Von den angeschriebenen Textilfabrikanten war einer nach unbekannt verzogen, einer verstorben, einer wußte nichts, einer aber, der in Telfs, antwortete, der hatte Pergaments gekannt, bezeugte das und bezeugte auch, daß die mit ihrer Tucherzeugung, wie von Frau Pergament angegeben, monatlich 1000 bis 1500 Zloty verdient haben konnten. Zur *Einreihung* der Geschädigten wurden sie entweder der einfachen, mittleren, gehobenen oder höheren Beamtenlaufbahn zugeordnet. Frau Pergament käme also zum mittleren Dienst. Der deutsche Korrespondenzanwalt und der israelische Anwalt und Frau Pergament selber drängten natürlich. Draußen kann man sich die Aktenlage im Amt nicht vorstellen. Alfred wußte es aus der Kanzlei in der Konstanzer Straße. Man glaubt immer, mit der Überreichung der letzten vom Amt verlangten eidesstattlichen Erklärung sei der Antrag nun wirklich *bescheidreif*. Keine Spur. Dem Gesetz fehlt immer noch etwas zur Genüge. Und sei es nur der Name der Straße, in der in Biala produziert wurde. Matejkistraße. Gut. Jetzt noch die polnische Firmenbezeichnung. Jetzt noch die Fotokopie des Originals der Einwanderungsbescheinigung in Israel mit notariell beglaubigter Übersetzung. Ja und natürlich auch – es ist wirklich nur eine Formalität, aber ohne sie ist nichts – eine Negativ-Bescheinigung des Finanzamtes in Haifa. Und natürlich die Auskünfte vom ITS (International Tracing Service) und die Eintragung aus dem alphabetischen Verzeichnis polnischer Juden, herausgegeben vom Jüdischen Zentralkomitee in Warschau, 1947. Frau Pergament lebt in Haifa, lebt von der Mildtätigkeit anderer, da ihre zwei Söhne es ablehnten, sie zu unterstützen. Das hatte Alfred sofort alarmiert. Ein Sohn hatte angegeben, daß er mit dieser Frau nichts mehr zu tun haben wolle. Sie habe ihn, als er ein Kind war, immer außer Haus zu anderen Leuten gegeben. Der zweite Sohn, in England lebend, ließ durch einen Anwalt mitteilen, daß er nach englischem Gesetz nur zum Unterhalt seiner Mutter beizutragen hätte, wenn sie im Land lebte. Da sie aber in Israel lebe, bestehe eine solche Verpflichtung nicht. Nelly Pergament schrieb: *Ich lebe hier in sehr prekaeren Verhaeltnissen. Ich haette niemals angenommen, daß ich meine letzten Lebensjahre in einem solchen Zustand wuerde verbringen muessen.*

Bevor Alfred den Antrag Pergament bearbeitete, war schon entschieden worden, daß eine von den Russen verfügte Deportation nach Sibirien nicht vom Bundesentschädigungsgesetz als *Schaden an Freiheit* entschädigt werden könne. Der Anwalt beantragte dann, einen *Schaden an Körper und Gesundheit* anzuerkennen. Eine langwierige Suche nach Befunden aus früheren Jahren begann. Das letzte Wort hatte immer der Arzt, der mit der *prüfärztlichen Stellungnahme* beauftragt wurde. Der konnte weder die Magen-Darm-Situation der Antragstellerin noch ihre Depression als verfolgungsbedingte Leiden anerkennen. Schon 1935 eine Involutionsdepression. Ab 1950 Depression im Senium. Phasenhaft, endogen, also nicht eine chronisch-reaktive Depression im Sinne einer wesentlichen Mitverursachung, wie der israelische Arzt befunden hatte. Allerdings sah die *prüfärztliche Stellungnahme* von 1945 bis 1950 einen verfolgungsbedingten Erschöpfungszustand, der zu einer Minderung der Erwerbsfähigkeit (MdE) von 25 Prozent führte. Aber auch nur in diesen Jahren.

Alfred schrieb noch einmal in die Rabbi-von-Bacharach-Straße in Tel Aviv, ob der Medical Board Krankenblätter von der ersten psychiatrischen Behandlung im Jahr 1950 beschaffen könne. Das gelang. 1950, las er, lag die Patientin den ganzen Tag im Bett; die dreimalige Elektroschockbehandlung hat gebessert, aber nicht nachhaltig; die Patientin sagt, sie möchte zurück; nicht nach Polen, nicht nach Wien; es ist unklar, wohin sie möchte. Sie möchte aber keine Elektroschockbehandlung mehr. Ihr Gedächtnis leide dadurch. Sie möchte aber zurück. Die *prüfärztliche*

Stellungnahme konnte Alfred damit nicht erschüttern. Da blieb dem Anwalt nur der Härtefonds. Alfred mußte mitteilen, daß ein Schadenstatbestand, der durch das BEG nicht entschädigt werden könne, dadurch auch für den Härtefonds nicht in Frage komme. Siehe Blessing-Ehrig-Wilden, BEG Komm., 5. Aufl. § 171 Anm. 5. Er empfahl also indirekt, den Antrag aufrechtzuerhalten. Es war doch endlich ein neues Gesetz gemacht worden, das BEG-Schlußgesetz, das viel entschädigungsfreudigere.

Kafkas Stil und Sterben

Wenn man noch einmal einen historischen Verlauf zur Kenntnis nimmt, dessen schlimmen Ausgang man längst kennt, kann man sich, während man wieder liest, wie es gegangen ist, nicht gegen die Hoffnung wehren, es könne vielleicht doch noch gut ausgehen. Mir wenigstens passiert das immer wieder. Obwohl fast nichts gut ausgeht, wünsche ich mir bei jedem Verlauf ein gutes Ende. Das festgeschriebene schlimme Ende ist immer wieder unannehmbar.

Jetzt Kafkas Briefe an seine Eltern, geschrieben aus zwei Berliner Wohnungen und zwei österreichischen Sanatorien von Juli 1922 bis Juni 1924. Schlimmer kann nichts verlaufen als diese zwei letzten Jahre. Also kann auch kein Dokument den Wunsch, es möge, bitte, anders verlaufen, heftiger befördern, als es diese Briefe tun. Den Fakten ist nicht recht zu geben. So ist es zwar gegangen, aber so darf es nicht gehen. Man weiß es, aber man widerspricht.

Wenn Kafka genau so, wie er da von sich erzählt, sonst von einem Josef K. oder Gregor Samsa erzählt, dann macht er uns durch die artistischen Schritte, in die er einen elenden Verlauf auflöst, zu geradezu begeisterten Nachtänzern seiner Todesstrecken. Der Todesstrecken seiner Figuren. Die Zwar-Aber- und Freilich-Allerdings-Bewegungen seiner Prosa sind dazu da,

174

das Schlimmste erscheinen zu lassen als das in diesem Augenblick Bestmögliche. Allerdings ist das Beste auch das, was, sobald es in seinem Superlativ hat erscheinen dürfen, von der keine Position bestehen lassen könnenden Prosabewegung sofort, im Erscheinensmoment selbst, eingeschränkt wird, bis es gänzlich zerrieben ist und so wiederum das Schlimmste konstatiert werden muß. Aber doch auch nur, damit ihm widersprochen werden kann.

Es gibt eben überhaupt keine Feststellung. Deswegen donnert die Kafkasche Prosa kein bißchen, obwohl sie sich doch am liebsten zu den extremsten Aussagen bewegt. Sie läßt aber keine Aussage bestehen. Das ist keine Prosa, die Superlative der Negation produziert. Da fällt kein Schlag. Da zerreibt eine Bewegung alles. Aber selbst wenn diese Prosabewegung, weil es sich um irdische Bücher handelt, die enden müssen, selber aufhören muß, so sind wir als Leser am Ende schon so geschult oder benommen, daß wir über das Buchende hinaus mit einem weiteren Aber-Allerdings-Freilich kafkaisch weitertanzen. Wer bei Kafka etwas lernen kann, der läßt sich keine Position mehr zur endgültigen machen. Wer Aussagen über den Zustand der Welt braucht – negative oder positive –, der muß sich, glaube ich, Besserwissende suchen. Solche mit Urteilen über alles und jedes.

Man darf an die Operationsweise kafkaischer Prosa erinnern, auch wenn man etwas über seine Briefe sagen will. Man muß, glaube ich, sogar. Der Autor operiert unter allen Umständen gleich. Ob Roman oder Brief, die Infinitesimalisierungswucht seiner Prosa triumphiert über jeden Sachverhalt und in jeder menschlichen Beziehung. Aber daß er auch den Eltern gegenüber einfach nicht anders kann und bis zum schlimmsten Schluß nicht anders kann, ja, da erst recht nicht – das ist doch verblüffend. Jede Mitteilung produziert förmlich ihre Aufhebung.

November 1923, Kafka mit Dora Diamant in Berlin, fast mittellos, er hat «nicht genug Marken», muß Karten schreiben; als die Inflation sich dann doch zu erschöpfen beginnt, sieht er voraus, daß er dann «keine Markensorgen mehr haben (wird), allerdings wird es dann so teuer sein, daß man aus dem Grund nicht wird schreiben können». Und der nächste Satz: «Die Wohnung ist so schön, daß ich fürchte, ich werde sie aus dem oder jenem Grunde bald verlieren.» Da ist die Tendenz der Aufhebungsbewegung, die gleiche wie bei Josef K. und Gregor Samsa. Den Eltern gegenüber zwingt er seine Aufhebungsbewegung öfter dazu, den negativen Tatbestand willkommen erscheinen zu lassen. Konstatiert er, daß es «wohl ein harter Winter werden» wird, zieht das nach sich: «ich bin in jeder Hinsicht gut für ihn vorbereitet». Er wohnt im ersten Stock, das Telephon ist unten, in der Halle: «recht unangenehm und doch wieder sehr angenehm, weil es das Telephonieren fast verhindert». Aber dann endet er doch sozusagen unkafkaisch in einer nicht mehr aufhebbaren Schreckvorstellung: «Was täte ich, wenn Prag anläutet und D. wäre nicht zu Hause?»

Er ist nämlich bettlägerig. Fiebrig. Kehlkopftuberkulose. Das wird dann erst im April 1924 so diagnostiziert, wenn auch dem Patienten gegenüber nicht ausgesprochen. Wenn er aus den beiden österreichischen Sanatorien («Wiener Wald» in Ortmann, Niederösterreich, und Dr. Hugo Hoffmanns Sanatorium in Kierling bei Klosterneuburg) an die Eltern schreibt, benutzt er das Wort nicht, wohl aber dem Freund Robert Klopstock gegenüber. Er weiß also Bescheid.

Kafkas Verhalten, so weit wir es durch seine Brief-Formulierungen kennen, wird bis zum Schluß nicht von der Unmittelbarkeit des schrecklichen Verlaufs, sondern von seinem Stil bestimmt. Der Gegenton gibt den Ausschlag. In seinen letzten zwei Briefen – ob es wirklich seine letzten sind, ist allerdings nicht ganz sicher – entfaltet seine Selbstbezichtigungsvirtuosität in der tödlichen Situation eine schauerliche Laune; allerdings ohne jede Ernsteinbuße. Man könnte Autoren auch danach einteilen, ob sie lieber andere oder lieber sich selbst bezichtigen. Einfach wegen der Folgen für das Artistische. Die, die lieber Gott und die Welt bezichtigen als sich selbst, schreiben immer in eine Richtung. Es sind Einbahnstraßenautoren. Ihre Ausdrucksart gerät, weil sie keinen Widerstand kennt, leicht ins Dröhnen. Die, die lieber sich selber bezichtigen, sind zum Hin und Her gezwungen. Eine Selbstbezichtigung produziert immer auch ihr Gegenteil. Ohne daß das den Bezichtigungsernst mindert. So wird die Bewegung gebrochen beziehungsweise dialektisch.

Die zwei letzten Briefe des Sterbenden sind Musterwerke. Im vorletzten Brief konstatiert er einen Superlativ an «Schreibfaulheit» («wirklich alle Grenzen überschritten»), im nächsten Satz treibt er die Selbstbezichtigung noch weiter: «Es ist aber nicht nur mit dem Schreiben so», nein: «in meinem ganzen Leben seit Säuglingszeiten habe ich mich von allem was nur ein wenig Mühe und Arbeit genannt werden könnte, ferngehalten wie jetzt ...» Und jetzt kommt die grandioseste schauerlichste Gegenbewegung, die ein Stil produzieren kann. Er kann wegen des tuberkulosebefallenen Kehlkopfs so gut wie nichts mehr schlucken. Sein Zerreibungsstil schränkt deshalb das Säuglingsfaulheitsbekenntnis auf grauenhaft aktuelle Art ein: «Höchstens das Essen ist ein wenig anstrengender als es das stille Saugen damals gewesen sein mag.»

Wie er den Schmerz, der das Essen unmöglich macht, da zur Anstrengung frisiert, aber auch das nur «ein wenig», und wie er sich diese vom Todeskampf erzwungene Anstrengung als einen Ausgleich für seine lebenslängliche Säuglingsfaulheit anrechnet – das kommt mir einzigartig vor. Diesen Satz würde ich am liebsten über alle möglichen Sätze hinausheben. Aber Kafka ist ja noch nicht ganz fertig. Gerade hat er sich ein bißchen exkulpiert.

Hat sich zwar bezichtigt als einen vom Säuglingsalter an still und faul an anderen Saugenden, dem jetzt durch Kehlkopf-TB das Dasein doch noch eine Anstrengung auferlegt, durch das Essen. Der nächste Satz: «Aber auch das Essen suche ich mir zu erleichtern ...» So einer ist er nämlich. Er teilt den Eltern nicht mit, daß Schlucken nur noch möglich ist mit Opiaten oder vorherigen Alkoholinjektionen in den *nervus laryngeus superior*, sondern, daß er, der sich doch immer alles so leichtgemacht hat, wie's nur ging, jetzt sich das Essen dadurch erleichtert, daß er etwas dazu trinkt. Und zwar: «was Dir liebster Vater gefallen wird ... Doppelmalz-Schwechater ...»

Aber, bitte, nichts ohne Einschränkung. Wie könnte er etwas melden, das dem Vater nur gefallen kann. Also: «Freilich, die Mengen, in denen es getrunken und die Art in der es behandelt wird, würden Dir nicht gefallen, sie gefallen auch mir nicht, aber es geht jetzt nicht anders.» So der vorletzte Brief.

Der letzte Brief, der den Eltern übermitteln soll, daß sie ihn jetzt noch nicht besuchen sollen, ist genau so ein Stiltriumph über eine furchtbare Situation. Nur ein Beispiel: «... alles ist wie gesagt in den besten Anfängen, aber noch die besten Anfänge sind nichts ...» Und so weiter. Aber in diesem letzten Brief zerbricht der Stil vor den Augen des Lesers. Die adversativen Fügungen, die infinitesimalisierende Tendenz, die einander bestreitenden Superlative – alles hört sichtbar auf. Der letzte Satz ist keiner mehr. Aber ein einschränkendes «Allerdings» kommt noch vor in ihm. Es folgen dann noch drei Zeilen von Dora Diamant, die auch in anderen Briefen und Postkarten etwas dazuschreibt. Mit ihren innigen, direkten Hinzufügungen macht sie noch deutlicher, daß Kafka auch als Sterbender vollkommen Schriftsteller war. Und eben was für einer. Kaum zu fassen. Eigentlich ist es eine Banalität, daß einer ist, wie er schreibt. Aber wenn sich das so abspielt wie bei Kafka, wenn diese hermetische Artistik ganz genau so als Lebens- und dann auch noch als Sterbensbewegung vorgeführt wird, dann ist es auch ein Wunder. Keines der religiösen Sorte, sondern ein Weltwunder.

Ein Nachwort: Als ich im Februar 1952 in England war, um in Zusammenarbeit mit der BBC für den Süddeutschen Rundfunk ein sogenanntes Hörbild über die Stadt Plymouth zu machen, habe ich durch Empfehlung meines Intendanten Fritz Eberhard, der seine Emigrationszeit in London verbracht hatte, Herrn Reichenbach, den Korrespondenten des Süddeutschen Rundfunks, kennengelernt, der kannte Frau Dora Diamant, wußte, wo sie in London wohnte, und empfahl mich ihr, ich durfte sie besuchen. Es war der dunkelste Spätnachmittag meines Lebens. Im Treppenhaus des alten Mietshauses in Chelsea herrschte eine Art Nacht, gegen die die wirkliche Nacht Tag genannt werden muß. Ich tastete mich am Treppengeländer hinauf. Oben öffnete ein dreizehn- oder sechzehnjähriges Mädchen. Das führte mich zu Dora Diamant.

Ich wußte von ihr nur, daß sie bis zuletzt bei Kafka gewesen war. Wie es dabei zugegangen ist, kann man erst jetzt wissen, seit diese wunderbar genaue Brief-Edition vorliegt. Ich sage das, weil ich wenige Gelegenheiten so vollkommen verpatzt habe wie diesen Nachmittag auf dem Stuhl am Bett der Frau, die die letzten zwei Jahre mit Kafka zusammenlebte. Ich kannte ihren Namen nur aus Max Brods Kafka-Biographie. Dort heißt sie Dora Dymant, ist neunzehn oder zwanzig Jahre alt und wird in einer allerdings unvergeßlichen Szene eingeführt. Kafka, im Sommer 1923 mit seiner Schwester Elli und deren Kindern im Ostseebad Müritz, trifft Dora Dymant, die dort für die Ferienkolonie des Berliner Jüdischen Volksheims arbeitet. Kafka habe Dora Dymant zuerst in der Küche gesehen, wie sie Fische abschuppte. Und habe gesagt: «Solch zarte Hände und solch eine blutige Arbeit.» Und genauso unvergeßlich die Brodsche Mitteilung: Als man vom Sanatorium in Kerling, um ja nichts zu versäumen, einmal zum Lungenpapst Professor Hajek nach Wien fuhr, habe Dora Diamant während der ganzen Fahrt in dem offenen Auto aufrecht vor Kafka stehend ihn mit ihrem Leib gegen Regen und Wind zu schützen versucht.

Am Bett dieser Frau saß ich jetzt, runde dreißig Jahre später. Es gab eine minimale Nachttischlampe, die dem vor Dunkelheit grenzenlos wirkenden Raum ein Lichtinselchen abrang. Dora Diamants Haare, offen. Vielleicht gerade gekämmt von der Tochter. Die mich zu dem Stuhl am Bett brachte und verschwand. Dora Diamant sah krank aus. Aber die eigentliche Katastrophe für mich wurde nicht ihr Zustand, sondern meine Unfähigkeit, diesem Zustand zu entsprechen. Kaum saß ich, griff sie unter eines der vielen Kissen, vor denen sie mehr saß, als daß sie auf ihnen gelegen hätte. Sie holte eine Art Schulheft hervor und fing an vorzulesen. Es waren ihre Aufzeichnungen über Franz Kafka. Aber sie handelten nicht von dem Franz Kafka, mit dem ich mich seit sechs Jahren beschäftigte, der mich immun gemacht hatte gegenüber fast jede andere Lektüre.

Durch die jetzt erschienenen Briefe an die Eltern und durch Dora Diamants Zusätze zu diesen Briefen kann man ahnen, daß sie zu den wenigen gehört, die in Kafka ein Lebensinteresse geweckt haben. Aber ihre Aufzeichnungen, die sie nach Kafkas Tod gemacht hat, handelten nicht von *meinem* Kafka, sondern von ihrem. Das war ein Religionsstifter, den ich nicht kannte und den ich, weil ich literarisch borniert war, nicht kennenlernen wollte. Ich war nicht imstande, die ganz und gar religiös bestimmte Erlebnisart einer aus der ostjüdischen Tradition stammenden Frau als Sprache für ein Kafka-Erlebnis gelten lassen zu können. Sie sprach von Kafka wie von einem Erlöser. Das Licht, in dem uns jemand erscheint, stammt immer aus uns selbst.

Bei mir schloß das einander aus: Religion und Literatur. Lite-

ratur, die noch etwas anderes sein wollte als Literatur, stieß mich
eher ab. Literatur besorgt – dachte ich damals – auf ihre Art alles,
was Politik, Religion, Philosophie auch zu besorgen vorgeben,
aber sie besorgt gar nichts, wenn sie sich in irgendeinen Dienst
begibt. So ähnlich muß ich gedacht haben. So ähnlich denke ich
wahrscheinlich immer noch.

Trotzdem hätte ich doch die wirkliche Herkunft des Religi-
onstons der Dora Diamant hören müssen. Aber nein, ich fühlte mich eher abgestoßen von dem Ton, in dem sie ihren Kafka
religiös verklärte. Ich hätte doch wenigstens neugierig bleiben
müssen. Aber nein, ich war das Gegenteil: borniert. So habe ich
eine einmalige Gelegenheit lächerlich verpatzt. Als ich in dieser
Brief-Edition, die Dora Diamants Mitwirkung so genau bewahrt,
die Sätze dieser Frau las, sah ich, wie nah sie Kafka war, was für
eine Hilfe sie für Kafka hätte sein können. Dadurch ist mir das
Ausmaß meines damaligen Versagens noch einmal ganz bewußt
geworden. Ich ließ Dora Diamant vor ihren Kissen sitzen, fuhr
von Chelsea zurück zum Picadilly Circus und ging ins Theater.
Etwas mit Musik.

Was ich versäumt hatte, merkte ich erst viele Jahre später. Und
jetzt wieder: an Dora Diamants kostbaren Zusätzen zu diesen
Briefen.

Kaschmir in Parching

Szenen aus der Gegenwart
Deutsche Chronik 3
(Auszug)

12
Kandidatenschau

KELTER Sitzen Sie gut, Herr Oberstudienrat. Bitte, ich frage nur, weil Sie so einen zusammengesackten Eindruck machen. Mir ist nicht zum Lachen, meine Damen und Herrn, verehrte Mitbürger, liebe Parchinger. Und das letzte, was ich will, ist, den Herrn Oberstudienrat lächerlich machen. Jemanden, der ein Industrie-Unternehmen daran hindern will, einer Stadt jährlich siebzig neue Arbeitsplätze zu garantieren, soll man, darf man nicht lächerlich machen, denn er meint es gut. Aber man muß ihm in den Arm fallen. Schuster, bleib bei deinen Leisten, muß man ihm zurufen. Schule, prima! Geschichte, sehr gut! Ich bin sicher, Sie werden mit Ihrer AG Geschichte im Schülerwettbewerb Deutsche Geschichte um den Preis des Bundespräsidenten zum Thema Alltag im Nationalsozialismus den 1. Preis gewinnen, in der Villa Hammerschmidt werden Sie ihn entgegennehmen, den Preis nach Parching holen! Jeder in Parching weiß jetzt, was jeder damals, was die Vorfahren eines jeden damals getan haben. Nur von Ihnen beziehungsweise von Ihren Vorfahren weiß man nach wie vor nichts. Weil Sie keine Parchinger sind.

HÜLSENBECK Mein Großvater war Kreisoberschulrat und als solcher Kreisschulungsredner in Marktbreitenbach. Daraus habe ich nie und nirgends einen Hehl gemacht. Ich lese jeder

Oberklasse die Rede meines Großvaters vor über die wehrgeistige Erziehungsaufgabe der Volksschule. Richard von Weizsäcker: Das Geheimnis der Lösung liegt in der Erinnerung. Daran habe ich mich gehalten. Immer und überall. Ich bin Historiker. Verdrängen ist nicht mein Geschäft. «Die deutsche Jugend ist geistig, seelisch und körperlich zur Wehrschaftbereitschaft und Wehrhaftigkeit zu erziehen, und es darf daher in Zukunft kein Kind die Volksschule verlassen, das nicht in diesem Sinne erzogen ist.» So mein Großvater.

KELTER Wenn ich an Marktbreitenbach denke, denke ich an das Auferstehungsbild von Maulbertsch auf dem Hochaltar. Ich fahre nie an Marktbreitenbach vorbei, ohne auszusteigen, jedesmal pilgere ich zu diesem Altar, zu diesem Bild. Auferstehung, das ist mein Motiv. Wie die Schwärze zurückbleibt, das Gewusel des Gewesenen, und es gilt nur noch das Licht des Augenblicks, das in die bessere Zukunft scheint, die wir alle wollen. Und da war Ihr Großvater Kreisschulungsredner. Tut mir leid, Herr Oberstudienrat. Tut mir wirklich leid. Da ich keinen Kreisschulungsredner unter meinen Vorfahren habe, ist mir das Nazi-Jagdfieber, das Sie in Parching entfacht haben, eher unverständlich geblieben. Warum macht er das, habe ich gedacht. Jetzt begreife ich es. Kreisschulungsredner, ein Großvater. In Marktbreitenbach. Deshalb muß der NS-Alltag in Parching bis aufs Tüpfelchen rekonstruiert werden. Die Verstrickung Ihrer Vorfahren ins Naziwesen hört nicht auf, Ihnen weh zu tun. Aber müssen Sie, nur weil Sie darunter leiden, uns alle hineinziehen? Sie wollen das Bekennen, Gestehen, Büßen zu unserem Hauptlebensinhalt machen. Soll ich aus meinem redlichen Großvater Ihnen zuliebe einen Nazi machen, nur daß Sie Gesellschaft haben? Wir alle sind ja Zeugen geworden, wie Sie mit Ihren Schülern die Archive durchstöberten, wie Sie Ihre Schüler scharf gemacht haben, die

Fotoalben der Familien zu durchsuchen, die Kartons voller alter Briefe, die Wäschekörbe auf den Dachböden. Alles zur Rekonstruktion des NS-Alltags in Parching. In Wirklichkeit ist es inzwischen eine Brandmarkungsaktion geworden. Im Altersheim haben Ihre Schüler inzwischen Hausverbot. Eine einstimmig angenommene Resolution der Altersheimbewohner, daß sie keinen Ihrer Schüler mehr dort sehen wollen. So peinlich ist unseren alten Mitbürgern der Eifer der von Ihnen aufgehetzten Schüler. Verglichen mit der Jagdstimmung, die Sie in den Schülern entfachten, sei die geschriebenem Gesetz folgende Entnazifizierung in den fünfziger Jahren ein harmloses Gesellschaftsspiel gewesen, sagen die Leute.

HÜLSENBECK Mehr war's auch nicht.

KELTER Eugen Kogon, selber gerade aus dem KZ gekommen, damals über die Nationalsozialisten: Man kann sie nur töten oder gewinnen. Man hat sie gewonnen. Und jetzt, Sie und Ihresgleichen, Sie wollen sich gut vorkommen, dazu brauchen Sie Sünder. Ihr neuester Einfall, den 9. November 1938 nachspielen. In der ganzen Stadt!

HÜLSENBECK Daß Ihnen das unangenehm ist, verstehe ich, aber …

KELTER Mir unangenehm, nein, nein, nein … Ich sage Ihnen, wir … nein, ehrlich, ich habe es satt, jeden Morgen mit neuen Nazifotos konfrontiert zu werden. Wir wollen noch ein paar Jahre in unserer eigenen Gegenwart leben. Dieses unmäßige Interesse für die bösen zwölf Jahre… das ist nicht Bewältigung der Vergangenheit, das ist Vergewaltigung der Gegenwart. Freiheitsberaubung ist das! Schuldgefühl auf Ihr Kommando! Sie befehlen mir, wie schuldig ich mich fühlen soll! Andauernd soll ich mich zu Nazigreueln verhalten! Das will ich nicht. Weg damit. Fort damit. In die Schule damit. In die Geschichte damit. Verstehen Sie! Ich bin ein fröhlicher Mensch.

Und wenn ich nicht fröhlich sein darf, bin ich erledigt. Schluß.
Ich will nicht erledigt sein.

HÜLSENBECK Ich verstehe Sie sehr gut, Herr Kelter. Sie wollen
nicht leiden. Sie wollen fein heraus sein. Dann hätten Sie sich
aber eine andere Herkunft aussuchen müssen. Ein anderes
Volk. Als Deutscher müssen Sie sich zu dem verhalten, was Sie
Nazizeug nennen. Einfach, damit die Welt weiß, das passiert
nicht noch einmal.

KELTER Noch einmal, lächerlich, mit dieser Drohung erpressen
Sie uns, nie, nie nie wieder passiert das, das wissen Sie ganz
genau! Ach, ich spüre direkt, wie ich moralisch abfalle, nicht
mehr in Frage komme, weil ich aus nichts als Trotz alle verteidigen möchte, die Sie bezichtigen. Ich erschrecke selbst, wenn
ich mich sagen höre, ganz Deutschland möchte ich verteidigen gegen Ihren blanken Eifer, gegen Ihren selbstgefälligen
denunziatorischen Sadismus, gegen Ihre moralische Eitelkeit,
gegen Ihre abstrakte Wut, gegen Ihre künstliche, unmensch-
liche Anständigkeit, die in Wirklichkeit nichts ist als eine
Armut der Seele. Ihrer Seele, Herr Hülsenbeck. Sie sind arm
dran. Das sollen wir büßen. Ja, ich fühle mich von Ihnen angegriffen. Wahrscheinlich werden Sie mich erst angreifen, wenn
ich mich verteidigt habe, ohne angegriffen gewesen zu sein.
Ich habe das deutsche Thema meiden wollen. Es genügt ja,
daß Sie es für eine Aufgabe der Stadtverwaltung halten, einen
Investor abzuschrecken, der jährlich siebzig neue Arbeitsplätze verspricht. Sie wollen Fröschen und Mücken einen Gefallen tun. Ich gebe zu, ich möchte den Menschen gefallen. Und
am liebsten allen Parchingern. So jetzt ziehen Sie das moralische Messer, bitte.

HÜLSENBECK Sehr geehrter Herr Kelter, ich bedaure, daß Sie
sich erregen. Zu meinen Motiven. Ich liebe meinen Beruf. Ich
bin Geschichtslehrer aus Neigung. Ich fühle mich angewiesen

auf Geschichte. Mich erleuchtet kein heiliger Geist, mir sagt keine Religion, was ich für gut und was ich für böse halten soll. Alles, was mich hält, leitet, kommt aus der Geschichte. Was politisch nötig ist, was ethisch richtig ist, das können wir nur aus der Geschichte wissen. Aus den Irrtümern und Fehlern unserer Vorgänger. Ich würde viel lieber Geschichtslehrer bleiben als Bürgermeister werden. Fragen Sie meine Parteigenossen, wie lange ich mich gegen diese Kandidatur gesträubt habe. Aber als ich hörte, daß Sie kandidieren werden, habe ich mich nicht mehr so sehr gesträubt. Nicht daß ich irgend etwas gegen Sie hätte. Ich kenne Sie ja kaum. Sie sind ein erfolgreicher Steuerberater. Büro am Marktplatz und so weiter. Sie sind mitten drin. In allem. Also einigermaßen befangen. Wir leben in einer Steuerberaterdemokratie. Diese Republik ist eine Steuerberaterrepublik. Die Steuergesetze sind so deutsch, das heißt, so perfekt, daß sie den Anschein von Gerechtigkeit verbreiten. Aber Gerechtigkeit nur für die, die sich einen Steuerberater leisten können. Vor diesem Gesetz sind wir so ungleich wie die Steuerberater, die wir uns leisten können. Und nur weil Sie Steuerberater sind, kandidiere ich gegen Sie. Aber bevor ich wirklich Ja sagte zur Kandidatur, habe ich Ihre erste Wahlversammlung besucht. Erst danach spürte ich eine Art historischer Notwendigkeit, gegen Sie zu kandidieren. Sie sind als Person wahrscheinlich nicht haftbar zu machen für das, was Sie sind. Was Sie sind – das soll, meine ich, nicht mehr Bürgermeister werden in irgendeiner Stadt in Deutschland. Da Sie und Ihre Parteifreunde es selber offenbar nicht einschätzen können, muß es Ihnen jemand sagen. Das ist meine Funktion. Hätten Sie sich in Ihrer ersten Rede von Ihrem Großvater distanziert …

KELTER Von meinem Großvater?!

HÜLSENBECK … von dem, was er in der Kristallnacht 1938 hier

getan hat, hätten Sie sich davon distanziert, ein einziges Wort des Bedauerns hätte genügt, dann hätte ich nicht gegen Sie kandidiert. Dieses Wort hat gefehlt, deshalb mußte ich mich aufstellen lassen.

KELTER Was reden Sie?! Was fällt Ihnen ein?! Mein Großvater war neunzehn Jahre lang Bürgermeister von Parching. Und zwar nach 1945.

HÜLSENBECK Und das, obwohl er am 8. November 1938 mit anderen NS-Rabauken den einundsiebzigjährigen Rabbiner Isaak Ziemlich um den Marktplatzbrunnen gejagt hat, ihn dann erwischt und festgehalten hat und dann … Herr Kelter, hat er ihm den Bart angezündet. Herr Ziemlich wurde mit schweren Verbrennungen ins Krankenhaus eingeliefert und ließ sich drei Wochen später nach Innsbruck und von dort nach Zürich bringen. Er blieb für den Rest seines Lebens grauenhaft entstellt.

KELTER Ich weigere mich, das geht zu weit, dort, sehen Sie, Luigi, helft ihm doch, er fällt, führt ihn hinaus, das hält er doch gar nicht aus, so … so … unverschämt … eine solche Hinterhältigkeit …

HÜLSENBECK Es würde genügen, wenn Sie zeigen könnten, daß Sie begreifen, was von Ihnen erwartet werden kann. Erwartet werden muß. Wenn schon Ihr Großvater unfähig war, einzusehen, was er getan hat, dann könnten doch Sie das Wort des Bedauerns finden, ohne das diese Geschichte nicht zur Ruhe kommt.

KELTER Das würde Ihnen so passen. Ich soll meinen Großvater verurteilen auf Grund windiger Beschuldigungen, niemals. Das einzige, was ich jetzt weiß: mit Ihnen hätte ich nie diskutieren dürfen. Sie sind nichts als ein hergelaufener intriganter Moralist, vor dem man sich in acht nehmen muß. Aber weil man, wenn man mit Ihnen zu tun hat, mit gar allem rechnen muß, habe ich mit gar allem gerechnet. Frau Levavitsch! Martha Levavitsch, aus dem Sankt-Anna-Spital.

MARTHA Hier.

KELTER Gut, daß Sie da sind. Ich danke Ihnen dafür, daß Sie gekommen sind. Es wäre mir lieber, wenn ich Ihre Hilfe nicht gebraucht hätte. Würden Sie, bitte, kurz wiederholen, was Sie über Ihr Leben in Parching, falls es nötig wäre, aussagen könnten.

MARTHA Bitte, gern. Ich bin ja Parchingerin. Von 1914 an beim Notar Greiner, nach dem Krieg beim Justizrath Stock, heirate den früheren Kriegsgefangenen Albert Josef Levavitsch am 19. Oktober 1920, der geistliche Rat Schwarz tauft ihn noch vorher, am 3. Oktober, war ja mosaisch, kommt aus Grodno, Litauen, dient von 11 an im 13. Regiment in Sibirien, im Dezember 14 gefangen bei Warschau, dann hier in Murnau. Hat Schuhmacher gelernt. Oktober 39, Maßnahmen gegen Juden hier. Löschung des Schuhmachers Albert Josef Levavitsch in der Handwerkerrolle. Löschung in der Tabelle der Gewerbeanzeigen. Unter Benachrichtigung der Handwerkskammer und des Gewerbeaufsichtsamtes. Die Selbständigkeit wird uns genommen. Vermögen keines erworben. Sparsam gelebt, Rechnungen beglichen, so gut es nur möglich war. Zeugnisse anderer, auch amtlicher Personen: Mein Mann ein außerordentlich ruhiger, zurückgezogener und anständiger Mensch. Sein Benehmen von dem eines Juden grundverschieden. Was von den Juden festgestellt wird, trifft auf Albert nicht zu. Solange er mein Mann ist, hat er sich nur um das Wohl seiner Familie gekümmert. Ihn zu einem Nichtarier zu stempeln, geht nicht an. Ich schreibe an die Gemahlin des Ministerpräsidenten Göring. Ich bin arisch und Parchingerin und falle jetzt der Stadt zur Last. Wende mich an die russische Botschaft, erwarte von dort Hilfe, damit wir Ruhe bekommen und die

Schikanen uns gegenüber aufhören. Außer der Familie Kelter hilft uns kein Mensch und kein Staat. Ich kann arbeiten. Die alte Frau Kelter speziell erkennt das an. Mein Mann bleibt im Zimmer. So bring ich uns durch bis 45. Dann stirbt er. Die Nieren. Mir geht es besser.

KELTER Vielen Dank, Frau Levavitsch. Ich danke Ihnen für heute.

HÜLSENBECK Frau Levavitsch. Wer hat dem Rabbi den Bart angezündet?

MARTHA Der junge Kelter.

KELTER Ich breche die Diskussion ab. Das war eine Falle. Alles geplant. Meinen Großvater zum Unmenschen machen! Das wird Ihnen nicht gelingen.

HÜLSENBECK Ich bedaure sehr, daß Sie so reagieren. Ich wollte Ihnen helfen, ein anderes Verhältnis …

KELTER Sie mir helfen, das wird ja immer besser.

HÜLSENBECK … daß Sie in ein anderes Verhältnis zur Vergangenheit, auch zu Ihrem Großvater kämen.

KELTER Schluß. Aus. Niemals. Mein Verhältnis zu meinem Großvater ist bestens, merken Sie sich das. Allerbestens. Guten Abend.

GROSSVATER *aus dem Zuschauerraum:* Bleib, Karlheinz, ich bin noch einmal gekommen. Deinetwegen. Nur deinetwegen. Angezündet hat den Rabbi der Felbermayer Franz. Der Josef Greising und ich haben ihn gehalten. Ich habe nachher in drei Jahren Rußland so etwas Furchtbares nicht mehr erlebt. Ein Gesicht, das brennt. Der Rabbi hat die Augen nicht geschlossen, als sein Bart gebrannt hat. Ich habe ihn sofort losgelassen. Ich bin davongerannt. Ich hätte es dir früher sagen sollen. Ich habe es dir nicht sagen können. Einfach nicht sagen können. Ich hoffe, es sei noch nicht zu spät. Verteidige mich nicht, Karlheinz. *Er geht.*

KELTER Und ich verteidige ihn. Ihnen gegenüber immer. Parchinger, das entscheidet ihr. Wenn ich mich von meinem Großvater distanzieren muß, um hier Bürgermeister zu werden, will ich nicht Bürgermeister werden.

HÜLSENBECK Vielleicht ist es unklug, das zu gestehen, aber Sie tun mir leid, Herr Kelter.

KELTER Jetzt könnte ich sagen: darauf kann ich verzichten. Das sage ich aber nicht. *Er geht.*

«Wir werden Goethe retten»

Über den deutschen Traum des jüdischen Schriftstellers Victor Klemperer

Im Sommer 1935 wird Victor Klemperer verboten, weiterhin als Romanist zu lehren. Ende 1937 wird ihm verboten, sich in den Lesesaal der Universitätsbibliothek zu setzen. Ende 1938: Er darf die Bibliothek überhaupt nicht mehr betreten – die «absolute Mattsetzung». Jetzt bildet sich die Idee und wird rasch ein Plan: Da er ohne Bibliothek nicht wissenschaftlich arbeiten kann, will er mit dem arbeiten, was er im Haus hat – das sind seine Tagebücher von 1897 bis 1938.

Das Buchprojekt «Curriculum Vitae» taucht von nun an in den Tagebüchern immer häufiger auf. 1942 kann er sein Unternehmen nicht fortführen, weil er die Tagebücher, die er dazu braucht, in Sicherheit bringen muß. Die Gestapo-Überfälle häufen sich.

Daß er nicht längst «evakuiert», das heißt deportiert ist, hat er seinem Mischehen-Status zu verdanken und, eine Zeit lang, auch dem Umstand, daß er als Freiwilliger des Ersten Weltkriegs gedient hat und mit dem Bayerischen Verdienstkreuz ausgezeichnet worden ist.

Von 1942 an befindet sich alles Notierte bei der Freundin Dr. Annemarie Köhler in Pirna, und alles, was er jetzt noch notiert, wird von seiner Frau Eva dorthin geschafft. Würde man sein Geschriebenes bei ihr finden, dann würden alle drei, die

Freundin, die Frau und er, getötet werden. Jedesmal fragt er sich: Wofür exponiere ich Eva? Einmal nennt er, was ihn weiterschreiben läßt, «Berufsmut».

Victor Klemperer hat den vom Gestapo-Terror in Dresden gequälten Juden Denkmäler erschrieben, einzigartige Denkmäler. Als Frau Hirschel und ihr Mann deportiert werden – und das heißt: bald darauf ermordet –, notiert er: «Ich habe ihr sagen lassen – denn ich weiß, was ihr wohltut –, ich sei ihr für viele Anregungen Dank schuldig, und wenn ich noch einmal zum Publizieren käme, würde ihr Name in meinem Opus eine Rolle spielen.» Frau Hirschel hat ihm Bücher geliehen, hat ausgiebig mit ihm über Deutsche und Juden diskutiert, hat ihm gesagt, sie und ihr Mann, der Vorstand der «Israelitischen Religionsgemeinde» in Dresden, seien liberal jüdisch und fanatisch deutsch.

Victor Klemperer klärt Frau Hirschel auf, daß «fanatisch deutsch» eine «contradictio in adjecto» sei, entweder ist etwas deutsch oder es ist fanatisch; «fanatisch» sei ein Lieblingswort Hitlers. Frau Hirschel verspricht, «fanatisch» durch «leidenschaftlich» zu ersetzen. Also «liberal jüdisch» und «leidenschaftlich deutsch». Einmal sagt sie, die frühere Assistentin des Literaturwissenschaftlers Oskar Walzel: «*Wir* werden Goethe retten!» Klemperer kommentiert: «Betont nichtzionistisch, betont ästhetisch, goethedeutsch».

In der Bemerkung, daß er wisse, was Frau Hirschel in dieser grauenhaften Situation wohltue, hat er, glaube ich, auch sein eigenes Motiv berührt. Die eher irrsinnige Hoffnung, durch Schreiben könne einem Verlauf, der vor bloßer Brutalität keine Sinnfrage mehr zuläßt, doch noch etwas entgegengesetzt werden: Das Verbrechen, das sich hier triumphierend aufführt wie für immer, wird beim Namen genannt. Und das, vielleicht, auch für immer.

Daß der Frau, die gleich umgebracht werden wird, die Aussicht, in Klemperers Geschriebenem bewahrt zu werden, überhaupt etwas bedeuten konnte, das wußte Klemperer auch von sich selbst. Es ist ein durch keine ihm angetane Gemeinheit zerstörbares Kulturvertrauen. Ein Verbrechen kann nicht die Geschichte beenden, die doch so lange unterwegs war, damit ein Verbrechen als solches erscheinen muß. Wenn es Zeugen gibt. Und so ein Zeuge wollte Victor Klemperer sein. Und er notiert, hält fest, was er «diese märchenhafte Gräßlichkeit unserer Existenz» nennt.

Angefangen hat sein Schreiben ganz harmlos. Als er Lehrling war, abends ins Theater ging und sich nachher fragte, was dieser Theaterbesuch für ihn bedeutet habe. Er war nach sechs Klassen Gymnasium in Berlin Kaufmannslehrling geworden. Die tüchtigeren Brüder Georg, Felix und Berthold, zwei berühmte Ärzte, ein erfolgreicher Anwalt, redeten ihm ein, daß der Vater nur erfolgreiche Söhne ertrage. Also zurück auf die Schule, und zwar nach Landsberg an der Warthe, wo der Vater früher Rabbiner gewesen war.

Dort wurde Victor Primus, spürte den Hang zur Literatur, betrieb ein florierendes Tagebuch. Dann schreibt der Student, der Dozent, der Soldat und der Professor Tagebuch: in Berlin, München, Genf, Paris, Neapel, Flandern, Leipzig, Litauen und Dresden.

Im Gymnasium in Landsberg an der Warthe war Klemperer also Primus, und als solcher sollte er, dem Brauch nach, bei den Kneipen präsidieren. Aber an Festtagen kamen Verbindungsstudenten und Reserveoffiziere zu den Kneipen; ein Jude konnte weder Verbindungsstudent noch Reserveoffizier werden; was würden diese Gäste sagen, wenn ein Jude die obligate patriotische Rede am Sedanstag, die obligate Weihnachtsansprache hielt? Aber wenn er Amt und Ehre ablehnte, hieß das: als Jude aus Opposition einen deutschen Brauch ablehnen. Und da er seinem

«Wollen und Denken nach auf die reindeutsche Seite» gehörte, nahm er das Amt an.

In der Mitgliederliste des Bücherlesezirkels wurde Vater Klemperer unter Beamten, Offizieren, Ärzten, Anwälten und Geistlichen geführt als «Prediger Dr. Klemperer». So stand er neben dem «Prediger Schroeter».

Daß Schroeter Pastor war, Klemperer Rabbiner, sei, so erzählt der Sohn, weder von den Christen als eine Verheimlichung noch von den Juden als Verrat gewertet worden, es war einfach, so der Sohn, «der Ausdruck seines Willens zum Deutschtum».

Als Victor Klemperer 1903 zum Militär will, setzt Bruder Berthold unter fast abenteuerlichen Umständen schnell noch Victors Sofort-Taufe durch. Einfach damit Victor, falls er Soldat wird, auch Reserveoffizier werden kann.

Aber als Klemperer drei Jahre später die ostpreußische und christliche Bürgertochter Eva heiratet, gibt er als Konfession «mosaisch» an. Bertholds Taufmanipulation hat nicht gehalten.

Als Victor Klemperer sich nach einem aufgegebenen Studium und nach sieben Berliner Literatenjahren im Jahr 1912 erneut immatrikuliert – wieder gedrängt von den erfolgreichen Brüdern, die im Familienwappen noch einen Professor brauchen –, greift er auf den Taufschein von 1903 zurück, widerruft den Trauschein von 1906, ist wieder protestantisch und bezeichnet das später als seine «konfessionelle Bigamie».

1906, bei der Trauung, habe er seine Taufe rückgängig gemacht, weil er sich «im schroffen Gegensatz zum Strebertum» seiner Brüder gefühlt habe. «Aber ich wußte jetzt», also 1912, «genauer und schwankungsloser als damals, daß ich ein Zentrales dieses Strebertums ganz und gar mit ihnen teilte: den Willen zum Deutschsein. Und ich hatte seit den Wiener und Prager Erfahrungen nicht mehr die feste Überzeugung, daß sich Judentum und Deutschtum unter allen Umständen miteinander vertragen könnten. Kam aber eine Wahl im geringsten in Betracht, so bedeutete mir das Deutschtum alles und das Judentum gar nichts.»

Klemperer zitiert im «Curriculum» die Tagebücher seiner Wanderjahre oft genug mit dem Satz: «Das ist bei uns unmöglich!» Sehr viel deutscher kann man nicht sein. Und sehr viel preußischer auch nicht. Sobald er in München studiert, reagiert er auf hofbräuhaft Bayerisches so stereotyp preußisch, daß es, bei einem so gescheiten Mann, schon fast komisch wirkt. Aber in diesem antibayerischen Affekt erlebt er sich eben als Preußen, also als Deutschen.

Heinrich Heine 1828 in einem Brief: «Ich bin in Bayern Preuße geworden.» Das hält Klemperer immer wieder fest, daß es zwischen Juden und Deutschen nichts derart Trennendes gebe wie zwischen Nord- und Süddeutschen, Protestanten und Katholiken, Arbeitgebern und Arbeitnehmern.

Als er mit den Eltern in Marienbad war, sah er zum erstenmal galizische Juden: «Hätte mir jemand gesagt, ich gehörte mehr zu ihnen als zu meinen deutschen Mitbürgern, ich hätte ihn für wahnsinnig gehalten, und noch heute halte ich jeden für wahnsinnig, der so etwas behauptet.» Und mit diesem Heute sind gemeint die Jahre, in denen er das «Curriculum» schrieb, 1938 bis 1942.

In Gershom Scholems Erinnerungsbuch «Von Berlin nach Jerusalem» erfährt man, daß das Erscheinen der osteuropäischen Juden auch ganz anders erlebt werden konnte. Der 16 Jahre jüngere Scholem, der in Berlin noch Gerhard hieß, aber ungetauft war, hatte Martin Bubers «Legende des Baalschem» gelesen, die Schrift über den sagenhaften Erwecker des Chassidismus. Scholem erinnert sich so: «In jedem Juden aus Rußland, Polen, Galizien, der uns begegnete, sahen wir etwas wie eine Inkarnation des Baalschem und jedenfalls des unverstellten und uns faszinierenden jüdischen Wesens.»

1918 wird Klemperer in Wilna – wo er als Zensor für die deutsche Militärverwaltung arbeitet – in eine Talmudschule geführt: «Sie stieß mich wie mit Fäusten zurück.» Er schreibt: «Ich gehörte nach Europa, nach Deutschland, ich war nichts als Deutscher, und ich dankte meinem Schöpfer, Deutscher zu sein.»

1933 erlebt der Liebhaber und Kenner der Geschichte dann wirklich die Zeit als einen Rückfall ins Mittelalter. Judenverfolgung, Hexenverbrennung – wann war das zum letztenmal in Mitteleuropa? Und er lernt etwas dazu über Deutschland. «Alles was ich für undeutsch gehalten habe, Brutalität, Ungerechtigkeit, Heuchelei, Massensuggestion bis zur Besoffenheit, alles floriert hier.» Als einer der Schicksalsgenossen ihn im Jahr 1935 daran erinnert, wie assimiliert Klemperer doch war, antwortet Klemperer: War?! «Ich bin für immer Deutscher ...» Der andere: Das würden die Nazis nicht zugeben. Klemperer: «Die Nazis sind undeutsch.»

Im April 1941 notiert er: «Früher hätte ich gesagt: Ich urteile nicht als Jude ... Jetzt: Doch, ich urteile als Jude ...» Hitler habe ihm die jüdische Sache ins Zentrum gerückt.

Dann kommt der schlimmste Tag für ihn, den er auch nach Kriegsende als den «schwersten Tag der Juden in den zwölf Höllenjahren» bezeichnet: der 19. September 1941. «Von da an war der Judenstern zu tragen.» Er notiert in den nächsten Jahren, wie er als Sternträger nicht nur Kränkung erlebt, sondern fast genausooft Sympathiebezeugung; aber den Stern tragen zu müssen war doch nichts als «Tortur».

Im Mai 1942 notiert er: «Den schwersten Kampf um mein Deutschtum kämpfe ich jetzt. Ich muß daran festhalten: Ich bin deutsch, die andern sind undeutsch; ich muß daran festhalten: Der Geist entscheidet, nicht das Blut. Ich muß daran festhalten: Komödie wäre von meiner Seite der Zionismus – die Taufe ist *nicht* Komödie gewesen.»

196

Auch wenn Victor Klemperer hier mitten in Not und Grauen seine Taufe verklärt, eine Taufe war und ist doch schon an und für sich geistige Handlung, mit ihr soll der Bindungsanspruch des Blutes überwunden werden; das ist, unabhängig von jedem religiösen Inhalt, ein Akt der Emanzipation.

Während Klemperer jede antisemitische Gemeinheit als Rückfall ins Mittelalter qualifiziert, während der Verehrer Montesquieus und Voltaires fest darauf vertraut, daß der doch ganz und gar reaktionär daherkommende Antisemitismus durch Aufklärung längst überwunden sei, also keine historische Chance mehr habe, sagt Scholem: «Der allgemeinen Erfahrung des wachsenden Antisemitismus konnte sich nur ein imaginäres Wunschdenken verschließen.» Das ist Auskunft *nach* Auschwitz.

Ich möchte mich dieser Auskunft auch *nach* Auschwitz lieber nicht anschließen. Daß die Ungeheuerlichkeit der Entwicklung dazu führt, bei allem, was vorher war, nur noch daran zu denken, daß nachher Auschwitz stattfand, ist zwar verständlich, trotzdem wehre ich mich gegen diese Sicht. Golo Mann hat den Ersten Weltkrieg die «Mutterkatastrophe» genannt. Ohne 1918 hätte 1933 nicht stattgefunden.

Wer alles als einen Weg sieht, der nur in Auschwitz enden konnte, der macht aus dem deutsch-jüdischen Verhältnis eine Schicksalskatastrophe unter gar allen Umständen. Das kommt mir absurd vor. Abgesehen davon, daß es dann kein deutsch-jüdisches Gedeihen in Gegenwart und Zukunft gäbe. Dem widerspricht aber schon die Einwanderungsstatistik. Deutschland ist, auch wenn das die Verklärer des häßlichen Deutschen nicht wahrhaben wollen, ein Einwanderungsland, auch für Juden.

Klemperer hat die Katastrophe des Assimilierten bis zur unsäglichsten Bitterkeit durchlitten. «Die Umkehr der Assimilierten-Generation –» notiert er im Mai 1942, «Umkehr wohin? Man kann nicht zurück, man kann nicht nach Zion. Vielleicht ist es überhaupt nicht an uns *zu gehen, sondern zu warten*: Ich bin deutsch und warte, daß die Deutschen zurückkommen; sie sind irgendwo untergetaucht.»

Dann fragt ihn im Mai 1944 eine Frau, die keine Jüdin ist, mit der er in einer Papierfabrik zusammenarbeitet: «Haben Sie eine deutsche Frau?» Klemperer: «Mich erschüttert das mehr als das Fremdwort *arisch*. Es zeigt, wie sehr die *totale Abschnürung* der Juden im Volksbewußtsein geglückt ist.» Das ist für ihn die am weitesten gehende Vertreibung, die aus dem lebenslänglich angestrebten Deutschtum.

In dem jetzt in einer Sonderausgabe der *Dresdner Hefte* gedruckten Tagebuch der zweiten Hälfte des Jahres 1945 steht: «Ich möchte an den linkesten Flügel der KPD ... Und andererseits: Freiheit, die ich meine.»[1] In der abstrusen Verwaltungsrealität des Jahres 1945 mußte, wer im russisch besetzten Gebiet als «Opfer des Faschismus» anerkannt werden wollte – und diese Anerkennung war für die ausgezehrten, verfolgungserschöpften Klemperers eine Bedingung des Überlebens –, der mußte in eine Partei eintreten.

Da die KPD die Partei war, die das, was Klemperer «ausmisten» nannte, am glaubwürdigsten betrieb, kam für ihn nur die KPD in Frage. Er habe Angst, es könne wieder, wie nach dem ersten Krieg, die «geistige Reaction» um sich greifen. Im Tagebuch steht, es sei ihm in «egoistischer wie ideeller Beziehung gleich fraglich», ob er sich richtig entschieden habe.

Das ist das schlechterdings Fabelhafte der Prosa-Existenz Victor Klemperers: seine unter gar allen Umständen gleichbleibende Genauigkeit, die sich oft genug auswächst zu einer Uner-

---

1 Victor Klemperer: «Zwiespältiger denn je. Dresdner Tagebuch 1945, Juni bis Dezember». Dresdner Geschichtsverein, Dresden; 144 Seiten; 10 Mark.

bittlichkeit gegen ihn selber. Ehrlich sein möchte vielleicht jeder. Jeder, der schreibt.

Ehrlich sein ist eine Tugend. Genau sein ist eine Fähigkeit.

Der Grad der so erreichten Ausdrucksfähigkeit bestimmt den Grad der Glaubwürdigkeit, der Vertrauenswürdigkeit. Womit endlich der wirkliche Wert aller Schriften Victor Klemperers beim wirklichen Namen genannt ist. Vertrauenswürdigkeit von Geschriebenem oder seine Brauchbarkeit oder Willkommenheit kann ja, so hart das klingen mag, nie in seinem Inhalt begründet sein, sondern ist ganz allein in der Art der Mitteilung begründet. Das Erlebte ist uns nur so wichtig und so nahe, wie uns der Erlebende ist. Und das ist er uns nur durch seine Erlebnis- beziehungsweise Mitteilungsart.

Klemperers Art, sein Erlebnis mitzuteilen, ist von Anfang an von Fragezeichen begleitet. Einmal zitiert der Romanist auch einen Franzosen, der erklärt hatte, das Fragezeichen sei das wichtigste Satzzeichen. Kann jemand, der Montesquieu, Voltaire und Corneille dargestellt hat, auch sich selber darstellen? Wird sein Stil nicht nur ein Widerschein dessen sein, was er sich als Philologe angelesen hat? Alles muß einen jede bloße Empfindung versehrenden Zaun von Fragezeichen passieren.

Jedesmal wenn Eva Klemperer krank wird – ob 1910 oder 1940 –, wirft er sich vor, daß er zu wenig teilnehme: «Schlimmer als meine Unfähigkeit zu helfen empfand ich meine Stumpfheit und Leere … Und noch widerwärtiger als diese Apathie empfand ich, daß mir gegen meinen Willen ständig Dinge durch den Kopf gingen, an die jetzt zu denken mir niedrig und herzlos schien.» Und er erspart sich nicht die Frage: «Wie hoch würden die Doktorkosten werden?»

Man möchte am liebsten Humanismus und Realismus erst mit der Fähigkeit, so zu fragen, beginnen lassen. Erst wenn diese Fragefähigkeit entwickelt ist, erst durch solchen Zweifelzwang hört die Hörigkeit dem jeweils routinemäßig Gebotenen und Anerkannten gegenüber auf.

Diese ununterdrückbaren Zweifel an der eigenen Empfindungsart und -fähigkeit können es mit jedem nichts als warm oder ungebrochen strömenden Mitgefühl aufnehmen, was Menschlichkeit angeht. Ein Beobachter, der nicht auch ein Beobachter seiner selbst ist, kann gar nicht recht glaubwürdig werden.

Vier Epochen deutscher Geschichte hat der Schriftsteller Victor Klemperer so erfahren und so ausgedrückt. Kaiserreich, Weimarer Republik, Drittes Reich, DDR. Kaiserreich und Drittes Reich liegen jetzt in Buchform vor[1]. Die Jahre 1919 bis 1933 fehlen noch.

Wie Klemperer die Sowjetische Besatzungszone erfuhr, konnten wir dank der *Dresdner Hefte* (und dank einiger Nuancen in dem Buch «LTI» von 1947) erleben. Im Oktober 1945 sieht er auf dem Albertplatz in Dresden das Bild des Marschalls Stalin und notiert: «Es könnte auch Hermann Göring sein.» Und im November 1945: «Schauderhaft die Identität der LTI und LQI (Lingua Quartii Imperii, also die Sprache des Vierten Reichs), des sowjetischen und des nazistischen … Liedes! Das drängt sich von Morgen bis Mitternacht überall auf und durch! In jedem Wort, jedem Satz, jedem Gedanken … Unverhülltester Imperialismus der Russen!»

Und doch hat Klemperer die DDR nicht verlassen. So wenig Emigration wie zwischen 1933 und 1945. Wer heute sein «LTI» von 1947 liest, kann sich wundern über ein paar Stellen, in denen

---

1 Die Jahre 1881 bis 1918 sind in Klemperers Autobiographie «Curriculum Vitae» eingegangen; jetzt erschienen: Victor Klemperer: «Ich will Zeugnis ablegen bis zum letzten. Tagebücher 1933–1945». Aufbau Verlag, Berlin; 2 Bände, zusammen 1696 Seiten; 98 Mark.

den Russen und der Sowjetidee geopfert wurde. Hier wirkte die Angst nach, Weimar könne sich wiederholen.

Bei Klemperer kann man lernen, mit dem eigenen Gewissen umzugehen, statt auf das der anderen aufzupassen. Wer diese Schule der Genauigkeit durchläuft, wird Mitleid haben mit denen, die es sich zur Lebensaufgabe machen, den Opfern des NS-Terrors ein sichtbares Denkmal zu setzen. Kann es einen heftigeren Kontrast geben als den zwischen dem Glauben, daß dem Ausmaß des Grauens durch gigantische Dimensionen entsprochen werden müsse, und der unwiderstehlichen Genauigkeit dieser in der Sprache aufgehobenen Grauensmomente?

Ich kenne keine Mitteilungsart, die uns die Wirklichkeit der NS-Diktatur faßbarer machen kann, als es die Prosa Klemperers tut. Nirgends sonst habe ich den Verbrecherstatus der damaligen Machthaber und Funktionäre so erleben und erkennen können wie in diesen Tagebüchern. Wie sich diese Kriminalität einnisten konnte im Legalen. Wie der staatlich produzierte und legalisierte Haß die einen zur puren Bösartigkeit, andere aber zur reinen Menschlichkeit motivierte. Andere zum Wegschauen.

Es ist zwar kein Trost, aber eine Art Ermutigung, daß das Medium, in dem dieses Zeugnis erscheinen kann, die Sprache ist. «Gegen die Wahrheit der Sprache gibt es kein Mittel», hat Klemperer im März 1942 notiert. Die Sprache ist zwar als Herrschafts- und Propagandamittel mißbrauchbar, aber sie ist dann auch schon das Gericht. Klemperers Kulturvertrauen hat ihn nicht getäuscht. Sein «Berufsmut» war sinnvoll.

Während des Ersten Weltkriegs hat Klemperer notiert, daß er aus diesem Krieg zurückkehren werde mit dem Zweifel an jeder Position. Und das ist seine lebenslängliche Textbewegung: Jede Position, in die er sich zur Selbstvergewisserung hineinschreibt, wird dadurch, daß er sie hat, verlassenswert. Er selber erlebt nur Zweifel, Unruhe, Unsicherheit, lebenslängliche Selbstungewißheit; aber dadurch erleben wir in den so erschriebenen Texten einen Menschen von vollkommener Vertrauenswürdigkeit. Und unversehens wird eben daraus auch Liebenswürdigkeit. Eine Liebenswürdigkeit, die nichts von sich weiß. Ich weiß nicht, was Schiller dazu sagen würde, aber mich hat einigermaßen ergriffen die moralische Schönheit dieses Victor Klemperer.

Das Prinzip Genauigkeit

Über Victor Klemperer

Als ich im September und Oktober 1989 in Dresden in der Sächsischen Landesbibliothek in allen möglichen Saxoniae herumblätterte, weil ich, einer aus Dresden stammenden Romanfigur zuliebe, eine Ahnung von den Eigen- und Wesenheiten der sächsischen Geschichte erwerben wollte, hörte ich, daß in der Handschriftenabteilung die Tagebücher von Victor Klemperer lägen. Victor Klemperer habe, weil er mit einer nicht-jüdischen Frau verheiratet war, den Krieg in Dresden überstanden. Durch sein Buch *LTI* (Lingua Tertii Imperii) kannte ich den Namen. Ich las mich ein und hinein in seine Handschrift, die er in seiner Autobiographie selber eine «entsetzliche» nennt. Meinen aufgekratzt von der Klavierstunde kommenden zwölfjährigen Romanhelden ließ ich dann dem unter Bewachung schneeschaufelnden und vom Schneeschaufeln erschöpften Juden Victor Klemperer begegnen.

Als Klemperer im Frühjahr 1897, sechzehnjährig, in Berlin in der Kurz- und Galanteriewarenhandlung Löwenstein und Hecht Lehrling wurde, soll es ihm wegen dieser «entsetzlichen» Handschrift nicht gelungen sein, sich aus den Lagerräumen heraus und ins Kontor vorzuarbeiten. Aber er wäre, auch wenn er eine dem Kontoranspruch genügende Handschrift gehabt hätte und als Kaufmann Karriere gemacht hätte, ein Schriftsteller geworden. In dieser Lehrlingszeit fing er an, Tagebuch zu schreiben. Mehr als sechzig Jahre lang hat er das fortgesetzt in seiner kein Wort besonders präsentierenden, sondern alle Wörter ins durchsichtige Liniengehege zurücknehmenden Handschrift. Noch während ich mich mit dieser Handschrift befreundete, wurde ich von einer Mitarbeiterin der Landesbibliothek beschenkt: in der *Union*, der Zeitung der Dresdner CDU, waren von 1987 bis 1989 Auszüge aus diesen Tagebüchern veröffentlicht worden. Der Redakteur, der das bewirkt hatte, war Uwe Nösner.

Von Dresden zurück, las ich gleich Klemperers Autobiographie, die gerade, in Leipzig gedruckt und zweibändig, zugleich bei Siedler und bei Rütten und Loening erschienen war. Dafür ist Walter Nowojski zu danken. Und jetzt die Tagebücher von 1933 bis 1945, wieder herausgegeben von Walter Nowojski, unterstützt von Hadwig Klemperer.

Bis in den Juni 1945 reicht dieses Tagebuch. Dem Satz, mit dem die Herausgeber schließen, stimmt man mit jenem vollen Gefühl zu, mit dem man den letzten Satz eines gut komponierten Romans zur Kenntnis nimmt: «Am späteren Nachmittag stiegen wir nach Döltzschen hinauf.» Dort hatten sie, Eva und Victor Klemperer, ihr Haus gehabt, auf das Eva Klemperer, mindestens seit 1917, zugelebt hatte, mit Zeichnungen, Entwürfen, Plänen, das sie zu spät gebaut hatten, in den dreißiger Jahren nämlich; praktisch nur, um dann daraus vertrieben zu werden und dann immer noch einmal vertrieben, von einem «Judenhaus» zum nächsten.

Ich bin froh, daß ich noch einem danken kann, Günter Jäckel nämlich, der für den Dresdner Geschichtsverein jetzt noch die Tagebücher 1945, Juni bis Dezember, herausgegeben hat. Durch dieses Extraheft der *Dresdner Hefte* wird dieser Herbst vollends die Saison Victor Klemperers.

Es ist nicht leicht ein literarisches Lebenswerk denkbar, bei dem die Geschichte seiner Veröffentlichung so sehr zum Inhalt gehört wie bei Victor Klemperer. An die 3500 Seiten Autobiographisches in drei Erscheinungsformen: 1947 *LTI*, 1988 die Autobiographie, vom Geburtstag 1881 bis zum Ende des Ersten Weltkriegs; jetzt die Tagebücher 33 bis 45 und die vom Juni bis Dezember 45.

Im Sommer 1935 wurde Klemperer verboten, weiterhin als Romanist zu lehren. Im Oktober 35, Neuphilologen-Kongreß in Dresden. Klemperer notiert: «Nicht einer von all den romanistischen Kollegen hat mich aufgesucht; ich bin eine Pestleiche.» Ende 1937 wird ihm verboten, sich in den Lesesaal der Universitätsbibliothek zu setzen. Ende 1938: er darf die Bibliothek überhaupt nicht mehr betreten. Der Beamte, der ihm das mitteilen muß, bittet ihn ins Hinterzimmer, ist hocherregt, Klemperer muß ihn beruhigen. «Er streichelte mir immerfort die Hand, er konnte die Tränen nicht unterdrücken, er stammelte: ‹Es kocht in mir …›» Klemperer nennt es eine «absolute Mattsetzung». Er hatte Bücher publiziert über Montesquieu, *Die französische Literatur von Napoleon bis zur Gegenwart*, über *Moderne Französische Lyrik*, zuletzt, 1933, über Corneille. Seitdem hieß sein großes Projekt: Dix-huitième. Das 18. Jahrhundert. Ende 36 war der erste Band druckreif, Ende 37 war das Rousseau-Kapitel, fast hundert Seiten, fertig, dann, also 1938, die «absolute Mattsetzung». Jetzt bildet sich die Idee und wird rasch ein Plan: da er ohne Bibliothek nicht wissenschaftlich arbeiten kann, wird er mit dem arbeiten, was er im Haus hat: das sind seine Tagebücher von 1897 bis 1938. Der Titel *Curriculum Vitae* taucht jetzt in den Tagebüchern immer häufiger auf. Eigentlich sollte Klemperer in den Jahren 38 und 39 dringend Englisch lernen; er hat sich im Ausland beworben; hat durch Georg, seinen ältesten Bruder, und dessen Söhne, die alle schon in den USA sind, die Neffen schon Ärzte dort, durch sie hat er schon ein Affidavit, hat eine Quotennummer, also zwingt er sich, Englisch zu lernen;

aber er tut es halbherzig. Im April 41 notiert er: «Vor USA graut mir. Abhängig von Georg oder seinen Söhnen, ohne Kenntnis der Sprache ...» Und statt sich «auf die englische Grammatik zu stürzen», wie er sollte, notiert er: «Ich halte mich am *Curriculum* fest ...» Das sollen zwei Bände werden. Band 1: vom Geburtstag, dem 9. Oktober 1881 in Landsberg an der Warthe, bis zum Begräbnis des Vaters, der am 12. Februar 1912 in Berlin gestorben war. Band 2: von 1912 bis 1919. Der 3. Band sollte erzählen, wie Klemperer 1920 Professor in Dresden wurde, und sollte reichen bis 1933. Der 4. Band würde dann die Tagebücher nacherzählen, die er von 33 bis ... ja bis zum Ende der NS-Diktatur schreiben wollte. Falls er dieses Ende erleben würde. Aber auf jeden Fall würde er mitschreiben, was passierte. Am 9. Juni 1942 notiert er: «... vielleicht lasse ich das Mittelstück 1920–33 beiseite, bis ich ‹das Dritte Reich› fertig liegen habe. Vorderhand kann ich nichts tun als lesen und exzerpieren, was mir erreichbar ist, und das Tagebuch mit größter Genauigkeit führen. Was übrigens eine tapfere Handlung bedeutet und mir immer wieder Angst macht.»

Das ist doch ein Projekt: 1920 bis 1933 will er erst bearbeiten, wenn er das «Dritte Reich» fertig liegen hat! Er meinte im Jahr 1942, er werde dieses Dritte Reich darstellen in dessen Sprache. *Lingua Tertii Imperii* nannte er das Projekt, das dann 1947 erschien unter dem Titel *LTI*. So wie er 1938 bis 42 die Tagebücher von 1897 bis 1919 in die Autobiographie *Curriculum Vitae* verwandelte, so verwandelte er nach 1945 die Tagebücher 1933 bis 45 in das Buch *Lingua Tertii Imperii*. Aber dieses Buch ist, obwohl auch da das Tagebuch immer durchscheint, viel weniger autobiographisch als das *Curriculum*. *LTI* hat den Untertitel *Notizbuch eines Philologen*.

Victor Klemperer konnte im Jahr 42 sein *Curriculum* nicht fortführen, weil er die Tagebücher, die er dazu brauchte, in Sicherheit bringen mußte. Die Gestapo-Überfälle häuften sich.

11. Juni 1942: «Nach einem gipfelhaft furchtbaren Tag eine dauernde Verschlimmerung der Situation. Gestern mittag gegen halb zwei – ich hatte die Kartoffeln auf dem Feuer – wieder Gestapo, das vierte Mal in vierzehn Tagen.» Daß er nicht längst «evakuiert», das heißt deportiert ist, hat er seinem Mischehen-Status zu verdanken und, eine Zeit lang, auch dem Umstand, daß er als Freiwilliger des Ersten Weltkriegs gedient hat und mit dem bayerischen Verdienstkreuz ausgezeichnet worden ist. Ab 1942 befindet sich alles Notierte bei der Freundin Dr. Annemarie Köhler in Pirna, und alles, was er jetzt noch notiert, wird von seiner Frau Eva dorthin geschafft. Versteckt in Notenbüchern oder Bänden französischer Lyrik. Jedesmal, wenn Eva mit seinem Geschriebenen unterwegs ist, wartet er unruhig auf ihre Rückkehr. Würde sie kontrolliert werden, würde man sein Geschriebenes bei ihr finden, würde in Pirna das Haus der beim Regime nicht gut angeschriebenen Dr. Annemarie Köhler durchsucht werden –, dann würden alle drei, die Freundin, die Frau und er, getötet werden. Jedesmal fragt er sich: Wofür exponiere ich Eva? Einmal nennt er, was ihn weiterschreiben läßt, «Berufsmut». Als Frau Hirschel und ihr Mann deportiert werden – und das heißt: in Kürze ermordet werden –, notiert er: «Ich habe ihr sagen lassen – denn ich weiß, was ihr wohltut –, ich sei ihr für viele Anregungen Dank schuldig, und wenn ich noch einmal zum Publizieren käme, würde ihr Name in meinem Opus eine Rolle spielen.» (12. Juni 1943.)

Frau Hirschel hat ihm Bücher geliehen, hat ausgiebig mit ihm über Deutsche und Juden diskutiert, hat ihn wissen lassen, sie und ihr Mann, der der Vorstand der «Israelitischen Religionsgemeinde» in Dresden war, seien liberal jüdisch und fanatisch deutsch. Victor Klemperer klärt Frau Hirschel auf, daß «fanatisch deutsch» eine «contradictio in adjecto» sei, entweder ist etwas deutsch oder es ist fanatisch; «fanatisch» sei ein Lieblingswort Hitlers. Frau Hirschel versprach, «fanatisch» durch «leidenschaftlich» zu ersetzen. Also «liberal jüdisch» und «leidenschaftlich deutsch»: August 1942. Einmal sagte Frau Hirschel auch, die früher Assistentin des Literaturwissenschaftlers Oskar Walzel gewesen war, «... *wir* werden Goethe retten!» Klemperer kommentiert: «... betont nichtzionistisch, betont ästhetisch, goethedeutsch.»

Victor Klemperer hat den Hirschels und anderen Denkmäler erschrieben. In der Bemerkung, daß er wisse, was Frau Hirschel in dieser grauenhaften Situation wohltue, hat er, glaube ich, auch sein eigenes Motiv berührt. Die eher irrsinnige Hoffnung, durch Schreiben könne einem Verlauf, der vor bloßer Brutalität keine Sinnfrage mehr zuläßt, doch noch etwas entgegengesetzt werden: das Verbrechen, das sich hier triumphierend aufführt wie für immer, wird beim Namen genannt. Und das, vielleicht, auch für immer. Daß der Frau, die gleich umgebracht werden wird, die Aussicht, in Klemperers Geschriebenem bewahrt zu werden, überhaupt etwas bedeuten konnte, das wußte Klemperer auch von sich selbst. Es ist ein durch keine ihm angetane Gemeinheit zerstörbares Kulturvertrauen. Ein Verbrechen kann nicht die Geschichte beenden, die doch so lange unterwegs war, damit ein Verbrechen als solches erscheinen muß. Wenn es Zeugen gibt. Und so ein Zeuge wollte Victor Klemperer sein. Und er notiert, hält fest, was er «die märchenhafte Gräßlichkeit unserer Existenz» nennt. Er spürt, daß es auf alles ankommt, daß unter solchen Leidensumständen nichts zu gering und nichts zu gräßlich ist. Am 29. Oktober 1944 notiert er, daß Steinitz da war, der auf dem jüdischen Friedhof als Totengräber Dienst tat: «... er bringt Eva unfermentierte Tabakblätter mit von Pflanzen, die er auf dem Grabe eines jüdischen Tabakhändlers gezogen hat ...» Aber sich selber beobachtet Klemperer genauso genau und konstatiert einmal «eine gewisse Wonne der Neugier und

Befriedigung». Befriedigung, weil er dabei ist, die Gräßlichkeit einen Zeugen hat. «... dann komme ich mir mutig vor, daß ich alles zu notieren wage.»

Angefangen hat sein Schreiben ganz harmlos. Eben als er Lehrling war, abends ins Theater ging und sich nachher fragte, was dieser Theaterbesuch für ihn bedeutet habe. Er war nach sechs Klassen Gymnasium in Berlin Kaufmannslehrling geworden. Die tüchtigeren Brüder Georg, Felix und Berthold, zwei berühmte Ärzte, ein erfolgreicher Anwalt, redeten ihm ein, daß der Vater nur erfolgreiche Söhne ertrage. Also zurück auf die Schule, und zwar nach Landsberg an der Warthe, wo der Vater vor dem Umzug nach Berlin Rabbiner gewesen war. Dort wurde Victor Primus, spürte den Hang zur Literatur, betrieb ein florierendes Tagebuch, sein Motiv jetzt: Stoffsammlung für spätere Romane. Schon das zweite Motiv. Als er in den dreißiger Jahren diese Tagebücher auswertet, kommentiert er: als er eingesehen habe, daß er keine Romane schreiben könne, sei das Tagebuchschreiben schon so sehr eine Gewohnheit gewesen, daß er es nicht mehr habe lassen können. Also schreibt der Student auch in München – zuerst Germanistik, dann Romanistik – Tagebuch. Dann schreibt der Student, der Dozent, der Soldat und der Professor Tagebuch: in Berlin, München, Genf, Paris, Bordeaux, Neapel, Flandern, Leipzig, Litauen und Dresden.

Im Gymnasium in Landsberg an der Warthe war Klemperer Primus, als solcher sollte er, dem Brauch nach, bei den Kneipen präsidieren, das hieß, mit dem Hieber auf den Tisch hauen, den Salamander kommandieren, die Lieder angeben und kräftig mittrinken. Aber an Festtagen kamen Verbindungsstudenten und Reserveoffiziere zu den Kneipen; ein Jude konnte weder Verbindungsstudent noch Reserveoffizier werden; was würden diese Gäste sagen, wenn ein Jude die obligate patriotische Rede am Sedanstag, die obligate Weihnachtsansprache hielt? Aber wenn er

Amt und Ehre ablehnte, hieß das: als Jude aus Opposition einen deutschen Brauch ablehnen. Und da er seinem «Wollen und Denken nach auf die reindeutsche Seite» gehörte, nahm er das Amt an. Und begegnete, als ein betrunkener Wirrkopf einmal ein Ergebenheitstelegramm an den Kronprinzen durchsetzen wollte, zum ersten Mal dem Antisemitismus. Aber er fühlte sich so sehr als Deutscher, was ging ihn da Antisemitismus an!

In der Mitgliederliste des «Bücherzirkels» wurde Vater Klemperer unter Beamten, Offizieren, Ärzten, Anwälten und Geistlichen geführt als «Prediger Dr. Klemperer». So stand er neben dem «Prediger Schroeter». Daß Schroeter Pastor war, Klemperer Rabbiner, sei, so erzählt der Sohn, weder von den Christen «als eine Verheimlichung, noch von den Juden als Verrat» gewertet worden, es war einfach, so der Sohn, «der Ausdruck seines Willens zum Deutschtum». Dann wurde der Vater Rabbiner bei der jüdischen Reformgemeinde in Berlin; «einzigartig in der Welt», sagt Victor Klemperer; eine Vernichtung des Judentums, sagten die Strenggläubigen. Die biographische Notiz in der Dissertation des Bruders Georg beginnt: «Ich bin als Sohn eines Landgeistlichen geboren.» Natürlich haben sich die älteren Brüder Georg, Felix und Berthold in Berlin gleich taufen lassen. Felix, zum Beispiel, wollte dadurch als Student in eine schlagende Verbindung aufgenommen werden. Und natürlich heirateten die erfolgreichen Brüder Mädchen aus wohlhabenden christlich-bürgerlichen Familien. Und natürlich verlangten die Brüder, daß die Schwester Recha von jetzt an Grete heiße. Die Schwestern heirateten allerdings nicht so konsequent ins Christliche wie die Brüder. Als Victor Klemperer 1903 zum Militär soll, setzt Bruder Berthold unter fast abenteuerlichen Umständen ganz schnell noch Victors Sofort-Taufe durch. Einfach damit Victor, falls er Soldat wird, dann auch Reserveoffizier werden kann. Aber als Klemperer drei Jahre später die ostpreußische und christliche Bürgertochter Eva heiratet, gibt er als Konfession an «mosaisch». Bertholds Taufmanipulation hat nicht gehalten. Aber als Victor Klemperer sich dann, nach einem aufgegebenen Studium und nach sieben Berliner Literatenjahren, im Jahr 1912 erneut immatrikuliert – wieder gedrängt von den erfolgreichen Brüdern, die einfach im Familienwappen noch einen Professor brauchen –, da greift er auf den Taufschein von 1903 zurück, widerruft den Trauschein von 1906, ist wieder protestantisch und bezeichnet das dann später als seine «konfessionelle Bigamie». Die erträgt er um so eher, als er, sagt er nach 1938, «allen traditionellen Glaubensformen» «mit unterschiedslos gleicher Indifferenz und Kälte» gegenüberstand. 1906, bei der Trauung, habe er seine Taufe rückgängig gemacht, weil er sich «im schroffen Gegensatz zum Strebertum» seiner Brüder gefühlt habe. «Aber ich wußte jetzt (und er meint 1912) genauer und schwankungsloser als damals, daß ich ein Zentrales dieses Strebertums ganz und gar mit ihnen teilte: den Willen zum Deutschsein. Und ich hatte seit den Wiener und Prager Erfahrungen nicht mehr die feste Überzeugung, daß sich Judentum und Deutschtum unter allen Umständen miteinander vertragen könnten. Kam aber eine Wahl im geringsten in Betracht, so bedeutete mir das Deutschtum alles und das Judentum gar nichts.» Daß man gezwungen sein könnte, sich zwischen Deutschtum und Judentum zu entscheiden, geht zurück auf erste Erfahrungen mit dem Zionismus, die er, in journalistischer Mission in Prag und Wien, gemacht hatte. Daß dieses Bekenntnis zum Deutschtum, das er mitten im NS-Terror wieder und wieder formuliert, nicht als schaurig masochistischer Exzeß mißverstanden werde, sei ein Eindruck von außen zitiert. Der große Gelehrte Benedetto Croce schreibt im Januar 1915 aus Neapel an Karl Voßler in München, bei dem sich Klemperer im Jahr zuvor habilitiert hatte – und Klemperer war 1915 in Neapel, an seiner ersten akademischen Stelle:

«Anscheinend ist er (Klemperer) mit folgenden drei fixen Ideen
nach Italien zurückgekehrt. 1. daß jeder Italiener zu bekennen
hat, daß Deutschland angegriffen worden ist und gegen seinen
Willen den Krieg führt; 2. daß, sollte Italien nicht parieren, ich
weiß nicht wie viele Armeekorps bereit stehen und in Italien ein-
marschieren werden ... Im übrigen ist Klemperer ein trefflicher
und gescheiter Mann, und es ist nicht seine Schuld, wenn es ihm
ein wenig an Takt und Geist fehlt. Daran fehlt es bei so vielen
deutschen Professoren!» Also Klemperer ist nach dem Urteil des
Universalgelehrten Croce nicht nur ein Deutscher, sondern sogar
ein typischer Deutscher, und mehr noch: ein typischer deutscher
Professor. Klemperer zitiert im *Curriculum* die Tagebücher seiner Wanderjahre oft genug mit dem Satz: «Das ist bei uns unmöglich!» Immer wenn ihm in Genf, Paris, Bordeaux, Neapel
etwas nicht gefällt, quittiert er das mit dem Satz: «Das ist bei uns
unmöglich!» Sehr viel deutscher kann man doch gar nicht sein.
Und sehr viel preußischer auch nicht. Sobald er in München studiert, reagiert er auf hofbräuhaft Bayerisches so stereotyp preußisch, daß es, bei einem so gescheiten Mann, schon fast komisch
wirkt. Aber in diesem antibayerischen Affekt erlebt er sich eben
als Preußen, also als Deutschen. Heinrich Heine, 1828: «Ich bin
in Bayern Preuße geworden.» Klemperer hält immer wieder fest,
daß es zwischen Juden und Deutschen nichts derart Trennendes
gebe wie zwischen Nord- und Süddeutschen, Protestanten und
Katholiken, Arbeitgebern und Arbeitnehmern. Und als der alles regelnde Bruder Georg, Direktor des Preußischen Instituts
für Krebsforschung, in der Todesanzeige für den Vater den Beruf wegläßt und nur meldet, daß da der Vater Dr. phil. Wilhelm
Klemperer gestorben sei, bemerkt Victor, daß dieser Anglei-
chungswille in ihm so lebendig ist wie in den drei erfolgreicheren
Brüdern. Nur, er muß darüber reflektieren, im Tagebuch, in der
Autobiographie. In den drei erfolgreichen Brüdern dominiert

der Wille, im sozusagen schwächeren Victor die Betrachtung. Er läßt sich nichts unbedacht durch.

Auch wenn er es zuerst nur eine Gewohnheit nennt, auf alles Vorkommende schriftlich zu reagieren, es ist auch eine Lebensart zu nennen. Dadurch, daß er schreibend auf das Erlebte antwortet, gemeindet er es sich ein, vermittelt er es für sich; erkennt er, was es für ihn bedeutet.

Als er mit den Eltern in Marienbad war, sah er zum ersten Mal galizische Juden, seine Reaktion: «Hätte mir jemand gesagt, ich gehörte mehr zu ihnen als zu meinen deutschen Mitbürgern, ich hätte ihn für wahnsinnig gehalten, und noch heute halte ich jeden für wahnsinnig, der so etwas behauptet.» Und mit diesem Heute sind gemeint die Jahre, in denen er das *Curriculum* schrieb, 1938 bis 1942. In Gershom Scholems Erinnerungsbuch *Von Berlin nach Jerusalem* erfährt man, daß das Erscheinen der osteuropäischen Juden auch ganz anders erlebt werden konnte. Der sechzehn Jahre jüngere Scholem, der in Berlin noch Gerhard hieß, aber ungetauft war, hatte Martin Bubers *Legende des Baalschem* gelesen, die Schrift über den sagenhaften Erwecker des Chassidismus. Scholem erinnert sich so: «In jedem Juden aus Rußland, Polen, Galizien, der uns begegnete, sahen wir etwas wie eine Inkarnation des Baalschem und jedenfalls des unverstellten und uns faszinierenden jüdischen Wesens.» 1918 wird Klemperer in Wilna – wo er als Zensor für die deutsche Militärverwaltung gearbeitet hat – in eine Talmudschule geführt: «... sie stieß mich wie mit Fäusten zurück.» «Ich gehörte nach Europa, nach Deutschland, ich war nichts als Deutscher, und ich dankte meinem Schöpfer, Deutscher zu sein.» Als er einmal im Juli 22 diese Tag- und Nachtfrage, ob man Jude sei oder Deutscher, mit Dr. Katz diskutiert – Dr. Katz sitzt im goldgerahmten Wartezimmerfoto in Uniform und mit EK I als Stabsarzt zu Pferd –, da sind sich beide darüber einig, daß «viel Schuld ... dem ungehinderten Zustrom des bloß geldsüchtigen Ostjudentums» zukomme, und Klemperer formuliert einen Vorschlag, der zeigt, daß er bis zur Karikatur deutsch sein konnte: «Ich sagte, ich würde ein Bildungsexamen vor die Einwanderung setzen.» Nicht ohne Grund hat ihn der weise Benedetto Croce, der den jungen Lektor Klemperer in Neapel erlebte, in einem Buch einen «Deutschen im verwegensten Sinn des Wortes» genannt. Aber diesen Spott wiederum hat Klemperer selbst in der Autobiographie zitiert.

Wenn man wissen will, wie verschieden deutsche Juden dieses Deutschsein erleben konnten, vergleiche man Gershom Scholems, Victor Klemperers, Franz Kafkas, Ernst Blochs, Schmuel Hugo Bergmans Aufzeichnungen und Briefe am Anfang des Ersten Weltkriegs. Den Ausbruch des Kriegs begrüßt Klemperer so enthusiastisch wie Thomas Mann und andere: «Der Krieg ist höchste Sensation und einzige dem Kulturmenschen noch gebliebene Katharsis.» Dazu scheint zu passen, daß ihm in dieser Zeit Schiller näher ist als Shakespeare. Aber die Kriegswirklichkeit holt ihn ein, stimmt ihn um, will ihn umstimmen, aber er wehrt sich, schämt sich «der Kritteleien und Müdigkeiten», aber er meldet sich freiwillig, wird Kanonier. Als er in Berlin die Synagoge der Reformgemeinde besucht, zählt er achtundzwanzig Uniformierte, neun mit dem Eisernen Kreuz, fragt sich aber im Tagebuch: «Wofür kämpfen sie? ... Wirklich und ganz einfach für ihr Vaterland? Oder für die Erlangung eines Vaterlandes? Oder weil es sie ‹sehr stark in ihrer Laufbahn fördern› wird? Und ich selber? ... Ich wünschte, ich wäre erst im Felde. Danach werde ich mir kosmopolitische Ideale erlauben dürfen.» Und je schlechter es Deutschland geht, desto mehr fühlt er sich zugehörig. Aber nie ohne die Skrupel dessen, der seine Erlebnisgenauigkeit in keiner Niederschrift narkotisieren kann. «Wann und bei welchem Tun werde ich je ein reines Gewissen haben?» Scholem kann dieses Thema in seinem Tagebuch bei der

Beschreibung der Musterungsprozedur slapstickhaft erledigen: «Dann soll ich einmal tief atmen, ich atme so schlecht ich irgend kann …» Und: «Untauglich.» Auch Bloch war nicht scharf darauf, «tauglich» zu sein, er schreibt im September 1915 an Lukács, man hüte sich ja auch, «farbenblinde Lokomotivführer anzustellen». Es sind aber auch Juden, wie man in Schmuel Hugo Bergmans Kriegstagebüchern lesen kann, begeistert gegen das zaristische Rußland marschiert und haben einander zugerufen: «Rache für die Pogrome.» Aber dann notiert Bergman: «… sie singen deutsche, singen tschechische Lieder. Wohin gehöre ich?» Und als Kafka mitten in der Menge steht, die ruft: «Es lebe unser geliebter Monarch, hoch!» notiert er dazu: «Ich stehe dabei mit meinem bösen Blick.» Bergman wurde praktisch, ab 1920 war er und blieb er in Palästina und übersetzte, zum Beispiel, Martin Buber ins Hebräische. Und Gerhard Scholem war dann, ab 1923, als Gershom Scholem auch in Palästina und wohnte zuerst bei Hugo Bergman, sah auf dessen Klavier ein Bild Franz Kafkas und wurde Bibliothekar der hebräischen Abteilung der Nationalbibliothek. Scholem war in Berlin schon Mitglied von «Jung-Juda» gewesen, brannte geradezu darauf, Jude zu sein, lernte Hebräisch, in seinem Tagebuch kommt der Ausdruck «jüdischer Rassenstolz» vor. Diese Entwicklung hat Victor Klemperer nur in der ihn abstoßenden Herzlschen, der zionistischen Version kennengelernt.

Bevor er sich im Jahr 1912, nach dem Tod des Vaters, von den Brüdern zum Weiterstudieren nach München schicken ließ, traf er als recherchierender Literat in Wien und Prag auf Zionisten. Ein Prager Anhänger des Zionismus erzählt ihm, während der letzten Jahre im Gymnasium habe keiner der deutschen Mitschüler mit ihm und seinen beiden jüdischen Kameraden «… auch nur ein Dutzend Wörter gesprochen». Die Zionisten verlangen von Klemperer, daß er, wenn er dort spreche, den «jüdisch nationalen, nicht den deutschen Standpunkt» vertrete, er antwortet: «... unsere Geistigkeit ist deutsch und nicht palästinensisch». Er ist richtig erschrocken, als er im Ghetto in Prag so oft auf seinen Namen traf. In Berlin ist man eine deutsche Familie mit einem deutschen Namen. In Berlin angesehene Leute, «hier gehörten die Klemperers zum Ameisenhaufen der armseligen Ghettohändler». Aber, sagt er: «Ich wollte unsere Herkunft nicht verscharren, wie es meine Brüder taten, aber ich wollte mich doch mit jedem Gedanken und aller Herzenswärme zum Deutschtum bekennen.»

In Wien besucht er unter anderen die Dichter Beer-Hofmann und Arthur Schnitzler. Schnitzler, das hat er schon in Prag gehört, «zahlt den Zionisten regelmäßig seinen Beitrag». Über dem Eingang zu Beer-Hofmanns Villa glänzt ein Davidstern, die Vorhalle wird beherrscht von einer Moses-Statue. Der Hausherr sagt, der «überkommene Blutstrom bedeute alles». Seine Abstammung ist sein Stolz. «... wer habe eine bessere Ahnenreihe?» «Er sei Jude und gar nichts anderes ...» Klemperer: «... ich ging einigermaßen fassungslos fort.»

Das ist auch der Romanist, der so reagiert, der Darsteller Montesquieus und Voltaires. Die Aufklärung kann doch nicht so wirkungslos gewesen sein, daß jetzt, im 20. Jahrhundert, wieder «der Blutstrom» den Ausschlag gibt. Es dauert lange, bis er das Eigenschaftswort «jüdisch» ohne weiteres gebrauchen kann. Eine Zeit lang verwendet er dafür «orientalisch». Das Jargonwort nebbich, das Gershom Scholem von einer Tante gehört und sofort in Gebrauch umgesetzt hat, schreibt Klemperer einmal mit griechischen Buchstaben. Ist das Mimikry oder Verfremdung? 1933 erlebt der Liebhaber und Kenner des Dix-huitième dann wirklich als einen Rückfall ins Mittelalter. Judenverfolgung, Hexenverbrennung – wann war das zum letzten Mal in Mitteleuropa? Und er lernt etwas dazu über Deutschland. «Alles was ich für undeutsch gehalten habe, Brutalität, Ungerechtigkeit, Heuchelei, Massensuggestion bis zur Besoffenheit, alles floriert hier.» Als einer der Schicksalsgenossen ihn im Jahr 1935 daran erinnert, wie assimiliert Klemperer doch war, antwortet Klemperer: «War?! Ich bin für immer Deutscher ...» Der andere: Das würden die Nazis nicht zugeben. Klemperer: «Die Nazis sind undeutsch.» Jetzt beginnt dieses Hin und Her. Hier bleiben, emigrieren? Deutscher sein, Jude sein ...? Nach den Brutalitäten der sogenannten Kristall-Nacht notiert er: «Wir müssen fort.» Im April 41: «Früher hätte ich gesagt: Ich urteile nicht als Jude ... Jetzt: Doch, ich urteile als Jude ...» Hitler habe ihm die jüdische Sache ins Zentrum gerückt. Aber wenn er mit den Schicksalsgenossen diskutiert, bekennt er sich doch wieder zum «Deutschtum». Das glaubt ihm keiner mehr. Er notiert: «Es handelt sich nicht darum, was die anderen von mir glauben, über mein Deutschtum entscheidet allein mein Gewissen.» Dann kommt der schlimmste Tag für ihn, den er auch nach Kriegsende als den «schwersten Tag der Juden in den zwölf Höllenjahren» bezeichnet: der 19. September 1941. «Von da an war der Judenstern zu tragen.» Er notiert in den nächsten Jahren, wie er als Sternträger nicht nur Kränkung erlebt, sondern fast genausooft Sympathiebezeugung; aber den Stern tragen zu müssen war doch nichts als «Tortur». So aus seinem Deutschtum ausgestoßen zu werden! Im Mai 42 notiert er: «Den schwersten Kampf um mein Deutschtum kämpfe ich jetzt. Ich muß daran festhalten: Ich bin deutsch, die ändern sind undeutsch; ich muß daran festhalten: Der Geist entscheidet, nicht das Blut. Ich muß daran festhalten: Komödie wäre von meiner Seite der Zionismus – die Taufe ist *nicht* Komödie gewesen.» Auch wenn Victor Klemperer hier mitten in Not und Grauen seine Taufe verklärt – er und seine Frau Eva sind ja nach 1945 ohne große innere Bewegung aus der evangelischen Kirche ausgetreten –, eine Taufe war und ist doch schon an und für sich geistige Handlung, mit ihr soll der Bindungsanspruch des Blutes überwunden werden; das ist, unabhängig von jedem religiösen Inhalt, ein Akt der Emanzipation. Ein Versuch in Humanismus auch. Gershom Scholem, in Berlin in einer Familie geboren und aufgewachsen, in der man dem Reformjudentum Vater Klemperers näherstand als der Orthodoxie, Scholem hat aber von Anfang an anders reagiert: er hat den Weg zurück gesucht. Er meldet nicht ohne Stolz, in den Familien Scholem und Hirsch habe es zwischen 1831 und 1933 nur zwei Taufen gegeben. Und Scholems Vater gehörte doch dem «strikt antizionistischen» «Centralverein deutscher Staatsbürger jüdischen Glaubens» an, zu dessen Vereinslokalen in ganz Deutschland Victor Klemperer in seiner Literatenzeit zwischen 1905 und 1912 als Vortragsreisender unterwegs war. Assimilation predigend. Scholem hat dafür nur eine Qualifikation: «Selbstbetrug». Während Victor Klemperer jede antisemitische Gemeinheit als Rückfall ins Mittelalter qualifiziert, während er, der Adept Montesquieus und Voltaires, fest darauf vertraut, daß dieser doch ganz und gar reaktionär daherkommende Antisemitismus durch die Aufklärung längst überwunden sei, also keine historische Chance mehr habe, sagt Scholem, «der allgemeinen Erfahrung des wachsenden Antisemitismus» «konnte sich nur ein imaginäres Wunschdenken verschließen». Das ist Auskunft NACH Auschwitz. Ich möchte mich dieser Auskunft auch NACH Auschwitz lieber nicht anschließen. Daß die Ungeheuerlichkeit der Entwicklung dazu führt, bei allem, was vorher war, nur noch daran zu denken, daß nachher Auschwitz stattfand, ist zwar verständlich, trotzdem wehre ich mich gegen diese Sicht. Victor Klemperer erwähnt einmal eine Hitlerrede, in der Hitler gesagt habe, ohne 1918 hätte er 1933 nicht geschafft. Klemperer fand das wohl auch. Golo Mann hat den Ersten Weltkrieg die «Mutterkatastrophe» genannt. Ohne diese Katastrophe hätte die noch schlimmere zweite nicht stattgefunden. Hätte das deutsch-jüdische Zusammenleben unter zivilen und zivilisatorisch normal sich weiter entwickelnden Verhältnissen zu nichts als zur schlimmsten Katastrophe führen müssen? Ganz sicher nicht. Ich habe für diese Art Wunschdenken sonst wenig Gelegenheit, aber Klemperers Schriften, in denen acht Jahrzehnte dieses Zusammenlebens festgehalten und nacherzählt werden, zwingen einem dieses nachträgliche Wunschdenken förmlich auf. Und ich überlasse mich ihm nur zu gern. Viel lieber als dem, was nachher Wirklichkeit wurde. Wer alles als einen Weg sieht, der nur in Auschwitz enden konnte, der macht aus dem deutsch-jüdischen Verhältnis eine Schicksalskatastrophe unter gar allen Umständen. Das kommt mir absurd vor. Abgesehen davon, daß es dann kein deutsch-jüdisches Gedeihen in Gegenwart und Zukunft gäbe. Dem widerspricht aber schon die Einwanderungsstatistik. Deutschland ist, auch wenn das die Verklärer des häßlichen Deutschen nicht wahrhaben, ein Einwanderungsland, auch für Juden.

Klemperer nimmt sich um 1942 vor zu studieren, wie es zum Zionismus und wie es zum Nationalsozialismus kommen konnte. Da er in der Entwicklung einer jüdischen Nationalität eine Art anderen Rassismus sah, entdeckte er in Zionismus und Nationalsozialismus eine Verwandtschaft. Aber je härter der tägliche Gestapo-Terror wurde, desto mehr billigte er dem Zionismus, wie er das nannte, mildernde Umstände zu.

Klemperer erleidet, wie hundert Jahre vorher Heinrich Heine, dieses quälende Schwanken zwischen deutschem und jüdischem Selbstbewußtsein. Und wie bei Heinrich Heine zerreibt dieses Schwanken beide Arten von Selbstbewußtsein, so daß am Ende nichts als das Nichts zu bleiben droht. Klemperer sagt einmal, die Unsicherheit sei die faculté maitresse des Juden. Während Heine dann dem braven alten Bibelgott in seinen Versen immer freundlichere Stellen bereitet, tritt Victor Klemperer im November 45 in die KPD ein. Heinrich Heine hatte sich lange genug geweigert, Jude zu sein. Ihm sei das Deutsche das, «was dem Fische das Wasser» sei, er könne aus diesem «Lebenselement» nicht heraus, «... meine Brust ist ein Archiv deutschen Gefühls ...» Klemperer notiert im Februar 1943: «Welch ein Wahnsinn der Nationalsozialisten war und ist es, die Juden aus ihrem Deutschpatriotismus herauszudrängen.» Es kann nicht alles, was zwischen dem Hardenbergschen Edikt und der Nürnberger Rasse-Schmählichkeit versucht, gedacht und erträumt wurde, nur «Selbstbetrug» gewesen sein. Wahrscheinlich haben alle, die an diesem deutsch-jüdischen Versuch beteiligt waren, die zivile, die gesellschaftliche Wirkung, den emanzipatorischen Effekt der Taufe überschätzt. Man kann den Eindruck haben, die, die sich taufen ließen, haben mehr verloren, als sie hinzugewannen. Jakob Wassermann: «... sie gewinnen Christus nicht, sie verlieren nur sich.» Der vorurteilslose Dolf Sternberger schrieb über Heines Taufe, daß ohne die jüdische Religion «auch die Identität des Volkes zerfallen» müsse. Wahrscheinlich kann diese Frage nur ein Jude beantworten. In Mitteleuropa möchte man inzwischen lieber glauben, daß «Volk» und «Religion», wie auch immer sie früher verbunden oder aufeinander angewiesen sein mögen, inzwischen ohneeinander auskommen sollten. In einem Aufsatz von Uri Avnery konnte man in diesem Herbst, nach der Ermordung Rabins, lesen, daß die Frage, ob ein Jude ohne jüdische Religion noch einer sei, in Israel immer noch peinlich akut ist. «... welche Gesetze sollen bei uns gelten?» fragt Avnery, die «Gesetze der demokratisch gewählten Knesseth, durch Mehrheitsbeschluß verabschiedet? Oder die Gesetze Gottes, die vor 3200 Jahren am Berge Sinai ein für allemal und für ewig unveränderlich verkündet worden sind?» Die staatliche Legalität ist nichts, gilt nichts, wenn die Rabbiner entscheiden, sie sei nicht mit dem religiösen Gesetz vereinbar. «... Mord inbegriffen ...», schreibt Avnery.

Ich zitiere diese Problemlage, weil sie uns ahnen läßt, wovon deutsche Juden sich von 1812 bis 1933 emanzipieren wollten. Schon Heinrich Heine sah sich als arme deutsche Nachtigall, die ihr Nest gebaut habe in die Perücke des Monsieur Voltaire. Und Klemperer, der leidenschaftliche Erklärer der französischen Aufklärung, war nicht nur im «Selbstbetrug» befangen, sondern eben auch in einem Kulturvertrauen, in einer Tradition, die er, ihrer rechtlichen Gegründetheit wegen, für unerschütterlich hielt. Halten durfte. Er hat, als er ab 1942 die Geschichte der Juden studierte, bemerken müssen, wie dünn und brüchig der Boden war, auf dem die Juden in den letzten hundert Jahren in Deutschland lebten. Klemperer hat die Katastrophe des Assimilierten bis zur unsäglichsten Bitterkeit durchlitten. «Die Umkehr der Assimilierten-Generation –», notiert er im Mai 42, «Umkehr, wohin? Man kann nicht zurück, man kann nicht nach Zion. Vielleicht ist es überhaupt nicht an uns *zu gehen, sondern zu warten*: Ich bin deutsch und warte, daß die Deutschen zurückkommen; sie sind irgendwo untergetaucht.» Oder einen Monat später, in einer Diskussion mit dem Leidensgenossen Seliksohn, der ihn für den Zionismus gewinnen will: «Und wenn ich auch Deutschland haßte, ich würde deshalb nicht undeutsch, ich könnte mir das Deutsche nicht ausreißen.» Er möchte, notiert er dazu, «hier wieder aufbauen helfen». Aber dann fragt ihn im Mai 1944 eine Frau, die keine Jüdin ist, mit der er in der Papierfabrik gut zusammenarbeitet: «Haben Sie eine deutsche Frau?» Klemperer: «Mich erschüttert das mehr als das Fremdwort ‹arisch›. Es zeigt, wie sehr die ‹totale Abschnürung› der Juden im Volksbewußtsein geglückt ist.» Das ist für ihn die am weitesten gehende Vertreibung, die aus dem lebenslänglich angestrebten Deutschtum. Auch noch nach 1945 gibt es jüdische Aussagen, die die Assimilation nicht nur als «Selbstbetrug» werten; Jurek Becker über seinen Vater: «Einmal sagte er, daß es ihm nie im Leben eingefallen

221

wäre, sich für einen Juden zu halten, wenn es keine Antisemiten gäbe.»

In dem jetzt in den *Dresdner Heften* gedruckten Tagebuch der zweiten Hälfte 1945 steht: «Ich möchte an den linkesten Flügel der KPD … Und andererseits: Freiheit, die ich meine.» In der abstrusen Verwaltungsrealität des Jahres 45 mußte, wer im russisch besetzten Gebiet als «Opfer des Faschismus» anerkannt werden wollte – und diese Anerkennung war für die ausgezehrten, verfolgungserschöpften Klemperers eine Bedingung des Überlebens –, der mußte in eine Partei eintreten. Da die KPD die Partei war, die das, was Klemperer «ausmisten» nannte, am glaubwürdigsten betrieb, kam für ihn nur die KPD in Frage. In seinem Aufnahmeantrag steht, daß er sich früher «gesinnungsmäßig und als Wähler zu den Freisinnigen gehalten» habe: «Wenn ich ohne eine Änderung dieser Tendenz, was die philosophische und besonders geschichtsphilosophische Grundanschauung anlangt, dennoch um Aufnahme in die Kommunistische Partei bitte, so …» Und jetzt folgt der Ausdruck der Angst, es könne wieder, wie nach dem ersten Krieg, die «geistige Reaction» um sich greifen. Im Tagebuch, dem Ort des genauesten Textes zur Selbstvergewisserung, steht, es sei ihm in «egoistischer wie idealer Beziehung gleich fraglich», ob er sich richtig entschieden habe.

Das ist das schlechterdings Fabelhafte der Prosa-Existenz Victor Klemperers: seine unter gar allen Umständen gleichbleibende Genauigkeit, die sich oft genug auswächst zu einer Unerbittlichkeit gegen ihn selber. Das ist geradezu die Klemperersche faculté maitresse, diese durch gar nichts zu trübende Genauigkeit. Auch durch kein Interesse. Das einzige Interesse, das sich auf diesen 3500 Seiten unablässig manifestiert, ist das Interesse, genau zu sein. Ehrlich sein möchte vielleicht jeder. Jeder, der schreibt. Ehrlich sein ist eine Tugend, genau sein eine Fähigkeit. Eine Ausdrucksfähigkeit. Und der Grad der so erreichten Ausdrucksfähigkeit bestimmt den Grad der Glaubwürdigkeit, der Vertrauenswürdigkeit. Womit endlich der wirkliche Wert aller Schriften Victor Klemperers beim wirklichen Namen genannt ist. Vertrauenswürdigkeit von Geschriebenem oder seine Brauchbarkeit oder Willkommenheit kann ja, so hart das klingen mag, nie in seinem Inhalt begründet sein, sondern ganz allein in der Art der Mitteilung. Das Erlebte ist uns nur so wichtig und so nahe, wie uns der Erlebende ist. Und das ist er uns nur durch seine Erlebnis- beziehungsweise Mitteilungsart. Klemperers Art, sein Erlebnis mitzuteilen, ist von Anfang an von Fragezeichen begleitet. Einmal zitiert der Romanist auch einen Franzosen, der erklärt hatte, das Fragezeichen sei das wichtigste Satzzeichen. Klemperer glaubt sich etwas nicht schon deshalb, weil es ihm so und so vorkommt. Welche Skrupel, ja Ängste muß er schriftlich reflektierend überwinden, als er in den dreißiger Jahren sein geliebtes Dix-huitième nicht weiter erforschen und darstellen darf und deshalb zum Autobiographen wird. «Ich … stamme aus mittleren Verhältnissen und habe Mittleres geleistet», da konnte eine Autobiographie, glaubt er, «als lächerliche Anmaßung empfunden werden». Kann jemand, der Montesquieu, Voltaire und Corneille dargestellt hat, auch sich selber darstellen? Wird sein Stil nicht nur ein Widerschein dessen sein, was er sich als Philologe angelesen hat? Im *Curriculum* zitiert er selber eine Tagebuchstelle aus der Pariser Studienzeit, also etwa 1904: «Ich leide an literarischem Verfolgungswahn.» Er hatte damals begonnen, Novellen und einen Roman zu schreiben. Er kommentiert diese Stelle dreißig Jahre später: «… immer mußte ich mißtrauisch grübeln, was mich beeinflußt haben könnte, immer quälte mich die Furcht vor Unselbständigkeit, vor Anlehnung oder Kopie.» Ich zitiere diese literarischen Skrupel als ein Beispiel für Klemperers Hang und Zwang, sich nichts einfach durchgehen zu lassen. Alles muß einen jede bloße Empfindung versehrenden Zaun von Fragezeichen passieren. Jedesmal, wenn Eva Klemperer krank wird – ob 1910 oder 1940 –, wirft er sich vor, daß er zu wenig teilnehme: «… schlimmer als meine Unfähigkeit zu helfen, empfand ich meine Stumpfheit und Leere … Und noch widerwärtiger als diese Apathie empfand ich, daß mir gegen meinen Willen ständig Dinge durch den Kopf gingen, an die jetzt zu denken mir niedrig und herzlos schien.» Und erspart sich nicht die Frage: «Wie hoch würden die Doktorkosten werden?» Man möchte am liebsten Humanismus und Realismus erst mit der Fähigkeit, so zu fragen, beginnen lassen. Erst wenn diese Fragefähigkeit entwickelt ist, erst durch solchen Zweifelzwang hört die Hörigkeit dem jeweils routinemäßig Gebotenen und Anerkannten gegenüber auf. Ein Beispiel dafür, wie diese Genauigkeit jeweils erreicht wird: 1912, der Tod des Vaters wird erlebt beziehungsweise beschrieben. «Ich dachte: ‹Wenn nur das Röcheln aufhörte. – Ich brauche einen Zylinder zur Beerdigung – … Hat er mich noch erkannt? – Trauerkleidung für Eva – Hat er sich noch um mich gesorgt? – Stimmt der Vergleich zwischen Kino und Schattenspiel? – Warum habe ich immer versagt? – Er wäre doch so gern gerade auf mich stolz gewesen – Warum fühle ich jetzt keine Trauer, warum kommen mir keine Tränen? – Man sollte über das Weinen in den verschiedenen Epochen und Literaturen schreiben – Immer Literatur und nicht einmal jetzt ein unmittelbares und ganzes Gefühl – Ein Dichter hätte das Recht, so zu beobachten – Ich bin keiner – Ich müßte jetzt an Vater denken – Wie lange wird er noch röcheln? …›»

Wer denkt da nicht an Kafkas Tagebuchsatz von 1913: «Für Familienleben fehlt mir … jeder Sinn außer dem des Beobachters im besten Fall.» Aber diese unuunterdrückbaren Zweifel an der eigenen Empfindungsart und -fähigkeit können es mit jedem nichts als warm oder ungebrochen strömenden Mitgefühl aufnehmen, was Menschlichkeit angeht. Ein Beobachter, der nicht auch ein Beobachter seiner selbst ist, kann doch gar nicht recht glaubwürdig werden. Und wie liebenswürdig wird einem Victor Klemperer, wenn er als klassizistisch befangener Professor entscheidet, daß er kein Dichter sei, und sich als Prosaist bei ebendieser Entscheidung deutlich voraus ist. Und zum Glück ist der Prosaist in ihm ursprünglicher als der klassizistische Professor. Also ausschlaggebend. Auf diese Realismusleistung beim Erzählen der Sterbestunde des Vaters folgen noch Sätze, die sanft über das eben Geleistete hinausgehen, und zwar durch Zurücknahme, durch Relativierung, eben durch Genauigkeit: «Nach irgendeiner endlosen Zeit, ich kann also doch nicht so genau beobachtet haben, obschon ich immer noch im Türrahmen zum Salon lehne, ist Georg im Zimmer; ... Ich registriere bei mir: ‹Im Romanklischee heißt das: *Er stand in Schmerz versunken*; aber ich war ja auch in die Kosten des Zylinders und in den Kinoaufsatz und in ein Dutzend anderer Dinge versunken.› Georg schiebt die Decke ein wenig zurück, legt das Hörrohr an und sagt zu sich: ‹Vielleicht noch dreißig Minuten.›»

Das ist der Schriftsteller Victor Klemperer, gleichgültig, ob er beschreibt, wie in Landsberg an der Warthe der Salamander gerieben, wie in Flandern der vorderste Graben erreicht oder in Dresden der Überfall der Gestapo ertragen wurde.

In achtzig Jahren keine Privatsache. Das liegt eben an der Art der Mitteilung, an der Genauigkeit des Ausdrucks. Privatsache ist ja nur das, was im Ausdruck nicht das Licht der Welt erreicht.

Erst am 27. November 1938, also fast drei Wochen nach der Pogrom-Nacht des 9. November, ist er imstand zu erzählen, was am 11. November – sie wohnten noch in ihrem Haus in Dölzschen – passierte. Ich habe mich gewehrt, in der Verhaftungsszene in Kafkas Prozeß-Roman eine prophetische Gestapo-Szene zu sehen, umgekehrt aber erreicht Victor Klemperer, der ganz offensichtlich Kafka nicht kannte, in der Schilderung einer

Durchsuchungsszene kafkaische Wirkungen. Jetzt kann man sagen: Es ging in Wirklichkeit so zu wie bei Kafka. Aber nicht nur wegen der Uniformen und der unfaßbaren Willkür der staatlich legitimierten Terroristen, sondern wegen der grauenhaften Komik, mit der eine solche Szene bei Kafka und bei Klemperer abläuft. Die drei Eindringlinge bei Klemperer durchsuchen das Haus am 11. November nach Waffen; Klemperer weiß nicht mehr, wo im Haus Säbel und Seitengewehr aus dem Ersten Weltkrieg herumliegen könnten; also wird alles durchwühlt und aufgebrochen. Eva Klemperer will natürlich behilflich sein, diese harmlosen Waffen zu finden, um sie los zu sein. «Als Eva einmal ein Handwerkszeug holen wollte, lief der junge Gendarm hinter ihr her; der ältere rief: ‹Sie machen uns mißtrauisch, Sie verschlechtern Ihre Lage.›» Diese Kafka-Komik muß heute keinem mehr erklärt werden. Nur, hier stammt sie direkt aus dem realen Terror. Allerdings bedarf es, daß die im Gräßlichen vorhandene Komik offenbar werde, des Schriftstellers.

Vier Epochen deutscher Geschichte hat der Schriftsteller Victor Klemperer so erfahren und so ausgedrückt. Kaiserreich, Weimarer Republik, Drittes Reich, DDR. Kaiserreich und Drittes Reich liegen jetzt vor. 1919 bis 1933 fehlt noch. Wie er die DDR erfuhr, können wir dank der *Dresdner Hefte* und dank einiger Nuancen in dem 1947 erschienenen *LTI* schon erleben. Im November 45 sieht er auf dem Albrechtplatz in Dresden das Bild des «Marschalls Stalin» und notiert: «Es könnte auch Hermann Göring sein.» Und, auch noch im November 45: «Schauderhaft die Identität der LTI und LQI (Lingua Quartii Imperii, also die Sprache des Vierten Reichs), des sowjetischen und des nazistischen … Liedes! Das drängt sich von Morgen bis Mitternacht überall auf und durch! In jedem Wort, jedem Satz, jedem Gedanken … Unverhülltester Imperialismus der Russen!» Und doch hat Klemperer die DDR nicht verlassen. So wenig Emigration wie zwischen 33 und 45. Wer heute sein *LTI* von 1947 liest, kann sich wundern über ein paar Stellen, in denen den Russen und der Sowjet-Idee geopfert wurde. Die Tagebücher sind die erwünschte Ergänzung zu diesen Stellen. Soweit sie jetzt vorliegen, sind sie ein Beleg dafür, daß Victor Klemperer der Schriftsteller blieb, der er wirklich von Anfang an war. In diesem Versuch, die Sowjet-Ideologie erträglich zu finden, wirkte die Angst nach, Weimar könne sich wiederholen. Heinrich Heine hatte ein Jahr vor seinem Tod formuliert: «Aus Haß gegen die Nationalisten könnte ich schier die Kommunisten lieben.» Es hat sich in Deutschland eine neue Kritiksparte etabliert, und sie blüht krasser als jede andere Kritiksparte. Zur Literatur-, zur Theater-, zur Film-, zur Kunst- und zur Musikkritik haben wir jetzt die Biographiekritik bekommen. Frau X und Herr Y beschäftigen sich mit der Biographie eines Toten oder noch Lebenden und stellen fest und beweisen, der und der hätte so nicht denken oder schreiben dürfen. Es ist klar, daß diese Lust zur Biographiekritik eine Folge dieses deutschen Katastrophenjahrhunderts ist. Noch nie war Rechthaben in Deutschland so wichtig wie in diesem Jahrhundert. Und noch wichtiger: Rechtgehabthaben. Das hat mit dem Zwist zwischen Heinrich und Thomas Mann angefangen und kann mit dem, was uns seit 1989 moralisch vorgeturnt wird, von Mal zu Mal zu Mal immer wieder kein Ende finden. Meistens zeigen uns unversucht gebliebene Nachgeborene, wie sich die Väter, Großväter, Urgroßväter hätten benehmen müssen, damit sie vor dem moralischen Besserwissen der gänzlich Unversuchten bestehen könnten. Manchmal kann man meinen, heute gebe es überhaupt keine aktuelle Möglichkeit mehr, sich moralisch-politisch zu bewähren, deshalb inszenierten die morallüsternen Nachgeborenen ihr Bessersein ausschließlich auf den katalaunischen Feldern von gestern und vorgestern. Vielleicht erfahren sie einmal durch ihre Enkel, welche Bewährungsgelegenheiten sie zu ihrer Zeit, also heute, versäumt haben. Sie müßten dann antworten: Das haben wir nicht gewußt. Dieser Text ist ja bekannt. Allen Biographiekritikern seien die Aufzeichnungen Victor Klemperers empfohlen. Am meisten denen, die eine Berufung empfinden, anderen einen angemessenen Umgang mit unseren Vergangenheiten zu empfehlen. Bei Victor Klemperer kann man lernen, mit dem eigenen Gewissen umzugehen, statt auf das der anderen aufzupassen. Wer die Klemperersche Schule der Genauigkeit durchläuft, wird Mitleid haben mit denen, die es sich zur Lebensaufgabe machen, den Opfern des NS-Terrors ein sichtbares Denkmal zu setzen. Kann es einen heftigeren Kontrast geben als den zwischen dem Glauben, daß dem Ausmaß des Grauens durch gigantische Dimensionen entsprochen werden müsse, und der unwiderstehlichen Genauigkeit dieser in der Sprache aufgehobenen Grauensmomente? «Kranzabwurfstellen» hat die scharfsichtige Beobachterin Jane Kramer diese geplanten monströsen Hauptstadtmonumente genannt. Abgesehen davon, dieser Versuch, das Hinschauen, das Bemerken, das Darandenken durch Monumentalität zu erreichen, kann auch einen Wegschauzwang bewirken; in Jugendlichen, die sich herostratisch tummeln wollen, auch Schlimmeres. Womit dann fort und fort dafür gesorgt wäre, daß Deutschland aus den schlimmsten Nachrichten nicht mehr herauskäme. Sinnvoll wäre, dafür zu sorgen, daß Klemperer überall gegenwärtig wäre, daß er zu einer wichtigen Auskunftsquelle über diese Epoche deutscher Geschichte werden würde. Ich kenne keine Mitteilungsart, die uns die Wirklichkeit der NS-Diktatur faßbarer machen kann, als es die Prosa Klemperers tut. Film, Photographie, Tonband, Fiktion, Geschichtsschreibung – alles, was ich bisher an Zeugnis oder Beschreibung der NS-Diktatur kennengelernt habe, ist mir weniger eindringlich vorgekommen als die Aufzeichnungen Victor Klemperers. Nirgends sonst habe ich den Verbrecherstatus der damaligen Machthaber und Funktionäre so erleben und erkennen können wie in diesen Tagebüchern. Daß es die Bevölkerung gab und eine Bande von Verbrechern als Machthaber. Wie sich diese Kriminalität einnisten konnte im Legalen. Wie der staatlich produzierte und legalisierte Haß die einen zur puren Bösartigkeit, andere aber zur reinen Menschlichkeit motivierte. Wieder andere zum Wegschauen.

Es ist zwar kein Trost, aber eine Art Ermutigung, daß das Medium, in dem dieses Zeugnis erscheinen kann, die Sprache ist. «Gegen die Wahrheit der Sprache gibt es kein Mittel», hatte Klemperer im März 42 notiert. Der Satz hätte auch Gershom Scholem gefallen, der zu Walter Benjamins Geburtstag im Juli 1918 95 Thesen über Judentum und Zionismus entwarf, und die 24. These lautete: «Das Gesetz der talmudischen Dialektik: Die Wahrheit ist eine stetige Funktion der Sprache.» Das ist das Ermutigende. Die Sprache ist zwar als Herrschafts- und Propagandamittel mißbrauchbar, aber sie ist dann auch schon das Gericht. Klemperers Kulturvertrauen hat ihn nicht getäuscht. Sein «Berufsmut» war sinnvoll.

Schon während des Ersten Weltkriegs hat Klemperer notiert, daß er aus diesem Krieg zurückkehren werde mit dem Zweifel an jeder Position. Und das ist seine lebenslängliche Textbewegung: jede Position, in die er sich zur Selbstvergewisserung hineinschreibt, wird dadurch, daß er sie hat, verlassenswert. Er selber erlebt nur Zweifel, Unruhe, Unsicherheit, lebenslängliche Selbstungewißheit; aber dadurch erleben wir in den so erschriebenen Texten einen Menschen von vollkommener Vertrauenswürdigkeit. Und unversehens wird eben daraus auch Liebenswürdigkeit. Eine Liebenswürdigkeit, die nichts von sich weiß. Ich weiß nicht, was Schiller dazu sagen würde, aber mich hat einigermaßen ergriffen die moralische Schönheit dieses Victor Klemperer.

Erfahrungen beim Verfassen
einer Sonntagsrede

Als die Medien gemeldet hatten, wer in diesem Jahr den Friedenspreis des Deutschen Buchhandels bekommen werde, trudelten Glückwünsche herein. Zwei Eigenschaftswörter kamen auffällig oft vor im Glückwunschtext. Die Freude der Gratulierenden wurde öfter «unbändig» genannt. Auf die Rede, die der Ausgesuchte halten werde, hieß es auch öfter, sei man gespannt, sie werde sicher kritisch. Daß mehrere sich unbändig freuen, weil einem anderen etwas Angenehmes geschieht, zeigt, daß unter uns die Freundlichkeitsfähigkeit noch lebt. Darüber, daß von ihm natürlich eine kritische Rede erwartet werde, konnte der Ausgesuchte sich nicht gleichermaßen freuen. Klar, von ihm wurde die Sonntagsrede erwartet. Die kritische Predigt. Irgend jemandem oder gleich allen die Leviten lesen. Diese Rede hast du doch auch schon gehalten. Also halt sie halt noch einmal, mein Gott. Die Rede, die gespeist wird aus unguten Meldungen, die es immer gibt, die sich, wenn ein bißchen Porenverschluß zu Hilfe kommt, so polemisch schleifen läßt, daß die Medien noch zwei, wenn nicht gar zweieinhalb Tage lang eifrig den Nachhall pflegen.

Der Ausgesuchte kam sich eingeengt vor, festgelegt. Er war nämlich, als er von der Zuerkennung erfuhr, zuerst einmal von einer einfachen Empfindung befallen worden, die, formuliert, etwa hätte heißen können: Er wird fünfundzwanzig oder gar dreißig Minuten lang nur Schönes sagen, das heißt Wohltuendes, Belebendes, Friedenspreismäßiges. Zum Beispiel Bäume rühmen, die er durch absichtsloses Anschauen seit langem kennt. Und gleich der Rechtfertigungszwang: Über Bäume zu reden ist kein Verbrechen mehr, weil inzwischen so viele von ihnen krank sind. Er könnte auch als Sonnenuntergangsexperte auftreten und mitteilen, daß die Sonne, wenn sie am Wasser untergeht, zu Übertreibungen neigt. Fünfundzwanzig Minuten Schönes – selbst wenn du das der Sprache abtrotzen oder aus ihr herauszärteln könntest, fünfundzwanzig oder gar dreißig Minuten Schönes –, dann bist du erledigt. Ein Sonntagsrednerpult, Paulskirche, öffentlichste Öffentlichkeit, Medienpräsenz, und dann etwas Schönes! Nein, das war dem für den Preis Ausgesuchten schon ohne alle Hilfe von außen klargeworden, das durfte nicht sein. Aber als er dann so deutlich gesagt kriegte, daß von ihm erwartet werde, die kritische Sonntagsrede zu halten, wehrte sich in ihm die freiheitsdurstige Seele doch noch einmal. Daß ich mein Potpourri des Schönen hätte rechtfertigen müssen, war mir schon klar. Am besten mit solchen Geständnissen: Ich verschließe mich Übeln, an deren Behebung ich nicht mitwirken kann. Ich habe lernen müssen wegzuschauen. Ich habe mehrere Zufluchtwinkel, in die sich mein Blick sofort flüchtet, wenn mir der Bildschirm die Welt als eine unerträgliche vorführt. Ich finde, meine Reaktion sei verhältnismäßig. Unerträgliches muß ich nicht ertragen können. Auch im Wegdenken bin ich geübt. An der Disqualifizierung des Verdrängens kann ich mich nicht beteiligen. Freud rät, Verdrängen durch Verurteilung zu ersetzen. Aber soweit ich sehe, gilt seine Aufklärungsarbeit nicht dem Verhalten des Menschen als Zeitgenossen, sondern dem vom eigenen Triebschicksal Geschüttelten. Ich käme ohne Wegschauen und Wegdenken nicht durch den Tag und schon gar nicht durch die Nacht. Ich bin auch nicht der Ansicht, daß alles gesühnt werden muß. In einer Welt, in der alles gesühnt werden müßte, könnte ich nicht leben. Also, gebe ich zu, ist es mir ganz und gar unangenehm, wenn die Zeitung meldet: Ein idealistischer Altachtundsechziger, der dann für die DDR spionierte und durch die von Brüssel nach Ost-Berlin und Moskau verratenen Nato-Dokumente dazu beigetragen hat, denen im Osten begreiflich zu machen, wie wenig von der Nato ein atomarer Erstschlag zu befürchten sei, dieser idealistisch-sozialistische Weltverbesserer wird nach der Wende zu zwölf Jahren Gefängnis und 100000 Mark Geldstrafe verurteilt, obwohl das Oberlandesgericht Düsseldorf im Urteil festhält, «daß es ihm auch darum ging, zum Abbau von Vorurteilen und Besorgnissen des Warschauer Paktes die Absichten der Nato transparent zu machen und damit zum Frieden beizutragen –» Und er habe «auch nicht des Geldes wegen für seine östlichen Auftraggeber gearbeitet». Wolfgang Schäuble und andere Politiker der CDU haben dafür plädiert, im Einigungsvertrag die Spionage beider Seiten von Verfolgung freizustellen. Trotzdem kam es 1992 zu dem Gesetz, das die Spione des Westens straffrei stellt und finanziell entschädigt, Spione des Ostens aber der Strafverfolgung ausliefert. Vielleicht hätte ich von diesem Vorfall auch wegdenken können, wenn er nicht ziemlich genau dem Fall gliche, den ich noch zur Zeit der Teilung in einer Novelle dargestellt habe. Und man kann als Autor, wenn die Wirklichkeit die Literatur geradezu nachäfft, nicht so tun, als ginge es einen nichts mehr an. Wenn die unselige Teilung noch bestünde, der Kalte Krieg noch seinen gefährlichen Unsinn fortreten dürfte, wäre dieser Gefangene, der als «Meisterspion des Warschauer Paktes im Nato-Hauptquartier in Brüssel» firmiert, längst gegen einen Gleichkarätigen, den sie drüben gefangen hätten, ausgetauscht. Dieser Gefangene büßt also die deutsche Einigung. Resozialisierung kann nicht der Sinn dieser Bestrafung sein, Abschreckung auch nicht. Bleibt nur Sühne. Unser verehrter Herr Bundespräsident hat es abgelehnt, diesen Gefangenen zu begnadigen. Und der Bundespräsident ist ein Jurist von hohem Rang. Ich bin Laie. Fünf Jahre von zwölfen sind verbüßt. Die Aberkennung des durch Beiträge erworbenen Pensionsanspruchs bei der Nato trifft hart. Wenn schon die juristisch-politischen Macher es nicht wollten, daß Ost und West rechtlich gleichgestellt wären, wahrscheinlich weil das eine nachträgliche Anerkennung des Staates DDR bedeutet hätte – na und?! –, wenn schon das Recht sich als unfähig erweist, die politisch glücklich verlaufene Entwicklung menschlich zu fassen, warum dann nicht Gnade vor Recht? So der Laie. Also doch die Sonntagsrede der scharfen Darstellung bundesrepublikanischer Justiz widmen? Aber dann ist die Rede zu Ende, ich gehe essen, schreibe morgen weiter am nächsten Roman, und der Spion sühnt und sühnt und sühnt bis ins nächste Jahrtausend. Wenn das nicht peinlich ist, was, bitte, ist dann peinlich? Aber ist die vorhersehbare Wirkungslosigkeit ein Grund, etwas, was du tun solltest, nicht zu tun? Oder mußt du die kritische Rede nicht schon deshalb meiden, weil du auf diesen von dir als sinnlos und ungerecht empfundenen Strafvollzugsfall nur zu sprechen kommst, weil du die kritische Sonntagsrede halten sollst? In deinem sonstigen Schreiben würdest du dich nicht mehr mit einem solchen Fall beschäftigen, so peinlich es dir auch ist, wenn du daran denkst, daß dieser grundidealistische Mensch sitzt und sitzt und sitzt.

Es gibt die Formel, daß eine bestimmte Art Geistestätigkeit die damit Beschäftigten zu Hütern oder Treuhändern des Gewissens mache; diese Formel finde ich leer, pompös, komisch. Gewissen ist nicht delegierbar. Ich werde andauernd Zeuge des moralisch-politischen Auftritts dieses oder jenes schätzenswerten Intellektuellen und habe selber schon, von unangenehmen Aktualitäten provoziert, derartige Auftritte nicht vermeiden können. Aber gleich stellt sich eine Bedingung ein, ohne die nichts mehr geht. Nämlich: etwas, was man einem anderen sagt, mindestens genauso zu sich selber sagen. Den Anschein vermeiden, man wisse etwas besser. Oder gar, man sei besser. Stilistisch nicht ganz einfach: kritisch werden und doch glaubwürdig ausdrücken, daß du nicht glaubst, etwas besser zu wissen. Noch schwieriger dürfte es sein, dich in Gewissensfragen einzumischen und doch den Anschein zu vermeiden, du seist oder hieltest dich für besser als die, die du kritisierst.

In jeder Epoche gibt es Themen, Probleme, die unbestreitbar die Gewissensthemen der Epoche sind. Oder dazu gemacht werden. Zwei Belege für die Gewissensproblematik dieser Epoche. Ein wirklich bedeutender Denker formulierte im Jahr 92: «Erst die Reaktionen auf den rechten Terror – die aus der politischen Mitte der Bevölkerung und die von oben: aus der Regierung, dem Staatsapparat und der Führung der Parteien – machen das ganze Ausmaß der moralisch-politischen Verwahrlosung sichtbar.» Ein ebenso bedeutender Dichter ein paar Jahre davor: «Gehen Sie in irgendein Restaurant in Salzburg. Auf den ersten Blick haben Sie den Eindruck: lauter brave Leute. Hören Sie Ihren Tischnachbarn aber zu, entdecken Sie, daß sie nur von Ausrottung und Gaskammern träumen.» Addiert man, was der Denker und der Dichter – beide wirklich gleich seriös – aussagen, dann sind Regierung, Staatsapparat, Parteienführung und die braven Leute am Nebentisch «moralisch-politisch» verwahrlost. Meine erste Reaktion, wenn ich Jahr für Jahr solche in beliebiger Zahl zitierbaren Aussagen von ganz und gar seriösen Geistes- und Sprachgrößen lese, ist: Warum bietet sich mir das nicht so dar? Was fehlt meiner Wahrnehmungsfähigkeit? Oder liegt es an meinem zu leicht einzuschläfernden Gewissen? Das ist klar, diese beiden Geistes- und Sprachgrößen sind auch Gewissensgrößen. Anders wäre die Schärfe der Verdächtigung oder schon Beschuldigung nicht zu erklären. Und wenn eine Beschuldigung weit genug geht, ist sie an sich schon schlagend, ein Beweis erübrigt sich da.

Endlich tut sich eine Möglichkeit auf, die Rede kritisch werden zu lassen. Ich hoffe, daß auch selbstkritisch als kritisch gelten darf. Warum werde ich von der Empörung, die dem Denker den folgenden Satzanfang gebietet, nicht mobilisiert: «Wenn die sympathisierende Bevölkerung vor brennenden Asylantenheimen Würstchenbuden aufstellt ...» Das muß man sich vorstellen: Die Bevölkerung sympathisiert mit denen, die Asylantenheime angezündet haben, und stellt deshalb Würstchenbuden vor die brennenden Asylantenheime, um auch noch Geschäfte zu machen. Und ich muß zugeben, daß ich mir das, wenn ich es nicht in der intellektuell maßgeblichen Wochenzeitung und unter einem verehrungswürdigen Namen läse, nicht vorstellen könnte. Die tausend edle Meilen von der Bildzeitung entfernte Wochenzeitung tut noch ein übriges, um meiner ungenügenden moralisch-politischen Vorstellungskraft zu helfen; sie macht aus den Wörtern des Denkers fett gedruckte Hervorhebungskästchen, daß man das Wichtigste auch dann zur Kenntnis nehme, wenn man den Aufsatz selber nicht Zeile für Zeile liest. Da sind dann die Wörter des Denkers im Extraschaudruckkästchen so zu besichtigen: «Würstchenbuden vor brennenden Asylantenheimen und symbolische Politik für dumpfe Gemüter.» Ich kann solche Aussagen nicht bestreiten; dazu sind sowohl der Denker als auch der Dichter zu seriöse Größen. Aber – und das ist offenbar meine moralisch-politische Schwäche – genausowenig kann ich ihnen zustimmen. Meine nichts als triviale Reaktion auf solche schmerzhaften Sätze: Hoffentlich stimmt's nicht, was uns da so kraß gesagt wird. Und um mich vollends zu entblößen: Ich kann diese Schmerz erzeugenden Sätze, die ich weder unterstützen noch bestreiten kann, einfach nicht glauben. Es geht sozusagen über meine moralisch-politische Phantasie hinaus, das, was da gesagt wird, für wahr zu halten. Bei mir stellt sich eine unbeweisbare Ahnung ein: Die, die mit solchen Sätzen auftreten, wollen uns weh tun, weil sie finden, wir haben das verdient. Wahrscheinlich wollen sie auch sich selber verletzen. Aber uns auch. Alle. Eine Einschränkung: alle Deutschen. Denn das ist schon klar: In keiner anderen Sprache könnte im letzten Viertel des 20. Jahrhunderts so von einem Volk, von einer Bevölkerung, einer Gesellschaft gesprochen werden. Das kann man nur von Deutschen sagen. Allenfalls noch, soweit ich sehe, von Österreichern.

Jeder kennt unsere geschichtliche Last, die unvergängliche Schande, kein Tag, an dem sie uns nicht vorgehalten wird. Könnte es sein, daß die Intellektuellen, die sie uns vorhalten, dadurch, daß sie uns die Schande vorhalten, eine Sekunde lang der Illusion verfallen, sie hätten sich, weil sie wieder im grausamen Erinnerungsdienst gearbeitet haben, ein wenig entschuldigt, seien für einen Augenblick sogar näher bei den Opfern als bei den Tätern? Eine momentane Milderung der unerbittlichen Entgegengesetztheit von Tätern und Opfern. Ich habe es nie für möglich gehalten, die Seite der Beschuldigten zu verlassen. Manchmal, wenn ich nirgends mehr hinschauen kann, ohne von einer Beschuldigung attackiert zu werden, muß ich mir zu meiner Entlastung einreden, in den Medien sei auch eine Routine des Beschuldigens entstanden. Von den schlimmsten Filmsequenzen aus Konzentrationslagern habe ich bestimmt schon zwanzigmal weggeschaut. Kein ernstzunehmender Mensch leugnet Auschwitz; kein noch zurechnungsfähiger Mensch deutelt an der Grauenhaftigkeit von Auschwitz herum; wenn mir aber jeden Tag in den Medien diese Vergangenheit vorgehalten wird, merke ich, daß sich in mir etwas gegen diese Dauerpräsentation unserer Schande wehrt. Anstatt dankbar zu sein für die unaufhörliche Präsentation unserer Schande, fange ich an wegzuschauen. Ich möchte verstehen, warum in diesem Jahrzehnt die Vergangenheit präsentiert wird wie noch nie zuvor. Wenn ich merke, daß sich in mir etwas dagegen wehrt, versuche ich, die Vorhaltung unserer Schande auf Motive hin abzuhören, und bin fast froh, wenn ich glaube, entdecken zu können, daß öfter nicht mehr das Gedenken, das Nichtvergessendürfen das Motiv ist, sondern die Instrumentalisierung unserer Schande zu gegenwärtigen Zwecken. Immer guten Zwecken, ehrenwerten. Aber doch Instrumentalisierung. Jemand findet die Art, wie wir die Folgen der deutschen Teilung überwinden wollen, nicht gut und sagt, so ermöglichten wir ein neues Auschwitz. Schon die Teilung selbst, solange sie dauerte, wurde von maßgeblichen Intellektuellen gerechtfertigt mit dem Hinweis auf Auschwitz. Oder: Ich stellte das Schicksal einer jüdischen Familie von Landsberg a. d. Warthe bis Berlin nach genauester Quellenkenntnis dar als einen fünfzig Jahre durchgehaltenen Versuch, durch Taufe, Heirat und Leistung dem ostjüdischen Schicksal zu entkommen und Deutsche zu werden, sich ganz und gar zu assimilieren. Ich habe gesagt, wer alles als einen Weg sieht, der nur in Auschwitz enden konnte, der macht aus dem deutschjüdischen Verhältnis eine Schicksalskatastrophe unter gar allen Umständen. Der Intellektuelle, der dafür zuständig war, nannte das eine Verharmlosung von Auschwitz. Ich nehme zu meinen Gunsten an, daß er nicht alle Entwicklungen dieser Familie so studiert haben kann wie ich. Auch haben heute lebende Familienmitglieder meine Darstellung bestätigt. Aber: Verharmlosung von Auschwitz. Da ist nur noch ein kleiner Schritt zur sogenannten Auschwitzlüge. Ein smarter Intellektueller hißt im Fernsehen in seinem Gesicht einen Ernst, der in diesem Gesicht wirkt wie eine Fremdsprache, wenn er der Welt als schweres Versagen des Autors mitteilt, daß in des Autors Buch Auschwitz nicht vorkomme. Nie etwas gehört vom Urgesetz des Erzählens: der Perspektivität. Aber selbst wenn, Zeitgeist geht vor Ästhetik.

Bevor man das alles als Rüge des eigenen Gewissensmangels einsteckt, möchte man zurückfragen, warum, zum Beispiel, in Goethes «Wilhelm Meister», der ja erst 1795 zu erscheinen beginnt, die Guillotine nicht vorkommt. Und mir drängt sich, wenn ich mich so moralisch-politisch gerügt sehe, eine Erinnerung auf. Im Jahr 1977 habe ich nicht weit von hier, in Bergen-Enkheim, eine Rede halten müssen und habe die Gelegenheit dazu benutzt, folgendes Geständnis zu machen: «Ich halte es für unerträglich, die deutsche Geschichte – so schlimm sie zuletzt verlief – in einem Katastrophenprodukt enden zu lassen.» Und: «Wir dürften, sage ich vor Kühnheit zitternd, die BRD so wenig anerkennen wie die DDR. Wir müssen die Wunde namens Deutschland offenhalten.» Das fällt mir ein, weil ich jetzt wieder vor Kühnheit zittere, wenn ich sage: Auschwitz eignet sich nicht dafür, Drohroutine zu werden, jederzeit einsetzbares Einschüchterungsmittel oder Moralkeule oder auch nur Pflichtübung. Was durch solche Ritualisierung zustande kommt, ist von der Qualität Lippengebet. Aber in welchen Verdacht gerät man, wenn man sagt, die Deutschen seien jetzt ein normales Volk, eine gewöhnliche Gesellschaft?

In der Diskussion um das Holocaustdenkmal in Berlin kann die Nachwelt einmal nachlesen, was Leute anrichteten, die sich für das Gewissen von anderen verantwortlich fühlten. Die Betonierung des Zentrums der Hauptstadt mit einem fußballfeldgroßen Alptraum. Die Monumentalisierung der Schande. Der Historiker Heinrich August Winkler nennt das «negativen Nationalismus». Daß der, auch wenn er sich tausendmal besser vorkommt, kein bißchen besser ist als sein Gegenteil, wage ich zu vermuten. Wahrscheinlich gibt es auch eine Banalität des Guten.

Etwas, was man einem anderen sagt, mindestens genauso zu sich selber sagen. Klingt wie eine Maxime, ist aber nichts als Wunschdenken. Öffentlich von der eigenen Mangelhaftigkeit sprechen? Unversehens wird es Phrase. Daß solche Verläufe schwer zu vermeiden sind, muß mit unserem Gewissen zu tun haben. Wenn ein Denker «das ganze Ausmaß der moralisch-politischen Verwahrlosung» der Regierung, des Staatsapparates und der Führung der Parteien kritisiert, dann ist der Eindruck nicht zu vermeiden, sein Gewissen sei reiner als das der moralisch-politisch Verwahrlosten. Wie fühlt sich das an, ein reineres, besseres, ein gutes Gewissen? Ich will mir, um mich vor weiteren Bekenntnispeinlichkeiten zu schützen, von zwei Geistesgrößen helfen lassen, deren Sprachverstand nicht anzuzweifeln ist. Heidegger und Hegel. Heidegger, 1927, «Sein und Zeit». «Das Gewißwerden des Nichtgetanhabens hat überhaupt nicht den Charakter eines Gewissensphänomens. Im Gegenteil: dieses Gewißwerden kann eher ein Vergessen des Gewissens bedeuten.» Das heißt, weniger genau gesagt: Gutes Gewissen, das ist so wahrnehmbar wie fehlendes Kopfweh. Aber dann heißt es im Gewissensparagraphen von «Sein und Zeit»: «Das Schuldigsein gehört zum Dasein selbst …» Ich hoffe nicht, daß das gleich wieder als eine bequeme Entlastungsphrase für zeitgenössische schuldunlustige Finsterlinge verstanden wird. Jetzt Hegel. Hegel in der Rechtsphilosophie: «Das Gewissen, diese tiefste innerliche Einsamkeit mit sich, wo alles Äußerliche und alle Beschränktheit verschwunden ist, diese durchgängige Zurückgezogenheit in sich selbst …»

Ergebnis der philosophischen Hilfe: Ein gutes Gewissen ist keins. Mit seinem Gewissen ist jeder allein. Öffentliche Gewissensakte sind deshalb in der Gefahr, symbolisch zu werden. Und nichts ist dem Gewissen fremder als Symbolik, wie gut sie auch gemeint sei. Diese «durchgängige Zurückgezogenheit in sich selbst» ist nicht repräsentierbar. Sie muß «innerliche Einsamkeit» bleiben. Es kann keiner vom anderen verlangen, was er gern hätte, der aber nicht geben will. Und das ist nicht nur deutsche idealistische Philosophie. In der Literatur, zum Beispiel,

Praxis. Bei Kleist. Und jetzt kann ich doch noch etwas Schönes bringen. Herrliche Aktionen bei Kleist, in denen das Gewissen als das schlechthin Persönliche geachtet, wenn nicht sogar gefeiert wird. Der Reitergeneral Prinz von Homburg hat sich in der Schlacht befehlswidrig verhalten, der Kurfürst verurteilt ihn zum Tode, dann, plötzlich: «Er ist begnadigt!» Natalie kann es kaum glauben: «Ihm soll vergeben sein? Er stirbt jetzt nicht?» fragt sie. Und der Kurfürst: «Die höchste Achtung, wie Dir wohl bekannt, / Trag ich im Innersten für sein Gefühl. / Wenn er den Spruch für ungerecht kann halten, / Kassier' ich die Artikel; er ist frei!» Also, es wird ganz vom Gefühl des Verurteilten abhängig gemacht, ob das Todesurteil vollzogen wird. Wenn der Verurteilte das Urteil für ungerecht halten kann, ist er frei.

Das ist Gewissensfreiheit, die ich meine. Das Gewissen, sich selbst überlassen, produziert noch Schein genug. Öffentlich gefordert, regiert nur der Schein. Birgt und verbirgt nicht jeder ein innerstes, auf Selbstachtungsproduktion angelegtes Spiegelkabinett? Ist nicht jeder eine Anstalt zur Lizenzierung der unvereinbarsten Widersprüche? Ist nicht jeder ein Fließband der unendlichen Lüge-Wahrheit-Dialektik? Nicht jeder ein von Eitelkeiten dirigierter Gewissenskämpfer? Oder verallgemeinere ich mich jetzt schon zu sehr, um eigener Schwäche Gesellschaft zu verschaffen? Die Frage kann ich nicht weglassen: Wäre die Öffentlichkeit ärmer oder gewissensverrohter, wenn Dichter und Denker nicht als Gewissenswarte der Nation aufträten? Beispiele, bitte. In meinem Lieblingsjahrzehnt, 1790 bis 1800, sind Schiller, Fichte, Hegel, Hölderlin Befürworter der Französischen Revolution. Goethe, seit 1776 Weimarer Staatsbeamter, seit 1782 im Adelsstand, macht mit seinem Herzog eine Kriegsreise im antirevolutionären Lager, vor Verdun beobachtet er, heißt es, an kleinen Fischen in einem mit klarem Wasser gefüllten Erdtrichter prismatische Farben. Einen Monat nach dem Ausbruch der

Französischen Revolution hat er sein zärtlich-innigstes Spiegel-
bildstück vollendet: den Tasso. Und als er im Jahr 94 Schiller in
Jena in der «Naturforschenden Gesellschaft» trifft, wird, heißt
es, die Freundschaft endgültig begründet. Und den einen hat es
offenbar nicht gestört, daß der andere eine ganz andere Art von
Gewissen pflegte als er selber. Wer war nun da das Gewissen des
Jahrzehnts? Liegt das jetzt an der Größe dieser beiden, daß eine
Freundschaft entstand zwischen zwei wahrhaft verschiedenen
Gewissen? Oder gab es damals noch Toleranz? Ein Fremdwort,
das wegen Nichtmehrvorkommens des damit Bezeichneten heute eher entbehrlich ist. Noch so ein Gewissensbeispiel: Thomas
Mann. Kurz vor 1918 lehnt er Demokratie ab, sie sei bei uns
«landfremd, ein Übersetztes, das ... niemals deutsches Leben
und deutsche Wahrheit werden kann. ... Politik ..., Demokratie ist an und für sich etwas Undeutsches, Widerdeutsches ...»
Und 1922, zu Gerhart Hauptmanns Sechzigstem, spricht er «Von
deutscher Republik», und zwar so: «... fast nur um zu beweisen,
daß Demokratie, daß Republik Niveau haben, sogar das Niveau
der deutschen Romantik haben kann, bin ich auf dieses Podium getreten». Und blieb auf diesem Podium. Aber vorher war
er auch schon zwanzig Jahre lang ein Intellektueller und Schriftsteller, aber, was die öffentliche Meinung angeht, auf der anderen Seite. Aber wer seine Bücher liest von «Buddenbrooks» bis
«Zauberberg», der kriegt von diesem krassen Meinungswechsel
so gut wie nichts mit. Dafür aber, behaupte ich, den wirklichen
Thomas Mann: Wie er wirklich dachte und empfand, seine Moralität also, teilt sich in seinen Romanen und Erzählungen unwillkürlich und vertrauenswürdiger mit als in den Texten, in
denen er politisch-moralisch recht haben mußte. Oder gar das
Gefühl hatte, er müsse sich rechtfertigen.
     Das möchte man den Meinungssoldaten entgegenhalten,
wenn sie, mit vorgehaltener Moralpistole, den Schriftsteller in

den Meinungsdienst nötigen. Sie haben es immerhin so weit gebracht, daß Schriftsteller nicht mehr gelesen werden müssen, sondern nur noch interviewt. Daß die so zustande kommenden Platzanweisungen in den Büchern dieser Schriftsteller entweder nicht verifizierbar oder kraß widerlegt werden, ist dem Meinungs- und Gewissenswart eher egal, weil das Sprachwerk für ihn nicht verwertbar ist.

Ich gebe zu, der Schriftsteller ist selber schuld, wenn er sich auf diese geliehene Sprache einläßt und in barer Legitimationsnot so tut, als könne er dazu und dazu und auch noch dazu etwas sagen. Und je bekannter ein Schriftsteller wird, desto mehr gilt er als zuständig für das und das und auch noch für das. Zuständig ist er aber nur für sich selbst, und auch das nur, wenn er sich das nicht ausreden läßt; und gerade dadurch, daß er nur für sich selber zuständig ist, kann er brauchbar werden auch für andere, weil eben das Wichtige nur wichtig ist, weil wir es alle gemeinsam haben; diese Brauchbarkeit kann aber nicht angestrebt und nicht bedient werden; sie ergibt sich nur in der unschuldig schönsten Zusammenarbeit der Welt: Das ist die zwischen Autor und Leser. Die entsteht durch eine einzige Bedingung: Es sind dieselben Gründe, die uns zum Lesen und zum Schreiben bringen. Das Buchstabierenmüssen unserer Existenz. Ob lesend oder schreibend, ist dann zweiten Ranges. Dieses für den Schriftsteller lebenswichtige Verhältnis bedarf keiner halbgaren Wunschsätze wie: Etwas, was man einem anderen sagt, genauso zu sich selber sagen. Das ist beim unwillkürlichen Lesen und Schreiben kein bißchen problematisch. Der Roman und das Gedicht wenden sich niemals zuerst an einen anderen; sie sind an den anderen erst adressiert, wenn sie dessen Interesse wecken; dann wird der Interessierte tätig und produziert Sinn, wo ein Uninteressierter nur Buchstabendickichte sieht. Bleib bei deinen Schwierigkeiten. Es sind Lebensschwierigkeiten. Sie werden nicht durch Rednerpulte geweckt, sondern durch Aus- und Einatmen. Was daran Not ist, führt zur Sprache, zur unkommandierbaren. Gibt es außer der literarischen Sprache noch eine, die mir nichts verkaufen will? Ich kenne keine. Deshalb: Nichts macht so frei wie die Sprache der Literatur. Siehe Kleist.

Mein Vertrauen in die Sprache hat sich gebildet durch die Erfahrung, daß sie mir hilft, wenn ich nicht glaube, ich wisse etwas schon. Sie hält sich zurück, erwacht sozusagen gar nicht, wenn ich meine, etwas schon zu wissen, was ich nur noch mit Hilfe der Sprache formulieren müsse. Ein solches Unternehmen reizt sie nicht. Sie nennt mich dann rechthaberisch. Und bloß, um mir zum Rechthaben zu verhelfen, wacht sie nicht auf. Etwa um eine kritische Rede zu halten, weil es Sonntagvormittag ist und die Welt schlecht und diese Gesellschaft natürlich besonders schlecht und überhaupt ohne ein bißchen Beleidigung alles fade ist; wenn ich ahne, daß es gegen meine Empfindung wäre, mich ein weiteres Mal dieser Predigtersatzfunktion zu fügen, dann liefere ich mich der Sprache aus, überlasse ihr die Zügel, egal, wohin sie mich führe. Letzteres stimmt natürlich nicht. Ich falle ihr in die Zügel, wenn ich fürchten muß, sie gehe zu weit, sie verrate zuviel von mir, sie enthülle meine Unvorzeigbarkeit zu sehr. Da mobilisiere ich furcht- und bedachtsam sprachliche Verbergungsroutinen jeder Art. Als Ziel einer solchen Sonntagsrede schwebt mir allenfalls vor, daß die Zuhörer, wenn ich den letzten Satz gesagt habe, weniger von mir wissen als bei einem ersten Satz. Der Ehrgeiz des der Sprache vertrauenden Redners darf es sein, daß der Zuhörer oder die Zuhörerin den Redner am Ende der Rede nicht mehr so gut zu kennen glaubt wie davor. Aber eine ganz abenteuerliche Hoffnung kann der Redner dann doch nicht unterdrücken, sozusagen als apotheotischen Schlenker: daß nämlich der Redner dadurch, daß man ihn nicht mehr so klipp und klar kennt wie vor der Rede, dem Zuhörer oder der Zuhörerin eben dadurch vertrauter geworden ist. Das ist, auch wenn es auf einer Zielgeraden gesagt ist, ein bißchen groß geraten. Es soll einfach gehofft werden dürfen, man könne einem anderen nicht nur dadurch entsprechen, daß man sein Wissen vermehrt, seinen Standpunkt stärkt, sondern, von Sprachmensch zu Sprachmensch, auch dadurch, daß man sein Dasein streift auf eine nicht kalkulierbare, aber vielleicht erlebbare Art. Das ist eine reine Hoffnung. Schließen will ich aber doch mit einem Verdacht. Das erste Wort in dem gerade erschienenen Buch einer jüngeren Autorin heißt Verdacht. Dann geht es so weiter: «Ich habe den Verdacht, daß alles viel schöner ist, als man darüber spricht. Alles ist viel schöner, als man bisher es sagen kann. Und sagen kann man bisher schon sehr viel, denn wir haben ja schon viel geschaffen, um auszudrücken, wie schön es ist. Wir machen neue Anläufe und versuchen immer neu, auszudrücken, wie schön alles ist. Aber schöner ist es trotzdem noch immer, als man es sagen kann.»

Soviel zum Schönen. Die Autorin ist Johanna Walser. Jetzt sage ich nur noch: Ach, verehrter Herr Bundespräsident, lassen Sie doch Herrn Rainer Rupp gehen. Um des lieben Friedens willen.

Ein springender Brunnen

(Auszug)

Er mußte selber Wörter finden. Auch für das, was Wolfgang über sich und seine Mutter und seinen Vater erzählt hatte. Die Angst, in der Wolfgangs Mutter gelebt hatte, weil der Lehrer sie hatte abholen lassen wollen. Johann wehrte sich gegen die Angst, in der Frau Landsmann gelebt hatte. Wolfgang hatte ihm leid getan, als Edi Fürst ihm das Fahrrad den Rain hinuntergeworfen hatte. Er hatte Wolfgang dann vergessen und vergessen, daß er ihn vergessen gehabt hatte. Warum hat er nicht gesagt, daß er dieses Rad kennt? Er hätte doch zeigen können, daß er dieses Rad kennt. Dann hätte Wolfgang gewußt, was Johann damit sagen wollte! Warum hatte er das nicht gesagt? Die Angst, in der Frau Landsmann gelebt hat, engt ihn ein. Er will mit dieser Angst nichts zu tun haben. Er hat Frau Landsmann ein- oder zweimal gesehen, wenn er Herrn Hajek-Halke den Koks II in den ebenerdigen Lagerraum, eine Art Anbau an ein Gewächshaus, getragen hat. Frau Landsmann war am Zaun gestanden, hatte mit dem immer braungebrannten Herrn Hajek-Halke geplaudert. Landsmanns waren keine Kohlenkundschaft. Johann hatte so gut wie nicht hingeschaut zu den beiden, wenn er mit der gefüllten Butte zum Gewächshausanbau oder mit der geleerten Butte zum Wagen zurückging, auf dem Niklaus oder Dusan inzwischen die zweite Butte wieder gefüllt hatte. Jedes Jahr einhundertzwanzig Zentner Koks II hatte er in Hajek-Halkes Lagerraum getragen. Frau Landsmanns Gesicht. Augen, die aus den Höhlen wollten, aber von Unterlidern daran gehindert wurden. Schwer lagen diese Augen auf den Unterlidern. Und die Lippen, auch schwer. Breit und schwer. Sie wurden vom Kinn gehindert, aus dem Gesicht zu fallen. Er hatte gespürt, daß Wolfgang, was er ihm erzählt hatte, erzählt hatte, weil Johann das wissen müsse. Vielleicht meinte Wolfgang, daß Johann ein Vorwurf zu machen sei, weil er all das nicht gewußt, nicht gemerkt hatte. Johann wehrte sich gegen diesen vermuteten Vorwurf. Woher hätte er wissen sollen, daß Frau Haensel Jüdin ist? Er wollte von sich nichts verlangen lassen. Was er empfand, wollte er selber empfinden. Niemand sollte ihm eine Empfindung abverlangen, die er nicht selber hatte. Er wollte leben, nicht Angst haben. Frau Landsmann würde ihn mit ihrer Angst anstecken, das spürte er. Er mußte wegdenken von ihr und ihrer Angst. Eine Angst gebiert die nächste. Nichts so sicher wie das. Er hatte Angst, Frau Landsmann zu begegnen. Seit er wußte, in welcher Angst sie gelebt hatte, wußte er nicht mehr, wie er ihr begegnen mußte. Wie grüßen, wie hin- oder wegschauen? Mehr ausdrücken, als er in dem Augenblick gerade empfand? Er wollte nicht gezwungen sein. Zu nichts und von niemandem. Die Toten warteten auf ihn. Er konnte sich Josef nicht tot vorstellen. Er sah Josef immer lebendig vor sich. Vielleicht würde er sich im Winter die Toten tot vorstellen. Jetzt nicht. Nicht in diesem glühenden Sommer. Er hatte sich freiwillig gemeldet, um die Waffengattung wählen zu können. Und er hatte sich nicht zur Flak gemeldet, weil er nicht als Drückeberger dastehen wollte, sondern angeben wie zehn nackte Neger. Die Sprache, die er nach 1933 erlernt hatte, war, nach der Kirchensprache, die zweite Fremdsprache gewesen. Sie war ihm nicht nähergekommen als die Kirchensprache. Er hatte sich mit beiden Sprachen herumgeschlagen. Er mußte eine eigene finden. Dazu mußte er frei sein.

Einmal, im Schulhof in Lindau, am letzten Schultag, als die Fahne eingeholt wurde, war er vom Direktor beauftragt worden, die Leine zu lösen, die Fahne langsam herunterzulassen. Der Direktor selber stand mit ausgestrecktem Arm dicht vor dem Fahnenmast. Weil dieser Direktor Johann einmal einen beleidigenden Satz an die Mutter mitgegeben hatte – sie müsse sich, hatte er zu Johann gesagt, überlegen, ob sie aus Johann einen Oberschüler oder einen Kohlenschaufler machen wolle –, tat Johann zuerst, als klemme die Leine in der oberen Rolle, zwang dadurch den Direktor, seinen Arm noch länger ausgestreckt zu halten, dann tat er, als habe sich die Leine unbeherrschbar gelöst, die Fahne sauste herab, begrub den Direktor halb unter sich, der schaufelte sich hervor und sagte: Natürlich der Oberdepp. Den Blick aus Verachtung und Wut würde Johann nie mehr vergessen. So hatte ihn höchstens noch der Oberjäger am MG 42 auf dem Kreuzeck angeschaut, als Johann gesagt hatte, er finde, der Schnee sei weiß. Johann wollte nie mehr unterworfen sein, weder einer Macht noch einer Angst. Niemand sollte einen Anspruch an ihn haben. Am liebsten wäre er so frei gewesen, wie noch nie jemand gewesen war.

Wir brauchen eine
neue Sprache für die Erinnerung
Ein Gespräch

[mit Ignatz Bubis, Salomon Korn,
Frank Schirrmacher]

Das Treffen von Ignatz Bubis und Martin Walser.

Bubis: Ich möchte gleich etwas sagen. Ich habe immer gesagt, wenn Deckert, Frey, Schönhuber oder wie immer sie heißen mögen, so etwas sagen, dann interessiert das keinen Menschen, dann hat das keine Wirkung. Wenn Martin Walser so was sagt, dann hat das eine ganz andere Wirkung. Ich habe aber zu keinem Zeitpunkt sagen wollen – und das habe ich nie gesagt, das steht auch nirgends –, daß Walser, Deckert und Frey einerlei sind.

Aber daraus habe ich die geistige Brandstiftung abgeleitet, indem ich gesagt habe, hier wird eine Wirkung auf Menschen erzielt, die sonst auf solche Äußerungen der anderen gar nicht hinhören. Da ist eben ein Unterschied, wer das sagt. Nur darum ging es mir, und daher dieser Begriff.

Ich komme auch gleich zu den einzelnen Dingen. Sie sprachen von der Instrumentalisierung von Auschwitz. Wir führen in den letzten Monaten eine Debatte um Entschädigungsfragen. Ich habe die «gegenwärtigen Zwecke» in diesem Sinn verstanden. Instrumentalisierung von Auschwitz für «gegenwärtige Zwecke», das heißt, im Hinblick darauf, was im Augenblick mit Entschädigungsfragen, Zwangsarbeitern, Arisierung läuft; das haben Sie gemeint. Ich möchte auch gleich dazu sagen: Den Begriff Keule im Zusammenhang mit Auschwitz zu gebrauchen ist für mich

248

erschreckend. Moralkeule – jemand hat mal Auschwitzkeule gesagt. Sie haben gesagt: Auschwitz als Moralkeule. Für mich ist Moral niemals mit dem Wort Keule verbunden.

Was für mich das Allerwichtigste ist, was vielleicht gar nicht so sehr in der Öffentlichkeit Wirkung gezeigt hat oder diskutiert worden ist, das ist: Wenn Filme über diese Zeit gezeigt werden, empfinden Sie das als eine Beschuldigung, eine Beschuldigung aller Deutschen. Hier geht es mir gerade um die junge Generation. Ich habe in den letzten Jahren mit mehr als einer halben Million junger Menschen an Schulen, an Universitäten gesprochen und diskutiert. Da taucht dann auch schon mal diese Frage auf, und ich versuche darauf, den jungen Menschen zu erklären: Wenn man sich darüber unterhält, hat das nichts mit einer Beschuldigung der heutigen Generation, und ich sage sogar: noch nicht einmal mit einer Beschuldigung der Generation, die damals gelebt hat, aber nicht schuldig geworden ist, zu tun.

Was Sie da gesagt haben, Sie fühlen sich jedesmal als Beschuldigter, wenn so etwas kommt, und Sie können deshalb gar nicht mehr hinschauen; und Sie sprachen auch vom Wehtun, von der Beschuldigung aller Deutschen in einem anderen Zusammenhang, und zwar, als es um Würstchenbuden vor brennenden Asylantenheimen ging. Das hat mich erschreckt, denn darin habe ich eigentlich das Gefährliche gesehen. Hier heißt es also, an junge Menschen gerichtet, daß einer eben nicht hinschauen will und grundsätzlich ausschaltet, wenn so etwas im Fernsehen kommt, weil er das nicht ertragen, nicht sehen kann, weil er sich dadurch als Beschuldigter fühlt.

Ich habe lediglich drei Filme über die Zeit des Nationalsozialismus gesehen, drei Filme in fünfzig Jahren. Der erste Film war «Holocaust», der zweite Film war «Shoah». Ich habe mit meiner Tochter nie darüber gesprochen, aber als der Film «Holocaust» lief, habe ich mir mit ihr zwei Folgen angeschaut. Den

Film «Shoah» habe ich allein angesehen, und ich habe «Schindlers Liste» gesehen. Das waren die drei einzigen Filme, die ich mir anschaute. Ich habe ein einziges Buch über diese Zeit gelesen, und zwar «Die Falle mit dem grünen Zaun» über Treblinka. Ich habe das Buch über Treblinka gelesen, weil mein Vater in Treblinka umgebracht wurde. Ich hatte zumindest alle Hinweise seinerzeit darauf, daß mein Vater nach Treblinka gekommen war, und ich habe das Buch lesen wollen, und wenn ich bis dahin noch Zweifel hatte, das Buch hat diese Zweifel durch Banalitäten ausgeräumt. Denn der Autor – das Buch hat ein Tscheche geschrieben – erwähnt, daß jemand aus der Slowakei, aus Preschau, in einem Transport nach Treblinka war, und der Zug war aus Deblin gekommen. Wie kam ein Slowake aus Preschau in einen Zug aus Deblin nach Treblinka? Ich konnte ihm die Antwort geben, ich habe mit ihm gesprochen. Denn ich war in Deblin. Nach Deblin kamen zweihundertfünfzig Juden aus Preschau. Im Herbst 1942, ich weiß nicht mal das Datum, Ende September oder Anfang Oktober, ging ein Transport von Deblin, ohne daß wir wußten, wohin dieser Transport ging. Zum erstenmal habe ich über Treblinka 1943 gehört. Einer, der in diesem Transport aus Deblin mit dabei war, erzählte, er sei aus Treblinka geflüchtet, er habe sich zwischen den Kleidungsstücken versteckt, und die Kleidungsstücke wurden sortiert und hinausgefahren. Der Autor beschreibt, wie zwei Leute, nachdem sie an der Rampe gearbeitet haben, die SS-Wachen ablenkten und sich darauf in den Kleidungsstücken verstecken konnten. Das war der einzige Fall, daß eine Flucht aus Treblinka gelang. Ich hatte zum erstenmal von einem dieser beiden über Treblinka gehört. Und in diesem Buch dann von jenem Mann gelesen und von einem Transport nach Treblinka. Das bedeutete für mich die Gewißheit, daß mein Vater nach Treblinka deportiert und dort ermordet wurde.
Ich wußte also von Treblinka. Ich war seit 1983 regelmäßig

in Polen. Ich war mehrmals in Auschwitz, ich war mehrmals in Maidanek. Nach Treblinka habe ich, jedesmal, vorgehabt zu gehen, und es gab immer einen objektiven Grund, warum ich nicht hinging. 1989 bin ich zum erstenmal hingegangen und danach nie wieder. Ich war zum erstenmal in Deutschland in einem früheren Konzentrationslager 1985, in Bergen-Belsen, und zwar als der vierzig Jahre Befreiung aus Bergen-Belsen gedacht wurde. Ich habe in Berlin gelebt, aber ich bin nie nach Sachsenhausen gegangen. Ich war früher jedes Wochenende in München, aber ich bin nie nach Dachau gegangen. Meine Frau ist in Dachau befreit worden.

Wir waren, als ich noch in Pforzheim lebte, jedes Wochenende in München. Meine Frau ist nie dorthin gegangen. Erst 1995, als der fünfzig Jahre Befreiung von Dachau gedacht wurde, ging sie zum erstenmal hin. Bevor sie nach Dachau kam, war meine Frau in Bergen-Belsen, aber meine Frau war bis heute nie mehr in Bergen-Belsen. Ich kann nicht da hinschauen, ich würde zerbrechen, wenn ich wieder nach Treblinka gehen würde. Es würde mich zerbrechen.

Nur, das ist etwas anderes, wenn ich sage: Ich schalte ab. Wenn ein Film darüber läuft, schalte ich ab oder schalte um. Aber ich stelle mich nicht vor ein Millionenpublikum hin und sage: Ich kann da nicht mehr hinschauen, weil ich mich als Beschuldigter fühle, und ich brauche mich so nicht zu fühlen. Ich habe ja noch eine andere Erfahrung gemacht: Ich kann Vorträge halten, worüber ich will, für die FDP-Wahlveranstaltungen, zur Steuergesetzgebung, zur Steuerreform, zur Rentenreform, doch spätestens bei der dritten Frage – spätestens bei der dritten – heißt es: Wie können Sie in Deutschland leben, nach dem, was Ihnen widerfahren ist? Und ich habe darüber ja überhaupt nicht gesprochen. Ich antworte heute. Ich habe, bis ich zum erstenmal in Treblinka war, wenn mich jemand auf diese Zeit ansprach, abgewunken. Ich habe gesagt, es ist eine Zeit, über die ich nicht rede.

Ich habe in Yad Vashem, wo Leute die Namen ihrer Angehörigen angeben, den Namen meines Vaters, meines Bruders, meiner Schwester, meiner Nichte erst vor zwei Jahren angegeben. Ich hatte mal Fragebogen von dort mitgenommen, die ich aber nicht ausfüllte. Als ich vor zwei Jahren dort war, wußte ich nicht, ob ich sie ausgefüllt habe oder nicht, und ich habe mich informiert, ob die Namen da sind. Auf diese Weise erfuhr ich von anderen Verwandten, die ermordet wurden. Aber ich lief nicht rum und sagte: Wegschauen.

Aber was mich, wie gesagt, am härtesten traf, daß man jungen Menschen das Gefühl gibt, ihr werdet beschuldigt, ihr werdet instrumentalisiert, wenn ihr hinschaut.

Walser: Herr Bubis, was den Sprachgebrauch von Frey, Dekkert, Schönhuber und meinen Sprachgebrauch angeht, darüber müssen wir vielleicht noch später reden. Aber jetzt dazu: Wegschauen und Beschuldigtsein. Sie bringen jetzt zwei Sätze und Themengebiete zusammen, die bei mir so nicht zusammenstehen. Es gibt bei mir den Satz: Es war mir nie möglich, die Seite der Beschuldigten zu verlassen. So, das ist eins.

Das Wegschauen hatte einen vollkommen anderen Sinnzusammenhang. Das Wegschauen hieß: Ich habe mindestens zwanzigmal weggeschaut, wenn das Fernsehen Konzentrationslagerszenen zeigte. Warum? Weil ich sie nicht ertrage. Es ist mir physisch, psychisch unmöglich, in diesem Falle hinzusehen. Daraus habe ich geschlossen, daß diese Szenen vielleicht – was mich angeht – zu oft vorkommen. Ich habe aber keinem Menschen empfohlen, das so zu empfinden wie ich. Nur, da ich solche Erfahrungen in dieser Rede ausgearbeitet habe, mußte ich auch sagen, daß ich weggeschaut habe.

Klaus von Dohnanyi hat, ohne eine Absprache mit mir, von

sich aus gesagt: Ich muß das Zimmer verlassen. Daraus, dachte ich, könnte sich ein diskutables Problem ergeben. Sie haben gesagt, der Walser muß wegschauen, er will einen Schlußstrich unter die Beschäftigung mit der deutschen Vergangenheit ziehen. Das fand ich – Entschuldigung, Herr Bubis –, das fand ich empörend. Ich habe mich vielleicht mehr als jeder andere Autor meiner Generation ununterbrochen damit auseinandergesetzt. Sie sagen: Der will einen Schlußstrich ziehen. Wenn ich so eine Rede halten muß, dann fange ich an mit einer Selbstprüfung, die geht wochenlang, bis ich merke, was für mich jetzt das Wichtigste ist. Und das Wichtigste ist das geworden, was ich da gesagt habe. Ich habe nur diese Selbsterkundung öffentlich vorgeführt. Allerdings: mit einem persönlichen Sprachgebrauch, nicht mit dem Sprachgebrauch eines Politikers, nicht mit dem Sprachgebrauch eines Wissenschaftlers, sondern mit dem Selbsterkundungssprachgebrauch eines Schriftstellers. Daß daraus eine solche Diskussion entstand, die nicht aufhört, das heißt – ganz egal, wie man nun zu dieser Rede stehen mag –, es muß etwas gegeben haben, was ausdrucksbedürftig geworden ist.

Bubis: Ich war ja nicht der einzige, der Sie so verstanden hat.

Walser: Ich sage mal, egal ob man dafür oder dagegen war, das spielt dabei gar keine Rolle, sondern nur die Heftigkeit der Diskussion von allen Seiten. Es muß einen Ausdrucksbedarf gegeben haben. Das habe ich nicht willkürlich gemacht. Ich wollte nur persönlich zu Protokoll geben: Mir geht es in dieser Hinsicht so und so. Dann habe ich natürlich zum Beispiel von Herrn Korn und von Rafael Seligman gehört, in einer anderen Ausdrucksweise, daß es so was gibt wie eine Routine, wie einen Mechanismus, wie eine banale Häufung.

Bubis: Damit habe ich gar keine Probleme gehabt; ich halte Routine für notwendig, andere vielleicht nicht.

Walser: Lassen Sie mich das noch dazu sagen, weil Sie ja die

Instrumentalisierung erwähnten. Das eine war, daß Sie vom Weg-schauen darauf geschlossen haben: Der will einen Schlußstrich ziehen. Das fand ich empörend angesichts meiner Arbeit in die-sem Feld. Und, Herr Bubis, da muß ich Ihnen sagen, ich war in diesem Feld beschäftigt, da waren Sie noch mit ganz anderen Din-gen beschäftigt. Sie haben sich diesen Problemen später zugewen-det; Sie haben sich diesen Problemen später zugewendet als ich.

Bubis: Ich hätte nicht leben können. Ich hätte nicht weiterle-ben können, wenn ich mich damit früher beschäftigt hätte.

Walser: Und ich mußte, um weiterleben zu können, mich da-mit beschäftigen. Jetzt kommt die Instrumentalisierung.

Bubis: Wenn Sie erlauben, will ich einfügen: Ich habe einen Aufsatz von Ihnen aus dem Jahr 1978, da haben Sie gesagt, wir werden uns nicht den nationalen Fragen zuwenden können, wenn wir Auschwitz nicht verdrängen.

Walser: Herr Bubis, ich wollte Sie vor diesem Zitat verschonen. Wissen Sie, Sie haben gesagt: Er hat schon vor zwanzig Jahren ge-sagt, man muß Auschwitz verdrängen, sonst wird man sich nicht nationalen Fragen zuwenden können. Und geschrieben stand da: Wenn wir Auschwitz bewältigen könnten – Konjunktiv –, könn-ten wir uns wieder nationalen Aufgaben zuwenden. Und jetzt: Aber ich muß zugeben, eine rein weltliche, eine liberale, eine vom religiösen, eine überhaupt vor allem Ich-Überschreitenden flie-hende Gesellschaft kann Auschwitz nur verdrängen. Wo das Ich das Höchste ist, kann man Schuld nur verdrängen. Aufnehmen, behalten und tragen kann man nur miteinander. Um Auschwitz tragen zu können –

Korn: ... das muß die Gesamtheit, die Nation tragen.

Walser: Ja, sehen Sie, und Sie haben gesagt, daß man Auschwitz nur verdrängen kann, das ist ein Mißbrauch.

Bubis: Also ich verstehe das ganz anders. Ich verstehe es auch jetzt noch anders.

Schirrmacher: Der einzelne kann vielleicht diese Bilder nicht ertragen, er ist überfordert, dieses im Gedächtnis zu behalten als eine lebendige Erinnerung. Aber die Nation als Ganzes muß es ständig tun. Das ist natürlich formuliert in literarischer Sprache, aber im Grunde steht darin: Diese Nation, diese Gemeinschaft findet zu sich selber, wenn sie begreift, daß Auschwitz ihr konstitutives Element ist, das sie in ihrem Kopf behalten muß.

Walser: Wissen Sie, jetzt muß ich Ihnen dazu sagen, der Kontext damals war dieses geteilte Land, meine linken Freunde wollten die Nation abmelden. Und ich habe darauf gesagt, was wir in Auschwitz begangen haben, haben wir als Nation begangen, und schon deswegen muß diese Nation weiterbestehen als Nation. Diese Teilung der Vergangenheit durch DDR und BRD war doch immer lächerlich.

Schirrmacher: Man muß Walsers Text «Unser Auschwitz» lesen, geschrieben anläßlich der Auschwitz-Prozesse. Er beschreibt, wie die Öffentlichkeit auf diesen Prozeß reagierte und bei jedem einzelnen Angeklagten eine gleichsam sozialpsychologische Individualisierung stattfand, man also sagte, der habe perverse Anlagen, das sei ein Verbrecher –

Walser: … das seien Bestien.

Schirrmacher: Bestien, so daß die Gesellschaft das Phänomen, das Verbrechen Auschwitz zu einer Angelegenheit von Asozialen macht. Aber nicht zu einer Angelegenheit dieser Gesellschaft, daß sie es abschiebt auf die.

Walser: Mein Aufsatz heißt ja auch: Unser Auschwitz.

Schirrmacher: Walser macht das Erinnern zu einem Gegenstand dieser Nation, dieser Gesellschaft. Er sagte: Die Nation ist verantwortlich, wir alle sind verantwortlich. Und er sagte nicht das, was Sie glauben, falsch glauben: Nun weg damit, verdrängen. Ich habe ihn genau im Gegenteil verstanden, ich weiß aber, daß Sie ihn ganz anders verstanden haben.

Bubis: So haben es viele verstanden.

Walser: Aber lassen Sie mich etwas zu dem äußern, was Sie immer wieder gesagt haben: zur «Instrumentalisierung» und zu dem Vorwurf, ich nennte nicht Roß und Reiter. Dann haben Sie mir auch noch vorgerechnet, ich meine die Ansprüche von Zwangsarbeitern aus Osteuropa. Also: Nun stellen Sie sich vor, in einer Rede in der Paulskirche, die ausschließlich an ein deutsches Publikum und nicht an den Staat gerichtet ist, die sich hauptsächlich in ihrem Kritikbestand an die Medien wendet, da werde ich über die Ansprüche von Zwangsarbeitern oder überhaupt für irgendein ausländisches Problem sprechen – das liegt mir so fern. Und Roß und Reiter: Ich habe drei Beispiele genannt. Ich habe sie nicht mit Namen genannt, weil mir nicht daran liegt, Menschen zu kritisieren, sondern typische Vorgänge. Das erste Beispiel, auf das ich anspielte, war, daß zu Zeiten der Teilung gesagt wurde, diese Teilung ist vernünftig, denn sie ist verdient wegen Auschwitz. Das nenne ich «Instrumentalisierung von Auschwitz». Das zweite Beispiel war, wenn jemand Kritik übte an der Praxis der Wiedervereinigung und er dann sagte, damit steuern wir zwangsläufig auf ein neues Auschwitz zu. Drittens: Wenn man in der Literaturkritik einen Roman verdammt, weil Auschwitz darin nicht vorkommt, und dann noch weitergeht und sagt, schon in – Entschuldigung, wenn ich da von mir rede – schon in «Ehen in Philippsburg» war niemand in der HJ und niemand im BdM. Und schon in «Flugzeug über dem Haus», 1955, kommt keiner vor, der in der HJ war. Und das sagt ein Literaturkritiker, der wissen müßte, daß diese Geschichten von 1955 aus dem Geist Kafkas geschrieben sind, das sind kafkaisch entwickelte Parabeln, da kann beim besten Willen nicht die HJ und der BdM vorkommen. In Kafkas Romanen, im «Prozeß» und im «Schloß», kommen zwei irdische Städtenamen vor. Im «Prozeß» kommt Mailand vor und im «Schloß» einmal

Südfrankreich. Und sonst kommt nichts vor, das ist so bei Parabeln. Die sind so stilisiert, da kann die HJ nicht vorkommen. Und ich nenne dieses Beharren darauf, daß in solchen Büchern Auschwitz oder HJ oder BdM vorkommen soll, das nenne ich – sehen Sie, das ist außerhalb Ihres Arbeitsbereiches …

Korn: Aber das hat Herr Bubis auch nicht kritisiert.

Walser: Nein, nein, um Gottes willen, aber er sagt, ich solle Roß und Reiter nennen. Also ich finde, so macht man Auschwitz zur Pflichtübung, das ist Auschwitz zur Einschüchterung. Da wird meinem Roman «Ein springender Brunnen» vorgeworfen, darin komme Auschwitz nicht vor. Wenn das festgestellt wird, dann empfinde ich das als eine Instrumentalisierung von Auschwitz.

Korn: Herr Walser, Ihre Bemerkungen sind ja nicht im luftleeren Raum, sondern in einer bestimmten Atmosphäre, in einer bestimmten politischen Situation erfolgt, zu einer Zeit, in der gegenüber Banken, Versicherungen, dem Staat und Konzernen Ansprüche gestellt werden. Zu einem solchen Zeitpunkt wird eine solche Bemerkung nicht nur auf den literarischen Zusammenhang beschränkt bleiben können.

Walser: Aber Herr Korn, dann hätte ich diese Zusammenhänge doch genannt. Ich habe doch klipp und klar genannt: das und das und das und das. Und habe nichts darüber hinaus gemeint. Warum hätte ich dann nicht von Banken und Versicherungen sprechen können. Sagen Sie mir mal bitte, warum ich das dann nicht hätte nennen können. Ich muß sagen, ich könnte davon nicht sprechen, weil ich diese Zusammenhänge nicht konkret kenne, verstehen Sie. Ich kenne nicht die Berechtigungen, ich kenne nicht die Widersprüche. Das ist einfach nicht mein Thema. Und auch in den tausend Briefen, die ich bekommen habe, hat sich kein einziger zu diesem Thema geäußert.

Bubis: Aber bei mir.

Korn: Ich habe die fünf Ordner mit diesen Briefen an Bubis gesehen.

Bubis: Es sind keine tausend, aber es sind fünf Ordner, dicke.

Walser: Also die Leute, die mir geschrieben haben, haben wirklich gesagt, wenn ich das zusammenfassen darf: Was wir – und jetzt hören Sie, diese Formulierung ist mir am meisten im Gedächtnis geblieben – was wir bis jetzt hinter vorgehaltener Hand sagten oder unter Freunden sagten, das haben Sie öffentlich ausgesprochen, und dafür sind wir Ihnen dankbar. So, und ich denke: Das müssen wir jetzt ernst nehmen.

Bubis: Öffentlich ausgesprochen, genau das ist der Punkt.

Schirrmacher: Ja, Herr Walser. Hinter vorgehaltener Hand – was ist die Assoziation? Was sagt man hinter vorgehaltener Hand? Daß man sagt, Schluß damit, oder –

Walser: Entschuldigung, es ging den Leuten um das Gewissen. Das muß ich leider sagen, das haben die Leute gesagt, nicht wahr, daß man sich einfach als Deutscher in einem Beschuldigtenzustand fühlte und durch seine Repräsentanten daraus nicht erlöst wurde, weder von den Medien noch von denen, die gelegentlich das Wort ergriffen haben, da ist ein Sprachgebrauch entstanden, den niemand besser charakterisiert hat als Herr Korn und Herr Rafael Seligman. Ich finde, das ist die beste Charakteristik, die ich bis jetzt dafür bekommen habe, wenn Sie das mit opferzentriert, täterzentriert, Floskeln, kanalisierter Jargon der Betroffenheit bezeichnen. Genau das ist unser Thema. Herr Bubis, jetzt sage ich mal, was ich gedacht habe, warum Sie so reagiert haben, wenn ich darf.

Bubis: Bitte.

Walser: Ich dachte, es gibt einen eingeschlafenen Routinesprachgebrauch für dieses schwierigste Problem unserer Geschichte. Dieser Sprachgebrauch ist übergegangen ganz von selber an, sagen wir mal, Politiker. Und egal, ob Sie nun von der einen Seite sind oder von der anderen Seite, es ist dabei etwas Routinemäßiges entstanden, von dem sich die Leute nicht mehr repräsentiert fühlten. Das war zu einfach. Das war auch in der Häufigkeit der Beschuldigung, es war einfach zu routinehaft, zu lippengebethaft. Ich habe das Lippengebet genannt. Und ich habe gesagt, wie man an Auschwitz denkt, ist eine Sache des persönlichen Gewissens.

Und jetzt kommt das, was ich als den einzigen Sinn in unserer Unterhaltung sehe, daß wir eine Sprache finden, in der viele Leute sich ausgedrückt sehen können, weil es ihnen letztlich immer selbst überlassen bleibt, wie sie daran denken. Es ist ein Sprachgebrauch entstanden, in dem dem Gewissen Vorschriften gemacht werden, wie es an Auschwitz denken soll. Und das ist eine unerträgliche Vorschrift. Ich will mir nicht vorschreiben lassen, wie ich mich zu erinnern habe. Ich habe vielleicht zuwenig deutlich gemacht, daß es öffentliche Erinnerungspflege geben soll. Aber wie sich jeder einzelne in seinem Empfinden und in seinem Gewissen, in seiner Familie oder seinen Kindern gegenüber fühlt, das muß ihm überlassen bleiben. Und ich glaube, Herr Korn, daß das Ergebnis einfach viel humaner wäre als diese vorgeschriebenen Bedauerlichkeits-Sprachgebräuche, das was Sie kanalisierten Jargon nennen.

Bubis: Ich bin da ganz anderer Meinung. Wie soll man es denn sonst zum Ausdruck bringen? Und die Öffentlichkeit, die Mehrheit in der Gesellschaft, hat das, was Sie gesagt haben, so verstanden, wie ich es verstanden habe.

Walser: Woher wissen Sie das?

Bubis: Ich merke es doch an den Zuschriften. Endlich Befreiung, bis jetzt durfte ich nichts sagen.

Walser: Ja.

Bubis: Ich will daran gar nicht denken. Jetzt hat's mir Walser vorgesagt, ich muß nicht daran denken.

Walser: Moment, jetzt zwei Sachen. Ich darf, ich muß nicht daran denken, und …

Bubis: … Befreiung, ich habe damit nichts mehr zu tun.

Walser: Ich darf so daran denken, wie ich daran denke.

Bubis: Ich habe mich nicht getraut, so zu denken.

Walser: Ich habe mich nicht getraut.

Bubis: Ich habe mich nicht getraut zu sagen, daß ich damit nichts zu tun haben will.

Walser: Und Entschuldigung, ist Ihnen an einem Zeitgenossen mehr gelegen, der durch Ihren moralischen Druck oder Ihre moralische Instanzhaftigkeit dazu gebracht wird, so daran zu denken, wie Sie daran denken.

Bubis: Nein.

Walser: Also.

Bubis: Nein, ich zwinge keinen, daran zu denken. Aber ich halte die Aufklärung für wichtig und notwendig. Und das hat mit Druck nichts zu tun.

Walser: Aber doch.

Bubis: Ich zwinge keinen, so zu denken. Aber ich muß die Möglichkeit haben, am 9. November oder am Holocaust-Gedenktag meine Empfindungen kundzutun.

Walser: Die haben Sie.

Bubis: Und ich habe keinen Grund zu zweifeln, wenn bei der Veranstaltung zum 9. November die Oberbürgermeisterin oder der Ministerpräsident oder der Bundespräsident spricht, zu zweifeln, daß er so denkt und daß das nicht nur Routine ist. Denn wir haben diese Routine beim Volkstrauertag, diese Routine haben wir, wenn Sie nachschauen, in den Routineveranstaltungen haben wir die jeden Tag. Schauen Sie sich mal an, wie läuft der Volkstrauertag seit 1922 ab. Immer dasselbe. Es ist noch nie jemand auf die Idee gekommen zu sagen: Schafft das endlich ab, es ist Routine, es ist zuviel.

Walser: Weil niemand sich daran gebunden fühlt.

Korn: Wollen Sie den 9. November abschaffen?

Walser: Nein, nein.

Korn: Sie sagen, jedem soll es überlassen sein zu gedenken. Folgt daraus – so habe ich Sie jedenfalls verstanden –, daß eine nächste Generation auch wirklich daran denkt? Ist das das Motiv, daß gerade durch diese von Ihnen gewünschte Freiheit des Gedenkens etwas erhalten bleibt, das über Generationen hinweg in den Gedächtnissen des einzelnen, im Gedächtnis dieser Nation erhalten bleiben muß.

Walser: Paul Ricœur hat in der F. A. Z. gesagt: Jetzt ist über diese Zeit alles, was man wissen kann, bekannt. Jetzt kommt es darauf an, daß jeder sich selber damit beschäftigt. Ich glaube nicht, daß das Gewissen von jungen Menschen öffentlich, durch öffentliche Akte geschult oder entwickelt werden kann. Ich glaube, Gewissen wird in der Familie entwickelt, es wird von mir aus im Religionsunterricht, im Ethikunterricht, überhaupt in der Schule entwickelt und durch Erfahrungen der jungen Menschen. Aber ich glaube nicht, und seien sie noch so toll formuliert, daß die repräsentativen Formulierungen an Gedenktagen dazu geeignet sind, das Gewissen von jungen Menschen zu entwickeln. Und deswegen sage ich: Auf jeden Fall gehört für mich zur Gewissensentwicklung, daß jeder frei bleibt jedem Thema gegenüber. Verstehen Sie, man kann nicht das Gewissen binden, das ist kontraproduktiv, das produziert Lippengebet. Wenn man mit der katholischen Kirche aufgewachsen ist, dann weiß man, wovon man spricht.

Korn: Bei allem Respekt vor Paul Ricœur ist noch lange nicht alles bekannt, was geschehen ist. Es gibt neueste Studien über Konzentrationslager, die besagen, daß in Deutschland viel mehr Menschen ermordet wurden, als bisher bekannt war, nämlich eine Million oder mehr, weil man bisher immer alles in die Vernichtungslager außerhalb Deutschlands geschoben hat. Zum zweiten ist die Frage, ob das Gewissen und das Gedenken alleine im Vordergrund stehen, ob wir nicht auch und vor allem von der Schärfe der Erinnerung sprechen müssen und von dem, was man wirklich weiß und wissen kann und was man lernen kann und ob es nicht zu differenzieren gilt zwischen dem, was authentisch und was angeeignet ist. Oder zwischen dem, was unmittelbar Betroffene wie Ignatz Bubis erlebt haben, und anderen, die es nur aus Büchern und vom politischen Tagesgeschehen her kennen.

Walser: Als ich in Duisburg da noch einmal das Wort ergriffen habe, hat es eine Diskussion gegeben, da hat ein Mann, zirka vierzig Jahre alt, wahrscheinlich Dozent, gesagt: Herr Walser, warum sind Sie nicht mißtrauisch gegenüber diesen tausend Briefen, von denen Sie sprechen. Das könnten doch Antisemiten sein, nicht? Dann habe ich gesagt: Entschuldigen Sie, Sie haben keinen dieser Briefe gelesen. Das erste, was Ihnen einfällt, das sind Antisemiten. Damit schafft man sich die Sache wieder vom Hals, dann sind die natürlich illegitim, und ich brauche diese tausend Briefe nicht ernst zu nehmen. Und das ist der herrschende Unsinn, das ist herrschende Denkroutine. Und ich lasse mir diese tausend Briefe, die erschütternd sind – verstehen Sie: Die sind aus allen Biographien, die sind aus Verfolgten des Naziregimes, das sind jüdische Briefe, das sind ganz junge Leute –, ich lasse mir diese tausend Briefe nicht schlechtmachen. Und die haben nicht gesagt, wir wollen nichts mehr davon wissen. Herr Bubis, das ist ein Schluß, den Sie ziehen. Diese Leute haben gesagt, wir wollen auf unsere Art damit umgehen.

Bubis: Befreiende Wirkung sehe ich ganz anders, ganz anders.

Walser: Nein, diese befreiende Wirkung heißt: Unser Gewissen ist unser Gewissen, und das lassen wir uns nicht von anderen vorschreiben.

Bubis: Und ich will kein schlechtes Gewissen haben, darauf läuft es hinaus.

Walser: Moment, muß ich ein schlechtes Gewissen haben?

Bubis: Nein. Aber ich muß die Geschichte kennen.

Walser: Ja, gut.

Bubis: Das ist der springende Punkt.

Walser: Ja, aber Sie haben doch gerade gesagt: Und ich will kein schlechtes Gewissen haben. Wissen Sie, was Sie einmal gesagt haben, Sie haben gesagt: Der Walser will seinen Seelenfrieden. Hätten seine Vorfahren dafür gesorgt, daß die Juden nicht umgebracht wurden, hätte er seinen.

Bubis: Hätte er seinen.

Walser: Herr Bubis, das sage ich Ihnen: Ich will meinen Seelenfrieden, verstehen Sie? Und wie ich ihn kriege, das ist in mir, das ist mein Gewissenshaushalt. Und da lasse ich mir von niemandem, auch nicht von Ihnen, dreinreden. Mein Gewissen bleibt mein Gewissen. Oder ich pfeife drauf, dann schenke ich es Ihnen.

Bubis: Aber die meisten wollen von mir ihren Seelenfrieden geliefert bekommen.

Walser: Gut.

Bubis: Die wollen von mir den Seelenfrieden.

Schirrmacher: Das ist genau der Punkt. Ein wichtiger Punkt. Sie sagen doch jetzt ganz deutlich – und ich habe Sie nie anders verstanden –: Wer nach Ihrer Rede glaubt, diesen Schlußstrich ziehen zu können, ist im Irrtum. Ganz abgesehen davon, daß dies auch kein willentlicher Akt sein kann.

Walser: Aber Entschuldigung, dann hat der Herr Bubis mich falsch verstanden.

Korn: Nein, nicht nur er.

Walser: Herr Bubis hat gesagt: Der will einen Schlußstrich ziehen.

Korn: Herr Walser, könnte es nicht sein, daß die befreiende

Wirkung jeweils einen anderen Sinn bei verschiedenen Menschen hat? Wir sollten einmal bei der befreienden Wirkung bleiben. Für den einen ist befreiende Wirkung etwas anderes als für den anderen. Sie haben die befreiende Wirkung sicherlich vorgegeben, indem Sie dazu aufforderten, offen oder anders über die besagten Dinge zu sprechen, als man es bisher getan hat. Aber war das nicht gewissermaßen eine Aufforderung auch für jene, die Sie gar nicht gemeint haben, jene nämlich, die Ihre Rede dazu benutzt haben, tatsächlich den Schlußstrich zu ziehen?

Bubis: Genau das ist der Punkt.

Korn: Sehen Sie nicht die Gefahr, daß sozusagen aus Ihrer individuellen, ehrlichen, aufrichtigen Haltung jetzt tatsächlich andere das zum Anlaß genommen haben, es für ihre Zwecke zu instrumentalisieren, indem sie sagen: Aha, Walser, der anerkannte Intellektuelle –

Bubis: Genau das ist der Punkt.

Korn: – gibt uns jetzt sozusagen die Absolution, den Schlußstrich zu ziehen. Steckt das nicht darin?

Walser: Jetzt müssen Sie mir, also wenn Sie mich noch für zurechnungsfähig halten, dann müssen Sie mir auch zutrauen, daß ich das unterscheiden kann.

Korn: Sie schon.

Walser: Nein, einen Moment. Ich kann die Briefe unterscheiden. Ich kann Briefe unterscheiden, die von mir aus aus dem Lager –

Bubis: Die anderen haben doch mir geschrieben.

Walser: Nein, Moment, nein. Ich kann unterscheiden, ob ein Briefschreiber sozusagen zu diesem Bodensatz von Ewiggestrigen gehört, die jede europäische Gesellschaft nun einmal hat. Von denen spreche ich nicht. Von denen spreche ich wirklich nicht, sondern die Majorität meiner Briefe ist zu Herzen gehend und von mir geprüft. Nur, natürlich, wenn schon Ignatz Bubis meinen Sprachgebrauch – und jetzt sind wir bei Sprachgebrauch – für illegitim hält, weil er ihn für rechtsextremistisch hält –

Bubis: Nein.

Walser: Doch, Sie haben ja schon am Anfang gesagt –

Bubis: Nein, ich habe gesagt, man beruft sich darauf. Ich habe nicht gesagt, daß ich Sie für einen Rechtsextremisten halte. Das habe ich doch gleich eingangs klargestellt. Aber, aber, es sind nicht nur die Rechtsextremisten, die sich jetzt auf Sie berufen. Sie brauchen nur die rechtsextreme Presse zu lesen oder die rechts-halbextreme, nehmen wir mal die «Junge Freiheit», die hat jetzt ein Thema: Walser hat es auch schon gesagt. Und vor allem, es war Zeit, daß die tausend Leute, die Ihnen geschrieben haben, Sie so verstanden haben in der Mehrheit, wie Sie es sagen. Ich behaupte, und ich habe allen Grund, das zu behaupten, daß Zehntausende es anders verstanden haben und für sich die befreiende Wirkung in Anspruch nehmen unter Berufung auf Herrn Walser, weil sie ihn möglicherweise mißverstanden haben, aber Walser hat Ihnen dieses Tor geöffnet.

Walser: Woher nehmen Sie denn das, daß Zehntausende – schauen Sie, darin sehe ich wieder jene Routine-Denkart, die dazu geführt hat, daß die Leute das nicht mehr hören können. Das können die Leute nicht mehr hören, diesen Generalverdacht. Mir kommt es vor, als sei das, was ich zusammenfassend als befreiende Wirkung bezeichne, als sei das dadurch entstanden, daß man die Bundesrepublik, die alte und jetzt die neue dazu, daß man sie behandelt hat wie einen Straftäter auf Bewährung, der andauernd seine Resozialisierung unter Beweis stellen muß, weil man sie ihm sonst nicht glaubt. Ich weiß, das ist ein bißchen riskant, was ich jetzt sage, aber ich muß es riskieren: Schauen Sie, wenn in der Bundesrepublik Brutalitäten gegen Ausländer vorkommen, gegen Asylanten, dann sind unsere Medien sofort bereit, das zurückzubinden an diese deutsche Vergangenheit. Da wird die Resozialisierung –

Bubis: Dagegen habe ich mich immer öffentlich gewandt.

Walser: Ich glaube, ich habe Sie im Fernsehen gesehen in Lichtenhagen bei Rostock. Jetzt frage ich Sie, als was waren Sie dort?

Bubis: Das will ich Ihnen sagen.

Walser: Denn ich sah Ihr empörtes, ergriffenes Gesicht im Fernsehen, begleitet vom Schein der brennenden Häuser, das war sehr heroisch.

Bubis: Ja, ich will Ihnen sagen, ich bin dort hingegangen, und jetzt werden Sie es nicht glauben, einmal um zu sehen, gleichzeitig aber auch, und darüber gibt es ein Protokoll, habe ich in der Sitzung mit dem Oberbürgermeister und den ganzen Honoratioren –

Korn: Bei der berühmten Pressekonferenz.

Bubis: Ja, das war anschließend die Pressekonferenz. Zu den ganzen Honoratioren habe ich gesagt, es darf nicht dazu kommen, daß wegen Lichtenhagen Rostock als Stadt verdammt wird. Ich habe mich darüber unterhalten, in Oranienburg, in Sachsenhausen – die Stadt Oranienburg hat Probleme mit ausländischen Investoren, weil Ausländer eine Hemmschwelle haben, in Oranienburg zu investieren, weil dort in Sachsenhausen das KZ war. Ich habe dieses gesagt. Ich bin bereit, meinen Beitrag dazu zu leisten, den Makel von dem Namen wegzunehmen, nicht von dem, was dort geschehen ist. Da kann man nichts wegnehmen. In Rostock habe ich ähnliches gesagt. In Lichtenhagen habe ich einen Satz gesagt. Ich stand vor dem Haus mit den verrußten Fenstern und habe mir vorgestellt, es waren Menschen drin und es wurden Molotowcocktails dort reingeschmissen. Das hat bei mir schlimmste Erinnerungen wachgerufen. Nur, das habe ich auch gesagt, mit dem Unterschied, das war in Lichtenhagen der Mob. Und das, woran ich mich erinnert habe, war der Staat, der das organisiert und durchgeführt hat. Das habe ich immer wieder gesagt.

Walser: Ja, aber verstehen Sie, wenn Sie auftauchen, dann ist das sofort zurückgebunden an 1933. Darf ich Ihnen mal einen ganz riskanten Satz von Jakob Taubes vorlesen, diesem jüdischen Religionsphilosophen, das hat mich sehr bewegt: Es ist kein Geheimnis, daß ich Jude bin, und zwar bewußt und Erzjude als solcher, und das bringt für mich einige Probleme mit sich, überhaupt in deutschen Landen. Konträr zu dem, was viele tun, bringt mich das in die Lage, mich des Urteils zu enthalten. Über viele Dinge zögere ich, den Stab zu brechen, weil wir als Juden in all dem unaussprechlichen Grauen, das geschehen ist, vor einem bewahrt geblieben sind, nämlich mitzumachen. Wir hatten keine Wahl. Und wer keine Wahl hat, das heißt, ich war gar nicht gegen Hitler, sondern Hitler war gegen mich. Wer keine Wahl hat, ist auch im Urteil eingeschränkt. Das heißt, er kann nicht beurteilen, was die Faszination anderer ist, die stolpern, die rutschen, die wollen, die fasziniert sind. Jedenfalls wird es für ihn ein Problem der Faszination.

Ich will nur sagen: Wenn Sie irgendwo auftauchen – das meine ich –, dann kommen die, das ist Neonazitum –

Korn: Aber nicht auf Initiative von Herrn Bubis.

Walser: Nein, nicht auf seine Initiative, sondern auf sein Erscheinen. In Solingen, hat sich herausgestellt, hat ein asozialer Jugendlicher aus …

Bubis: Er war auch schon rechtsextrem.

Walser: Nein, das Aufwachsen war doch ein –

Bubis: Ja, das kann sein. Ich sage ja immer – ob Solingen, ob Mölln, ob Rostock, ob Hünxe – das ist der Mob, das sind Verbrecher. Und ich habe nie versucht, nie versucht, das in Zusammenhang mit Auschwitz zu bringen, nie. Weil ich gesagt habe, Auschwitz, das war der Staat, der organisiert und durchgeführt hat.

Walser: Aber Sie sagen jetzt doch selber, daß Sie hinschauen müssen, daß es nicht passiert wie nach 1933.

Bubis: Soll ich etwa nicht hinschauen? Nein, ich melde mich. Ich habe schon manchmal gesagt, die Presse wendet sich immer an mich, weil ich dazu auch Stellung nehme, es kann schon sein, daß die Presse, die Medien mich instrumentalisieren, kann schon sein. Aber ich lasse mich auch deshalb instrumentalisieren, weil ich dazu nicht schweigen will. Ich sage, mir wäre es lieber, wenn andere reden würden, dann müßte ich nicht so oft reden.

Walser: Die reden doch, es ist doch kein Mangel an Berichterstattung über Solingen, Mölln und Lichtenhagen. Das ist doch ständig im Fernsehen. Es bedarf keiner Rückbindung an die Jahre 1933 bis 1945. Die Brutalitäten, die da stattfinden, sind wie Sie sagen, man kann es Mob nennen, ich sage, es sind Asoziale, die in besonderer Hoffnungslosigkeit und familiärer –

Bubis: Das hat mit Hoffnungslosigkeit wenig zu tun.

Walser: Sondern?

Bubis: Wenn jeder Hoffnungslose zum Verbrecher würde –

Walser: Nicht jeder, aber es sind doch diese paar Beispiele.

Korn: Von der DVU und NPD werden diese Leute doch in Anspruch genommen.

Walser: Die sind verführbar. Aber wozu führt es in den deutschen Ländern? Wo ist der rechtsradikale Parlamentarier, auf den wir aufmerksam machen müssen, weil er gefährlich wäre?

Bubis: Noch hat sich kein solcher gemeldet.

Walser: Also.

Bubis: Aber – und jetzt sage ich aber: Wenn es zum Beispiel der DVU in Sachsen-Anhalt gelungen ist, in einem Land, in einem Bundesland mit 1,5 Prozent Ausländern und 22 Prozent Arbeitslosen, den Leuten weiszumachen, sie müßten DVU wählen, weil diese 1,5 Prozent Ausländer – sie haben natürlich nicht gesagt, diese 1,5 –, weil diese Ausländer ihnen die Arbeitsplätze und die Wohnungen wegnehmen, wenn das tatsächlich dazu führt, daß 12,9 Prozent insgesamt und bei männlichen Jugendlichen zwischen 18 und 25 Jahren 32 Prozent DVU wählen, dann kann ich nicht den Mund halten.

Walser: Und Sie halten das nicht für Protestwähler?

Bubis: Zu billig. Zu einfach.

Walser: Und diese Arbeitslosigkeit ist nicht die Hauptursache für dieses Wählen?

Bubis: Aber doch nicht die DVU. Die DVU wird doch nicht das Arbeitslosenproblem lösen.

Walser: Entschuldigen Sie, wenn die klassischen Parteien gegen diese Arbeitslosigkeit nichts tun, dann wählen –

Bubis: Wenn da anderthalb Prozent Ausländer als die Schuldigen für die 22 Prozent Arbeitslosigkeit hingestellt werden, und die Menschen glauben das –

Korn: Die Arbeitslosigkeit wurde doch schon einmal von braunen Rattenfängern ausgenutzt. Hier ist doch ein Muster vorgegeben, auf das Ignatz Bubis sensibel reagiert, auch wenn Sie vielleicht darin recht haben, daß das nicht die alleinige Ursache ist.

Walser: Aber entschuldigen Sie, es gibt in Frankreich und Italien, in den Vereinigten Staaten und in anderen Ländern andauernd soziale Konflikte, die aus solchen Ursachen entstehen. Und die sind so kraß wie hier. Und nur hier werden sie zurückgebunden ans Nazitum. Und das können die Leute nicht mehr ertragen, und das wollen sie nicht andauernd hören, und darauf haben sie ein Recht, denn sie haben mit diesem Spuk nichts mehr zu tun. Wir haben heutige Probleme, und die müssen eine heutige Sprache finden. Und das ist unsere Verantwortung, Herr Bubis.

Bubis: Das, was Sie jetzt vorgehalten haben, lasse ich mir nicht ans Bein binden, weil ich nie in diese Reihe gehört habe. Im Gegenteil. Ich sage immer wieder, daß es falsch sei zu sagen, 1933 lag es an der hohen Arbeitslosigkeit, die zum Nationalsozialismus geführt hat, und heute könnte es deshalb wieder dazu kommen.

Walser: Entschuldigung, auch Leute, die sich nicht an Sie wenden, haben ein Gewissen und wollen mit ihrem Gewissen ins reine kommen und wollen nicht sich vorschreiben lassen, in welchem Sprachgebrauch sie mit der deutschen Vergangenheit umgehen. Darum geht es, Herr Korn, und woher kommen denn Ihre Formulierungen vom kanalisierten Jargon der Betroffenheit, wenn nicht daher, daß da ein Übelstand im Lande war oder ist?

Korn: Ich weiß nicht, ob Sie das nicht eher als literarisches, sprachliches Problem sehen. Ich sehe es mehr als ein politisches Problem von bestimmten Leuten, die das tatsächlich zur Routine gemacht haben auf politischer Ebene. Aber ich denke, man darf jetzt ein privates Problem nicht mit politischen Notwendigkeiten vermischen. Wir müssen das Private und das allgemein Politische auseinanderhalten.

Walser: Was ist das Private?

Korn: Das Private ist zum Beispiel das Gewissen.

Bubis: Ihr persönliches Gewissen.

Walser: Ich kann immerhin noch sagen, daß nicht mein ganzer Text mißbraucht und mißverstanden wurde, wenn man daraus den Schluß zieht, daß man sich nicht vorschreiben lassen will, wie man zur deutschen Vergangenheit steht. Und Herr Korn, das ist doch das Gewissensrisiko: Mir ist ein freies Gewissen, das zu inakzeptablen Ergebnissen kommt, lieber als ein gebundenes Gewissen, das letzten Endes im Nachbeten von Wohlempfohlenem sein Auskommen findet. Wenn Herr Bubis mir vorschreibt, ich darf nicht Schande sagen, sondern ich soll Verbrechen sagen, dann bemerke ich darin eine Vorschrift, Herr Bubis. Dann wollen Sie mir sagen, wie ich mit meinem Gewissen umgehen soll. Und dann wehre ich mich dagegen. Ich lasse mir das nicht nehmen, daß ich Schande sage. Sie können von Verbrechen reden, und dabei bedenken Sie noch nicht einmal, daß Schande wirklich von nichts zeugt als von Verbrechen, verstehen Sie? Aber Sie merken doch, Herr Bubis, daß Sie da in einem, ja in einem eingeschlafenen Sprachgebrauch sind.

Bubis: Aber Sie wollen nicht einsehen, daß Sie mit Ihren Äußerungen den anderen diese Einladung gegeben haben. Sie haben das nicht beabsichtigt, möglicherweise.

Walser: Meine Briefschreiber sind in der Mehrzahl ehrenwerte Leute. Also bleibt es dabei. Sind hier zwei Sprachen im Schwange, und dürfen beide Sprachen sein, Herr Bubis? Sie müssen mir nicht anbieten, daß ich mißverstanden worden bin, denn das kann ich als Schriftsteller nicht ertragen. Ich habe in all diesen Jahren noch nie so etwas Volksabstimmungshaftes erlebt. Vielleicht erleben Sie das öfter – ich nicht, und ich würde meiner beruflichen Existenz einen schlechten Dienst tun, wenn ich das nicht ernst nehme, was daraus entstanden ist und was jetzt andauernd die Zeitungen füllt. Das kann nicht nur ein Mißverständnis meiner Rede sein.

Bubis: Elie Wiesel schrieb an Sie: «Sie klagen auch jene an, die Auschwitz als Einschüchterungsmittel nutzen. Wen meinen Sie? Politiker in Deutschland, Überlebende anderswo? Verstehen Sie nicht, daß Sie eine Tür geöffnet haben, durch die andere eindringen können, die völlig andere politische Absichten verfolgen, die auf ganz andere Weise gefährlich sind?» Das ist doch der Punkt.

Walser: Jetzt muß ich noch etwas sagen: Wenn wir bei unseren Äußerungen, Herr Bubis, nur das sagen können, was nicht mißbraucht werden kann, dann überlassen wir gewisse Themen denen, die sie nur mißbrauchen wollen. Ich habe dafür ein Beispiel: Wenn ich, und das ist Jahre her, nur zu Protokoll gegeben habe, daß ich mich nicht an die Teilung gewöhnen konnte, dann war ich schon ein Nationalist. Wir haben das Thema der deutschen Teilung anderen überlassen, verstehen Sie. Wir haben es den

Rechtsextremisten überlassen, und die Nation war für die Intellektuellen in den Feuilletons kein Thema mehr. Nicht einmal das Wort Heimat durfte man mehr verwenden. Und jetzt sagen Sie mir, ich darf das nicht sagen, weil es sonst in der Nationalzeitung mißbraucht wird.

Sie denken nicht an die vielen, die eine Sprache brauchen, die nicht vorgeschrieben ist. Das ist zum Beispiel meine Sprache. Die Sprache der Literatur ist, das habe ich gesagt, die einzige, die einem nichts verkaufen will. Ich habe nur gesagt, wie es mir geht. Und darin haben andere gesehen, wie es ihnen geht. Und wenn Sie mir das madig machen wollen, weil die Nationalzeitung damit Mißbrauch macht, dann schränken Sie einfach das Gewissen wieder ein auf das, was die Nationalzeitung nicht mißbrauchen kann. Entschuldigen Sie, das ist mir für mein Gewissen zu wenig.

Bubis: Es ist nicht nur die Nationalzeitung.

Walser: Ja, dann ist es halt noch eine mehr. Lesen Sie die?

Bubis: Nein, nein.

Walser: Also.

Bubis: Ich bekomme sie zugeschickt. Die «Junge Freiheit» wollte mich einmal zu einer Antwort provozieren. Dreimal hintereinander hat sie mir ihre Kommentare zugeschickt. Nur, ich habe darauf nicht reagiert. Aber ich komme zurück auf das, was wir vorhin gesagt haben, auf die «befreiende Wirkung». Diese «befreiende Wirkung» wurde in der Öffentlichkeit ganz anders empfunden, als wie Sie sie gemeint haben mögen.

Walser: Schauen Sie, der Unterschied zwischen Historikerstreit und unserer Debatte ist der: Der Historikerstreit wurde unter Experten, unter Historikern geführt. Und jetzt, bei diesem Thema, Herr Bubis, da muß ein Bedarf, da muß ein Bedürfnis gewesen sein. Und mit dem sind wir beide jetzt konfrontiert. Und wir können nicht zurück.

Schirrmacher: Und darum mußten Sie hierherkommen, Herr Walser!

Bubis: Vergessen Sie eines nicht, vor dem Fernsehschirm saß ein Millionen-Publikum. Und es waren viele Leute darunter, die Ihre Werke nicht kennen, auch wenn sie von vielen gelesen werden.

Walser: Sicherlich. Es ist nicht leicht, in einem politischen Raum mit einer persönlichen Schriftsteller-Sprache zu sprechen. Ich will mir aber keine Sekunde lang meinen Sprachgebrauch durch den Raum vorschreiben lassen, in den ich spreche. Und jetzt nenne ich Ihnen meine erste Reaktion auf Ihre Reaktion, Herr Bubis. Ich dachte immer, mein Gott, wieso nennt der mich das und das und das. Der Skandal muß doch für Sie sein, daß nach der Rede so viele Leute aufgestanden sind und geklatscht haben.

Bubis: Natürlich, habe ich auch gesagt.

Walser: Mit denen müssen Sie sich doch beschäftigen, nicht mit mir.

Bubis: Ich habe gesagt, daß ich erschüttert war, als ich gesehen habe, wer alles da an manchen Stellen applaudiert hat.

Walser: Ja, aber das ist doch das Problem, und das sollte Ihnen zu denken geben.

Bubis: Natürlich, das gibt mir schwer zu denken.

Walser: Ich frage Sie: Sind die Reaktionen, die Sie im Saal erlebt haben, und die jetzt so breit wie noch nie bei einem anderen Thema diskutiert werden, mit einem Mißverständnis erklärbar? Es muß Ihnen doch deutlich sein, daß diese Reaktion nicht nur auf Mißverständnis von Walser-Sätzen zurückzuführen ist. Sie müssen sich doch auch fragen, ob der herrschende Sprachgebrauch für alle ausreichend ist.

Bubis: Ich wußte schon immer, daß es diese Gruppe, die nicht sehr klein ist, in der Gesellschaft gibt.

Schirrmacher: Welche Gruppe meinen Sie?

Bubis: Diejenigen, die endlich diese Befreiung haben wollten.

Schirrmacher: Die Befreiung wovon?

Bubis: Die Befreiung vom eigenen Gewissen. Man erlebt jetzt eine Entlastung, man kann jetzt sagen, man habe jemanden, auf den man sich berufen kann, auf Martin Walser, einen unverdächtigen Mann.

Walser: Und das darf nicht sein.

Korn: Ignatz Bubis fürchtete doch, daß die Verantwortung, die eigentlich, wie Sie ja auch sagen, das Kollektiv trägt … Es geht darum, daß sich viele Menschen aus dieser Verantwortung nun verabschieden, weil sie sagen können, daß Martin Walser es ihnen vorgemacht hat. Das ist doch die Sorge von Ignatz Bubis.

Bubis: Herr Walser, wenn alle Sie so verstanden hätten, wie Sie …

Walser: Dann wäre ich heute tot.

Bubis: Nein, nein, wenn alle Ihren Standpunkt so verstanden hätten, wie Sie ihn heute hier erklärt haben, dann hätte ich überhaupt keine Probleme, dann hätte ich keinen Mucks von mir gegeben.

Walser: Das verstehe ich nicht.

Bubis: Aber die Mehrheit hat Sie anders verstanden, ich auch.

Walser: Die Mehrheit hat mich richtig verstanden. Entschuldigung. Ich laß' mir das nicht nehmen.

Schirrmacher: Das ist jetzt eine Vermutung, die wir alle nicht beantworten können.

Walser: Doch, entschuldigen Sie, das sehen Sie an der sich fortsetzenden Artikelfolge in allen möglichen Zeitungen. Ich sage ja nicht, daß sie recht haben. Ob diese Autoren mir jetzt zustimmen oder gegen mich sind, ob sie mich verhöhnen oder mich feiern, das meine ich nicht. Ich meine, daß sie es für wert halten, sich mit meinem Thema zu beschäftigen.

Korn: Und die Reaktion des Publikums.

Walser: Und ich muß Ihnen sagen, daß ich Ihre Vermutung, das sei alles Mißverständnis, so sehr zurückweise, wie ich irgend kann. Ich bin nicht mißverstanden worden.

Korn: Herr Walser, wäre die befreiende Wirkung dieser Debatte entstanden, wenn Ignatz Bubis nicht nach Ihrer Rede eingegriffen hätte?

Walser: Es ist doch um so interessanter, daß sich die Leute meinen Text nicht von Ignatz Bubis haben schmähen lassen, und zwar die Majorität.

Bubis: Auch solche, die Ihren Text anders verstehen, als Sie meinen. Diese Leute lassen sich auch von mir nicht schmähen.

Walser: Ich fühlte mich nicht mißverstanden von der Mehrheit derer, die mir geschrieben haben. Und ich fühle mich nicht mißverstanden von der Mehrheit derer, die in den Zeitungen darüber schreiben. Ich bin ein paarmal geschmäht worden, gut, das ist halt so. Die bis heute andauernden Reaktionen zeigen mir, daß genug Erfahrungsenergie in der Rede war, die die Leute nicht zur Ruhe kommen läßt.

Bubis: Richtig, und die Rede läßt sie deshalb nicht zur Ruhe kommen, weil jeder etwas anderes daraus ableitet.

Walser: Das ist immer so bei literarischen Texten.

Korn: Es ist fast ein psychoanalytischer Effekt, den Sie ausgelöst haben, indem Sie mit der Unschärfe Ihrer Rede einen riesigen Assoziationshintergrund geschaffen haben. Und Sie nehmen das in Kauf, habe ich jetzt verstanden. Sie sagen, daß es Ihnen lieber ist, daß möglichst viel an die Oberfläche kommt, und seien es auch die Ansichten der Nationalzeitung. Lieber öffnen Sie diese Flasche, als daß diese Flasche verschlossen bleibt. Ist das richtig?

Walser: Moment, ich lasse das Bild nicht zu, daß die psychische und mentale Befindlichkeit der Majorität der hiesigen Bevölkerung so dargestellt wird, als sei sie in eine Flasche gesperrt. Denn der Stöpsel …

Bubis: Doch, die Befreiung war ja da, heraus aus der Flasche.

Walser: Aber nicht aus der Flasche. Verstehen Sie, die Flasche ist mir als Bild einfach zu billig. Ich habe vom Gewissen gesprochen, das man nur für sich hat, und mit dem man allein ist, und das sich keine Vorschriften machen lassen darf, und das ist nicht etwas in eine Flasche Gesperrtes. Entschuldigen Sie, ich wage nicht Ihr Bild fortzusetzen, dann haben Sie das deutsche Gewissen in eine Flasche gesperrt, zu der Sie den Stöpsel haben.

Bubis: Nein, nein, die Leute haben geglaubt, sie müßten in der Flasche stecken, und haben erwartet, daß ich ihnen den Stöpsel öffne. Und nun haben Sie es eben gemacht.

Walser: Für wieviel Prozent der Bevölkerung steht die Nationalzeitung?

Korn: Für fünfzehn Prozent.

Walser: Wieviel?

Korn: Für fünfzehn Prozent.

Walser: Woher wissen Sie das?

Korn: Aus statistischen Umfragen.

Walser: Entschuldigung, aber wir kennen doch nur die Demokratie in den Parlamenten. Rechtsextremisten sitzen doch nicht im Parlament. Ihr macht da aus einem …

Bubis: Sie wären längst in den Parlamenten, wenn sie nicht auch noch untereinander konkurrieren würden.

Walser: Das ist eine Unterstellung.

Schirrmacher: Wenn Sie mißverstanden werden, oder auch instrumentalisiert, oder gefälscht, was werden Sie tun?

Walser: Ich werde meine Rede nicht ändern, wenn ich sehe, daß sie mißbraucht werden kann. Das habe ich noch nie getan.

Schirrmacher: Nein, nicht die Rede. Aber sagen, ich bin nicht das und das, meine Herren, mit mir nicht.

Korn: Herr Walser, Sie sind einer der wenigen, die sich seit Ihrer Rede so gut wie nicht geäußert haben. Es haben sich viele geäußert. Sie haben sich nicht geäußert, mit einer Ausnahme, der Rede in Duisburg. Ist das richtig?

Walser: Doch, ein bißchen einmal im Fernsehen.

Korn: Es wäre für Sie ein leichtes gewesen zu sagen, Ihre Rede sei nicht das gewesen, was aus ihr im rechten Spektrum gemacht worden ist. Diese Feststellung haben Sie nicht getroffen.

Geschah das aus Gründen der «seelischen Volkshygiene», weil Sie sich gesagt haben, es sei besser, daß es rauskommt, und dazu meinten Sie besser zu schweigen. Warum haben Sie sich seither nicht geäußert?

Walser: Ich habe keine Rede gehalten, von der ich glaube, daß sie kommentiert werden muß. Ich habe in Duisburg nur deswegen das Wort ergriffen, weil ich dort schon lange einen Vortrag halten sollte und zu dem Tag dann nicht sprechen konnte, als wäre nichts gewesen.

Korn: Aber ein klärendes Wort, wäre das so schwierig gewesen, ein klärendes Wort?

Walser: Entschuldigung, nein, ich nehme das nicht zur Kenntnis. Ich spreche nicht für die Nationalzeitung. Für mich existiert die Nationalzeitung nicht.

Schirrmacher: Nein, es geht um folgendes. Thomas Mann, zum Beispiel, das ist für Sie kein gutes Beispiel.

Walser: Doch.

Schirrmacher: – in den zwanziger Jahren, fand er sich plötzlich zitiert. Er fand sich plötzlich zitiert in extremistischem Umfeld, und zwar mit den «Betrachtungen eines Unpolitischen». Und dann sagte er: mit mir nicht, Freunde.

Bubis: Ohne Freunde.

Walser: Verstehen Sie, ich sehe, daß Sie mich sozusagen freundlich nötigen wollen, mich zu etwas zu verhalten, was ich nicht kenne. Und ich bitte Sie, sich das doch auch selbst zu fragen, ob man da nicht im Sprachgebrauch etwas hat einschlafen oder verkommen lassen, was das Gewissen der Menschen betrifft, so daß sich nachher aus meiner Rede so eine Sache entwickeln mußte.

Schirrmacher: Aber das wäre vielleicht nie passiert ohne die Intervention von Bubis.

Walser: Gut, das kann man sagen. Aber dann ist es ja gut. Ich habe ja nichts dagegen. Ich habe mich ja auch von Herrn Bubis beschimpfen lassen.

Der israelische Botschafter hat etwas geschrieben, das für mich etwas von der Atmosphäre wiedergibt. Ich darf Ihnen den Anfang vorlesen. Da heißt es: Eine alte talmudische Lehre laute: Ein geistig Hochstehender, der auf seinem Rock einen Fleck duldet, hat die Todesstrafe verdient. Das sei natürlich eine Metapher, sagt der Botschafter, er benutze den Talmud, um zu betonen, wie verhängnisvoll eine Nachlässigkeit eines Menschen, der als Vorbild gilt, sein kann.

Bubis: Damit hat er Sie gemeint.

Walser: Das weiß ich auch, Herr Bubis, aber was der Botschafter hier sagt, halte ich für eine Unverschämtheit. Verstehen Sie, das Bild mit der Todesstrafe, das war nur eine Metapher. Aber warum fängt er mit einer Metapher mit der Todesstrafe an? Er sagt natürlich, es gehe hier um eine Metapher. Und trotzdem ist das erste Bild, das er einführt, daß der eine Todesstrafe verdient hat, der einen Fleck auf seinem Rock duldet.

Wo ist der Fleck auf meinem Rock? Wo ist die Nachlässigkeit? Ich sage Ihnen, diesen Umgang mit Menschen ertrage ich nicht. Und wenn das einer bisher eingeführten Umgangsart entspricht, dann müssen Sie sich nicht wundern, wenn die Leute sich wehren. Und das sage ich Ihnen ganz im Ernst: Wir müssen eine neue Sprachstufe entwickeln. Als Bundespräsident Herzog in Berlin auftrat und sagte, die Art und Weise, wie wir uns gemeinsam erinnern, sei noch nicht gefunden, fand ich das ganz wunderbar. Sie haben das auch gesagt. Es gibt opferzentrierte und täterzentrierte Feiern, und miteinander hat man den kleinsten gemeinsamen Nenner. Herr Bubis, das ist unser Thema. Wir haben die Weise des Erinnerns noch nicht gefunden.

Ich darf das jetzt einmal ein wenig pauschal sagen: Die Mehrheit der Deutschen – natürlich würde man kritisch sagen, das sei die schweigende Mehrheit – hat die gemeinsame Sprache noch nicht gefunden.

Bubis: Warum haben Sie das nicht gesagt?

Walser: Ich habe den Übelstand festgestellt, indem ich gesagt habe: Einschüchterungsroutine. Ich habe gesagt: Instrumentalisierung, Einschüchterung, Moralkeule, Lippengebet.

Bubis: Wenn noch ein Satz dabei gewesen wäre.

Walser: Wie wäre der?

Bubis: Wir müssen einen Weg finden für ein gemeinsames Erinnern. Wenn noch dieser Satz im Text gestanden hätte, dann wäre alles ganz anders. Eine ganz andere Wirkung.

Walser: Diesen Satz hat Bundespräsident Herzog beigesteuert. Und zwar, Herr Bubis, weil ich meine Rede gehalten habe. Sie glauben nicht, daß Roman Herzog diese Rede am 9. November unter anderen Umständen so hätte halten können, wie er sie gehalten hat.

Bubis: Das glaube ich tatsächlich nicht. Ich hätte auch eine ganz andere Rede gehalten.

Walser: Also bitte schön. Dann gestehen Sie mir doch bitte zu, daß ich etwas ausgelöst habe, ohne es zu wollen. Aber es ist etwas in Gang gekommen, was wir ernst nehmen müssen, etwas, mit dem wir nicht umgehen können wie mit dem Geist in der Flasche, und dann kommt ein Stöpsel drauf.

Bubis: Nein, ich will den Geist in die Flasche nicht.

Schirrmacher: Sie beschreiben hier ja sehr genau die Schwierigkeiten dieser Sprache. Und wir finden sie immer wieder. Die Rede hat natürlich etwas initiiert, konnte aber die Klärung selbst nicht leisten.

Bubis: Deshalb habe ich gesagt, Sie haben die besten Absichten gehabt.

Walser: Nein, das haben Sie nicht immer gesagt.

Bubis: Nein, nein, ich unterstelle. Sie haben versucht, mich heute aufzuklären. Ich nehme es Ihnen ab, daß Sie die besten Absichten hatten. Aber die Wirkung bleibt die gleiche.

Walser: Herr Bubis, ich muß Ihnen etwas sagen.

Bubis: Ich bin mir nicht sicher, aber ich nehme es Ihnen ab, weil ich Ihnen nicht das Gegenteil beweisen kann.

Walser: Herr Bubis, ich will Ihnen jetzt etwas sagen. Man hat mir gelegentlich öffentlich wie privat gesagt, daß ich mich doch endlich mit Herrn Bubis treffen müsse. Das hat man Ihnen umgekehrt auch gesagt.

Und dann hat man Ihnen wahrscheinlich gesagt, solange Sie den Vorwurf des Brandstifters erheben, könne es kein Treffen geben. Und dann haben Sie gesagt, daß sich erst in einem Gespräch klären kann, ob man den Vorwurf zurücknehmen könne. Und da, das sage ich Ihnen, daraufhin hätte ich eigentlich nie mit Ihnen ein Gespräch führen dürfen.

Wissen Sie warum? Sie hätten mich schon wieder auf Bewährung empfangen. Deutsche müssen beweisen, daß sie human sind, eo ipso sind sie es nicht. Ich soll mich im Gespräch mit Ignatz Bubis bewähren.

Bubis: Nein, nicht bewähren. Sie müssen erklären, daß Sie etwas anderes gemeint haben als das, was ich verstanden habe und viele andere mit mir.

Korn: Herr Walser, nehmen Sie doch vielleicht hin, daß man als normaler Zuhörer, der nicht gewohnt ist, die Sprache des Politikers wie ein Kreml-Astrologe auszulegen …

Bubis: Die Politiker reden auch verklausuliert.

Korn: Sie benutzen eine andere Sprache. Es ist ja vielleicht auch gut, daß dieses Problem aufgebrochen ist. Aber es ist auch gut, die Mißverständnisse zu beseitigen.

Walser: Aber ich kann nur zum hunderttausendsten Mal sagen, daß die Wirkung, die wir alle jetzt erleben, nicht auf Mißverständnissen beruht. Das bitte ich zur Kenntnis zu nehmen. Wenn Sie glauben, es gehe um ein Mißverständnis, dann haben wir uns hier wieder nicht verstanden. Wir müssen eine neue Sprache finden.

Korn: Ich muß Sie mit einer eigenen Aussage konfrontieren. Sie sprachen in den Medien von der Häufigkeit der Beschuldigungen. Warum haben Sie von einer Häufigkeit der Beschuldigung gesprochen. Warum haben Sie nicht gesagt: Häufigkeit der Information? Klären Sie das bitte auf. Ich verstehe es nicht.

Walser: Nicht? Wenn es sich um eine Information handeln würde, müßte man sie nicht so häufig wiederholen, dann wäre sie gegeben. Wenn man sie aber als Beschuldigung behandelt, dann ist das eine moralische Tätigkeit, weil der auf Bewährung entlassene Straftäter Deutschland nicht oft genug an seine Schuld erinnert werden kann.

Korn: Aber ist es nicht so, daß Generationen nachkommen, die immer wieder neu informiert werden müssen?

Walser: Aber natürlich.

Korn: Und die das als Beschuldigung empfinden?

Walser: Sie wissen, daß es im Fernsehen einen Satz von Experten gibt, der lautet: Hitler bringt Quote. Das Interesse an der Quote wird doch nicht als Information gerechtfertigt. Das ist einfach keine Information. Sie kennen diese Bilder von Auschwitz, ich kenne sie. Ich mag sie gar nicht beschreiben. Immer wieder diese Bilder zu senden ist skandalös. Henryk M. Broder hat einmal gesagt, diese Wiederholungen seien obszön. Und das ist und bleibt obszön. Das ist nicht Information, sondern das ist Gewissensdomestizierung und Gewissensmanipulation. Basta.

Bubis: Heute war eine Meldung im Radio, die auf das gleiche hinausläuft. Michael Naumann, der zukünftige Kulturminister, will vorschlagen, das Holocaust-Mahnmal durch Wechselausstellungen zu ersetzen, die aber inmitten eines Gartens mit Spielplatz eingerichtet werden sollen. Ich will mich jetzt nicht zum Entwurf von Eisenmann äußern. Ich habe mich zu keinem der Modelle geäußert. Aber die Begründung, ein solches Mahnmal solle nicht errichtet werden, weil es beschmiert werden kann, das kann's nicht sein.

Walser: Wenn ein Denkmal so beschaffen ist, daß es Leute zur Schändung provoziert …

Bubis: Jedes Mahnmal.

Walser: Das ist doch nicht wahr.

Korn: Sie können überall ein Hakenkreuz aufpinseln.

Bubis: Die Hakenkreuze werden an Friedhöfen auf Grabsteine geschmiert. Und manches Mahnmal ist bis heute nicht angetastet worden.

Bubis: Das kann kein Argument sein. Als Rudolf Augstein sagte, Antisemiten, die sonst keine wären, würden nun zu Antisemiten, fand ich das sehr schlimm. Aber ich möchte jetzt versuchen, zu einer Klärung zu kommen: Wie verbleiben wir?

Schirrmacher: Also, was ist jetzt der Stand der Dinge?

Walser: Also ich finde, wir haben ein zumindest sehr lebendiges Gespräch gehabt. Und wir sind dabei nicht …

Bubis: Und ein wichtiges.

Walser: … ein wichtiges, und wir müssen nicht davon ausgehen, wie sehr der eine den anderen überzeugt hat. Das, was wir miteinander gesprochen haben, das darf auch einmal in deutscher Öffentlichkeit friedlich gesagt werden. Und wenn es gesagt werden kann, dann ist das schon etwas.

Bubis: Ich darf Ihnen mein Fazit sagen. Ich kann so viel sagen: Nachdem Sie in diesem Gespräch Ihren Standpunkt erläutert haben, nehme ich den Ausdruck geistiger Brandstifter zurück.

Walser: Das brauchen Sie nicht. Ich bin keine Instanz, vor der man was zurücknimmt. Ich bin kein Offizier aus dem Casino. Ich brauche das nicht.

Bubis: Nehme ich den Ausdruck eines geistigen Brandstifters zurück. Ich muß aber dabei bleiben, daß durch die Wirkung Ihrer Rede …

Walser: Ja, das ist wichtig.

Bubis: … in der Öffentlichkeit, Sie anderen ein Tor geöffnet haben. Das war nicht Ihre Absicht, aber Sie haben das Tor geöffnet.

Walser: Da muß ich natürlich hinzufügen, daß es dann höchste Zeit war, daß dieses Tor einmal geöffnet wurde.

Bubis: Der Meinung bin ich nicht.

Schirrmacher: Dann lassen wir es so stehen.

Korn: Ich glaube, daß wir von zwei verschiedenen Toren sprechen.

Bubis: Der Begriff der «befreienden Wirkung» ist für mich nach wie vor ein Problem. All diejenigen, die sich bislang nicht getraut haben – die zwar so gedacht haben, aber keinen hatten, auf den sie sich berufen können –, haben jetzt einen geistigen Vater, weil sie Sie nicht so verstanden haben, wie Sie es gesagt haben.

Schirrmacher: Aber wer sollte sich denn auch gerade nach dem Gespräch auf den geistigen Vater berufen können?

Bubis: Doch, ich will Ihnen sagen warum. Es ist ein Unterschied, ob man ein geistiger Vater oder ein geistiger Brandstifter ist. Das ist ein großer Unterschied. Ich kann ja sogar verstehen, daß der eine oder andere diese Befreiung haben wollte. Er hat schon immer so gedacht. Er hat sich nicht getraut.

Ich habe schon früh eine These vertreten: Wenn es Antisemiten gibt, dann ist es mir lieber, sie bekennen sich dazu, als daß sie mit diesem Haß im Bauch rumlaufen. Das ist ein Stück Normalität. Das ist die Normalität.

Walser: Das ist eine Anwendung, die mir nicht schmeckt. Aber.

Bubis: Das ist die Normalität. Obwohl wir über Normalität überhaupt nicht geredet haben.

Walser: Jetzt gehen wir hinaus, finde ich, weil wir jetzt noch lebendig sind.

Ein Lebenskunstwerk

Zum Briefwechsel Rudolf Borchardt – Rudolf Alexander Schröder

I.

Es wird mir nicht gelingen, die Sprachenergie oder den Geistesglanz oder die Existenzintensität oder den Gedankenwirbel oder die Geschichtsmächtigkeit oder die Formulierungswut oder den Verantwortungsernst oder die Verachtungspotenz oder die Nervenbizarrerie oder die Hochmutsgesten oder die Einsamkeitsgloriole oder den Menschenstolz oder die Verletzlichkeitskultur dieses einen Briefschreibers Rudolf Borchardt darzustellen. Rühmen reicht nicht. Schröder kriege ich eher hin. Obwohl, auch Schröder überrascht. Da hat man so einen bremischen, eher besinnlich milde über die Halbbrille herlächelnden Dichterprotestanten im Sinn, und jetzt dieser Jugendstil-Salon-Ausmaler in Genf, Berlin, Hamburg und sonst wo, der Streichquartette komponiert, den Bremern ein «Ratssilber» designt, das der Kaiser dort frühstückend einweiht; und Reichskanzler Bethmann protegiert ihn, daß er nicht mehr auf Wangerooge Engländer abwehren muß, sondern in Brüssel die Flamen bei Laune halten darf; und wenn die Zeiten gar zu lyrikfeindlich werden und andere Lyriker hungern, kann er sich auch schon einmal ein halbes Jahr vom Aquarellmalen ernähren. Daß ich schlechtere Homer- und Horaz-Übersetzungen als die seinen gelesen habe, liegt an mir. Aber daß er eine solche Freundschaftsbegabung war und was das im anderen Briefschreiber für Funken schlug oder Blitze zündete, wie überhaupt aus Leben Literatur wird, das kann man erst jetzt erfahren in diesem Briefhinundher von 1901 bis 1944. Oder anders herum: Daß diese Freundschaft zwischen zweien, die ihre Ungleichheit nicht nur empfunden, sondern noch und noch formuliert haben, daß diese Freundschaft so ins Große gedieh, ist unwillkürlich eine Auskunft darüber, was Literatur vermag. Eine hoch fliegende Auskunft. Und ich sage nicht: was Literatur vermochte, sondern: vermag.

Aber verwünscht historisch ist das Ganze schon. Wunderbar historisch auch. Selig historisch. Das allerschönste Eswareinmal. Es waren nämlich einmal zwei Dichter. Die schrieben einander Briefe. Ab 1933 war der eine dann nach den rassistischen Gesetzen des Deutschen Reiches Jude. Emigrieren entfiel, da er schon seit 1907 in Italien lebte, einfach aus Freiheitsübermut oder weil er sich, trotz konservativster Gesinnungen, unfähig fühlte, Untertan zu sein, und auch weil es in Italien wirkliche Villen gibt, geschichtliche Schönheiten. Unterbrochen hat er seine lucchesische und pisanische Villenfolge nur, als er sich 1914 als Kriegsfreiwilliger meldete und Dienst tat von Mühlheim/Baden bis Schützengraben und Berlin (im Generalstab des Feldheeres). Ab 1933 war der andere, in Deutschland, Mitglied der Reichsschrifttumskammer, weil er sonst seine Schriften nicht hätte veröffentlichen können. Der eine, in Italien, stand übrigens im Verruf, Monarchist zu sein. Er empfing in seinen Villen offenbar den in der Toskana lebenden bayerischen Kronprinzen Rupprecht, den abgedankten Bulgarenkönig Ferdinand, die deutsche Kronprinzessin Cecilie und die Königin von Italien. Dem Duce überreichte er schon mal seinen ‹Dante Deutsch›, ein Werk, das durch seine prachtvolle Verstiegenheit einem auch heute noch eine Gänsehaut riffeln kann. Dieses Freundespaar – Borchardts zweite Frau war dann Schröders Nichte Marie Luise –, dieses Dichterpaar also schreibt in dreiundvierzig Jahren unwillkürlich einen Roman in Briefen, aber eben doch einen, den das Leben schmerzlich genau inspiriert. So kommt ein Lebenskunstwerk zustande.

Borchardt schreibt einmal, es gebe Gedichte, denen sehe man an, daß sie sich selbst gemacht hätten, anderen, daß sie gemacht worden seien, und es ist geradezu heftig klar, daß er den Gedichten, die aussehen, als hätten sie sich selber gemacht, einen höheren Rang einräumt beziehungsweise daß er nur sie gelten läßt. Das Kernwort seiner Ästhetik ist deshalb Notwendigkeit. Woher ein Gedicht seine Notwendigkeit beziehe, sei ihm egal, nur, es muß vor allem die Notwendigkeit ausdrücken, aus der es entstanden ist.

Und das tut eben dieser Briefwechsel auch, Brief für Brief. Als Gedankenraum und Empfindungstiefe schaffende Begleitlektüre kann man noch die bis jetzt erschienenen fünf Bände Borchardt-Briefe mit Briefen an andere, an Nicht-Dichter also, zu Rate ziehen. Daß aber Literatur ein ganz besonderes Element ist, vielleicht das besonderste überhaupt, kann man sich dann wieder im Hofmannsthal-Borchardt-Briefband bestätigen lassen.

2.

Nichts ist zeitgeschichtlichen Bedingungen mehr ausgeliefert als die Vermittlung von Literatur. Einen Dichter, den man nicht zur rechten Zeit lesen kann, kann man eigentlich nie mehr lesen. Wenn ich Borchardts hochdisziplinierte Gedicht-Ausschweifungen heute, erst heute lese, dann ahne ich als erfahrener Leser, wie ich darauf reagiert hätte, wenn ich sie rechtzeitig zu lesen bekommen hätte. Als ich fünfzehn bis siebzehn war, habe ich Stefan George gehabt und ihn gelesen, als wäre er mein Zeitgenosse, seine Vorgänger bei mir waren ja Klopstock, Goethe, Schiller, Hölderlin und Nietzsche. Rilke kam nicht vor. Rilke war mir zu flüssig, und seine Sonette und Elegien hatte meine Freundin nicht. Also George statt Borchardt, statt Hofmannsthal. Daß mir Borchardt überhaupt erreichbar geworden ist, verdanke ich nach allen zeitgeschichtlichen Verhinderungen dem Freund Heribert Tenschert, der mit Borchardt seit Jahrzehnten jenen seelen- oder wesenssymbiotischen Umgang pflegt, der Literatur, ohne sie alltäglich zu machen, zur Lebenspraxis werden läßt. Jeder, der in Frage kommt, hat seinen Dichter oder auch zwei. Auch wenn Dichtern aus kritischer Entfernung Einzigartigkeitsfimmel nachgesagt wird –, daß einer neben sich keinen zweiten gestattet, kommt nur in Religionstexten vor, im Literarischen duftet alles nach Community.

Also ohne den Freund wäre Borchardt ein Literaturgerücht geblieben. Die Gedichte, die man nicht rechtzeitig liest, muß man sich dann ein bißchen erarbeiten, das ist ein kräftespendender Kampf, von Erobernwollen bis Erobertwerden; aber für diese Briefe ist es nicht zu spät. Großspurig: nie.

3.

«Hochgeehrter Herr, ich werde vors erste allerlei Abhaltungen haben zu Ihren Gedichten zu gelangen und möchte den Dank für Ihre schöne und mich ehrende Gabe darum doch nicht hinausgezögert sehen ...»

So schreibt ein Dreiundzwanzigjähriger am 1. April 1901 an einen anderen Dreiundzwanzigjährigen. So schreibt ein Dichter an einen Dichter. So schreibt Rudolf Borchardt an Rudolf Alexander Schröder. Rudolf Alexander Schröder war damals sicher eine attraktive Adresse: einer der drei ‹Insel›-Erfinder und -Gründer. Zeitschrift und Verlag wären ohne ihn vielleicht gar nicht entstanden. Rudolf Borchardt schickte ihm Gedichte und schloß seinen Brief (aus dem Kurheim Bad Nassau) so: «Ich bin leider schwer leidend.» Die mitgeschickten Gedichte waren Elegien. ‹Heroische Elegie›, ‹Pathetische›, ‹Saturnische› … Oder auch einfach ‹Bacchische Epiphanie›. Deren vorletzte Strophe – es ist die vierunddreißigste – fängt so an:

Zwischen Tod und Leben brausend
Meisternd das in Eins Geschloßne
Tanzt der Rosen Übergoßne
Ins Geschick der Welt.

Borchardt wird das in Poesie, Prosa und Brief beibehalten, zwei deutsche Hauptwörter, die jeder sonst zusammenschreiben oder doch durch Bindestrich an einander binden würde, einfach nach einander erscheinen zu lassen: der Rosen Übergoßne. Soll der Leser entscheiden, wie eng er die beiden Wörter zusammensehen will. Das ist keine mechanische Manier; oft genug verfährt er ja nach Gewohnheit; er schreibt, wenn er den Insel-Verleger Kippenberg auftreten läßt, von «Käseduft», «Lackstiefeln» und «genähten Ripsschlipschen», aber der Markusplatz in Venedig verursacht ihm «intellektuelle Glücks Schauer». Oder 1915, «im Felde», ist er «mehr bedrückt als erhoben von dem trostlos endlos willenlosen Vorbeizug dieser halb zerschmetterten Menschheits Procession».

Es ist spürbar, daß er durch das Auseinanderschreiben solcher Doppelwörter jedem Wort wieder eine Kraft, oder Deutlichkeit oder Würde, zurückgeben will, die es als Doppelwort-Teil nicht mehr hat. Pathossteigerung, das will er, wenn er «Morgen Brot» schreibt oder «Lebens Element» oder «Reise Verdruss». Aber weil er nach den rassistischen Einteilungen des Hitler-Regimes Jude ist und in Deutschland nicht mehr gedruckt wird, nennt er seinen Zustand «Weltabhandenheit». Solche Traditionsechos und Zitatfarben wie diese Verwendung der Friedrich-Rückert-Zeile («Ich bin der Welt abhanden gekommen») liegen ihm. Er ist sprachversessen. Aber gar nicht spielerisch. Jeder Satz sagt in erster Linie aus, wie wichtig es für den Schreiber war, gerade diesen Satz mitzuteilen. Also wieder: die Notwendigkeit des Gesagten als seine Form. Das bestimmt dann sozusagen den Inhalt, dieser auffallende Zugriff, diese immer aufs Äußerste drängende Sprache.

Zuerst hält man Borchardt vielleicht für einen Selbststilisierungsvirtuosen. Virtuos in der Selbstdarstellung ist Borchardt, aber eben keinen Satz lang nur virtuos, nie virtuos an sich, weil eben die Virtuosität immer ihre Funktion demonstriert: die Notwendigkeit, einen Lebensaugenblick so ausdrücken zu müssen. Und je länger dieser Briefwechsel stattfindet, desto weniger stilisiert sich Borchardt. 1901, in Göttingen, schreibt er seine Adresse noch so: 21 Burgstrasse. Also ganz englisch. Auch aus Berlin schreibt er noch: 5 Kronprinzen Ufer. Nach dem endgültigen Umzug nach Italien heißt es dann Villa Sardi di Vallebuja, Lucca, 5. April 07.

4.

Es war Borchardt, der immer wieder die Gesetzlichkeit dieser Freundschaft, ihre Fundamentalbedingung formulierte, und es war Schröder, der die bis zur gesetzmäßigen Gültigkeit gediehene Freundschaftserklärung dann mit Leben belieferte, mit dem unmittelbaren Gefühl. Ein bißchen schief ist diese Einteilung sicher, weil Borchardts immer glanzvolle Sätze über diese Freundschaft alles andere als empfindungslos sind, sie zeigen die Empfindung eben in ihrer geistigsten Version. Und zu unterstellen, geistig lasse sich nichts mehr empfinden, hieße zum Beispiel, die

Sprachleidenschaften von Pascal bis Nietzsche nicht ebenso sehr erleben wie verstehen zu können.

«Mein Lieber», schreibt Borchardt am «22. Nov. 12» (mit Briefkopf Villa Mansi Monsagrati Lucca) an Schröder, der Brief reicht jetzt im Druck von Seite 477 bis Seite 493. Am 30.11.12 antwortet Schröder unter dem Briefkopf Bremen Schwachhauser Chaussee 365. Schröder braucht knapp drei Seiten. Borchardt schließt mit Dein RB, Schröder mit Rudi. Das dürfte typisch sein für alle dreihundertsoundsoviele Briefe. Hier nicht enden könnende Explikationen von gar allem und immer so, daß das WIE das WAS ist, hier immer Villa di Bigiano Candeglia oder Villa dell'Orlogio und dort immer Schwachhauser Chaussee 365 oder Hohenzollernstr. 98.

Oft genug schreibt Borchardt nur über sich und Schröder und kommt dann erst nach vielen Seiten ad rem. Schröder hat sehr viel mehr mit den Sachen zu tun, weil er immer nördlich der Alpen den Schaden begrenzen muß, den Borchardt anrichtet durch das, was er kurz vor seinem Tod in seiner letzten Schrift ‹Anabasis› «Furor zur absoluten Freiheit» nannte, jene «Manie der Unabhängigkeit, der ich von je alles geopfert hatte, was sie von mir verlangte. Ich war als Student aus dem reichen väterlichen Hause nachts geflohen um auf einem entscheidenden Punkte beim eigenen Willen zu bleiben und hatte harte Jahre gleichmütig auf mich genommen um mich nicht Befehlen haben beugen zu müssen. Nie hatte ich eine Autorität über mich zugelassen, nie gehorcht, nie compromitiert». Wozu eine solche Haltung im Umgang mit Verlegern führen muß, ist vorstellbar. Kippenberg, Rowohlt, Kurt Wolff, Samuel Fischer waren die prominenteren Konfliktpartner, daneben noch eine Unzahl weniger Namhafter, aber genau so von Borchardt-Gesten Getroffener.

Nicht nur körperlich erfüllen die beiden das Don-Quijote-Sancho-Pansa-Programm. «100 kg», meldet dieser Sancho gele-

gentlich. Aber sie gehen in diesem Programm nicht auf. Und doch
eher in diesem als im Schiller-Goethe-Briefwechsel-Programm.
Jeder zweite, der über Borchardt nachdenkt und schreibt, nennt
ihn einen Don Quijote. Aber es ist doch nicht ganz unwichtig zu
bemerken, daß er selber weiß und es wissen läßt, er sei einer. Im
Sommer 1913 instruiert er in einem Elfseitenbrief den Freund,
wie der ihn zu S. Fischer bringen könne, zu «Sami», dem «braven
kleinen Mann». Er entwirft ein Handlungsprogramm für «con-
zentrische Bearbeitung» des Verlegers, unter Einschaltung Beer-
Hofmanns und Hugos (= Hofmannsthal). Und so soll Schröder
seinen Freund dort vorstellen: der «sei weder ein Schleicher noch
ein Gegenseitigkeitsschmeichler, sondern furchtlos und an der
rechten Stelle bis zur Unklugheit rücksichtslos …» Ob das ein
Verleger zu schätzen weiß? Auf dem Papier schon. Die Realität
entscheidet eher die Gegenseitigkeitsschmeichelei. Borchardt
läßt nun seine Pläne paradieren, daß Schröder dort etwas zu bie-
ten hat: Für fünf Bände hat er Manuskripte, Inhalte kann er, sie
preisend, nennen, und momentan arbeitet er an seinem ‹Lassal-
le›, der soll werden «ein vehementes Bekenntnis meiner innern
Totalität, politisch, leidenschaftlich donquixotisch, Feuer, Ekel
an der Moderne, Hass, Liebe, Klage, Anklage, Deutschheit, Geschichte, Drang nach Einer Frau, Sterben an Einer Frau. Wenn
es so weiter rast und donnert, steht es in vier Wochen auf dem
Papier, im Winter auf einer Bühne deren Gebälke es krachen machen soll, wie seit den Räubern die deutsche Bühne nicht mehr
gekracht hat». Daß das seinen Sancho erschrecken muß, ist ihm
klar, aber, sagt er: Ich gestalte «den Tumult der heutigen Welt
mit dem Tumult meines Innern». Und wenn er es so hat toben
lassen, dann zieht er sich, auch schriftlich, zurück in seinen Garten, zu seinen «Godelien von einer azaleenhaften Schönheit»,
zu «Digitalis nevadensis aus den spanischen Hochgebirgen, mit
Blüten wie an einer Pavlonia», zu «Delphinium brunnorianum

von der Kaschmirjanum Sektion mit geschlossenen Hauben-
blüten …»

Ich kenne keinen Briefwechsel zwischen zwei Männern, der
so sehr zum Roman wird wie der zwischen diesem donquijo-
tesk Hochfahrenden und dabei eisig genau Empfindenden und
Formulierenden und dem von einer Stimmung in die nächste
tauchenden, «ewig liedbereiten» Hanseaten, der nach 1918 zu-
sehends frömmer wird und sich auch mit Kierkegaard und Karl
Barth rüstet. Das Romanhafte kommt einfach vom Unterschied,
den beide andauernd gleich stark erleben, den sie aber, weil sie
sich sozusagen schicksalhaft befreundet fühlen, nicht als Trennendes gelten lassen wollen und ihn deshalb ausdrücken müssen, damit aus dem Unterschied Sinn entstehe. In jenem sechzehn Seiten langen November-Brief formuliert Borchardt die
«ungeheure Verschiedenheit des innern Ausgangspunkts, des
Naturelles, des Ingeniums und der paideia …» Aber zum Unterschied gehört das Gegenteil, nämlich die «… unwandelbare
wie unschätzbare Vereinigung in gleicher Ebene alles Höchsten».
Und Borchardt folgert, bei dieser Verschiedenheit «wüßte man
sich ohne ein fast absolutes Geltenlassen des Andern gar nicht
zu helfen».

Der Inhalt ihrer Differenz – und das erst macht ahnbar, was
zwischen diesen beiden zu bestehen war – ist ihr Schreiben, ihre
Sprache, ihre Ästhetik oder, damalig ausgedrückt, ihr Dichtertum. Und da kann nicht nur Schröder von Borchardt lernen,
davon möchte man uns alle andauernd lernen lassen. Ich wäre
schon zufrieden, wenn ich durch das Lesen und Wiederlesen dieser Briefe mir «das fast absolute Geltenlassen des Andern» als
erlernbar vorstellen könnte. Vorstellen nicht als Schwundstufe
des Vitalen, sondern Geltenlassen als Lieben. Borchardt erzählt
ja in diesem November-Brief ihre ganze Geistesgeschichte. Beide
haben einander von Anfang an gelesen. Und wenn diese Geistes-

geschichte einer Freundschaft zwischen so Selbstischen, wie es Dichter nun einmal sind (ohne daß sie blind und taub wären vor lauter Einzigartigkeitsfimmel), glaubhaft wird, dann ist das ein Zeugnis der wertvolleren Art: dann ist Freundschaft überhaupt möglich. Daran kann man nämlich, wenn man schon länger da ist, auch zweifeln. Eben deshalb ist mir dieser Briefwechsel zu einem so großen Roman geworden.

Wie aber reagiert Schröder, wenn ihm diese sechzehnseitige, nichts vertuschende und überaus atemreiche Borchardt-Prosa als Ausarbeitung ihres Wahrhaftigkeitsprogramms ins Haus kommt? Je hochfliegender Borchardt wird, um so praktischer reagiert der Hanseat. Zum Beispiel, indem er Borchardt als Antwort auf dessen Darstellung ihres Freundschaftsprogramms einen gerade geträumten Traum erzählt: Eine Art offizielles Diner im Haus seines Vaters, der Vorsitzende des Hansabundes, ein Herr Riesser, präsidiert, Borchardt ist auch da, in Reisekleidung, und steht auf und sagt, da von Herrn Riesser bekannt sei, daß er sich mit der Antike beschäftige, könne Herr Riesser doch jetzt aus seiner Pindar-Übersetzung lesen. Der Herr steht auf und liest: «Es kommen, es kommen mit einem Fürtuch angetan …» Da hat der Pindar-Übersetzer Borchardt schon ein Exemplar in der Hand und sagt: Badizonai müsse mit «tief gegürtet» übersetzt werden. Der Vorsitzende des Hansabundes besteht auf «mit einem Fürtuch angetan». Darauf Borchardt: Um das zu entscheiden, müsse man sich zuerst über die «fünf Tuchwurzeln» der deutschen Sprache verständigen. Der Herr Vorsitzende will reden, Borchardt läßt das nicht zu, große Verlegenheit rundum, Borchardt sagt: Nichts für ungut, Herr College. Der dreht sich um. Schröders Schwester Lina ruft wütend, wie könne Herr Borchardt nur in diesem Haus eine so einflußreiche Persönlichkeit so brüskieren. Borchardt habe dann eine zerknüllte Reisemütze aus der Tasche gezogen und habe Saal und Haus tief verärgert verlassen.

Schröder zur Schwester, wie könne sie Borchardt aus dem Haus treiben, mit dem er doch über das nächste ‹Hesperus-Jahrbuch› reden müsse.

Das ist Schröder! Was für ein Träumer!

Beide haben andauernd gelesen, was der andere schrieb, beide haben andauernd auf einander reagiert. Schröder hat sowohl seine Zustimmung wie seine Kritik eher im Stimmungshaften, im immer Herzlichen belassen. Borchardt konnte sich nicht äußern ohne die äußerste Ausdrucksanstrengung, aber eine Überanstrengung ist es nie.

Als Schröder im Jahr 1935 in einem Aufsatz auf seine Anfänge zurückschaut, erinnert er sich daran, daß Hofmannsthal ihm über seine «recht jungenhaften Verse» ein paar «großmütige Zeilen» gesandt hat. Borchardt deutet 1901 sofort «einige Bedenken meist formaler Natur» an. Aber dann, 1912, schreibt er, er habe «unbewußt die Gewohnheit» verloren, an Schröders «Produktionen mit détailliertem Krittel heranzugehn». Wenn er jetzt bei Schröder etwas treffe, worauf er kritisch reagieren möchte, erweitere sich sein «Einwand» «von der scheinbar ihn veranlassenden Wendung auf die Conception, von ihr auf den Kunstbegriff, und ich sehe mit einem Schlage, daß es nicht der Einwand des Kritikers ist, sondern die Differenz des Künstlers und des Menschen. Diese aber, ihrem Wesen nach, soll bestehen, und durch nichts aufgehoben werden». Und jetzt formuliert er, woran er künstlerische Hervorbringung von Anfang an und bis zum Schluß mißt: ob sie eben die Notwendigkeit ausdrückt, aus der sie entstanden ist. Und Schröders Gedichte seien «charmant gesagt» gewesen und hätten «auf tausend andere charmante Weisen gesagt werden können», aber Borchardt vermißte das «Eins ist not»: «das Gedicht – in dem – durch das – naturnotwendig, explosiv, der Zustand oder die Bewegung sich selber so ausdrückt, daß es mit den Geburtsmarken … seiner Ausdrucksbedürftigkeit erschiene». Inzwischen aber habe er sich «zu menschlicher Duldung (der activen Form der Freiheit) entwickelt». Er könne jetzt sagen, er habe Schröders Gedichte geliebt, aber sie gefielen ihm nicht. «Sie thaten mir nichts an. Sie bemächtigten sich meiner nicht.» Er sei damals kein guter Mensch gewesen, aber er habe in sich soviel «Fähigkeit zum Guten» gehabt, daß er sich «von der Luft hoher moralischer Delicatesse», die jeder Schröder-Vers enthielt, «beschämt, und gerade weil beschämt», angezogen gefühlt habe. Aber er habe sich beruhigt inzwischen. Und: Schröders «Conceptionsart» sei nerviger geworden. Jetzt kann er «ein Ganzes von vorneherein als Ganzes gelten lassen und etwas aussetzen, was ihm innerhalb seiner eigenen Struktur etwa fehlen möchte». Jetzt erst können sie «für einander fruchtbar» werden: «wachsende Berührung», «schöne Durchdringung»; er erlebt, was von Schröders Art mit der seinen fusionieren könnte, und ein «unzugänglicher Rest» werde «in einer Weise ehrwürdig», für die er schwer Worte finde. Wie er sich zuerst «aus Fremdheit» verhalten habe, so verhalte er sich jetzt «unwillkürlich aus Vertrautheit». Heute sieht er die Differenz zwischen ihnen «als unendlich wertvoll» an. «Den Maßstab zur Beurteilung Deiner Kunst entnehme ich nicht mehr der meinen und auch nicht einem abstracten Canon, sondern Deiner Kunst selber und ausschließlich.» Jetzt kann er den «essentiellen Unterschied», der ihrer «dichterischen Produktion zugrundeliegt», formulieren. «Die Poesie, die bei mir durchaus Axt ist, ist bei Dir Zustand.» Er besitze nicht eigentlich «ein poetisches Naturell». Seine «innere Welt, in der organisierende und architektonische Kräfte alle anderen überwiegen, wird nur auf Augenblicke durch affektive Berührungen poetisch …» «So bist Du locker, ich starr. Lücken bei Dir besagen nichts gegen die Conception … Lücken bei mir wären tiefe unheilbare Gussmängel, und würden gegen die Spontaneität meines Aktes zeugen. So also sind Deine Fehler nicht meine Fehler. Du bist in viel ursprünglicherem Sinne des Wortes Dichter als ich; bist es wie das Volk, wo es singt ... wie der antike Dichter ... leierkundig, ewig liedbereit ... ich bin bacchisch, an die Feste meines Rausches gebunden ... immer anredend, streitend, mich wehrend, in drei geteilt, abgrundlustig, reinigungssüchtig, dramatisch. Ich ende besten Falles, womit Du beginnst, mit dem Gleichgewichte ... Und so ließe sich noch lange Das Eine am Andern messen.»

Kann man die Freundschaftsmöglichkeit ernster untersuchen, beschreiben, herbeischreiben? Der reine Literatur-Roman. Und zehn Jahre vorher, am Anfang dieses Briefwechsels, war es vielleicht eher das aktuelle Kalkül, das die beiden einander näherbrachte. Auf der einen Seite die immer noch szenisch mächtigen Naturalisten mit dem nicht nur imposanten, sondern auch aller Ehren werten Gerhart Hauptmann vornedran, auf der anderen Seite der sein eigenes Kunstreich inszenierende Stefan George. Hugo von Hofmannsthal ist deshalb für die zwei Jungliteraten das, was sie werden wollen. Er ist zwar nur vier Jahre älter, aber da er wunderkindhaft früh berühmt wurde, ist er ihre Galionsfigur. Auf sein Frühwerk läßt sich eine ästhetische Fraktion gründen, die einen neuen Namen verdient. Die Formulierung dessen, was jetzt ästhetisch, politisch und überhaupt fällig ist, ist viel mehr Borchardts als Schröders und Hofmannsthals Sache. Er will Schluß machen mit dem «lumpigen Begriffe der Neuromantik», schreibt er 1911 an Hofmannsthal, und dazu müsse jetzt begründet werden, «in welchem Sinne wir die geistige Führerschaft der Nation an uns zu nehmen gedenken ...» Antinaturalistisch. Aus der Tradition schöpfend. Antimodern. 1907 an seine Schwester Vera: «Daß Ihr Euch nicht ‹modern› eingerichtet habt, haben wir sofort mit großem Wohlgefallen festgestellt ...» Und an Schröder, programmatisch, gleich am Anfang, 1901: «Wir rechtfertigen uns vor den Toten, nicht vor den Lebendigen.» Er, Schröder und Hofmannsthal werden die Dichtersprache für Deutschland schaffen: aus der Tradition, aber mit dem schneidendsten Anspruch: «Ein Gedicht, von dem man nicht glaubt, daß es in zehn Jahren immer noch zu frühe veröffentlicht wird, soll man vernichten.» Das ist der Aufbruchston der konservativen Avantgarde. Aber hinter dem ebenso stürmischen wie drängerischen Programmdenker und Textkritiker darf der Freundschaftsfähige nicht verschwinden. Die vor nichts Halt machen müssende Geisteskraft ist einvernehmlich mit einer ebenso lebendigen Zuwendungskraft. Den anderen zu erleben und ihn spüren und wissen zu lassen, wie er ihn erlebt! Auch den Dichter! Ohne diese Erlebnisfähigkeit und ihr Aufblühen im Brief kann eine Dichterfreundschaft nur Zweckgemeinschaft werden oder Phrase. Borchardt verfällt in seinen Antworten auf Schröders Gedichte nie der bloßen Unmittelbarkeit. Er kann offenbar nicht empfinden, ohne daß die Empfindung ihren äußerst möglichen Ausdruck verlangt und sich mit weniger als dem sprachlichen Maximum einfach nicht zeigen will. Schröder kann schreiben, er habe Borchardts Gedichte «nicht gelesen, sondern verschlungen», und wenn ihm doch nach mehr Ausdruck als Empfindung ist, macht er Gebrauch vom Freund und sagt, was Borchardt selber sage, sei auch sein «höchst erfreulicher Eindruck … die Beruhigung des Mittels, ohne daß dadurch des Mitgeteilten oder Mitzuteilenden weniger würde». Und wenn Borchardt ihn mit seinen steigen und steigen könnenden Sätzen auf eine historisch intelligente Weise lobt – und das geht durch die andauernd hochdrängende Satzenergie bei Borchardt nie ohne eine Art inhaltlich gerade noch abgesichertes Pathos aus –, dann bleibt dem hanseatisch geübten Proportionswahrer nur noch der Rückzug ins Bescheidene: Das Buch möge «ganz ordentlich und schätzbar sein; aber Sie dürfen nicht soviel davon sagen». Wenn Borchardt ihn jetzt zu sehr lobe, werde er das nächste Mal um so enttäuschter sein. Weil Borchardt ihn als Dichter ins richtige Verhältnis zu den anderen «zeitgenössischen Hervorbringungen» setzt, ist er ihm dankbar – «abgesehen von der Beschämung über das Zuviel». Und was wäre das für eine Freundschaft, die nicht ZUVIEL will. Borchardt gibt es gar nicht ohne «Überspannung», ohne die Tendenz zum Zuviel. Und er hat das schon früh und wieder gesetzhaft, das heißt für alle vorkommen könnennenden Fälle formuliert: «... für ein Ding mehr zu bezahlen als es wert ist, ist ... doch die einzige Möglichkeit zum Leben zu kommen; im allerwinzigsten und im allergrandiosesten könnte ich das Gesetz meiner Natur mit keinen anderen Worten aussprechen.»

Weil Borchardt eben nichts mitteilen kann, ohne es durch Ausdruck ins mehr als Mitteilende zu erheben, wird dieser Briefwechsel zum Roman. Schröder wird durch Borchardt sozusagen stilistisch provoziert, aber seine Natur ist zum Glück widerständig genug, er kann mit seinen norddeutschen Stimmungsbildern und den Feinfühligkeiten und Sarkasmen seiner dichterischen Ausstattung dem einsamen Sprachsüchtigen in den gemieteten Edelvillen Italiens durchaus Stand halten, weil er weiß, daß er nicht mit ihm konkurrieren kann. Er ist in der liebenswürdigsten Verlegenheit, wenn Borchardt «das wohlgerundete Kunstwerk» eines Briefs auch noch mit Entschuldigungen begleitet, was soll dann erst er tun! Und doch: Schröder ist der Umworbene, aber eben der aufs höchste Umworbene. Borchardt kann ja eine Empfindung nicht einfach hinsagen, bloß weil er sie hat, Schröder aber: «Borchardt, Du ahnst nicht, wie ich mich nach Dir sehne ...»

So kann man sich als Leser verrennen: Schröder, der nichts als Gefühlige; Borchardt, der Geist. Und schon liest man in den Briefroman diese Tendenz hinein oder heraus. Aber es war doch Schröder genau so, der Angst hatte, sie könnten einander vor lauter Verschiedenheit verlieren. Schon 1910 schreibt er: «Glauben Sie mir, mein Freund, wir dürfen nichts zwischen uns kommen lassen. Gerade die unendliche Verschiedenheit unserer Charaktere und unserer Produktion macht das nötig. Es gibt gewiß Niemanden der das Tragische Ihrer besonderen Lage stärker und inniger mitfühlt wie ich ...» Als «Litteraten» haben sie ein gemeinsames Schicksal, aber er fühle sich durch seine «größere Leichtigkeit und Anschmiegsamkeit in praktischen Dingen bevorzugt». Er lasse allzuoft «fünf grade sein», aber das gegen seine «eigentliche Veranlagung», deshalb verstehe er Borchardts «stetes «Entweder Oder». «... Wenn Sie nicht Rudolf Borchardt, d.h. personifizierter Eigensinn wären ...», heißt es da. Um eines «Höheren» willen werden sie, schreibt er, «immer zusammen finden».

Borchardt schafft Satzgebilde zum exzessiven Ausdruck seines Bedürfnisses nach Nähe. Borchardt formuliert, daß er bald in Schröders Motiven mehr zu Hause sei «als in seinen eigenen». Aber Schröder schreibt auch, daß er bei allem, was auf ihn zukomme, denke, wie würde Borchardt jetzt reagieren. Borchardt hat sogar richtig Angst, Schröder könne sich unaufhaltsam gegen ihn «verengen». Wodurch das bewiesen werden könnte, das zählt er nicht auf, die «Bedeutung überwiegt sein Faktisches». Und die Bedeutung, das ist seine Angst, der Freund könne die Freundschaft weniger ernst meinen als er. Schon ganz am Anfang gibt sich Borchardt bescheiden froh darüber, daß er seine philologische Ausbildung in Nutzen für Schröders Horaz- und Homer-Übersetzungen umsetzen kann. Und wie er darum wirbt, daß er Schröder auf dessen Italienreise nicht in Florenz trifft, sondern in Borchardts Villa Sardi di Vallebuja! Schröder soll jeden anderen benachteiligen, jedem anderen soviel Zeit stehlen und sie ihm geben, «alle, und alle auf einmal. Ich habe unendliches mit Ihnen nachzuholen, und wenn Ankunft und Abgang zu nah beieinanderliegt, ist alles mir beklommen und erstickt». Roman, Roman! Aber eben auch: geschehen. In Wirklichkeit.

Fast zwanzig Jahre später, im November 1930, hat Borchardt einmal offenbar nicht rechtzeitig auf Schröder-Gedichte reagiert und wird von Schröder gemahnt. Der erste Brief, den Borchardt darauf schreibt, trägt jetzt den Vermerk «Nicht abgesandt». Dann, am gleichen Tag, fängt er noch einmal an. Schröder ist inzwischen in der aktuellen Literaturszene kein Glanzwert mehr, er hat gebeten, daß Borchardt in den ‹Münchener Neuesten Nachrichten› über seine gerade erschienenen Gedichte schreibe. Borchardt weiß, daß er hätte schreiben müssen. Er weiß und schreibt es hin, Hugo (Hofmannsthal) (seit einem Jahr tot) hätte in einer solchen Situation auch schreiben müssen. Aber «Thatsache ist, daß wir alle drei in den meisten Fällen es nicht gethan haben. Veniam petimusque damusque vicissim». Er habe auf keine seiner drei Gedichtsammlungen von den beiden ein Wort gehört, habe sich nie darüber gewundert oder gesorgt. Schröder habe jetzt ein Buch herrlicher Gedichte drucken lassen, er, Borchardt, kenne diese Gedichte seit Jahren aus Schröders Mund, aber über eine «ganze gedichtete Welt» könne man, wenn sie mit der Post ins Haus komme, nicht reagieren wie auf eine Schachtel Pralinés. In dem Augenblick hätte er nur sagen können, es seien sechs Gedichte in dem Buch, von denen er glaube, sie lebten so lange, wie die deutsche Sprache lebe. Und schreibt ihm die Titel der Gedichte hin. Aber – und das ist der literaturvitale Borchardt schlechthin – eine Woche später hätte es doch sein können, «beim ersten Wiederinsbuchsehn», daß ein ihm bis dahin verschlossen gebliebenes Gedicht «plötzlich vor Augen geblüht» hätte, «schöner und tiefer in salomonischer Herrlichkeit als jene sechs oder acht». In dem nicht abgeschickten Brief hat er noch eine Erfahrung beim Gedichtelesen skizziert, die dürfte heute sowohl bei Dichtern wie bei Lesern als verschollen, unbekannt, obsolet oder verstiegen gelten. Er will erklären, daß man auf Gedichte schlechterdings nicht direkt reagieren kann, weil sich Gedichte gar nicht an uns wenden. Borchardt: «Es käme mir so vor als wollte die Rose durch ihren Duft meine Nase erreichen, oder die Nachtigall sänge für mein Ohr ...» Das ist ganz schön genau. Und eben dadurch schön. Im abgeschickten Brief mahnt er Schröder dann heftig herzlich, daß der doch endlich und ernstlich an Borchardts Liebe und Treue glauben möge und daran, daß er ihn für immer habe. Roman, Roman.

5.

Der Erste Weltkrieg bringt die Verschiedenheit der zwei Brief-schreiber zum Ausdruck, wie es kein Roman krasser könnte. Schröder muß zwar auch ein paar Wochen bei der Truppe ver-bringen, aber er ist doch ziemlich schnell «Telephonordonnanz», und fast noch schneller ist er dann eben bis zum Schluß in Brüs-sel, Flamenbetreuung. 1912, bei Gerhart Hauptmanns fünfzig-stem Geburtstag, hat ihm Reichskanzler Bethmann Komplimen-te zu seinen Gedichten gemacht. Schröder nutzt die Beziehung, so erspart er sich den öderen, härteren, gefährlicheren Dienst bei der Truppe. Borchardt hat sich sofort freiwillig gemeldet, durch-läuft die Grundausbildung in Mühlheim/Baden, wird «mit Du und Kerl angeredet ... wie im Zuchthaus». Schröder schickt ihm Kriegsgedichte, Kriegsbegeisterungsgedichte («Was an solchem Treiben frivol ist, weiß ich selbst», schrieb er, aber «viele Leute haben doch große Freude daran»). Borchardt reagiert maßneh-mend, seine Geistesgenauigkeit ist kein bißchen begeisterungs-getrübt: «Durchweg von einer edelsten Volksmässigkeit» und nie das, «was Pöbel populär nennt» seien die Gedichte; «solche Produkte dürften so locker und improvisiert, auch formelhaft sein», müßten die Aktualität nicht überdauern. Er selber fühle sich stumm und nur zum «Durchdenken und Wiederdenken aufgelegt». «Du weißt», schreibt er, «ich vermag mir nichts abzuzwingen.» In einem Brief an Hofmannsthal drückt er genau aus, was jetzt zu tun ist: Seit langem habe der Dichter jetzt wieder eine Funktion. «Nicht die der Kriegsliederfabrikation, vor der mir ekelt; sondern die, die Welt der Welt zu erklären, die aufgehört hat sich zu begreifen und daran fast zu Grunde geht.»

Borchardt zeichnet sich beim Schießen aus, wird an Kaisers Geburtstag zum Unteroffizier befördert, kommt auf einen Offizierskurs, muß zurück in die Kaserne, weil zuerst drei Monate Front zu absolvieren sind, bevor man Offizier werden kann. Er wird jetzt selber «Korporal», Drillvermittler, von den Oberen geschätzt, könnte bei einer Frontzeitung mitschreiben oder als «Tischgenosse» beim Stab Eindruck machen, aber er will «tausendmal lieber ins Feld … ehe ich die schäbige Lebenssicherheit … mit dem Verzichte auf Selbstachtung erkaufe».

Schröder wird durch den Krieg fromm und haßt England, wie es sich jetzt gehört, er weiß, «daß wir unter allen Umständen die Besseren sind und bleiben werden», aber das ungeheure Geschehen soufliert ihm auch einen neuen Ton: «Wer jetzt nicht die Gnade Gottes wirksam spürt, der ist ein verlorener Mann.» Diese schlichte Wendung ist Borchardts Sache nicht. Er bezieht den Krieg radikal auf sich; der Krieg ist «die natürliche Lebens- und Todesprobe auf alles, was ich im Leben gethan, gesagt und geschrieben habe und was ein Nichts wäre, wenn ich nicht jederzeit … bereit gewesen wäre dafür zu sterben. Ich habe nicht Meinungen gehabt, sondern organische Überzeugungen». Er hat seinen Beruf nicht ausgedrückt gesehen in «Tint und Feder», sondern in «Feuer und Schwert». Dieser Krieg vollziehe den Untergang «des alten autonomen Europas», «seine kulturelle Übernahme durch das Deutsche Imperium». Trotz dieser sozusagen universalhistorischen Beleuchtung der Weltkriegsszene sieht er das elende Einzelne, die übel militaristische Praxis von der öden Kaserne bis hinauf ins Hauptquartier, in dem der Geist nicht durch seinesgleichen, sondern durch Ganghofer vertreten ist. Schröder übersetzt in seiner freien Zeit Homer, Borchardt arbeitet Vorträge aus über die Kriegsursachen (‹Der Krieg und die deutsche Selbsteinkehr›, zum Beispiel), spricht in Heidelberg, Leipzig und Berlin. Deutschland wird den Krieg gewinnen, davon sind beide gleichermaßen überzeugt. Aber Borchardt kriegt soviel deutsche politische Praxis mit, daß er weiß, er wird nach diesem Krieg nicht in Deutschland leben, er kann nicht werden, was er nie gewesen ist: Untertan. Er ist «nach Wesen und geistigen Bedürfnissen … Regent und nicht Regierter …» und der «Geist von frecher Seichtigkeit», der von Berlin her spürbar wird, ist ihm zuwider. Schröder will ihn in die «Politische Abteilung» nach Brüssel holen, er wäre schließlich einverstanden, aber in Berlin will man ihn auch. Aus Mühlheim/Baden hat er als Absender immer hingesetzt: «Rudolf Borchardt, Kriegsfreiwilliger.» Jetzt steht da: «Generalstab des Feldheeres, Berlin N:W.» Er soll ein Blatt schreiben und herausgeben: ‹Öffentlicher Geist›, einmal im Monat. Aber es ist schon zu spät. Für alles. Trotzdem übersiedelt er noch nach Berlin, das nur noch «ein amorpher Abenteurerhaufe» ist. Im April 1918 schreibt Borchardt: «Wie lange werde ich baden müssen, bis mir nicht mehr vor mir selber graut!»

Aber auch alles Deutsche ist ihm nach dieser vierjährigen Erfahrung gründlich zuwider. Er wird alles, was er da erfahren hat, «aus dem Gedächtnisse ausspeien müssen», bevor ihm «das Wort Vaterland wieder anders als gemein klingen kann». Schröder schickt weiterhin Gedichte, immer zeitgemäß:

Mein grauer Kahn
Verläßt den Strand
Und furcht die Bahn
Ins Totenland.

Osteuropa sieht er «dem Bolschewismus ausgeliefert», zu wissen, daß Borchardt lebe und an ihn denke, das sei der einzige Trost, nach dem er verlange. Borchardt jetzt doch: «An uns Geretteten, Festen hängt das Künftige, an uns, die wir uns sparten, als alle vergeudeten.» Schröder mobilisiert Laune und nennt ihn «emeritierte Kriegsposaune». Darin drückt sich aus, daß Borchardts Interpretationen des Krieges und die Herleitungen seiner Gewißheit des künftigen Sieges von festeren, historischeren Tönen getragen waren als der jeweils aktuell-dichterische Widerhall des «ewig liedbereiten» Schröder. Hofmannsthal, der eher auf eine melancholisch feine Art durch den Krieg kommt – oft genug sind seine Briefe an Borchardt im Hotel Adlon geschrieben –, dem Freund Hofmannsthal gesteht Borchardt 1916, daß er sich nicht freiwillig gemeldet hätte, wenn er gewußt hätte, daß man ihn «gar nicht zu gebrauchen weiß, sondern nur zu vergeuden».

6.

Schröders Traum von dem hanseatischen Großbürger, der in Schröders Vaterhaus durch Borchardt als Übersetzungsdilettant blamiert wird, zeigt, wie und auf welche Weise Borchardt in Schröder präsent ist. Als Übersetzungskritiker macht er Skandal! Das Übersetzen ist sicher ihr Gemeinsamstes; Schröder übersetzt Homer, Vergil, Horaz, Shakespeare, Corneille, Racine und Molière. Borchardt: Homer, Pindar, Platon, Tacitus, die großen Trobadors, Dante, Hartmann von Aue, Walter Savage Landor.

In den Briefen ringen sie mit einander um Homer und Horaz, also um Schröders Projekte. Die ‹Odyssee› war 1910 übersetzt, die ‹Ilias› 1943, Horaz 1935. Borchardt urteilt nicht nur als studierter klassischer Philologe; durch seine, man darf fast sagen, Anfälligkeit für Tradition ist das Übersetzen für ihn viel mehr als Reproduzieren eines Kunstwerks in einer anderen Sprache. Übersetzen ist für ihn Dichten. Und das verlangt er dann auch von Schröder. Die Fachleute nennen Borchardts Übersetzerprinzip «sprachlich-stilistische Aequivalenz». So kommen extrem eigenartige (Dante) wie auch ganz und gar betörende (Die großen Trobadors) deutsche Texte zustande.

Die Briefe handeln aber mehr von den Problemen Schröders, Borchardt löst die seinen eher im Alleingang. Die Briefdialoge darüber, wie dem Hexameter Deutsch beizubringen wäre und wie der alkäischen Strophe ein deutscher Silbenfall abzugewinnen –, das wird in diesem Briefwechsel zur schönsten Versschule, in die man gehen kann. Und Borchardt ist der Gesuchte, der Gebetene. Nicht nur für Übersetzungen, sondern für alles, was Schröder in antiken Formen verfaßt. Immer schickt er noch eine Ode und fragt, ob der Freund «möglichst umgehend etwas darüber schreiben könnte». Und Hofmannsthal schickt ihm das ‹Ariadne›-Manuskript und schreibt dazu: «Denn zwischen uns ist es nun an dem, daß ich mir jedes Lob und jeden Tadel aus Ihrem Mund uneingeschränkt zu eigen machen kann.» Genau wie Schröder hat auch Hofmannsthal, den Schröder den «wirtschaftlich stärksten Faktor unseres Concerns» nennt, Rhythmus-, also Versmaßprobleme.

Festspiele wünscht man sich, wenn man liest, was da zwischen Schröder und Borchardt hin und her geht, über die Versuche deutscher Dichter, sich in antiken Maßen auszudrücken. Tagelang könnten zwei Dutzend poetisch Aufgelegter in stillstem Gelände einander Horaz-Oden in allen Übersetzungen vorlesen und dazu Borchardt an Schröder: Horaz sei «auf dem augenblicklichen Stande unserer Dichtersprache ‹flatly› unübersetzbar». Es sei zwar möglich – und Schröders Oden-Übersetzungen zeugten davon –, «irgend ein Gedicht … ein dem antiken halbähnliches» herzustellen, «aber niemals, was doch der einzige Sinn des Übersetzens auf unserm Niveau ist, Stil durch Stil» wiederzugeben. Er sage – das ist im Jahr 1907 – seine Meinung unverschränkt, weil Schröder niemand sei, «den man schonen müßte, wo man nicht mit reinem Gewissen loben kann». Und schließlich ist es nicht Schröders Schuld, daß solche Oden deutsch noch nicht gedichtet werden können, das setzt «ein Kultur Erbe» voraus, «das wir noch lange nicht besitzen».

Dieser seligmachende Glaube, daß es mit der deutschen Sprache so hätte weitergehen können, wie es 1907 in einem Briefwechsel zwischen zwei jungen Dichtern angefangen hatte! Borchardt fragt gelegentlich an, ob sie nicht Xenien fabrizieren sollten, schlicht nach dem Goethe-Schiller-Muster. Als Schröder nicht zog, fragte Borchardt, ob Schröder diese gentle art of making enemies scheue! Borchardt ist immer in Gefahr, von jäh aufschießenden Projekten hingerissen zu werden. Aber er kann seinem Partner auch in sanftester Unermüdlichkeit dartun, warum «nympharum fugientum amator» nicht «so müßig wie in Ihrem hübschen Verse ‹Wenn Du Freund der flüchtenden Nymphe Faunus …›» daherkommen darf, sondern doch eher so: «Faun auf stürmende Nymphen Entbrannter …»

Das beim Vorlesen ALLES nachzuempfinden wäre festspielhaft geeignet, in Heutigen eine Ahnung zu wecken von einer Zeit, in der Literatur reichte von 700 vor bis zirka 1933 n. Chr., und Europa war die allen gleich vertraute und gleich nahe Geistesgegend. Im Nachwort zu seinen Trobadors-Übersetzungen schreibt Borchardt 1924, es handle sich bei seinen Übersetzungen um einen Beitrag, und er möchte, daß der «fortgesetzt werde, bis er gelingt». Eine so strenge Auffassung vom allmählichen Fortschreiten einer Disziplin zu immer besseren Resultaten kennt man sonst nur aus der Naturwissenschaft. Borchardt macht dem Freund für Homer mehr Mut, da liege ja «schon im Bestehen niederer Vorarbeiten wie Stolberg, Bürger, Voss eine Gewähr für das Weiterkommenmüssen». Seine Begründungen sind kühn, aber jeder Sprachmensch muß wünschen, sie träfen zu. Als er, 1909, auf die ‹Odyssee›-Übersetzung reagiert, kritisiert er eine «syntaktische Durchsichtigkeit» bei Schröder, die bei Homer nicht vorkomme. Eine prosamäßige Syntax, prosamäßige Gedanken –, das sei doch bei Versen «unleidlich». Seine eigenen Gedichte sind geradezu wild auf unalltäglichsten Sprachgebrauch. Ein Irrtum sei es zu glauben, eine reiche Sprache führe zu reichen Formen, vielmehr: «Das reiche Formprinzip bereichert die Sprache ...» Beispiel: «Zwingen Sie eine Sprache 500 Jahre ununterbrochen zu reimen und sie wird so reich werden wie das heutige Englisch.»

Es ist eben ein Literatur-Roman, der da geschrieben wird. Wie andere Romane von Seefahrten und Steppenüberquerungen handeln, handelt der Literatur-Roman von Sprachabenteuern. Borchardt ist ein Sprachabenteurer wie Don Quijote, und Schröder ist sein realistisch leidender Sancho Pansa. Dieser Umgang mit Texten aus den europäischen Sprachen aller Jahrhunderte war für beide andauernd so aktuell wie das, was die Zeitgeschichte gerade aufdrängte. Schröder hat natürlich 1914 ff. auf Wangerooge und sonst wo in der Soldatenfreizeit an seiner ‹Ilias› weitergemacht, und Borchardt hat ohnehin kein Kriegsvorkommnis passieren lassen können, ohne es auf seine Geschichtlichkeit hin zu prüfen. Das öde, brutale, erbärmliche Militärische hat er nur ausgehalten, weil er es andauernd auf historischen Sinn befragte.

Im Sommer 1944 befiehlt Feldmarschall Kesselring, daß die Wehrmacht auf ihrem Rückzug aus Italien alle «Auslandsdeutschen» mitnehme. So geschieht es auch der Familie Borchardt: Eltern und vier Kinder. Sie landen schließlich in Brenner-Nähe in einem «Alpenhotel ‹Trinser Hof›», ihrer letzten Adresse.

Von 1940 bis 1942 hat Borchardt leidenschaftlich daran gearbeitet, den Nachweis zu erbringen, daß Homer eine historisch faßbare Persönlichkeit sei, faßbarer als Sophokles. Da findet dann kein Briefwechsel mehr statt, sondern ein über alle Ufer tretender Monolog, der von nichts mehr handeln will als von der «Materie der großen Homereruption». Die meisten dieser Briefe sind «Nicht abgesandt». Es sind die Seiten 464 bis 651 des zweiten Briefbandes. Borchardt sieht es als Fügung, daß das Schicksal gerade ihn zum «Kopernikus des riesigen Problems bestimmt hat». Die Entdeckung verdankt er einer «zufälligen Nachmittagslektüre»: Da liest er nämlich, daß Hesiod in seiner ‹Theogonie› gegen die ‹Odyssee› polemisiert, und er findet einen «delphischen Spruch», der Hesiod zum Sieger über Homer macht. Der Rest, schreibt er, war «gewissenhafte Durchführung». Die ist im Januar 42 abgeschlossen, das Manuskript bleibt, als er mitfliehen muß, in der zuletzt bewohnten Villa zurück. Aber Teile davon hat er auch noch an Schröder geschickt. Jetzt, im Spätjahr 44, schreibt er das Buch zum zweiten Mal, rekonstruiert es aus dem Gedächtnis, «fast wütend und seinem Pflichtgefühl fluchend», teilt dem Freund aber doch auch stolz erregt und genau mit, wie er die seit zweitausend Jahren schwebende Homer-Frage gelöst hat.

Vor 36 Jahren, schreibt er, habe der Homer-Streit zwischen ihnen begonnen. Schröder habe damals, als er Homer für eine historisch unterbringbare Person gehalten habe, recht gehabt, er, Borchardt, unrecht, aber jetzt sei er, Borchardt, der einzige, der Schröder sagen könne, warum Schröder recht gehabt habe. Er nämlich habe die ‹Odyssee› «datiert», ihre Einheit sei eine geschichtliche Tatsache «und ihr Verfasser eine klar umschriebene geschichtliche Persönlichkeit». Schröder ist ja inzwischen auf der anderen Seite der Berge untergekommen, im Bayerischen. Im Januar 43 hat er dem Freund noch geschrieben: «Sich unerschüttert halten, … mehr kann keiner …» Auf dieser grotesken, erzwungenen Flucht praktiziert er das dadurch, daß er literarisch existiert, also geistig, also sprachlich handelt. Einen ergreifenderen Schluß als die Briefe an Schröder im Herbst und Winter 44 kann ein Roman nicht haben. Im letzten, wahrscheinlich durch einen Boten über den Berg hinübergeschickten Brief reagiert er noch einmal auf Schröders ‹Ilias›-Sorgen, die sich seit dreißig Jahren hinziehen: «Das Problem kann nur – wenn überhaupt – nachtwandlerisch gelöst werden … mit einer allerdings kaum vorstellbaren trunkenen Unbefangenheit, – oder gar nicht.» Er erinnert Schröder daran, wie «leichtsinnig unbefangen, spielend, scherzend» der die ‹Odyssee› übersetzt habe, und so sei sie «ein unsterbliches Werk» geworden. Wenn man aber auf das Publikum Rücksicht nehme oder gar auf «Kippenkamp und Suhrberg», dann sei man verloren.

Also auch hier wieder seine Poetik schlechthin, das Dichten eine passive Tätigkeit, bestimmt von einer Notwendigkeit, über die man nicht Herr sein kann. Das Übersetzen hat er immer verstanden als Dichten. Das ist keine Ermäßigung im Genauseinmüssen. Nichts ist ihm so fremd wie Kompromiß, und komme er daher unter so imponierenden Verbrämungen wie «Kippenkamp und Suhrberg». Jetzt, im Dezember 44, muß er aus dem Alpenhotel dem Freund, der gerade noch mitgeteilt hat, der Insel-Verlag liege in Schutt und Asche, muß er dem heftig erklären, warum *mänin* mit *Zorn* zwar, wie schon bei Voss, schulmäßig richtig übersetzt ist und daß trotzdem, auch wenn das triviallateinische *ira* legitimierend hinzugedacht wird, so der ‹Ilias› ein ganz falscher Auftakt beschert wird, weil *Rasen* das Richtige wäre! Der reine Literatur-Roman. Literatur unter gar allen Umständen. Borchardt schließt mit der Entschuldigung, daß Gott ihn nicht zum Professor bestimmt habe, «sondern zu der traurigen Figur, die sich über den Fluch des Approximativen aufregt, d. h. über die Welt selber, d. h. zum Dichter».

7.

Es sind aber schon zwei Dichter, die diesen Briefroman zustande bringen. Der sich mit den Zeiten entwickelnde und ihnen nicht mühelos entsprechende Schröder, der seit dem ersten Krieg ‹Geistliche Lieder› schreibt und nach 33 das Kirchenjahr mit Liedern begleitet, die er dann auch selber mit Tönen versieht. Nach 45 wird er dann den Ranke-Satz (daß die Geschichte unmittelbar zu Gott sei) ummünzen auf die Dichtung, genauer: auf die «christliche Dichtung». So religionsidyllisch ist aber sein Part im Literatur-Roman Borchardt–Schröder nicht. Es lassen sich zwar von Schröder keine Sätze zitieren, vergleichbar mit dem Äußerungsfuror Borchardts. Schröder war immer in der Situation. Borchardt immer in der Geschichte. Ranke auf Borchardt anwenden, heißt: Er war immer unmittelbar zur Geschichte. Schröder ist aber immer, also 43 Jahre lang, unmittelbar zu Borchardt.

Zum Glück (für den Leser des Freundschaftsromans) gab es Krisen zwischen ihnen, geistige, aus der Geschichte stammend und in Haltungen mündend.

Aber bevor man als Leser nicht eine sozusagen unirritierbare, gefühlsgenaue Vorstellung von dieser Freundschaft hat, kann man die Krisen nur mißverstehen.

In jenem Brief (November 1930), in dem Borchardt Schröder auffordert, jetzt endlich ernstlich an Borchardts unverlierbare Liebe und Treue zu glauben, formuliert er auch, daß zwischen ihnen, mitten in ihren «heißen harten Arbeitsjahren», keine bloße Gewohnheit, Briefe zu wechseln, entstehen könne, beide müßten wünschen, daß «praktische Anlässe so dicht wie möglich» auftauchten. Am liebsten wäre es Borchardt, «wenn der Weltlauf es fügte», daß sie sich zu «gemeinsamem Thun oder Verhalten» zusammenschlössen. Das einzige, was ihm die Einsamkeit dort in den historischen Villen manchmal schwer mache, daß Schröder und er so weit von einander ihre Arbeit tun müßten. Als er einen heftigen Sehnsuchtsbrief an die zeitweilige Geliebte Christa Winsloe schrieb (1913), war Schröder gerade bei ihm, arbeitete mit ihm in einem saalartigen Raum der Casa Alessio, und Borchardt nennt Schröder eine «liebe und schickliche Gegenwart»: «Ich habe außer ihm nie ein Wesen in meiner Nähe vertragen wenn ich ernstlich bei der Sache war.»

Könnte man leichthin sagen, Schröder sei in diesem Briefwechsel der Nehmende, Borchardt der Gebende? Selbst wenn man alles aufzählen könnte, was Schröder für Borchardt zu dessen materieller Sicherung unternommen hat, wie oft er die jähen Borchardt-Gesten gegen Verleger durch geduldigste Friedensstiftung wieder ins halbwegs Schadlose wendet, wie er zum Beispiel 1928 für zwei Tage nach Zürich fährt, um mit Martin Bodmer einen Zehnjahresplan auszuhandeln, nachdem alles «irgend Geeignete» von Borchardt in der ‹Bremer Presse› für private Subscribenten zwei, drei Mal pro Jahr in 120 Exemplaren gedruckt werden sollte, das Honorar jedesmal sofort und so bezahlt werden sollte, als seien schon alle Exemplare verkauft, ein Jahr danach kann Borchardt wieder über die Rechte verfügen, und das will Schröder in Zürich so regeln, daß Borchardt in der Villa Bigiano nur noch unterschreiben muß – die Dankbarkeitsprosa Borchardts in den Briefen ist so heftig schön wie seine Niedermachungen der Verleger schön heftig sind –, trotzdem, man kann Schröders Wichtigkeit für Borchardt überhaupt nicht auf Nützlichkeit reduzieren. «Den geschäftlichen Rest erledigt mein Anwalt», mit solchen Formeln teilt er Schröder mit, wenn er wieder mit einem Verleger Schluß gemacht hat. Borchardts Vereinsamung und Rigorosität bedingen einander. Auch mit der eigenen Familie brach er nach dem Tod seines Vaters (1912), verzichtete auf das Geld, das er sich hätte erstreiten können, und es war Schröder, der ihm die «gequälte Übergangszeit» aus Rentengenuß in Selbsterhaltung «ertragbar machte». Borchardt drückt das auf seine Weise aus: «Dank ist unter Umständen so stumm wie Undank.»

Hingegeben an diesen Freund hat sich Borchardt schon vor dieser und jener Not. 1910: Schröder sei nicht nur der letzte Freund seit langer Zeit, sondern «wol der letzte überhaupt, den ich in meinem Leben gewinnen werde … Ich kann heute nicht mehr darauf verzichten Ihnen anzugehören». Das ist das makellos blanke Pathos des Anfangs. Das hat sich inhaltsreich entwickelt zu jeder Feinheit, ohne je zur Routine zur verkommen. Freundschaftsfähigkeit beiderseits. Der immer vollkommen ins Sprachliche gelangende Borchardt und der sein bloßes Gefühl kundgebende Schröder.

Als sie beide fünfzig sind, hat Borchardt alles von Schröder wiedergelesen und rühmt jetzt «diese Nüchternheit, diese Sparmündigkeit». Er habe, schreibt er, Schröders Poesie als eine «Proportion» immer neben seiner eigenen Arbeit gehabt, sie habe ihn «unablässig und unmerklich gerichtet». Und Schröder, als es im Sommer 39 keine Devisen mehr gab, um nach Italien zu fahren, er «würde sich ohne weiteres nen Arm abhacken lassen», wenn er den Borchardts damit helfen könnte.

Die Formulierung dessen, was Schröder als Freund vermochte, war auch Borchardts Sache. Schon 1912 liefert er eine genaue Studie darüber, wie Schröder auf Borchardts Bedürfnis, einmal alles zu sagen, reagiert habe: «Du hast mein Bedürfnis Dir im Augenblick der spontanen Teilnahme alles zu sagen … nach dem

Grade meines Affektes bemessen. Nicht nach dem Anlasse, und Ungeschicktes hingehen lassen, weil Du fühltest, daß ich es nicht verdiene daraufhin angesehen zu werden, ob ich Dir geschickt oder ungeschickt bezeuge, wieviel Du mir bedeutest, – und Deine Ruhe, Deine Freudigkeit, Dein Vertrauen.» Genauigkeit ist doch ganz von selber etwas Schönes. Und daß der Genauigkeitsfähige wiederum nur SEINEN Part ausdrückt, auch wenn er glaubt, er analysiere den des anderen! Schröder, dessen Gefühlsfeinheit sich in tausend Situationen oder gar Prüfungen bewährt, ist, und sei es vor lauter Empfindung, zu solchen Gedankengängen nicht aufgelegt: « Also – wir sind Freunde, lieber Borchardt, nicht wahr? Das Übrige erledigt sich damit von selbst.» Aber auch Borchardt kann einen Brief einfach mit «Tuissimus» unterschreiben oder sozusagen seufzen: «Ach Rudi … es wäre schon recht, wenn man Dich einmal hier hätte …»

Zwei Motive dieses Freundschaftsromans muß man sich andauernd dazudenken, weil sie in den Briefen keine Rolle spielen: Schröder lebte, da er, nehme ich an, Männer Frauen vorzog, mit seiner Schwester Dora zusammen, Borchardt mit Schröders Nichte. Dieses Beziehungsklima führt zu nichts Ausgedrücktem, dürfte aber in allem, was ausgedrückt wurde, enthalten sein. Verwirren darf es einen, daß Borchardt in seiner von fast keiner Hemmung mehr gemilderten Polemik gegen Stefan George, 1936, Georges Homosexualität zum Anlaß nimmt, alle großen Homosexuellen der Kulturgeschichte von dem Makel, sie seien homosexuell gewesen, zu befreien. Das ist das Komischste, was ich von ihm kenne.

Jetzt also, die Freundschaftstemperatur als empfindbar voraussetzend, zu den Krisen. Schröder wird in München Doktor h.c. Äußerer Anlaß: sein fünfzigster Geburtstag. Schröder schreibt, ihm sei, als habe er diesen Titel Borchardt gestohlen, und wäre der Titel übertragbar, hätte er ihn schon los und Bor-

chardt hätte ihn. Borchardt gratuliert stilvoll, endlich schmük-
ke der «oft auf gemeinen Stirnen entweihte Kranz» wieder eine
würdige, und fährt fort: «Ad rem»: Er sei seit langem durch sich
selber emporgehoben über die Sphäre, «in der man glauben kann
daß Andre uns Ehre zu geben oder zu nehmen vermöchten …»
Das ist sozusagen das heroische Motiv des Romans: Borchardts
Einsamkeit. Ihre Gründe und ihre Folgen. Und wie er sie erlebt
beziehungsweise dem Freund dargestellt hat. In seinen kreuz
und quer aus ihm herausschießenden Plänen und Projekten erscheint einmal ein Memoiren-Buch, eine Autobiographie, die
sein soll «eine Logifizierung seiner Bockbeinigkeit». Er will
darstellen, daß er sich gerade nicht aus seinem Milieu entwik-
kelt habe, sondern gegen sein Milieu. Er hat schärfste Sätze zu-
geschliffen, um sich seine Einsamkeit als einen gewollten, ihm
angemessenen Zustand erträglich zu machen. Er sah sich ja der
Geschichte gegenüber, und sein Denken und Schreiben erlebte
er als historisches Handeln. Viel geringer läßt es sich nicht sagen.
Er halte seine «Augen nur noch auf Ewiges gerichtet», 1913. Als
er sich in den Zwanzigerjahren gezwungen sah, «nach einem in
Ehren verbrachten Leben» in «Gazetten» zu schreiben, stellt er
fest: Bei seiner politischen Stellung kommen «… die Judenblät-
ter, Gott sei's geklagt, die bestgeschriebenen und bestbezahlen-
den auch am meisten für mich interessierten nicht in Betracht,
und ich muß mit dem unsäglichen Minimum an Kultur, geistigen Interessen Leser Bildung und Kapital arbeiten, das in den
sogenannten nationalen Parteien und ihren Pressen impliziert:
Leuten, die meinen Namen nicht kennen, und mit meinen Sachen nichts anzufangen wissen». Grotesker oder elender oder
gemeiner oder furchtbarer kann ein Schriftsteller nicht dran sein.
Und er, der vor Geisteskraft sprühende Konservative in seinem
subtilen Pflichtgefühl, will es auf sich nehmen, für «die nationale
Presse» zu schreiben, damit die «vielleicht etwas besser geschrie-

ben und interessanter wird». In solchen Momenten wird er dann noch mit einer Umfrage der ‹Neuen Zürcher› konfrontiert, liest die Antworten der befragten «Edelliteraten», findet, Schröders Beitrag sei «der einzige von einem gentleman geschriebene», aber «dieser Thomas Mann, mit seinen Seitenblicken auf die Konkurrenz, diese Angst, nicht zuviel und nicht zu wenig zu sagen und vor allem das krankhafte Bemühen sich so zu stellen als täte man etwas für ‹jemanden›, während man nur an sich selber denkt». Schröder dagegen, auch im Polemikfall, unmittelbar lebendig, als Rilkes ‹Malte Laurids Brigge› erschien: «Ein infameres Sauzeug ist mir noch nie vor Gesicht und unter die Nase getreten.» Die Relativierung der sogenannten Literaturgeschichte nach Maßgabe der direkten zeitgenössischen Erfahrung macht den Literatur-Roman immer wieder auch unterhaltsam.

Der mehr als einsame, der isolierte Borchardt also, der eine Zeit lang den Kronprinzen berät, erlebt in der Weimarer Republik, daß seinen Visionen nichts Politisches entspricht, daß dieses Volk die «geistige Führungswelt», die er ihm anbieten möchte, gar nicht will, es «will sich Götzen machen dürfen die von ihm abhängen, oder vor etwas kriechen, was mit dem Fuß nach ihm stößt». Er, der schon Hofmannsthal wegen seiner «Compromisse» tadelnswürdig fand, kündigte konservativen Zeitungen, die gegen seine Ansprüche verstießen, «umgehend» die Mitarbeit. Und das, obwohl seine Bücher sich nicht verkaufen ließen und er eher von Vorschüssen, die in der Verrechnung oft genug zu Streit und Abbruch führten, als von Einkünften lebte. Er muß also seine Einsamkeit, sprich Isolation, mit Sinn versehen, wenn seinem Freund Schröder in München das h. c.-Kränzchen aufs blankere Haupt gesetzt wird. Aber bei dieser Gelegenheit bricht es doch aus ihm heraus. Einerseits ist er hinaus über das Geehrtwerdenkönnen, andererseits gebe es, schreibt er, in keiner Fakultät die nötige Stimmeneinheit für ihn. Josef Nadler hat ihn in

Königsberg nicht durchsetzen können. Jetzt also: «In welchem Elende und in welcher Schmach Deutschland seit Jahrhunderten seinen größten Söhnen das Herz brechen lässt ...» Und zählt sie auf. Und Schröder, der weiß und es ausspricht, daß Borchardt der Würdigere gewesen wäre, windet sich förmlich vor schlechtem Gewissen. «Mein Guter, Lieber, Verehrter!» Aber Borchardt ist inzwischen schon geübt darin, seine Einsamkeit mit historischem Sinn zu versehen. Er hat ja schon vor dem ausbleibenden Markterfolg seine Unbedingtheit als Haltung ausgebildet. Das «ich habe nie gehorcht» in seiner letzten Schrift ist von Anfang an seine Haltung. In einem fast mittelalterlichen Sinn fühlt er sich zwar auch als Partei, das heißt: auf einer bestimmten Seite der Geschichte, aber nie würde er «der Clique» opfern, was Partei in ihm sei. Lieber erklärt er das Publikum zum Feind. Und schließlich, 1937, formuliert er seine Unabhängigkeitsleistung so: «Ich, das weißt du, habe nie etwas für mich verlangt oder erwartet. Was ich hätte verlangen oder erwarten können, hat keiner zu geben; oder zu verweigern ... Was man Ruhm nennt, teilen wir mit den Klopffechtern und Propagandagrößen des Tages, mit denen wir nicht gerne aus dem gleichen Glase trinken.» Dann zitiert er wie so oft Goethe: «Tiefe Verachtung öffentlicher Meinung.» So schreibt er an seinem Geburtstag und fügt hinzu, das einzige Geburtstagsgeschenk, das er sich selber gemacht habe, sei, daß er mit dem «schönen Schwunge», den man an ihm preise, Bodmer und Steiner aus dem Haus geworfen habe.

Nun noch zu sozusagen schwerer behebbaren Krisen. Ein Anlaß: sein ‹Dante Deutsch› und seine ‹Epilegomena zu Dante›, und zwar die Nummer zwei, die zur ‹Divina Comedia›. Seit 1904 dichtet Borchardt in Dante. 1929 gibt er Auskunft, wie er zu dieser Dante-Deutsch-Sprache gekommen ist. Und dieser Sechzig-Seiten-Aufsatz verstört Schröder ganz und gar. Aber 1930 erscheint auch das, was er «mein armes Gedichtbuch» nennt, ihm kommt jetzt «alles luftlos, flavourless, ohne Hauch und Aura» vor, was er jahrelang für sein Bestes hielt. Und Borchardt soll doch, bitte, darüber schreiben, daß Schröder im Insel-Verlag, den er doch mitbegründet hat, nicht «geradezu als Bettler» dastehe; Borchardt hat dann eben jenen schönen Brief über das Reagieren auf Gedichte geschrieben, eine sehr feine Antwort auf die notgedrungene Schröder-Bitte, sie müßten jetzt «klug sein wie die Schlangen», falsch wie die Tauben seien sie ja sowieso. Und in eben diesem um Hilfe bettelnden Brief meldet Schröder, daß die ‹Süddeutschen Monatshefte› von ihm etwas über Borchardts Dante wollen. Er ist voller «Bewunderung für das Ungeheure Geleistete», aber «das Prinzipielle des ungeheuren Werks» kann er nicht billigen. Schon das auszusprechen kommt ihm «wie eine Art Treubruch» vor. Er will, was er darüber publiziert, sorgfältig mit Borchardt abstimmen. In seinem ‹Dante Deutsch› sieht er Borchardt als Opfer «der jesuitischen Ränke des Herrn Nadler». Nadler ist der berüchtigt berühmte Literaturwissenschaftler, der die deutsche Literatur auf die deutschen Stämme zurückführte, also letzten Endes auf jeweils Mundartliches. Und es war eben weniger der deutsche Dante-Text, der Schröder verstörte, sondern das, was Borchardt auf sechzig Seiten über die Entstehung seines ‹Dante Deutsch› mitgeteilt hatte. «Das sprachliche Schisma um 1500», heißt es da, hat den Deutschen «ihre eigene Vorzeit entwandt.» Luther! Luther und die meißnische Kanzleisprache als Mehltau auf die mit hohen und höchsten Werken aus dem Mittelalter herüberblühende Literatur. «Die neuhochdeutsche Dichtersprache ist ein Geschöpf des Flachlandes und der sinnenfremden Schreibstube.» Für Dante zu arm. So der zeitlebens in Italien lebende, aber immer unmittelbar zur Geschichte existierende Borchardt. «Neuhochdeutsch ist eine Kolonistensprache emporgearbeiteter Stände, und daher aus pedantischer Conservierung des vermeintlich standesgemäßen Herkommens geboren, mit dem Auge auf Korrektheit und uniformen Anzug … mit der Todesangst vor dem popularen, aus dem man wider Willen stammt, eine Buchsprache ohne Ohr und ohne Stimme.» Also «Durchbruch gegen die uns rings bedingende Wand des Luther-Opitz-Gottschedschen Geschiebes, den Klassizismus». Das war zuviel für Schröder, der seit Jahr und Tag in seiner Sprache Kirchentöne weckte. Für uns hingegen, zumindest für mich liefert dieser Aufsatz eine Befreiungskraft, die in mir selber zu wecken ich mir immer schuldig blieb.

Und wie ging das bei diesem Königsberger in Italien? Er entdeckte, glorios konservativ, «Umkehr als den kürzesten Weg vorwärts». Nicht per Kopfgeburt, sondern durch Erfahrung. Winter 1905/06 in Arlesheim bei Basel, er erlebt das Alemannische, erlebt es als «Lichtstrahl» in sein «geschichtliches Gefängnis», «ein Wildbad» für seine «gesamte Sprachgewöhnung», mit einem «verzauberten Ohre» ging er daraus hervor, «wie die Menschen der Sage, die plötzlich die Sprache der Vögel verstehen». Jetzt also entwickelte er, entwickelte sich in ihm eine Sprache, gestützt «auf unsere älteste klassische, die alemannische Sprache … wie die Dantische auf das zum Mitteltoskanischen gewordene Pisanisch der italienischen Kaiserhöfe». Er nannte das «Rückgebärung, rinascimento, der eigenen Nationalantike, des europäischen Mittelalters …» Und wußte, was Schröder ihm dann bestätigte, daß sein ‹Dante Deutsch›, das ungeheure Werk, ein Werk sei für «vel duo, vel nemo …» Echt Borchardtisch: «Was lag mir an Lesern …?» Seine Schmerzen habe er heilen wollen, die Wunden seiner «Nationalbiographie lindern», seiner «ersten großen verschollenen Nationalliteratur ihren Tod nicht hingehen lassen». Er habe «unsern Volkssprachen, unsern ehrwürdigen Mundarten» aus dem «Verschmähtsein» helfen müssen. «Ein großer Mensch ist auf die ganze Summe seiner geschichtlichen Vorteile gestoßen, hat sie seinem Auftritt unter sich versammelt und erhebt sich auf ihrem Gipfel über seine Zeit.» Daß er das nicht nur über Dante und nicht auch ein bißchen über sich selber hingeschrieben hat, wage ich zu vermuten.

Aber Schröder sieht im Dante-Aufsatz einen «Angriff gegen die Grundlagen unsrer klassischen Poesie, d. h. die Lutherbibel ...» Auch noch eine Homer-Beschimpfung in Borchardts Pindar-Aufsatz und einen «Welfenartikel» wirft er ihm vor. Borchardt verrate seine eigene «Vergangenheit als Protestant und Preusse». Er habe immer gern in Borchardts Schatten gestanden, bleibe ihm «für unendliche Belehrung und Zurechtweisung zu lebenslangem Danke verpflichtet», jetzt aber habe Borchardt sich so geoffenbart, daß er, Schröder, dazu «eine unzweideutige Haltung» beziehen müsse. Den Dichter und den Freund Borchardt meine er damit nicht, aber eben den Denker: Borchardt müsse selber beurteilen, wie sie mit den zwischen ihnen «klaffenden Rissen» leben können.

Borchardt antwortet mit hoher Laune. Er treibe alle seine Teufeleien unter Ausschluß der Öffentlichkeit, niemand schere sich einen Deut um das, was er tue, denke oder drucken lasse, und: Er liebe Schröder, auch wenn der zur Rettung seiner Seele verkünden müsse, daß Borchardt auf schlechten Wegen wandle. Schröder ist froh, daß sie, nachdem sie sich jetzt ausgesprochen haben, «in neuer Liebe an einander teilnehmen, auch in dem Fremderen im andern». Er habe übrigens, als er einen bösen Brief an Borchardt geschrieben habe, nach dessen Gedichten gegriffen als «Antidotum», und noch nie vorher sei er von ihnen so beeindruckt gewesen.

Borchardts ‹Dante› ist sicher sein eigensinnigstes Werk – eine aus der Geschichte geschöpfte, aus der Geschichte gewonnene Kunstsprache, entwickelt zur Eingemeindung der ‹Göttlichen Komödie› ins Deutsche – für jeden Sprachmenschen eine Art Wildwasserkanufahrt im Dichterelement selbst.

Jetzt die Krise, die von der Weltgeschichte inszeniert wurde. Sie sind einander wieder gut, Schröder schreibt 1934, er und Borchardt seien «doch von beispielloser Einsamkeit umgeben», mit den gegenwärtigen Landsleuten hätten sie «nur den kurrenten Teil» der Muttersprache gemeinsam. Aber Borchardts Einsamkeit ist doch noch einmal eine ganz andere. Und Schröders Briefe sind nur noch dann wirklich mitteilsam, wenn sie in Genf, Zürich oder Wien geschrieben werden. Da kann er zu erklären versuchen, daß man sich «ins Unvermeidliche fügen» werde und versuchen müsse zu leben und «dem unglücklichsten aller großen Völker zu dienen soweit man es vermag». Eine erste Berührung mit den neuen Mächten sei nicht vermeidbar. Ein «völliges Beiseitetreten» sei für ihn wegen seiner Vergangenheit und auch wegen seiner «leidenschaftlichen Liebe für Deutschland» nicht möglich. Er wird Erfahrung sammeln, um zu sehen, «ob man mit dem kleinen Finger, den ich geben könnte, auf der Gegenseite was anfangen kann und will». Reime fallen ihm nicht mehr ein, seit man, wenn man Stiefelwichs kaufen will, Heil Hitler murmeln muß.

Öfter als je muß er in der Schweiz Geld für Borchardt organisieren, auch eigene Honorare an Borchardt überweisen lassen, oder wenn ein Münchener «Incasso-Bureau», das auch noch Germania heißt, Borchardt wegen einer «verbummelten Schneiderrechnung aus normalen Tagen bis aufs Blut quält», muß Schröder sofort fünfzig Mark einzahlen. Borchardts entwerfen eine Finanzierung durch paying guests, ein alles umfassendes Erziehungs- und Ausbildungsangebot für bürgerliche Kinder. Kein Erfolg. Er kann sich keine Samen mehr leisten für seine Gärten, er verspricht sogar, wenn er Schröder um Finanzhilfe bittet, daß er seine Gärtner-Passion bezähmen werde. Wenn Schröder im Ausland ist, kann er dem Freund gestehen, ihm helfe nichts so wie «das Schreiben einer Zeile» an den Freund, «wäre sie auch noch so inhaltslos, wie alles, was man gegenwärtig von Zellenwand zu Zellenwand sich mitteilen kann». Man lebe zwischen «verzweifelten ‹cui bono› gegenüber allem, was man unternimmt und dem ebenso verzweifelten Vorwurf, mit dem einen alles anblickt, was man unterlässt ...» Wer nicht nur überzeugt sein will, daß er damals alles besser gemacht hätte, wer sich dafür interessieren kann, wie einer existierte, ein Intellektueller, der nicht dazugehörte, der sich als Gegner empfand, aber im Land bleiben mußte –, aus Schröders Mitteilungen kann er es erfahren. Wenn er aus Deutschland schrieb, war es oft nicht viel mehr als: Haltet die Ohren steif! Oder: Bange machen gilt nicht! Allmählich hat er dann auch von Wien aus keine Lust mehr, «über die Pest, der man ja nur ‹sozusagen› entkommen ist, sich schriftlich zu ergehen». Aber er verlangt von sich, sobald er aus dem Ausland schreibt, daß er denen in Italien (und sich!) Hoffnung mache: «Die nächsten zwei Jahre überstehen ... Ewig wird dieser Zustand nicht dauern.» Und sie sollen, bitte, mit allen Fragen und Wünschen zu ihm kommen.

Borchardt bildet indes seine Einsamkeitskraft aus. Daß er, wie ihm von Besorgten mitgeteilt wird, in Deutschland allmählich vergessen werde, amüsiere ihn nur und kränke ihn gar nicht. Er verweist auf Horaz: Gehörte immer zur Weltliteratur, ohne je populär gewesen zu sein. Und subtilisiert das Verkanntsein so: Ihn habe die Natur gegen das, was Menschen uns geben können, «so constitutionell unempfindlich geschaffen», sonst hätte er längst das, was andere glücklich macht, und müßte das, was ihn glücklich macht, entbehren. Er reagiert auf die Gemeinheiten der Zeitgeschichte immer auf seine Weise: stolz oder jäh oder vulkanisch oder schlechterdings produktiv. Im September 33 erfährt er, daß er in Genf, wo er öffentlich lesen sollte – und daran mußte ihm um des Geldes willen dringend gelegen sein –, nicht auftreten dürfe, «Quertreibereien» der deutschen Juden in der

Schweiz haben das vereitelt, sie haben ihn «als rabiaten Nationalisten angeschwärzt». Kann man diese Einsamkeit, diese Isolation noch steigern? Er darauf: «... eine Abarth von Aborth ist bald das einzige wohin ich noch freien Zutritt habe.» (Und das in der geradezu ehrwürdigen Orthographie einer anderen, besseren Zeit.) Es ist, als reize jede Zumutung sein Entwurfspotential. Er will jetzt, 1933, sofort ein Buch in englischer Sprache schreiben, es soll heißen ‹Interregnum, being an Enquiry into the causes of german disorders past and present›. Daß er Schröder andauernd von den in ihm auftauchenden Projekten berichten kann, ist für ihn auch dann noch wichtig, wenn er sie in nicht abgeschickten Briefen entwickelt. Die unterschreibt er schon mal mit Heil Hitler. Und bringt seine Haltung, um sie zu haben, zur Sprache: Was ihm alles egal sei, könne er schon gar nicht mehr aufzählen, aber seine Spargel seien Ausstellungsstücke, der Gemüsegarten sehe «holländisch proper aus», auch haben sie siebenhundert Erdbeerpflanzen gesetzt. Schröder bildet sich indes zum Spezialisten für Choräle aus. Trifft sich aber doch «mit allen möglichen ‹Auch›-Dichtern bei Hans Grimm», der sich darüber freue, und Schröder hat das Gefühl, man dürfe in diesen Zeiten «niemandem, der einen mit guten Manieren um etwas bittet, nein sagen». Jeder zitiert schon mal den «alten Goethe»: «Wonach soll man am Ende trachten: die Welt zu kennen und nicht zu verachten.»

Dort der immer protestantischer Tendierende, der Zuflucht sucht im «Gemeindedienst», hier der Einsame, der seine Haltung, die auch seine Ästhetik ist oder fundiert, nur schafft, weil er sich unmittelbar zur Geschichte verhält. Aber in was für einen Projektewirbel gerät er, wenn er dem Freund von einem Besuch berichtet: Herr und Frau Hambuecher kommen in die Villa Bernardini Saltocchio, legen 20000 Lire auf den Tisch und versprechen «bei allen künftigen verlegerischen Vergebungen main forte zu leisten». Sofort entwirft er eine Zweimonatszeitschrift, später monatlich, «europäisch, hohes Niveau aber lebhaft, keine Professoren, keine alten Jungfern, viel Zusammenarbeit mit Amerika und England, Conservatives Programm, Kritik, Grundsätzlichkeit, und die höchste Poesie der Zeit, keine Literaten …» Und sofort auch ein Plan für neun Romane, deren Inhalte skizziert er gleich und ziemlich genau. «Band 9: ‹Paulkes letzter Tag› ist gleichzeitig der der zweiten Hindenburg-Wahl …» Jedes Buch ist in sechs bis sieben Wochen zu schreiben. Das Gartenbuch, ca. 350 bis 400 Seiten. Ein «bitteres Vergnügen» macht es ihm zu denken, daß er «dieser Nebenseite» seiner geistigen Person, die er entwickelt hat «gegen die grössten Beschimpfungen, Kränkungen und Verleidungsversuche», daß er der jetzt die «ganze wirtschaftliche Rettung» verdankt. Und gleich wieder gesetzmäßige Erkenntnis beziehungsweise Formulierung: «Man muß seine Beiläufigkeiten kultivieren und seine Hauptsachen Gott befehlen.» Das hat, ganz nebenbei, etwas Kierkegaardisches.

Daß alles, was die Freunde einander schreiben, jetzt der Zensur ausgeliefert ist und jederzeit kassiert werden kann, legt sich «wie ein Frost auf das keimende Mitteilungsbedürfnis», schreibt Borchardt in einem nicht abgeschickten Brief. Man kann finden, die Freunde schrieben jetzt an einander vorbei. Das ist sozusagen notwendig. Nicht nur wegen der Zensur, sondern weil ihre Situationen nicht mehr mit einander vereinbar sind. Wenn jeder ausdrückt, wie es ihm gerade geht, wie er gerade lebt, dann muß er das dem anpassen, was er dem anderen noch zumuten kann. Und da muß Schröder, der ja als Schriftsteller mit der NS-Diktatur leben muß, vorsichtiger sein als Borchardt. An Schröders reiner Treue zu Borchardt kann man keine Sekunde zweifeln, aber wieviel kann er von dem, was von ihm an Anpassung verlangt wird, dem Freund verständlich machen! Es kommt zu keiner Krise, aber es herrscht andauernd eine unterdrückte Krise. Während Schröder sozusagen kaum noch wagt, Verständnis für seine

Situation zu erhoffen, geschweige denn zu erwarten, rumort es in Borchardt rein sprachlich (Sommer 1942): «Da ich mich meiner insistierenden Umgebung gegenüber nicht länger darauf hinausreden kann, dass ich Dir geschrieben habe, schreiben würde, zu schreiben anfinge, vorhätte, verschoben, aufgegeben, wieder in Betracht gezogen hätte, und ich Dir also schreiben muss, und hiermit schreibe, so schreibe ich Dir hiermit.» Einen Brief, der nicht abgeschickt wurde. Ein Tagebuch also. Eine reine Sprachhandlung. Ein Stück Literatur-Roman.

Obwohl Borchardt längst ein Meister ist in der Ausstaffierung seiner Einsamkeit mit Sinn, muß er jetzt manchmal doch zugeben, daß er Schröder als einzigen Leser braucht. Wenn ihm der Freund schreibt, daß er das Borchardtsche ‹Stauffervorspiel› «wunderschön, grossartig und ergreifend» finde, dann hadert Borchardt mit sich auf Borchardtische Weise: Dadurch, daß Schröders Lob ihm einen glücklichen Tag gemacht hat, wurde ihm klar, «wie tief gebeugt mein Stolz schon ist». Roman, Roman. Er habe sich immer jedes ihm gespendete Lob «mit einer unwillkürlichen Gegenbewegung sofort aus dem Sinne geschlagen – aus Scham, aus schlechtem Gewissen, aus Demut, aus Hochmut» – er weiß es nicht. Und gleich wird es eine Abhandlung beziehungsweise ein Beitrag zur Gefühls- und Geistestransparenz der Einsamkeit schlechthin: Gegen das, was einem die Epoche antut, kann man sich nicht durch «Gegenschimpf ins Gleichgewicht setzen sondern nur durch solche Leistungen, durch die man sich über sich selber gewissermaßen erhebt». Wenn die Welt, was man ihr gibt, nicht gelten läßt, soll man nicht versuchen, es zur Geltung zu bringen, man soll es ihr schenken, tue sie damit, was sie will. Erst was man jetzt bringt, wenn Dank nicht mehr zu erwarten ist, erst das «opfert man in die Hände der Ewigkeit von der man Genugthuung erwartet». Und zählt auf, was alles von seinem Werk im nächsten Jahrzehnt «aus den Formen gestürzt werden muß» (ein Bild aus der Gießerei). Und dankt dann Gott, daß er in Schröder noch einen Leser hat: «instar omnium». Schröder möge ihm, bittet er, seine «grossmütige Empfänglichkeit» erhalten und sein «schönes, tiefes Herz», er schulde ihm als erstem und einzigem, «was man angeblich ‹seiner Zeit schuldet›».

8.

Aus der Villa Bernardini Saltocchio schreibt Borchardt Anfang 1935 einen Brief an «Rupprecht Kronprinz von Bayern». Der Entwurf zu diesem Brief ist im Briefband 1931–1935 nachzulesen. Er beginnt so:

Allerdurchlauchtigster König!
Allergnädigster König und Herr!
    Eurer Majestät bitte ich allerunterthänigst, unter den unzähligen getreuen Bringern ihrer Wünsche zum Neuen Jahre auch mit den meinigen und denen meines Hauses zu bleibenden Gnaden befohlen zu sein.

Bevor jemand an dieser Sprache seinen demokratischen Abscheu mästet, noch eine Stelle aus einem Brief an Schröder (1910):

Wer sich in der Welt bewegt, hat sich nach so vielen Seiten hin menschlich mitzuteilen ... daß ihm bedingte Verhältnisse das eigentliche Lebens Element werden: und die Scheu gegen das Unbedingte ist allem Gesellschaftlichen auf allen Gebieten gemein. Ich finde mich ... immer einem Ganzen gegenüber, vor der Natur wie ... vor der Geschichte wie vor dem Volke ...

Das Unbedingte ist sein «Lebens Element», das Absolute sein Metier. So wie Goethes Wilhelm Meister Adelige beneidet, weil die ihr Selbstbewußtsein nicht durch Leistung erwerben müssen, sondern es eo ipso haben: und zwar unbedingt. Deshalb ist der «Allerdurchlauchtigste» kein Widerspruch zu dem Borchardt, der nie ein Untertan war und am Ende feststellt, daß er nie gehorcht habe. Er übermittelt dem Kronprinzen seine Wünsche und die seines «Hauses». Wenn er wieder einmal mit der «Wohnlichmachung» eines «riesigen Palastes» beschäftigt ist, den er sich «nur zu einem ruinös hohen Satze» hat sichern können, und zwar «wider Gewissen und Budget», dann winkt ihm dort dafür «ein Einsamkeits- und Hoheitsglück ohne gleichen, der Adel der durch die Geschichte geweihten Räume ...» Daß aber Herr und Frau Zeitgeist sich nicht unnötig sorgen: Die Geschichte, die die Räume geweiht hat, ist Literaturgeschichte. Vittorio Alfieri hat hier «lang und oft» gewohnt. Also ein ihm ganz Verwandter, eben ein fortschrittlicher Traditionalist.

Ich will keinem ein Borchardt-Bild einreden, ich will nur mir selber die Spannweite dieses Geistes nicht allzusehr auf Konfektionsgröße einschränken. Das «allerunterthänigst» ist für mich kein Kniefall, sondern eine aus dem Ästhetischen stammende Verbeugung unmittelbar zur Geschichte. Haltung und Ästhetik gehen bei keinem, von dem ich gehört oder gelesen habe, so in einander über wie bei Borchardt. Von der Poesie ein vollkommenes Kontinuum ins Politische. Die Poesie, das höchste Politische. Unmittelbar zur Geschichte. Und er ist Deutscher, Jude und Königsberger. 1913, an Schröder: «Mein Glaube an das Ewige des deutschen Geistes ist unerschütterlich.» Unmittelbar zur Geschichte! Und da kann er, auch wenn er europäisch und menschheitlich tendiert, und das tut er sozusagen prinzipiell, Deutschland nicht auslassen. Noch im Oktober 1944, in einem nicht abgeschickten Brief, verhält er sich wieder einmal zur Geschichte, und dies als Deutscher. Er formuliert, was Deutschland und der Welt nach diesem Krieg bevorsteht. «Die ganze Welt wird unter Wirtschaftsdruck entwaffnet und unter das Gold gebeugt, auch Rußland. Verteilt wird nur an Gehorsame ... und dann gewähren die Herren der Erde ihren Colonien stufenweise die Scheinfreiheit von Dominions, deren Handel ultimativ doch durch Londoner Bücher geht.» Das ist seine kapitalismuskritische Voraussicht auf die Nachkriegszeit. Und wie immer gibt es dazu (aus viel früherer Zeit) eine persönliche Praxis, die auch Haltung genannt werden darf: «... und konnte nicht als Maxime von andern acceptieren, daß man mehr Geld verdienen müsse, als man eben brauche.» In der Einschätzung der Nachkriegszeit fährt er fort: «Wir selber sind verloren, scheiden für ein Jahrhundert aus der Geschichte aus ... die Tschechei, Polen, Österreich werden auf unsere Kosten lebensfähig hergestellt ... das Evangelium vom Reichtum und Wolergehen aller Artigen soll Weltmaxime werden ...» Er schreibt von Deutschland und sagt wir und unser.

Herbst 1944. Man erinnere sich noch einmal an sein im edelsten Sinn donquijoteskes Projekt, die deutsche Sprache von den Schäden, die sie durch lutherischen und anderen Zentralismus erlitten haben könnte, zu heilen, die Reichtümer der mittelalterlich blühenden oberdeutschen Literatursprachen in einer «Rückgebärung ... der eigenen Nationalantike» seinem ‹Dante Deutsch› dienstbar zu machen, und sein innerstes Motiv: «... mich wollte ich belehren, die Wunden meiner Nationalbiographie lindern oder schließen ...»

Man frage sich nach all dem, ob wir über Jüdisch-Deutsches und Deutsch-Jüdisches wirklich genug wissen. Als ich am genau nacherzählten Herkunfts- und Berufsschicksal Victor Klemperers zeigen wollte, daß das deutsch-jüdische Zusammenleben nicht notwendig in Auschwitz enden mußte, haben mir die feuilletonistischen Wächter über den richtigen Sprachgebrauch «Verharmlosung von Auschwitz» vorgeworfen. Borchardt hat aus seiner zuletzt von deutschem Politwahn verfügten Einsamkeit und Not nicht den Schluß gezogen, nicht mehr dazuzugehören. Vom Kriegsfreiwilligen 1914 bis zum Alpenhotel 1944. Das, wozu Borchardt im Stande war, kann nicht vorausgesetzt oder gar erwartet werden. Nicht mehr. Nie mehr. Diese Haltung, also diese Ästhetik, ist Vergangenheit. Daß ein deutscher Jude noch einmal so erfüllt sein könnte von seinem ist gleich unserem «Kultur Erbe», ist unvorstellbar geworden. Das haben wir durch unseren Wahn vernichtet. Den Wahn haben wir hinter uns. Aber das Vernichtete auch. Als Vernichtetes.

Deshalb sollte der Heutige sich über Borchardts konservativen Radikalismus keine aktuellen, also keine bekenntnissüchtigen Sorgen machen, sondern historische. Was wir alles vernichtet und verloren haben, soll noch einmal aufscheinen aus einem Borchardt-Brief des Jahres 1910, an Schröder: «Wir sind volkstümlich und aristokratisch gleichzeitig weil wir den Volksbegriff vom höchsten Volkstypus abstrahieren, andererseits aber einen hohen Menschentyp ohne nationelle Bedingtheit weder zulassen noch begreifen.» Daß er «nationell» sagt wie Hölderlin, reinigt das Wort sofort von allem Mißbrauchsbehang.

Am Anfang und noch langhin hat Borchardt die «Differenz mit dem Leben» für seine Produktionsbedingung schlechthin halten können. Ein «volles Vertrauen in Glückliches und dies ganze Genughaben am Leben» bleibt «abseits von der Poesie stehen», bei ihm wenigstens. Poesie lebt von der Notwendigkeit, einen Mangel «auszugleichen», von kleinen «Unzulänglichkeiten … bis zu den ewig menschlichen Entgängnissen». Also aus Not bildet sich jene Notwendigkeit zu schreiben. Und dem Geschriebenen anzusehen, daß es geschrieben werden mußte, ihm also seine Notwendigkeit anzusehen, das war immer sein Anspruch an alles Geschriebene. Dazu gehört unwillkürlich, daß das Schreiben mehr ein Entgegennehmen ist als ein Tun. So drückt er diesen Anspruch selber aus in einem nicht abgeschickten Brief (1930): «Was ich am meisten in Gedichten liebe, das unerwartete Wahnsinnigwerden des Sprechens in einem sich Losreissen von Bezeichnung und Ausdruck.»

Das gehört hierher, daß wir nicht meinen, er habe durch Geistes- und Sprachkraft und unerschütterbares Geschichtsvertrauen andauernd den von der Zeitgeschichte gelieferten barbarischen Unsinn gewissermaßen automatisch in für ihn erträglichen Sinn verwandeln können. Zuerst war er ein Sprachmensch. Er konnte polemisch zu- und zurückschlagen, seine Erfahrung: «Indignatio facit literas.» Oder: «Nur wer die Rachsucht kennt, weiß, was ich leide.» Aber alle seine Sprachgebärden und Sprachtaten gehorchen der Notwendigkeit, einen Mangel, eine Entgängnis auszugleichen. Prinzipiell läßt er keinen Satz zu, bei dem das Können das Müssen diktiert. Alles Können muß aus einem Müssen kommen und das vorweisen. Da er so viel kann, ist ermeßbar, wieviel er mußte oder wieviel ihm zugemutet wurde. Ohne die ganz selbstverständlich dienende Mitwirkung Schröders ist der historische Verlauf dieses Borchardt-Daseins nicht denkbar. Aber auch Schröder hätte sich doch nicht so ins Welthaltige entwickeln können, wenn er nicht den anspruchsreichen Freund gehabt hätte, der ihn belebte, dem er schreiben konnte: «Was treibst Du, was schreibst Du, wo bleibst Du?» Zu diesem geschichtsträchtigen Lebenskunstwerk bedurfte es beider gleichermaßen. Ich habe beide unmäßig zitiert, Borchardt noch unmäßiger als Schröder. Aber ich glaube, daß das, was Borchardt jeweils unter der von vielfacher Not gespeisten Notwendigkeit zum Ausdruck bringt, sein Eigentliches einbüßt, wenn man es auf den nacherzählbaren Inhalt reduziert. «Epiphanie der Sprache» hat Adorno bildungsfromm genannt, was ich Auffälligkeit der Sprache nenne. Die war als das eigentlich Mitgeteilte bekannt zu machen. Da das ohne Schröder nicht herausgekommen wäre, soll Borchardt ihn noch einmal vor uns allen nennen als das, was er für ihn war.

Tausend Gesellen erbat ich vom Ewigen eh mir Gott in
   Einem
Vergalt mit vollen Tausend die er mir weigerte
Liebreich Herz, Du Geber, ich danke dir, Rudolf Alexander
Verteidiger, Bestätiger, Besänftiger.

Ums Leben schreiben

Alles, was in diesem Buch geschieht, ist wirklich geschehen. Und doch wird wahrscheinlich mancher Leser beim Lesen dieses Buches unwillkürlich an etwas Romanhaftes oder Filmhaftes denken. Nicht was die erfahrungsverbürgende Gegenständlichkeit, die Situationsgenauigkeit angeht, aber wie das Ganze gefügt ist. Die Konstellation der Figuren, der Verlauf –, das ist so kraß demonstrativ, so schreiend grell, daß es mir immer wieder um meiner selbst willen lieber gewesen wäre, das wäre erfunden gewesen; von einem Autor oder Regisseur erfunden, um auszudrücken, wie entsetzlich es unter der Nazi-Herrschaft zugehen konnte. Also erfunden aus den anerkennenswertesten Motiven. Es wäre letzten Endes tröstlich, wenn man sich beim Lesen auf so einen Kunstvorbehalt zurückziehen könnte. Andererseits würde ich, wenn ich das als Roman läse, protestieren. Es sei denn, der Autor könnte in allem, was er erzählt, seinen persönlichen Anteil, Erfahrungsanteil, nachweisen. Daß sich einer nur diesen schlimmstmöglichen Stoff aneignet und dann handwerklich lobenswert damit umgeht, würde mich eher abstoßen. Ich würde nie den Stalingrad-Roman eines Autors lesen, der sich eingearbeitet hat. Die Ausgrabungen Walter Kempowskis aber schon. Der Anteil des persönlich Erlittenen kann, je schlimmer das Erzählte ist, um so weniger ersetzt werden durch Kunst.

Glaubwürdigkeit entsteht von selbst. Nicht durch Kunst.

‹Mein verwundetes Herz› ist ein Buch, in dem etwa 250 Briefe zu lesen sind, die von den Töchtern Ilse, Johanna und Eva und von dem Sohn Gerhard an ihre Mutter Lilli geschrieben worden sind. Dorothea, genannt Dorle, die vierte Tochter, geboren 1940, konnte, als das Schlimmste passierte, noch nicht schreiben. Die Mutter war von September 1943 bis März 1944 im «Arbeitserziehungslager» Breitenau (südlich von Kassel) und ab März 1944 in Auschwitz inhaftiert. Im Oktober 1944 wird den Kindern mitgeteilt: «Die Ärztin Lilli Sara Jahn geborene Schlüchterer – glaubenslos –, wohnhaft Kassel, Motzstr. 3, ist am 19. Juni 1944 um 11 Uhr 25 Minuten in Auschwitz, Kasernenstrasse, verstorben». Lilli durfte, solange sie Gefangene war, nur einmal im Monat schreiben. Sie hat im Lager Breitenau noch auf Packpapier oder auf die Rückseite von Medikamenten-Banderolen schreiben und das Geschriebene auf gefährlich illegalem Weg hinausbefördern können.

Lilli, Jahrgang 1900, Tochter einer Kölner jüdischen Kaufmannsfamilie, studierte Medizin, schloß 1924 ab, heiratete 1926 als Dr. Lilli Schlüchterer den gleichalterigen Ernst Jahn, auch Arzt, nicht promoviert. Von 1927 bis 1940 fünf Kinder, 1942 läßt sich der Ehemann Ernst scheiden, heiratet nach ein paar Wochen eine jüngere Ärztin, arbeitet als Lazarettarzt in Kassel und Umgebung. Als Ehefrau eines nichtjüdischen Deutschen war Lilli noch geschützt. Aber es gab eine Verordnung, daß auch geschiedene Partner aus einer «Mischehe», sollten die Kinder noch nicht achtzehn sein, vor Deportation geschützt seien. Lilli und die Kinder wurden 1943 durch behördliche Barbarei aus Immenhausen (nördlich von Kassel) vertrieben, zogen in Kassel in die Motzstraße. Als provisorisches Namensschild brachte Lilli an der Wohnungstür ihre Visitenkarte an: «Dr. med. Lilli Jahn». Damit verstieß sie gegen die 1938 erlassene Verordnung, daß jüdische Frauen ihrem Vornamen immer «Sara» zuzufügen hätten. Und sie hätte ihren Doktortitel nicht mehr führen dürfen, da den zu führen Juden pauschal verboten worden war. Jemand denunzierte, Lilli wird vernommen, darf wieder heim, Gestapobeamte durchsuchen die Wohnung, kein Ergebnis, Lilli wird noch einmal vorgeladen, ruft ihren Töchtern (Sohn Gerhard ist schon bei der Heimatflak) «Bis gleich, Kinder» zu, geht und kommt nicht mehr zurück. Nie mehr.

Dann also die Briefe. Mehr hin als her.

Daraus entsteht fast sechzig Jahre später dieses Buch. Ich habe mich gründlich beschäftigt mit der durch Victor Klemperer in umfangreichen Tagebuchbänden hinterlassenen Geschichte der Familie Klemperer. Das Prinzip Genauigkeit habe ich genannt, was diese Tagebücher zu einer einzigartigen Quelle macht für die deutsche Geschichte vom Ende des 19. Jahrhunderts bis 1945 und darüber hinaus. Victor Klemperer hat gewußt, daß er ein Geschehen mitnotierte, das wegen seiner Ungeheuerlichkeit mitnotiert werden mußte. Und er hat es durch seine rücksichtslose Genauigkeit zur vollkommenen Glaubwürdigkeit gebracht. Auf einem ganz anderen Weg hat Rudolf Borchardt als Briefschreiber auch einen solchen Grad an Glaubwürdigkeit erreicht. Ich habe es bei ihm genannt «Sprachenergie», «Geschichtsmächtigkeit», «Formulierungswut», «Verantwortungsernst».

Jetzt also Lilli und ihre Kinder und dieser Verlauf. In keiner Zeile dieser Briefe gibt es auch nur die geringste stilistische oder literarische Ambition. Ilse, Johanna, Eva und Dorothea sind vierzehn, dreizehn, zehn und drei Jahre alt, wenn diese Briefe geschrieben werden. Gerhard, von dem die wenigsten Briefe sind, ist sechzehn. Und Lilli ist in ihren Briefen so von der Gewalt der Entwürdigung, des Leidens und von der Sorge und Angst um ihre Kinder gequält, daß sich alles Formulieren verbietet. Aber was ihr zugemutet wird, ist schon vor der Einweisung ins «Arbeitslager» und vor der Deportation nach Auschwitz schlimm genug. In ihrem Haus bringt die jüngere Kollegin das Kind zur Welt, dessen Vater ihr Ernst ist, den sie von Anfang an Amadé nennt. «Mein Amadé, mein lieber, kleiner Amadé.» Ihr Mann und sie leisten die Geburtshilfe. Weil ihr Amadé seine gutgehende Praxis in Immenhausen, nördlich von Kassel, nicht aufgeben wollte, wurde das durch Verwandte in England zugesagte Affidavit nicht in Anspruch genommen. Sie hätten, wie Lillis Mutter und Schwester, entkommen können.

Ein Freund und Rechtsanwalt warnt Ernst Jahn vor dem, was trotz aller Schutz versprechender Regelungen der nach der Scheidung ungeschützten Frau passieren kann. Amadé ist ein «Gottsucher», tendiert zum Katholizismus, den seine Mutter ihrem protestantischen Mann zuliebe heimlich pflegen mußte, den Sohn nahm sie mit in ihre verheimlichte Religiosität.

Lilli versucht einer Freundin zu erklären, warum Amadé eine andere Frau finden mußte. Eine Frau, die ihn wieder zurückführte zu sich selbst. Lilli will nicht, daß ihre Freundin Amadé verurteile. Es sei ihm weder «Herzlosigkeit noch Schlechtigkeit» vorzuwerfen. Sie selber, gesteht sie, sei «im Innersten grenzenlos einsam und verlassen». Dagegen verblassen auch die edelsten Menschlichkeitsgesten eines Thoas, einer Iphigenie. Man darf das, ich weiß es, nicht an einander messen.

Dann die Verhaftung. Da verschlägt es Lilli das «innere Atemholen, weil die Schicksalsschläge» gegen sie «gar nicht abreißen wollen».

Als Ilse, die Vierzehnjährige, zum zweiten Mal bei der Gestapo erscheint, um zu fragen, wann die Mutter wieder heimkommen dürfe, kriegt sie zu hören: «Wenn du nochmal kommst, behalten wir dich auch hier.» Weil Lilli fürchten muß, daß sie ihrem «Dorlekind» am dritten Geburtstag den Geschenktisch wahrscheinlich nicht richten kann, schreibt sie, daß Dorles «große Geburtstagskerze und drei Taschentüchlein … im vorderen Flurschrank im untersten Fach und ein paar Bonbons im Buffet (Mitte)» sind. Den Vati sollen die Kinder sehr lieb grüßen. Wie wohl täte ihr «ein gutes und tröstliches Wort von ihm, aber das wird wohl nicht gehen». Zeitungen sollen sie ihr schicken, ein Buch. «Vati wird schon was aussuchen», «vielleicht den ‹Nachsommer› von Stifter». Und vielleicht noch «vom Bücherbrett ein weniger wertvolles Buch» für ihre «Saalkameradinnen». So füllt, was ihr alles fehlt, allmählich die Briefe. Und was fehlt, wird zum Dokument unserer Schande. Nagelfeile, Pinzette, Vasenolpuder, Schlemmkreide, Pantoffeln, Puddingpulver. «Und sobald wie möglich Camelia.» «Und dann, wenn es Euch möglich ist, hin und wieder etwas Brot, ein bißchen Salz, vielleicht habt ihr ein wenig Käse übrig oder Marmelade, und legt mir eines von den alten silbernen Messern (rechte Schublade) bei. Und hättet Ihr vielleicht ein paar Äpfel, wir bekommen hier nur Suppe oder Pellkartoffeln.»

Warum, fragt man sich da, muß das vom Staat angerichtete Verbrechen an Ort und Stelle so grausam exekutiert werden! Dieser grauenhafte Erfüllungseifer ist das wirkliche Lehrstück. So sind wir, wenn man uns läßt. Wenn man uns auch einmal Macht haben läßt. Am Sonntag ist es am schlimmsten. «Da gibt es ½ 7 Uhr morgens ein Stück trockenes Brot und diese elende Kaffeebrühe, um 11 Uhr entweder dünne Suppe oder Pellkartoffel, Sauce und Gurke und um 4 Uhr wieder ein Stück Brot abwechselnd mit etwas Wurst oder einem Löffel Quark und dazu Kaffee und dann wieder nichts mehr bis zum anderen Morgen.»

Haarnadeln, Weckgläser, Mikado, Zahnpasta, schwarze Schuhcreme, Molton-Decke, Gamaschen-Hosen, Wintersachen, Stoffärmel, Strickkleidchen, Pflaumenmus, Honigkuchen, Faltenrock, Flickreste, Wollkleid. Das ist die Gegenständlichkeit dieses Elends. In dieses Vegetieren im «Arbeitserziehungslager» schreiben die Kinder ihre Briefe.

Ilse, die Vierzehnjährige, und Johanna, die Dreizehnjährige, Ilsemaus und Hannelekind sind es, die jeden Tag oder mindestens jeden zweiten Tag schreiben. Aber es ist ja viel mehr als Schreiben. Sie leben auf ihrem Briefpapier. Statt Auf Wiedersehen schreibt Ilse «Auf Wiederlesen bis morgen abend». Auch der sechzehnjährige Gerhard schreibt. Er ist Luftwaffenhelfer. Die Angriffe auf Kassel haben begonnen. Gerhard schreibt: «Wir haben sogar einen viermotorigen Bomber abgeschossen. Da kannst du dir sicher vorstellen, wie wir uns gefreut haben.» Zu Jungvolk und HJ war Gerhard als «Halbjude» nicht zugelassen, jetzt gehört er endlich dazu. Diese Dissonanz repräsentiert den Ton dieser Jahre vollkommen. Die Bomber, auf die Gerhard schießt, zertrümmern die Stadt, in der die vier Schwestern untergekommen sind. Hannele meldet ihrer Mutter, daß sie sich entschlossen habe, Hansi (ihren Wellensittich) oben zu lassen und die Geige mit runterzunehmen. Beides kann sie nicht tragen, weil sie noch die «Luftschutztasche» mitnehmen muß. Und schreibt: «Äußere Dich bitte mal darüber, wie Du das findest. Ich bin mir selbst nicht klar. Das Tierchen lebt doch, spürt und hat Angst. Die Geige ist aber auch so eine Sache. Sie ist mir auch sehr lieb. Na, ich will noch mal Vati fragen.»

Das Haus verbrennt, und Hansi mit ihm. Die Kinder müssen raus aus dem Keller, sie rennen, schreibt Ilse dann, durch einen «wahnsinnigen Funkenregen» in den nächsten Bunker. «Hannele und Eva tragen die Decken und Koffer … und ich unser teuerstes Gut, unser Dorle.» Wann immer jetzt die Flak zu schießen beginnt, sagt Dorle: «Ilse, aber nicht wieder durch das Feuer laufen.» Und Gerhard ist stolz auf seine Beförderung zum «Luftwaffenoberhelfer». Ilse wird sozusagen von heute auf morgen die Mutter ihrer drei Schwestern. Wenn sie einmal durch «Einsatz» oder Schule ausfällt, wird Hannele «Vizemama». Die Vierzehnjährige schreibt auch die meisten Briefe, spendet der eingesperrten Mutter am spürbarsten Leben. Und was und wie sie berichtet, erzählt mir von der Wirklichkeit der Diktatur mehr, als je ein Historiker darstellen kann.

Wenn es schellt, denkt sie, Mutti stehe vor der Tür. «Mir war ein so seltsames Gefühl wie noch nie.» Aber: «Es war Frau Kunze.» Und am Mittwoch früh war sie mit Dorle «wieder bei Brandau, wegen der Einlagen für ihre Senkfüßchen. Dorles Zöpfe sind schon gewachsen, und Dorle fragt auch oft: Wann kommt Mutti?» In der Schule muß Ilse zur gleichen Zeit einen Aufsatz schreiben über das Thema: «Die deutsche Treu in Lessings Minna von Barnhelm». Jede Tochter erzählt der Mutter ihr Leben. Die zehnjährige Eva ist in ihrer freien Zeit am liebsten auf einem Bauernhof, arbeitet richtig mit, kriegt dann eine Wurst geschenkt, «für Dich, beste Mutti». Und unterschreibt: «Viele liebe Millionen Grüße und Küsse von Deiner Bauerntochter, Eva». Dieses Komma einer Zehnjährigen zwischen den letzten zwei Worten darf man mit einer Art ästhetischer Rührung zur Kenntnis nehmen. Aber Ilse! Wie sie ihre Entwicklung von September 43 bis in den Sommer 44 dokumentiert, ausdrückt, spüren läßt! Spüren läßt, das entspricht wohl am meisten dieser Intensität durch Andeutung. Einerseits bleibt sie die innig grüßende und küssende, die das «Muttileinchen» «lieb festhaltende» «Ilsemaus»; andererseits schreibt sie: «Nun laß Dich so fest drücken und liebhalten, Dir einen festen Kuß geben von Deiner Dich nie vergessenden Freundin Ilsekind.» Was für eine Synergie der Zärtlichkeit. Das darf niemand riskieren, der es nicht ist. «Sei nicht gar zu traurig. Denk an meinen Brief von gestern, Schatz.» Und dann, spätabends, wieder ganz die Mutter ihrer drei Schwestern: «Jetzt ist endlich Ruhe. Die drei schlafen. Gleich gehe ich auch ins Bett. Aber erst gehe ich noch ans Fenster und sehe in Richtung nach Breitenau zu Dir. Wann wird wohl der Tag kommen?» Und immer die Extra-Erwähnung der Kleinsten: Dorlekind. Nach dem

Essen hat sie sich «erst einmal hingelegt und mit Dorlemäuschen zusammen geschlafen». Oder: «Das war heute morgen eine Hetzjagd.» Daneben: «nervenaufpeitschender Alarm», eine «Unmenge» zu tun für die Schule, die «Bezugscheine» für Gerhard, die Altstadt, inzwischen «ein großer Schutthaufen», und «Wo ist denn nun aber der Schlüssel für den Rohrplattenkoffer?» Und soll noch einen Aufsatz schreiben über das Thema: «Was bedeuten Dir die Umgangsformen?»

An die Schwägerin schreibt die Mutter so: «Könnt ihr denn bei der Gestapo nicht erfahren, wie lange ich noch fortbleiben muß? … Das Haus ist auch noch nicht geheizt. Und überhaupt dies Eingesperrtsein. Das weiß keiner, was das heißt. Ob Ernst nicht mal ein Gesuch machen kann … Er kann doch wohl noch einmal etwas für mich tun? Ich bin ohnehin so verlassen und zurückgestoßen!» Verhaftet wegen eines Verstoßes gegen die Polizei-Verordnung, darauf stehen vier Wochen, die sind längst um. «Vielleicht kann das Gesuch durch die vorgesetzte Militärbehörde unterstützt werden.» Und den Kindern schreibt sie, daß man einander sehen könnte, wenn Ilse und die Schwägerin in Malsfeld in den Zug einsteigen würden, mit dem sie jeden Tag zur Arbeit fährt oder von der Arbeit zurück. Zwanzig Minuten. «Aber ihr müßt sehr vorsichtig sein … und Euch und mich nicht verraten.» Ilse könnte ihr im Tunnel vor Guxhagen ein Paket aushändigen, vielleicht mit Tabletten gegen ihre Schmerzen in den Armen und Händen. Daraus wurde, weil es zu riskant gewesen wäre, nichts. «Oh das war ein seltsames Thema», schreibt Ilse dann über die «Umgangsformen». «Ich habe über die Sitten: Hutabnehmen, die Dame rechts gehen lassen, das Alter achten und so weiter … 4 Seiten lang geschrieben.» Und hofft, sie bekomme eine «annehmbare Note».

Tatsächlich darf Ilse ihre Mutter am 12. Dezember 1943 besuchen. Zehn Minuten lang! Mit Wärterin. Daß der Mutter ein

Schneidezahn fehle, hat sie schon gewußt. Im Januar erfährt Lilli, daß Ernst ein Gesuch um ihre Freilassung eingereicht hat. Sohn Gerhard wird «gemustert» und meldet der Mutter: «Ich natürlich kriegsverwendungsfähig Ersatzreserve I, schnelle Truppe.» Und Ilse wiederum beschreibt der Mutter haargenau, wo alles liegt und steht im Zimmer. «Rechts neben der Kommode steht ein kleines Puppenbettchen mit einem Männlein und einem Weiblein. An dem Bettchen steht ‹Stilles Glück›. Aber sie meldet auch die erste Zigarette, die sie geraucht hat, und hofft, die Mutter schimpfe nicht. Über die Umgangsformen hat es nur zu einer Vier gereicht. Die Mutter schreibt: «Der Vati soll doch noch mal hingehen zur Stapo und darauf bestehen, daß ich endlich frei komme. Und er soll ganz bald hingehen! Bitte, bitte, bitte!»

Im März 1944: die Deportation. Nach Auschwitz. Der Brief, geschrieben am 21. März 1944 während eines siebenstündigen Aufenthalts im Bahnhof Dresden, ist schon Lillis Vermächtnis. Über Auschwitz kursieren Nachrichten. «Die Mitteilungen darüber, wie es dort sein soll, sind sehr widersprechend.» Sie werde weiter tapfer sein, es beruhige sie zu wissen, daß der Vati sich um die Kinder sorge und sie sehr lieb habe. Und dem Vati läßt sie bestellen: «Er selbst und niemand anders soll nochmals alles versuchen, und wenn er sich bis an die höchsten Stellen nach Berlin wendet.» Zuletzt nennt sie alle noch einmal mit ihren Zärtlichkeitsnamen: «Gerhard-Junge, Ilsemaus, Hannelekind, Evalein und mein Dorle-Schatz! Gott behüte Euch! Wir bleiben unlöslich miteinander verbunden. Seid herzinniglich gegrüßt und geküßt von Eurer treuen Mutti.»

Dann also die Sterbe-Urkunde.

Martin Doerry, Lillis Enkel und Ilses Sohn, hat dieses Buch herausgegeben und hat ebenso sorgfältig wie vorsichtig das dazugeschrieben, was die Briefe zeitgeschichtlich und ortskundlich ergänzt. Daß, zum Beispiel, der Sohn Gerhard später bei Willy Brandt Justizminister war.

Wer dieses Buch, wer diese Briefe liest, wird nicht anders können, als diese Geschichte mit der deutschen Geschichte überhaupt zusammenzubringen. Die Gegenständlichkeit, die durch diese Briefe entsteht, hat ganz unmittelbar einen historischen Rang. Und eine Wirkung, die ein Roman nicht haben kann. Und eine Aussagekraft, die eine Darstellung durch einen Historiker nicht erreichen kann. Der Historiker will in aller Regel beweisen, daß es so war, wie er es darstellt. Die Standpunktgebundenheit seiner Darstellung reflektiert er nicht; je deutlicher er sie ausdrücken würde, desto vertrauenswürdiger wäre er für mich. Ich weiß, es ist sozusagen unfair, dem Historiker den Glaubwürdigkeitsglanz dieses Briefbuchs vorzuhalten. Ich ziehe dieses Buch auch jedem Roman vor. Der letzte Roman, den ich als Geschichtsschreibung habe ernst nehmen können, war ‹Krieg und Frieden›. Tolstoi hat zu seinen Szenen und Details keine Meinung, die kann erst im Leser entstehen. Der Meinungsanteil in dem Buch der Briefe ist überhaupt Null. Die Sätze der Briefe entstehen aus Notwehr. Genauer kann eine Mitteilung über dieses Deutschland in den Zeiten des Nazismus nicht sein. Das Personal der Diktatur wird durch seine Wirkung auf diese Familie vollkommen deutlich. Es gibt keine Darstellungsabsicht, deshalb ist das Dargestellte so glaubwürdig. Alle schreiben aus nichts als persönlicher Not.

Ich habe noch nie von einem Buch gesagt, es gehöre in die Schule, hier muß ich das sagen. Das ist doch Geschichtsschreibung. Wenn ich das lese, kommt mir der Unterschied, den der Jargon macht zwischen Quelle und Schreibung, irreführend vor Das ist Geschichtsschreibung, wie Klemperers Tagebücher und Borchardts Briefe Geschichtsschreibung sind. Die Darstellungen, die durch den Lauf der Zeit zu Quellen geworden sind, waren mir immer die liebste Lektüre für Geschichtliches. «Oh das war ein seltsames Thema», schreibt die vierzehnjährige Ilse, als sie in dieser Situation einen Aufsatz über «Umgangsformen» schreiben soll. Diese Kinder und ihre Mutter sind ganz unwillkürlich große Stilisten. Sie sind durch und durch fein. Sie sind, mitten im Grauen, zart. Und zärtlich. So kommen Sprachdenkmäler der Menschlichkeit zustande. Wenn diese Kinder, diese Erwachsenen nicht so hingebungsvoll, so liebevoll Buch geführt hätten, ohne zu wissen, daß sie das tun, wenn sie nicht Erleidende einer familiären Tragödie geworden wären, in der die politischen Bedingungen der Zeit zum Ausdruck kamen, unwillkürlich zum Ausdruck kamen, dann hätte dieses Buch nicht erscheinen können. Sie schrieben um ihr Leben; wir erkennen darin unsere Geschichte.

Heines Größe

Es ist eine der schönsten Wirkungen der Literatur, dass man sich selbst als einen Liebenden erleben kann. Und man weiß dann noch lange, vielleicht sogar immer, wie das angefangen hat, als man anfing, Hölderlin zu lieben, Schiller zu lieben, George zu lieben, Heine zu lieben. Heine, das war bei mir der ganze Sommer 1945. Da gab es fast nur Heine. Und hätte es nicht auch noch Faulkner mit dem Licht im August gegeben, dann wäre es ein reiner Heine-Sommer gewesen. Heute glaube ich zu wissen, warum er so eingeschlagen hat bei mir. Es heißt nichts gegen Hölderlin, Schiller und George, dass ich durch Heine erleben durfte, Dichtung müsse nicht feierlich sein, um in Frage zu kommen. Dass einer «Dilemma» auf «Emma» reimt und seinen Anspruch kein bisschen ermäßigt, das hat mich erobert, abgesehen von den trommelnden Trochäen. Dann ein Winter mit Heines Tränen, 1980–81. Und jetzt die Lektüre der abgebildeten Handschrift des neunten und letzten Artikels der Französischen Zustände. Ich habe die Französischen Zustände gekannt und genossen und zitiert, aber erst jetzt ist mir, was da zu lesen ist, zur Subvention geworden. Jetzt kann ich Heine brauchen, wie ich ihn noch nie habe brauchen können.

Von Sokrates sagt man, er habe die Götter Griechenlands aus dem Olymp herunter- und in sein Inneres geholt. Jetzt hört er

343

bzw. der Mensch nicht mehr von oben, was er tun oder lassen soll, sondern aus sich selbst.

Wie Heinrich Heine inmitten der revolutionären und reaktionären Wirrnisse seiner Zeit entdeckt, wer er sei, und wie er seine Entdeckungen unter allen Umständen zur Sprache bringt, das kann ich jetzt plötzlich brauchen, weil jede Gegenwart immer eine Wirrnis ist, ein Gewoge von Tendenzen, die uns beherrschen wollen, auch wenn wir selber das nicht wollen, beherrscht werden. Säkularisieren necesse est.

Den «Artikel IX» der Französischen Zustände gibt es jetzt als abgebildete Handschrift, als gedruckte Fassung mit Heines Korrekturen, und für die, denen der Text als solcher genügt, als normalen Druck. Aber wer dem Dichter, den er liebt, näher sein will, der liest die Handschrift mit einer natürlichen Neugier. Und freut sich, dass Wörter wie «verunreinigen» oder «Ureichelfraßfreiheit» handschriftlich so unauffällig dastehen. Oder dass «Meinung» durch «Ansicht» ersetzt wird. Aber die Hilfe, die ich mir gestatte, aus diesem Text zu spüren, kommt von der Art, wie dieser Berichterstatter umgeht mit dem politischen Stoff, den er bearbeitet.

Heine hat seit Anfang 1832 Artikel für die in Augsburg erscheinende Allgemeine Zeitung, die damals wichtigste Zeitung, geliefert. Er bittet Herrn von Cotta, den Verleger dieser Zeitung, an seinen Artikeln wenig zu verändern, «sie kommen ja schon censirt aus meinem Kopfe».

In Wien, zum Beispiel, fand man das nicht. Der Staatskanzler Metternich hat schon im April 32 seinen Helfer Friedrich von Gentz an Cotta schreiben lassen. «Mein edler Freund», schreibt Gentz: «[…]Endlich aber ist das Maß dieser falschen und […] höchst verderblichen Richtung voll geworden, durch die Aufnahme der schmählichen Artikel, die Heine seit einiger Zeit unter dem Titel: Französische Zustände wie einen Feuerbrand in

Ihre solchem pöpelhaften Muthwillen bis dahin unzugängliche Zeitung geworfen hat.» Sehr gepflegt. Aber diese «verderbliche Richtung» produziert ein Dichter, schreibt Gentz, «den ich als Dichter gelten lasse, ja sogar liebe». Cotta zeigt sich lernbereit.

Der immer freundliche Varnhagen meldet: «Im Vaterland ist die Bewunderung für Ihr Talent ungemein gestiegen, und steigt noch täglich, aber auch daneben der Haß und Groll, den Ihre Richtung und Ihre Schärfe gewaltig aufregen.»

Heines Richtung!

Cotta muss befürchten, Heines Artikelserie könnte zum Verbot der Allgemeinen Zeitung in Österreich führen. Das wäre der Ruin für diese Zeitung. Also erscheint der «Artikel IX» nicht mehr. Die Serie wird eingestellt. Der «Artikel IX» ist durchtobt von Geschichte. In Paris wäre es gerade noch beinahe zu einer Revolution gekommen. Am 5. und 6. Juni 1832.

Heine ist seit Mai 1831 in Paris. Im Sommer davor war er auf Helgoland, dann die Nachricht: In Paris hat ein Bürgerkönig gesiegt. Heine jubelt. Er könnte «den ganzen Ocean bis zum Nordpol anzünden mit den Gluthen der Begeisterung [...]» Also nichts wie hin. Auf dem Weg: Station in Frankfurt. Bei Ludwig Börne. Der stellt ihn Jeanette Wohl vor, «die bekannte Freyheitsgötinn», schreibt Heine später, weil an sie dann Börnes Briefe aus Paris gerichtet sein werden. Heine sah in Frankfurt «eine magre Person, deren gelblich weißes, pockennarbiges Gesicht einem alten Matzekuchen glich». Ihre Stimme kreischte «wie eine Thüre, die sich auf rostigen Angeln bewegt». Aber ihm gefiel alles, was sie sagte, «sie sprach nemlich mit großem Enthusiasmus von meinen Werken». Da darf man doch an ein freimütiges Gedicht denken, das zeigt, wie souverän Heine mit sich selbst umzugehen wusste:

Und wenn Du schiltst und wenn du tobst,
Ich werd' es geduldig leiden;
Doch wenn Du meine Verse nicht lobst,
Laß ich mich von Dir scheiden.

In diesem ungenierten Umgang mit sich selbst wird schon etwas von Heines «Richtung» spürbar.

Fünf Monate sind Börne und Heine in Paris, bis sie einander zum ersten Mal sehen. Heine hat inzwischen seine von der 1830er Julirevolution angezündete Begeisterung von der Pariser Wirklichkeit abkühlen lassen. Aber Börne glüht wie nie zuvor. Heine staunt. Und notiert über den «Sanskülottismus des Ausdrucks»: «Himmel! welche entsetzlichen Wortfügungen! Welche hochverrätherischen Zeitwörter! welche majestätsverbrecherischen Accusative! welche Imperative! welche polizeywidrigen Fragezeichen! welche Metaphern, deren bloßer Schatten schon zu zwanzig Jahr Festungsstrafe berechtigte!» Wofür Börne glüht und kämpft und bebt, ist für Heine kein Thema. Er erlebt «Sanskülottismus des Ausdrucks» bei einem politischen Schriftsteller, den er schätzte, weil der immer jede Silbe abwog, ehe er sie niederschrieb. Und jetzt das!

Börne ist, wie ein Spitzel nach Wien meldet, «die revolutionäre Autorität».

Der Freundin Jeanette schreibt Börne, Heines Ernst scheine ihm immer affektiert, «es ist ihm nichts heilig, an der Wahrheit liebt er nur das Schöne, er hat keinen Glauben». Genauer kann es einer, der hoffen, also auch glauben muss, nicht ausdrücken.

Dann: Heine habe ganz offen gesagt, er selber sei vom Justemilieu. Also mindestens vom Bürgertum. Man müsse, habe Heine gesagt, aus Freiheitsliebe Despot sein. Despotismus führe zur Freiheit. Die Freiheit müsse auch ihre Jesuiten haben.

Das kann nichts anderes sein als eine Börne-Parodie, die Heine dem Parodierten bietet, und der merkt es nicht.

Börne meldet weiter, ein Deutscher habe ihm gesagt, Heine habe gesagt, Metternich könne ihn nur auf EINE Art kaufen: Wenn er ihm alle Mädchen von Paris gebe. Er schreibe Mädchen, Heine aber habe den gemeinsten Ausdruck dafür gebraucht. Erst neulich habe Heine zu ihm abends gesagt, er gehe jetzt noch in die Passage des Panoramas.

Börne: Was er dort zu tun habe? Heine: Er wolle sehen, ob eines von den Mädchen, die er kenne, ein neues Kleid anhabe. Börne zu Jeanette: Heine ist schon dreißig Jahre alt! Von einem anderen Deutschen weiß er, dass Heine bei den preußischen Agenten den Zuträger mache. Börne sagt, Heines Charakter sei so morsch, so herunter, keine Willenskraft mehr, ob er mehr zu verachten oder mehr zu bedauern sei, frage er, Börne, sich.

Betrachtenswert ist auch dieser Wortwechsel:

Börne: Im Fall ihm ein König die Hand drückte, würde er sie nachher ins Feuer halten, um sie zu reinigen.

Und Heine: Es sei durchaus nicht bildlich, sondern ganz buchstäblich gemeint, dass er, wenn ihm das Volk die Hand drückte, sie nachher waschen würde.

Dieser Wortwechsel spricht Bände. Nämlich: Dass Börne in seinem revolutionären Pathos ein so gewaltiges, geradezu antikes Bild wählt, reizt Heine zu einer Wortwahl, der in Wirklichkeit nichts entspricht als das Bedürfnis, das revolutionäre Pathos zu parodieren. Aber wenn dergleichen in Paris und natürlich auch in Deutschland weitererzählt wird, ist Heine der Charakterschwache bis Charakterlose, Börne aber der glühende Idealist, der sich für das Wohl der Menschheit verzehrt. Und das tut Börne auch. Er kämpft. Heine spielt. Und er spielt ja wirklich. Hat gerade 50 Louisdor auf einmal verloren! Aber Börne hat ihm die Leviten gelesen. Nicht einmal durch seine eigenen Schriften kann einem Heine genauer erscheinen als durch die Reaktionen Börnes.

«Der arme Heinrich», schreibt er, «er fürchtet die Schläge der Aristokratie und die Schläge der Demokraten, und um beiden auszuweichen, muss er zugleich vorwärts und rückwärts gehen.»

Heine könnte, meint Börne, «durch seine Talente die Zierde jeder Partei sein, hätte er nur die Kraft, irgendein Interesse ganz zu umfassen.»

Aber weil er immer von einer Seite zur anderen schwanke, werde er von beiden Seiten «als feiger Flüchtling verachtet und wird von beiden Seiten Prügel bekommen [...]»

Das wird Heine nachgesagt werden bis ins nächste Jahrhundert hinein: starkes Talent, aber schwacher Charakter.

Eine lehrbuchreife Szene schildert Heine selbst. Er ist in einer Versammlung der radikalen Demokraten (Amis du peuple) in der Rue Grenelle, der Bürger Cavignac spricht über Robespierres letzte Rede. Heine findet es komisch, dass hier alle über Unterdrückung klagen, während ihnen offenbar erlaubt ist, sich gegen die jetzige Regierung zu verbinden. Ein Zehntel davon würde in Norddeutschland zu lebenslänglicher Festungshaft führen. Neben Heine ein junger «Brausekopf» mit «Augen wie zornige Sterne». Der zitiert Marat: Es sei ungerecht, einen Bürger wegen einer Meinung vor Gericht zu stellen. Man sei wegen einer Meinung nur dem Publikum Rechenschaft schuldig.

Dann der junge Brausekopf zu Heine: Haben Sie Ihre Pistole dabei?

Heine: Er werde sie sofort holen. Und geht. Geht hinüber über die Seine, sein Ziel: der Faubourg St. Germain. «Nichts als Lichter, Spiegel, Blumen, nackte Schulter, Zuckerwasser, gelbe Glacéhandschuhe [...]» Und er hat noch das Vive la République von drüben in den Ohren. Die Versammlung dort roch «wie ein zerlesenes, klebrichtes Exemplar des Moniteurs von 1793». Und jetzt fragt ihn eine betörend duftende Dame, deren Kleid bei Heine zur Prosa-Orgie wird, ob man in Paris im Fall von plebejischen Unruhen auf die Deutschen und die Kosaken rechnen dürfe. Und Heine verspricht's glühend! Die Deutschen und die Kosaken!

Dieser von Heine selbst genussvoll geschilderte Wechsel von da nach da wurde ihm noch in unserer Zeit von Intellektuellen so vorgehalten, als hätten sie ihn bei einer Sünde ertappt. Dabei nennt es Heine selber eine Inkonsequenz, dass er «diese Republik enthusiastisch» liebt, «ohne im Geringsten die Wiedereinführung dieser Regierungsform in Frankreich und noch weniger eine deutsche Uebersetzung derselben zu wünschen». Eigentlich Klartext, möchte man denken. Als ihn einer in einem republikanischen Zirkel auffordert, er möge jetzt doch einige Freiheitsgedichte machen, welche man dann unter das deutsche Volk verteilen könne, sagt Heine, ja, gern, das müsse ihm aber bezahlt werden. Er mache auch Gedichte für den preußischen König, wenn der ihn dafür bezahle. Warum gibt sich Heine so frivol? Wenn er «Freiheitsgedichte» schreiben möchte, schreibt er sie. Aber wenn jemand glaubt, er könne sie bei ihm bestellen, führt er dieses Ansinnen ad absurdum, indem er sich als käuflich hinstellt. Und natürlich würde der preußische König sich lieber vom Papst bedichten lassen als von Heine, also ist der Vorgang ganz irreal, aber er sagt doch noch, dass Heine in dieser politisch hoch geladenen Atmosphäre nicht aufhört zu spielen, sich aufzuspielen. Das tut er spontan, instinktiv. Er demonstriert so: Eure Fronten sind nicht meine Fronten.

Jetzt fehlt aber noch, dass ein preußischer Agent nach Berlin meldet, man möge den preußischen Gesandten in Paris auffordern, bei Louis Philippe, also beim König, die sofortige Ausweisung Heines aus Frankreich zu beantragen, weil Heine in seinen Artikeln so giftig gegen Preußen schreibe, Preußen gar als «Tartüff unter den Staaten» beschimpft habe. Und im Augenblick, da Frankreich in einer spanischen Angelegenheit Preußens Beistand brauche, werde dieser Ausweisungsantrag sicher Erfolg haben. Dasselbe dann in Belgien! Heine genießt es, bekanntzugeben, sich einen Zahn ziehen zu lassen, falle ihm schwerer als der Wechsel von einer Religion in eine andere. Das hat doch eine christliche Gesellschaft, die die Taufe zur Karrierebedingung macht, mehr als verdient.

Dazu noch diese wahre Begebenheit: Der preußische Geheimdienst organisierte es, dass bei Heine ein Brief eines Herrn Nolte aus Frankfurt eintraf, in dem Heine erfährt, einige preußische Offiziere, Adelige vor allem, planten, nach Paris zu kommen, um sich mit Heine zu duellieren. Mit Pistolen. Heine kriegte diesen Brief und hatte eine Zeit lang heftig Angst, dass er bald vor preußischen Pistolen stehen werde.

Es darf einem auffallen, dass Heine irgendwohin gehören muss. Entweder Legitimist, das sind die Ultrakonservativen – oder Royalist – oder einfach Justemilieu. Die Demokraten halten ihn für einen Agenten Metternichs oder des Preußen-Königs Friedrich Wilhelm III. Die Metternich- und Preußenleute halten ihn für einen blutdürstigen Jakobiner.

Zur Ehre der Denunzianten darf gesagt werden, dass es in einer so überwachungssüchtigen Epoche nicht extra infam war, einen für einen Agenten zu halten. Bitte, selbst Friedrich Schlegel, der quecksilbrig intellektuelle Tonangeber der neunziger Jahre des 18. Jahrhunderts, war inzwischen ein Spitzel des Vatikans, den Metternich streng observieren ließ!

Als Schriftsteller hat Heine sich jeden Verdacht zugezogen. Durch die Säkularisierung der Sprache. Heine hat, als es Zeit war, die Sprache, die deutsche, säkularisiert. In Poesie und Prosa. Die von den Herrschenden am Jahrhundertanfang verfügte Säkularisierung war ja nur eine Bereicherung am Kirchengut. Heine hat die jeweils geforderte Voreingenommenheit nicht mitgemacht. Und er sagt immer dazu, was er tut. Er bringt immer sich selber ins Spiel. Sich als leidenden, liebenden, spielenden Menschen. Voll schön und krass genau im «Artikel IX», der dann ja auch nicht erscheinen durfte.

Am 5. Juni 1832 die Beerdigung des Altgenerals Lamarque. Mehr als zweihunderttausend Pariser nehmen teil. Es kommt zu einer Rauferei, Schießerei, zu einer Fastrevolution. Heine, der seine Korrespondentenpflicht ernst nimmt, ist mittendrin. Dann recherchiert er, will wissen, wie alles angefangen hat. Einer hatte eine rote Fahne dabei, ein anderer will auf diese Fahne eine Mütze setzen, die phrygische, das Militär will das verhindern, so beginnt etwas, was dann ein Kampf wird. In der Rue Saint Martin, Heine: «Ich bin, bey Gott! kein Republikaner, ich weiß, wenn die Republikaner siegen, so schneiden sie mir die Kehle ab, und zwar weil ich nicht auch alles bewundere, was sie bewundern; – aber dennoch, die nackten Thränen traten mir heute in die Augen, als ich die Orte betrat, die noch von ihrem Blute geröthet sind. Es wäre mir lieber gewesen, ich und alle meine Mitgemäßigten wären, statt jener Republikaner, gestorben. […] Hier floß das glühendste Blut Frankreichs.» Und erfährt: In der Rue Saint Martin verteidigten sich zuerst zweihundert, dann noch sechzig Republikaner gegen sechzigtausend Soldaten. Die wenigen, die am Leben blieben, baten keineswegs um Schonung. Sie wurden mit den Bajonetten erstochen, oder haben sich, weil sie nicht lebend in die Hände ihrer Feinde fallen wollten, selber umgebracht. Das bestätigten seine Nachforschungen, die er, wie sein «Amt es erheischt, gewissenhaft angestellt» habe. Am 8. Juni geht er zur Morgue, wo die Leichen zu sehen sind. Eine Stunde muss er anstehen, dann kommt er hinein und sieht, wie die Menschen die Toten betrachten, «immer fürchtend, denjenigen zu finden, den sie suchten». Ein Mädchen fand ihren Geliebten, fällt in Ohnmacht, er kennt sie, sie gehört zu einem Putzladen in seiner Nachbarschaft, wo acht junge Damen arbeiten, sämtlich Republikanerinnen. «Ich bin in diesem Hause immer der einzige Royalist.»

In einer erst im Oktober geschriebenen «Zwischennote zum Artikel IX» heißt es: «[...] ich glaube es in der jüngsten Zeit bewiesen zu haben, daß meine Befehdung nur die Prinzipien und nicht leiblich unmittelbar die Person der Gegner betrifft.» Deshalb sei er von den Fanatikern des Tages als Bundesgenosse der Aristokraten verschrien worden. Er schreibt: «Der Partheygeist ist ein eben so blindes wie rasendes Thier.» Es ist doch vermutenswert, dass die Französischen Zustände heute Lehrbuch sind in jeder Ausbildung zum Journalisten, Medienpraktiker jeder Art, zum Politikwissenschaftler sowieso!

Die Artikelserie war also abgewürgt. Heines Buchverleger Campe, der, verglichen mit dem edlen Cotta, ein Abenteurer war, drängte. Heine bereitete die neun Artikel für die Buchveröffentlichung unter dem Titel Französische Zustände vor und schrieb dafür im Oktober 1832 eine «Vorrede». Durch diese Vorrede habe er nur zeigen wollen, dass er «kein bezahlter Schuft» sei. Von den Demokraten sagt er in der Vorrede, er habe keinen Teil an ihrer «Thorheit», aber er «werde immer Theil nehmen an ihrem Unglück». Dann wird auch er einmal pathetisch: Er werde nicht in die Heimat zurückkehren, solange noch ein einziger jener edlen Flüchtlinge, «die vor allzugroßer Begeisterung keiner Vernunft Gehör geben konnten, in der Fremde, im Elend, weilen muß». Dann aber gegen die deutschen Radikalen. «Ich würde lieber bey dem ärmsten Franzosen um eine Kruste Brod betteln, als daß ich Dienst nehmen möchte bey jenen vornehmen Gönnern im deutschen Vaterlande, die jede Mäßigung der Kraft für Feigheit halten, oder gar für präludirenden Uebergang zum Servilismus [...]» und jetzt kommt der Satz aller Sätze «[...]

und die unsere beste Tugend, den Glauben an die ehrliche Gesinnung des Gegners, für plebejische Erbdummheit ansehen.» Dann aber gegen die Herrschenden: «[…] jetzt sieht jeder, daß das deutsche Volk, als es für seine Fürsten Gut und Blut geopfert und den versprochenen Lohn der Dankbarkeit empfangen sollte aufs heilloseste getäuscht worden […], daß man, statt der zugelobten Magna Charta der Freyheit, uns nur eine verbriefte Knechtschaft ausgefertigt hat. Kraft meiner akademischen Befugniß als Doktor beider Rechte, erkläre ich feyerlichst, daß eine solche […]Urkunde null und nichtig ist; Kraft meiner Pflicht als Bürger protestire ich gegen alle Folgerungen, welche die Bundestagsbeschlüsse vom 28sten Juni aus dieser nichtigen Urkunde geschöpft haben; Kraft meiner Machtvollkommenheit als öffentlicher Sprecher, erhebe ich gegen die Verfertiger dieser Urkunde meine Anklage, und klage sie an des gemißbrauchten Volksvertrauens, ich klage sie an der beleidigten Volksmajestät, ich klage sie an des Hochvrraths am deutschen Volke, ich klage sie an!»

Dann erinnert er Friedrich Wilhelm III. konkret daran, dass er dem Volk in der Zeit der Not, in der Zeit der Befreiungskriege nämlich, dass er da dem Volk «schwarz auf weiß» eine Verfassung versprochen hat, und jetzt hat dieser Fürst auch noch die anderen Fürsten, die auch Verfassungen versprochen hatten, dazu verführt, ihr Versprechen zu brechen. Dann rühmt er ihn aber als «tapfer», «standhaft im Unglück», «von keuschem Herzen, rührend bescheidenem Wesen, bürgerlicher Prunklosigkeit, häuslichen, guten Sitten, ein zärtlicher Vater […] er hält streng auf Religion, er ist ein guter Christ […] er hat selbst eine Liturgie geschrieben […] ach! ich wollte er glaubte an den Jupiter, den Vater der Götter, der den Meineid rächt, und er gäbe uns endlich die versprochene Constituzion.»

Ist das eine Pointe? Es ist mehr. Glaube ich. Er kann sich den von ihm erlebten Eigenschaften Friedrich Wilhelms nicht verschließen, er muss sie rühmen, diese zu Herzen gehenden Eigenschaften. Aber genauso laut muss er ihn des Meineids anklagen.

Das ist Heines Richtung. Gegen eine Person, gegen einen Menschen kann er nichts haben, gegen eine Institution alles.

Er hat es krass genug formuliert. Keine Verfassung hilft, solange es den Adel gibt, das «Vorrecht der Geburt». Er wollte die Wirklichkeit säkularisieren. Den Staat, die Institutionen, die Poesie. Ja, die auch. Es sollte nichts Privilegiertes, und sei es als Unbegreifliches, übrig bleiben.

Aber das war auch für Campe zu viel. Nach dessen Zugriffen erscheine er, schreibt Heine, «vor den Augen von ganz Deutschland als ein trübseliger Schmeichler des Königs von Preußen». Er wisse, dass er sich mit dieser Vorrede Deutschland auf Lebenszeit versperre, aber er kann «nicht eher honett schlafen bis die ›Vorrede‹ in der Welt ist. Merken Sie sich das.»

Da könnte man noch etwas lernen.

Schon Ende 1831 meldet Börne seiner Lebensfreundin Jeanette, Heine habe ihm zwanzigmal gestanden, und das ganz ohne Not, er ließe sich gewinnen, bestechen. Und Börne: Dann würde Heine aber seinen Wert als Schriftsteller verlieren. Darauf Heine: Keineswegs. Er würde gegen seine Überzeugung ganz so schreiben wie mit ihr.

Natürlich rührt sich da gleich der in uns eingebaute Moralist. Ich sage: Es gehört sich, dass man gegen die eigene Überzeugung «ganz so schreiben (würde) wie mit ihr». Abgesehen davon, nichts ist ohne sein Gegenteil wahr. Ich habe einmal so geschwärmt: «Wenn ich etwas stiften möchte, dann wär's das Glück der Selbstwiderlegung. Öffentlich. Im Parlament. In der Zeitung. Es sollte Brauch sein, es sollte Kultur genannt werden, dass jemand, der etwas behauptet, das, was er behauptet, auch widerlegt.» Und wende jetzt Heine an: Alle aus dem Rechthaben abgeleiteten Privilegien sind abschaffenswert. Da andauernd solche Privilegien entstehen und als Machtausübung täglich vorkommen, ist die Säkularisierung andauernd notwendig. Heine zeigt, wie man's macht. Seine Gedichte sind hell davon. Zum Beispiel:

Im wunderschönen Monat May,
Als alle Knospen sprangen,
Da ist in meinem Herzen
Die Liebe aufgegangen.

Ich glaube: Er drückt nicht aus, was er sagen will, sondern er sagt, was er sagen will. Er macht Gebrauch vom Gewöhnlichen, und unser Gefühl gibt zu, dass das Gewöhnliche das Ganze ist.

Im wunderschönen Monat Mai: Das ist eine Abkürzung, aber wir wissen sofort Bescheid. Heine hat uns erwischt. Er hat nicht etwas Geheimes geheim sein lassen und uns aufgegeben zur interpretierenden Vermutung, sondern hat uns ins Gesicht gesagt, dass wir Bescheid wissen und dass das Gewöhnliche uns bewegt, uns ganz bewegt, nichts auslässt, also, dass wir gewöhnlich sind. In unserem Gefühl. Und dass das wunderbar ist.

Jetzt fehlt noch das, was Heine dazu bringt, die Sprache, die Institutionen, die Politik, überhaupt alles Eingerichtete zu säkularisieren. Er kann nichts gegen Personen haben. Nichts gegen Menschen. Er wird ein Jakobiner geschimpft, weil er schreibt, er könne zwar die Torheiten der Demokraten nicht teilen, werde aber immer Anteil nehmen an ihrem Unglück. Und nach dem niedergeschlagenen Revolutionsversuch vom Juni notiert er über den König: «Er ist gütig und milde von Natur, und wird jetzt gewiß von den Kriegsgerichten dazu verurtheilt, strenge zu seyn.» So erlebt Heine Menschen, die Teil des historischen Vorgangs sind. «Weichmütig» sei er, hat der im großen Stil strenge Börne gesagt. Und in einer Hinsicht hat sich Börne so ununterbringbar, also so besonders gezeigt wie Heine. Während Heine im Oktober 32 seine «Vorrede» schreibt, heiratet Börnes Lebensfreundin Jeanette ihren Verlobten Salomon Strauss, und weil den 5000 Juden in Frankfurt pro Jahr ganze 15 Eheschließungen erlaubt sind, wird in Straßburg geheiratet, und sie schreibt an Börne, dass sie sich jetzt glücklich fühle, aber «vollkommen kann ich es nie sein, solange wir nicht beisammen sind. Und das ist gewiss, dass es so sein wird.» Ihr Mann durfte den Brief lesen. Und dass sie und Börne dieses Brief-Paar geblieben sind bis zu seinem Tod, halte ich auch für eine Säkularisierung. Eine Säkularisierung der Liebe. Börne war dann tot, Heine hat durch seine Börne-Denkschrift Jeanette so erzürnt, dass ihr Mann Heine auf Pistole forderte. Salomon Strauss hatte den ersten Schuss, er verletzte Heine. Heine schoss in die Luft. Heines Richtung! Hier ein Heine-Wort, das ihn wirklich ausdrückt: «Schmerzjubel».

Er hat anno 1826 wohlgemut den Schillertitel Die Götter Griechenlands in seine Nordsee-Agenda aufgenommen und hat da geschrieben:

Denn, immerhin, Ihr alten Götter,
Habt Ihr's auch eh'mals, in Kämpfen der Menschen,
Stets mit der Parthey der Sieger gehalten,
So ist doch der Mensch großmüth'ger als Ihr,
Und in Götterkämpfen halt' ich es jetzt
Mit der Parthey der besiegten Götter.
Heines Richtung. (...)

Jetzt bleibt noch zu vermuten, was Heine so teilnahmefähig gemacht hat. Sicher nicht Mitleid. Eher Mitleiden. Und das ist ein anderes Wort für Liebe. Wir sind wieder bei jener unverächtlichen Wirkung der Literatur: dass wir uns durch sie als Liebende erleben können. Goethe hat es schlicht und denkmalsreif statuiert: «Wer mich nicht liebt, der darf mich auch nicht beurteilen.» Den Satz sagt Heine in allen seinen Sätzen. Es ist aber ein Satz – und das drückt Heine in allen seinen Sätzen aus –, auf den jeder Mensch ein Recht hat. Es ist ein Menschenrecht.

Shmekendike blumen

Ein Denkmal / A dermonung
für Sholem Yankev Abramovitsh

(Auszug)

7.

Jetzt noch Binjamin und Senderl: *Die Fahrten Binjamins des Dritten.*

Ein einmaliges Paar, auch wenn sich Binjamin selbst auf Don Quijote bezieht und Senderl zu seinem Sancho Pansa ernennt, das sagt nur, dass Binjamin wie Don Quijote sein Wesen andauernd aus Büchern nährt, wenn er aufbricht «alle die Bücher» dabei hat, «ohne die er wie ein Handwerker ohne Werkzeug geblieben wäre». Genannt werden das Gebetbuch Weg des Lebens, ein Psalter, vor allem aber Legenden-Bücher. Noch wichtiger sind Gebetmantel und Betriemen. Sein Ziel ist ja das Land Israel. Schließlich ist er Jude und das heißt «ein Mensch mit Gottvertrauen». Und er findet in Senderl einen Reisegenossen, der alles ist und hat, was er braucht. «Senderl, das Weib» wird er im Ort genannt. Er verwaltet den Bettelsack und ist ein Genie der Zustimmung zu allem, was Binjamin sagt und tut. «Du willst es so, was habe ich dagegen, soll es so sein.» Das ist der Satz, für den er im Ort bekannt war. Und zu Binjamin: «Ich folge Dir wie die Kuh dem Kälbchen»! Aber er will auch dahin, wo Binjamin hinwill. Schon sein Großvater sagte in seiner Todesstunde, dass er nicht, wie er immer wollte, nach Erez Israel gereist ist, aber dass er sicher sei, dass eines seiner Kinder hingelangen werde. Und wenn Senderl gefragt wird, wie es üblich ist, wer er sei, sagt er:

358

Eine Art Erez-Israel-Jude. Binjamin schwört ihm, wenn er dort gar König werde, mache er Senderl zum Vizekönig. Dieses Paar nimmt alles vorweg, was in den nächsten hundert Jahren durch komische Paare versucht und geleistet wurde. Die Komik Binjamins und Senderls ist aber wertvoller als jede andere Komik, weil sie immer aus den vielfältigsten Anlässen und Umständen entsteht. Ich kann in der Schritt-auf-Tritt-Komik dieses Paars auch keinerlei Kritik Abramovitshs an seinen jüdischen Zeitgenossen oder an jüdischen gesellschaftlichen Verhältnissen sehen. Schon wie sie aufbrechen: «Unsere Helden setzten sich stürmisch in Bewegung und rannten, als hätten sie sich von der Kette losgerissen. Mit ihren Rockschößen, die im Winde flatterten, sahen sie aus wie ein Schiff, das mit vollen Segeln dahinschießt.» Sobald sie in die erste Stadt kommen, meint Senderl, «nachdem er ein hohes Gebäude mit zurückgeworfenem Kopf in tiefer Ehrfurcht betrachtet hatte, ‹ich glaube wir sind in Stambul›». Und wird von Binjamin belehrt «mit einer Miene, als sei er in Stambul geboren, ‹Stambul, mein Guter, hat fünfhundertmal fünfhundertfünfzehn-, zwanzig- oder vielleicht dreißigstöckige Häuser, und in jedem Haus wohnen fünfhundertmal fünfhundert Menschen›». Jetzt will Senderl natürlich wissen: Warum drängen sich die Menschen so «in hohe, ganz hohe Stockwerke über einander. Sollte es vielleicht deshalb sein, weil des Menschen Seele aus dem Himmel stammt und es ihn, den Armen, stets hinaufzieht?» Binjamin belehrt ihn mit Talmud, Torah und aus der Forschung. Binjamin geht es, wie es zum Beispiel Columbus gegangen ist. «Die Welt hielt ihn für verrückt und verspottete ihn. So erging es auch unserem Binjamin aus Tunejadowka. Man brauchte ihn nur anzusehen, um ihn für wahnsinnig zu erklären. Die Reden über seine Reise brachten die Leute nur zum Lachen […]»

In Teterewka, dieser ersten Stadt, rumpelt Binjamin gegen ein Marktweib und damit gegen einen Korb mit Eiern. Die Eier zer-

brechen, das Marktweib versetzt ihm «eine gewaltige Ohrfeige».
Dann kommen sie in ein kleines Bethaus, dort auf der Ofenbank
wird bis zur «Siedehitze» über den Krimkrieg diskutiert. Der ist,
als Abramovitsh das schreibt, zwanzig Jahre her. Wie diese Dis-
kutierenden vorgestellt werden, zeigt, dass Abramovitsh nicht
daran interessiert ist zu erzählen, warum Russland, die Türkei
und England diesen Krieg führten. Ihm geht es nur um die Personen, die da auf der Ofenbank streiten. Das sind Chaikel der
Denker, der einmal «so etwas wie ein Uhrmacher gewesen» ist,
er konnte aber auch «Mazzot (Mazze: Ungesäuertes Passah-Brot
in dünnen Scheiben) mit dem Rädchen bearbeiten, niemand verstand es so gut wie er, eine Sukka (Sukka: Laubhütte) zu bauen, in
keiner war das Nudelbrettchen, die Schaufel, die milchige Bank,
das Schaletbrett (Brett für Tschulent, Hauptspeise für den Sab-
bat) und die zerbrochene Hühnerleiter so kunstvoll eingebaut
wie in seiner». Sobald von Maschinen die Rede war, war er der
Experte. Er «pflegte solche Wunderdinge von den sonderbaren
englischen Maschinen zu erzählen [...]» Wollte jemand es noch
genauer wissen, sagte er, alles beruhe auf «einer Art kunstvol-
ler Sprungfeder». Damit erklärte er alles, «die Uhr, den Telegraf
und die Spieldose». Jetzt Itzig der Denker, der das alles für Unsinn hält. Weil aber Tante Vite zu Chaikel hält, hält Tante Roßja
zu Itzig. Als Chaikel sich mit Schmulik Boksor (Johannisbrot)
verständigt, der «die türkische Partei» vertritt und auch noch den
Napoleonanhänger Bel Franzos für sich gewinnt, da bringt Itzig den Österreich-Anhänger Tobias Mak auf seine Seite. «Und
das kleine Bethaus wankt in seinen Grundfesten.» Und gerade
da kommen «unsere Helden» an und machen das Bethaus zu
ihrem Quartier. Senderl stimmt sofort allen und allem zu. Binjamin entscheidet sich für Schmulik Boksor. Und so wirkt er dann
auf alle: «Gar nicht wie ein gewöhnlicher Mensch [...]. Es müsse
etwas in ihm stecken [...] wer weiß, am Ende sei Binjamin gar

nicht Binjamin, möglich sei alles [...]» Aber Itzig will beweisen, dass «ein Männlein wie der», er meint Binjamin, nicht an sein Ziel kommen kann, weil selbst Alexander der Große das ‹Gebirge der Finsternis› nicht überwand. Aber Chaikel zitiert wörtlich, dass ein Vogel auf Griechisch dem Alexander gesagt habe, dass er nicht «in Gottes Haus, in das Haus seiner Knechte, der Kinder Abrahams [...]» kommen werde. Und als Tobias Mak dieses Hin und Her beenden will, indem er sagt, Binjamin «geht einen rechten Weg, es kann daraus Erlösung für alle entsprießen», da ist Itzig betrübt darüber, dass die alle so viel von Binjamin halten und erwarten. Jetzt holt Schmulik Boksor aus, er schildert Binjamin so: «Seine Geistesabwesenheit, seine Versunkenheit, sein Blicken, sein Sprechen, sein ganzes Gehabe [...] Und da kommt er selbst, sieh ihn, ich bitte dich, an [...] Seht nur, die eine Backe steht wie in Flammen, und drei gelbe Streifen zeichnen sich wie ein Schein auf seinem Gesicht ab [...]» Itzig spuckt nur aus, aber «seit dieser Unterhaltung über Binjamin bekam die Politik einen völlig anderen Ausdruck [...]» Und Binjamin selber: «Gott ist mein Zeuge, dass ich mich in die Politik nicht eingemischt habe, denn erstens, was nützt es, zweitens, was hat es mit Juden zu tun?»

So wertvoll ist diese Komik, die entsteht aus der Ohrfeige einer Marktfrau und dem Bedürfnis der Juden, in allem einen auf die Erlösung weisenden Sinn zu sehen. Die beiden leben davon, dass sie für etwas Höheres gehalten werden. Das führt dann immer zu den komischsten Szenen, aber eben zu dieser wertvollen Komik. Zum Beispiel in Glupsk: Zwei «alte Weiblein», Tölze und Traine, hatten «es sich zur Regel gemacht, an jedem Vorabend ihre Sabbat-Gewänder, die seidenen Jacken, die perlengestickten Stirnbänder anzulegen und vor die Stadt zu ziehen, um dem Messias entgegenzugehen [...]» Und: «Schon beim ersten Zusammentreffen mit ihnen (den zwei Reisenden) wussten sie, wen Gott ihnen da gesandt hatte [...] Ihr Herz hüpfte vor Freude, als sie von der geplanten Reise vernahmen.»

In keinem anderen Buch ist so viel von Gott und Gottvertrauen die Rede wie in diesem. Und dass die Religion selbst zur Quelle der Komik wird, steigert die Komik und die Religion. Glupsk, das ist Berdichew, wo Abramovitsh von 1858 bis 68 war.

Wie aus reinem Realismus Poesie wird, zeigt er, wenn er erzählt, was ihm eine Pfütze offenbart. In dieser Pfütze enden «verschiedene Rinnsale, die allerhand mitführen, jeden Tag etwas anderes [...] Dadurch ist es leicht festzustellen, welcher Tag in der Woche gerade ist [...] Bringen sie Fischsuppen, Geflügelfüße, Hühnerköpfe, Haarbüschel mit verbrannten Hufstücken mit, dann wisst ihr, dass es Freitag ist. Seht ihr aber Eier-, Zwiebel-, Rettichschalen. Heringsreste und große ausgehöhlte Markknochen, dann: ‹Gut Schabbes› euch, Juden [...]» Usw.

«Unsere Reisenden» werden einmal von zwei Vertrauen erweckenden Juden ins Dampfbad eingeladen, das kann kein Jude ablehnen. Und werden übertölpelt, enden in der Kaserne. «Es darf jedermann überlassen bleiben, sich die furchtbare Lage unserer armen Wanderer vorzustellen.» Dazu in Susanne Klingensteins Buch: «Von besonderer Brutalität war die Zwangsrekrutierung. Von ihr ist in der jiddischen Literatur häufig die Rede. Der erste Erlass datierte vom August 1827. Von den Juden wurden vier bis acht Rekruten im Alter zwischen 12 und 25 Jahren pro Tausend besteuerter Seelen verlangt. [...] Von den 70000 Juden, die unter Zar Nikolai I. in der Armee dienten, waren 50000 Kinder. [...] Erst mit dem 18. Lebensjahr begann auch für sie die fünfundzwanzigjährige Dienstzeit in der regulären Armee. Von diesen Rekruten kehrte kaum einer in seine alte Lebenswelt zurück. [...] Dass es sich bei den Zwangsrekruten hauptsächlich um Kinder handelte, lag an der infamen Bestimmung, dass die Rekruten durch die jüdischen Gemeinden selbst ausgewählt werden müssen. Da die meisten Juden mit achtzehn Jahren längst verheiratet waren und selbst Kinder hatten, standen die Gemeindeführer vor der Wahl, entweder Väter oder Kinder zu stellen. [...] Also wurden Kinder geschnappt, wo man ihrer habhaft werden konnte. [...] Wer seine Kinder verheiraten oder freikaufen konnte, tat es.»

Die Komik hört nicht auf, aber sie wird jetzt drastisch. Sie wird satirisch. Das ist sie bei allen anderen Abenteuern nie! Binjamin und Senderl auf dem Kasernenhof. «Wenn man sie sah, musste man denken, das Ganze sei ein Spaß, es hätten sich zwei Juden verkleidet, um das Soldatenwesen zu verspotten [...] Ein trauriges Schicksal hatte das Gewehr, das in ihre Hände geraten war, es wirkte wie ein Schürhaken.» Das ist Komik ohne höheren Wert, aber umso treffender. Was ihnen beim Militär passiert, glaubt man schon im Film gesehen zu haben. Nicht aber das Ende. Binjamin hält eine große Rede vor den hohen russischen Offizieren und überzeugt sie davon, dass sie froh sein müssten, Binjamin und Senderl loszuwerden. Tatsächlich! Sie dürfen gehen. Binjamin verabschiedet sich mit einer Verbeugung. «[...] Und zog ab. Senderl setzte die Füße wie ein Soldat und folgte ihm im Marschtritt.»

Ende des Romans.

Er geht gut aus. Und wie bei den anderen Romanen wissen wir, der Roman hört zwar als Handlung auf, aber nicht als Geschehen. Die zwei können nicht aufhören, nach Israel zu wandern. Und dass diese Wanderung sinnvoll ist, sieht man daran, wie willkommen die Wanderer denen sind, die es nicht vermögen, aufzubrechen, alles stehen und liegen zu lassen, um ins «Heilige Land» zu wandern.

Der Autor hielt es für nötig und für möglich, die Entführung zum Militär als Schluss zu wählen. Das wirkt trotz der trefflichen Komik abrupt. Es passt nicht recht zu dem, was wir bis dahin gelesen haben. Abramovitsh kann dadurch nichts anderes sagen als: Da hört sich alles auf! Auch die Poesie. Solange so etwas möglich ist, gibt es nicht mehr die andauernde Bewegung ins Höchste und Komischste, es bleibt da nur der drastische Hohn. Allerdings die russischen Offiziere lassen die zwei in Frieden ziehen. Das ist sozusagen reale Utopie! Oder nur ein Versuch, der Zensur zu entgehen?

8.

«Ich sah Menschenmassen wie im Wahnsinn laufen und rennen. Sie überfielen wie Heuschrecken die Häuser, zertrümmerten mit Steinen die Fenster, zerbrachen die Türen, sie hackten, fetzten, rissen, schlugen, voll Grausamkeit, schlimmer als wilde Bestien, jung und alt, ohne jegliches Erbarmen. Und all das, oh wehe, vor Gott und den Menschen, mitten in der Stadt!»

So sieht Yisrolik auf seinem Teufelsflug das Pogrom. Obwohl der Autor den Teufel das Pogrom nach Rumänien verlegen lässt, verbietet die Regierung, dass der Roman 1878 ins Russische übersetzt wird.

Susanne Klingenstein stellt fest, dass die Mähre genau in dem Jahr erschien, als nach einem Börsenkrach in Westeuropa das Wort «Antisemitismus» zu kursieren begann. Sie eröffnet ihr Buch mit dem, was aus solchen Pogromen entstand. Über diesen Anfang schreibt sie: «Was man wissen muss.» Und es folgt: «Vilna im Juli 1941: Seit zwei Wochen sind die Deutschen in der Stadt. Litauer arbeiten für sie als Greifer. ‹Für jeden eingefangenen Juden, der zum Tode bestimmt war, bekam der Greifer zehn Rubel ausgezahlt.› Litauer durchkämmen die Häuser der Juden. Der Dichter Abraham Sutzkever hat sich im Haus seiner Mutter in einem Hohlraum unter einem Blechdach ein Versteck (Maline) geschaffen. ‹Die Maline erwies sich als etwas zu niedrig.

Ich konnte nur in ganzer Länge dort liegen, und es war kaum möglich, sich auf die andere Seite zu drehen. Nachdem ich mit den Füßen voran hineingekrochen war, zog ich die Bretter wieder zu und verschloss von innen mit einem Draht, damit keiner eindringen konnte. So lag ich in der Maline sieben Wochen lang. Ich bohrte in das Blech eine winzige Öffnung und bei dem kleinen Lichtschein, wie ein Nadellicht, schrieb ich meine Gedichte.› Sutzkever war ein literarischer Ästhet und liebte Perfektion der Form. Er strebte danach, formal vollkommene Gedichte zu schaffen. Dass ein Mann in seiner Lage an die Kunst glaubte und seine Energie darauf konzentrierte, Vollkommenheit in Form und Ausdruck zu erreichen, mag überraschen. Noch überraschender mag sein, dass es für Sutzkever ganz selbstverständlich war, ein ästhetisch und intellektuell vollkommenes Kunstwerk in jiddischer Sprache zu schaffen.»

Dass es hätte auch anders enden können, zeigt uns die Autorin an eindrucksvollen Beispielen. Im Ersten Weltkrieg kamen auch deutsche Truppen in die Siedlungsgebiete der Juden. Der Armee-Übersetzer Gronemann berichtet: «Weil das Jiddische seine Wurzeln im mittelalterlichen Deutsch hat, werden die Juden als ‹Wahrer deutscher Art und Sprache› gefeiert. Es entstanden begeisterte Lobgesänge auf ihre Treue, und eine Reihe deutscher Literaten, beileibe nicht nur Juden, bewiesen in tiefgründigen Abhandlungen, dass die Ostjuden eigentlich echte und rechte Deutsche seien, Träger deutscher Kultur, die in unerhörter Zähigkeit und Anhänglichkeit ihr germanisches Volkstum durch die Jahrhunderte slawischer Unterdrückung gewahrt hätten.»

Mord bleibt Mord.

Was denkt man, wenn man jetzt liest: «Wie Hebräisch einmal die Sprache der Juden in Palästina war, so ist heute Deutsch die Sprache der europäischen Juden.» Und: Von 1923 bis 1933 gab es an der Universität Hamburg einen Lehrauftrag für Jiddisch und

Hebräisch. Den einzigen in Westeuropa. Dann 1935 die Rassengesetze. Dann die Ermordung der Juden im Osten.

Es gibt sicher nichts, was den Nazismus genauer charakterisiert als der Versuch, ein ganzes Volk zu ermorden, das eine aus der deutschen Sprache stammende Mundart sprach.

Mord bleibt Mord.

Aber dass deutsche Soldaten ein Volk ermorden wollten, das der eigenen Sprache entstammte, das macht die Bösartigkeit der Handlung zur Absurdität.

Mord bleibt Mord.

Wenn man Abramovitsh liest, erlebt man erst, wie Juden fühlten, träumten, beteten, wie sie waren. Dann wird es immer unbegreiflicher, dass Menschen abgerichtet werden können, so etwas zu tun.

Es vilt mir oysgisn do mayn harts, mayn biter harts.

Das Ausmaß unserer Schuld ist schwer vorstellbar. Von Sühne zu sprechen ist grotesk. Mir ist im Lauf der Jahrzehnte vom Auschwitz-Prozess bis heute immer deutlicher geworden, dass wir, die Deutschen, die Schuldner der Juden bleiben. Bedingungslos. Also absolut. Ohne das Hin und Her von Meinungen jeder Art. Wir können nichts mehr gutmachen. Nur versuchen, weniger falsch zu machen.

Die Romane von Abramovitsh sind eine einzige Zärtlichkeitsfülle. Seine Menschen, eine gewaltige Schar der Bedürftigkeit und Liebe. Ich kenne keine Literatur, in der die Menschen in jedem Augenblick durchströmt und bewegt werden von einer solchen Gott-Seligkeit. Ich kann mir keinen Atheisten vorstellen, den diese religiöse Innigkeit unberührt ließe. Und das doch immer tatsächlich in schlichtesten, einfachsten Vorgängen. Aber diese sind eben immer offen für den höchsten Einfluss, den von oben.

Weil in Abramovitshs Romanen andauernd herrlich genau erzählt wird, was die Menschen anhaben, bin ich irgendeinem

Hinweis aus den Anmerkungen gefolgt und habe die Bibel aufgeschlagen, Das Buch Numeri, Kapitel 15. Gerade ist im vierzehnten Kapitel einer wegen Sabbatschändung (er hat Holz gesammelt) zu Tode gesteinigt worden, da geht es im fünfzehnten Kapitel weiter mit «Kleiderquasten»: «Der Herr sprach zu Mose: Rede zu den Israeliten und sage zu ihnen, sie sollen sich Quasten an ihre Kleiderzipfel nähen, von Generation zu Generation, sollen an den Quasten eine violette Purpurschnur anbringen; sie soll bei euch zur Quaste gehören. Wenn ihr sie seht, werdet ihr euch an alle Gebote des Herrn erinnern, ihr werdet sie halten.» Als ich das las, ahnte ich, dass die jüdische Tradition mehr ist als ein Gebäude aus Geboten. Ein Gott, der sich um Quaste kümmert und um violette Purpurschnüre, das ist der Gott der Erzähler. Der will nicht nur geglaubt werden, sondern erlebt.

Natürlich kann ich, wenn ich mit Abramovitsh umgehe, nicht vermeiden, daran zu denken, dass ich, als ich 22 war, eine sogenannte Doktorarbeit über Franz Kafka geschrieben habe. Über seine Romane. «Beschreibung einer Form» nannte ich das. Bei Professor Beißner in Tübingen, dessen großartig praktiziertes Credo war, dass zum Verständnis eines Werks nicht die Biographie des Autors nötig sei. Und ich dann: «Franz Kafka ist ein Dichter, der seine Erfahrung so vollkommen bewältigt hat, dass der Rückgriff auf das Biographische überflüssig ist.» Ich lieh mir bei Benedetto Croce die Formel «poetica personalità». Heute ahne ich, dass das ein kunstideologischer Gewaltakt war. Ich habe Kafka sozusagen versäumt. Ich habe seine Romane beschrieben wie Architekturen, die nie von Menschen bewohnt werden. Wie Kafka die ostjüdische Welt und Literatur erlebte, ahnt man, wenn man seine Rede über die jiddische Sprache liest. Damit hat er einen Abend eingeleitet, an dem der ostjüdische Schauspieler Isaac Löwy Gedichte vortrug von drei ostjüdischen, also Jiddisch schreibenden Dichtern. Gleich im ersten Satz sagt er zu den Zuhörern «wie viel mehr Jargon Sie verstehen als Sie glauben». Und er nennt das Jiddisch immer Jargon. Und oft ohne Artikel! Also ist Jargon für ihn eine Sprache und kein Jargon. Er sehe es fast auf den Gesichtern der Zuhörer, dass sie «Angst vor dem Jargon» haben. Und warum hat der Jargon noch keine Grammatik? Der Jargon «kommt nicht zur Ruhe. Das Volk lässt ihn den Grammatikern nicht.» Und: «Deshalb denkt auch kein vernünftiger Mensch daran, aus dem Jargon eine Weltsprache zu machen, so nahe dies eigentlich läge.» Das ist schon ein die ganze Geschichte fassendes Urteil. Und: «Glücklicherweise ist aber jeder der deutschen Sprache Kundige auch fähig, Jargon zu verstehen.» Und jetzt das Wichtigste: «Man kann nämlich Jargon nicht in die deutsche Sprache übersetzen. Die Verbindungen zwischen Jargon und Deutsch sind zu zart und bedeutend, als dass sie nicht sofort zerreißen müssten, wenn Jargon ins Deutsche zurückgeführt wird.» Er gibt Beispiele: «‹Toit› ist eben nicht ‹tot› und ‹Blüt› ist keinesfalls ‹Blut›». Dann sagt er, es gebe in den Zuhörern Kräfte, die sie befähigten, «Jargon fühlend zu verstehen». Und sagt voraus: «Wenn Sie aber einmal Jargon ergriffen hat – und Jargon ist alles, Wort, chassidische Melodie und das Wesen dieses ostjüdischen Schauspielers selbst –, dann werden Sie Ihre frühere Ruhe nicht wiedererkennen. Dann werden Sie die wahre Einsicht des Jargon zu spüren bekommen, so stark, dass Sie sich fürchten werden, aber nicht mehr vor dem Jargon, sondern vor sich selbst. Sie würden nicht im Stande sein, diese Furcht allein zu ertragen, wenn nicht gleich auch aus dem Jargon das Selbstvertrauen über Sie käme, das dieser Furcht standhält und noch stärker ist.»

Das alles erlebt Kafka aus dem Jiddischen. Es ist das, was Abramovitsh erlebt hat: sein Volk. Nicht auszudenken, was Kafka erlebt hätte, wenn er Schloimale hätte lesen können! Und sei's in der deutschen Übersetzung.

Abramovitsh hat alle Leiden, die bei Kafka zu Gesten eines Stils, eines grandiosen Stils werden, als solche erzählt. Allerdings auch schon in einem grandiosen Stil. Jetzt erlebe ich sie dicht neben einander.

Durch die Bücher Abramovitshs erlebe ich Literatur anders als bisher. Als ich anfing, Romane zu schreiben, beherrschte ein Schlagwort die Szene: gesellschaftskritisch. Das hatte man zu sein. Ich wehrte mich gleich dagegen. In der Dankrede zum Hesse-Preis 1957: Es sei töricht, von der kritischen Distanz des Schriftstellers zur Gesellschaft zu reden. Der schlimmste Vorwurf damals war eben, affirmativ zu sein, also unkritisch.

Und jetzt Abramovitsh. Durch ihn, durch seine Sprache lernt ein ganzes Volk, Ja zu sagen zu sich. In seiner hundertfältiger. Genauigkeit kommen alle Töne vor von Trauer bis zur Komik, und alle sind der Ausdruck einer Liebe, die zu allem fähig ist, außer zur Verurteilung. Im Gegenteil, Abramovitsh feiert sein Volk durch seine Genauigkeit. Es ist bezeugt: Mit Lachen und Weinen reagierten seine Zeitgenossen. Aus allen Berichten wird spürbar: Er hat die Leute glücklich gemacht. Sie sahen sich gefeiert wie nie zuvor. Das erlebe ich noch heute. Er wählt einen dritten Benjamin; die zwei historischen Vorläufer haben im Mittelalter und im neunzehnten Jahrhundert höchst riskante Reisen durch die ganze Welt gemacht, um die Lage der Juden politisch zu verbessern. Abramovitshs Binjamin ist auf das schönste und komischste verrückt. Er wird nie ins Heilige Land kommen, aber sein ihn ganz ausfüllender Traum ist in Komik und Trauer der Ausdruck der Sehnsucht der Juden im Exil. Er ist Don Quijote ebenbürtig. Auch Ssrulik ist meshuge. Das Wichtigste: Es gibt bei Abramovitsh nichts Negatives. Sein Teufel ist zuerst ein grell satirisches Signal, dann aber nur ein Mittel, um Ssrulik (der im jiddischen Original Yisrolik heißt) und die Mähre endgültig zu vereinigen.

Jetzt noch die Frage: Warum wurde er bei uns nicht entdeckt, als er 1960/61 in einem renommierten Verlag (Walter, Olten/ Freiburg) wieder aufgelegt wurde. Ich habe inzwischen den und jenen gefragt: Abramovitsh? Kaum einer kannte ihn. Ich mag mich täuschen, aber ich vermute: er lässt sich nicht auf eine Idee reduzieren; keine irgendeinen Ismus nährende Einseitigkeit; keine leicht transportierbare kritische Weltanschauung; nichts psychoanalytisch Auszuschlachtendes. Kafka war leicht übersetzbar und eine fabelhafte Einladung zum Deuten, Interpretieren, Rätseln und Enträtseln. Abramovitshs Poesie ist konkret, ist nichts als sie selbst: Schönheit Satz für Satz. Zu Herzen gehende Schönheit. Sein Werk ist eine Liebeserklärung an ein Volk. Damit konnte unser Literaturbetrieb kaum etwas anfangen. Ohne Susanne Klingenstein hätte ich ihn nie erlebt. Und jetzt habe ich erlebt, dass und wie Literatur feiern kann.

Ich merke, wenn ich jetzt Abramovitsh lese, dass mich das ungeeignet macht für alles, was ich jetzt tun oder sein müsste. Ich erlebe ein Nicht-mehr-in-Frage-Kommen für das sogenannte Hier und Heute. Eine vollkommene Eingenommenheit. Von ihm. Ich kann nichts dagegen tun, in mir dominiert die Mitteilung, dass wir dieses Volk umbringen wollten und zu Millionen umgebracht haben. Und dieses Volk ist mir jetzt, erst jetzt, wirklich bekannt geworden. Durch Abramovitsh. Durch Mendele, Yisrolik, Binjamin, Senderl und Schloimale.

Dass Menschen abgerichtet werden können, das zu tun, was sie dann taten, bleibt unfassbar.

Mir fällt wieder ein der Klingenstein-Satz: «Die Literatur selbst ist das Gelobte Land im Exil.»

Es ist sicher anmaßend, diesen Satz verstehen zu wollen. Und doch: das Gefühl selbst will die Abramovitsh-Welt als ein Gelobtes Land erleben. Als etwas, wo man gefahrlos niederknien kann. Abramovitsh lädt dazu ein, ihm zu folgen in sein Gelobtes Land.

Auf der Suche
nach einer geeigneten Sprache

Ein Nachwort
von Andreas Meier

Einmal wird dieser schreckliche Krieg doch vorbeigehen, einmal wer-
den wir doch wieder Menschen und nicht nur Juden sein!
(Anne Frank, Tagebucheintrag vom 11. April 1944)

Als Martin Walser bei der Entgegennahme des Friedenspreises des
Deutschen Buchhandels im Oktober 1998 seine «Erfahrungen
beim Verfassen einer Sonntagsrede»[1] vorgetragen hatte, dankte
ihm das illustre Publikum, unter dem sich auch der damalige
Bundespräsident Roman Herzog befand, mit stehenden Ovatio-
nen. Die Presse am folgenden Tag war voll des Lobes. Erst als
sich am darauffolgenden Tag per dpa die Meldung verbreitete,
Ignatz Bubis halte den Redner für einen ‹geistigen Brandstifter›,
der sich im Umfeld antijüdischer Ressentiments bewege, wurden auch kritische Stimmen laut. Eine erbittert geführte Mei-
nungsschlacht begann, in der zweierlei gänzlich unterging – dass
nämlich Ignatz Bubis, der in Walsers Roman *Finks Krieg* (1996)
in seiner damaligen Funktion als stellvertretender Vorsitzender
des Zentralrats der Juden in Deutschland vorkam, keineswegs
den Vorwurf des Antisemitismus erhoben hatte und zudem seine Bedenken wenige Wochen nach der Rede zurücknahm. Als
Walser dann in seinem Roman *Tod eines Kritikers* (2002) zentrale Gedanken dieser Rede wie etwa seine Kritik des öffentlichen
Kulturbetriebs im Kostüm der Satire wiederaufnahm und Marcel
Reich-Ranicki zur Titelfigur dieses Schlüsselromans machte, eine
Narrationstechnik, deren virtuose Beherrschung er zuvor auch in

Finks Krieg unter Beweis gestellt hatte, brandete die Polemik um die Friedenspreisrede erneut und ins Hysterische gesteigert auf.[2] Es setzte eine inquisitorische Jagd auf antisemitische Klischees im Roman wie im gesamten Werk Walsers ein, die sogar vor großen Nasen nicht zurückschreckte und dabei das Risiko in Kauf nahm, den vermeintlich blinden Fleck im Auge Walsers als den eigenen zu kolportieren. Selbst in der Wissenschaft gab es im «Kampf um die Aufmerksamkeit» (wie Georg Franck[3] es in anderem Kontext formulierte) neben vielen Verteidigern auch öffentlichkeitswillige Wasserträger, die nicht selten in Walsers Satirefallen tappten.[4] Terenz' sprichwörtlich gewordene Warnung ‹Pro captu lectoris habent sua fata libelli› erwies sich auch nach über 2000 Jahren als treffend, und der mit Walsers Werk vertraute Leser rieb sich verwundert die Augen: Er musste feststellen, dass sich Walsers Kritik einer von der Wirklichkeit abgehobenen Selbstbezüglichkeit des medialen Systems als self-fulfilling prophecy erwiesen und als Katalysator einer schwelenden Debatte offensichtlich den entscheidenden Funken gegeben hatte.

Angesichts der mittlerweile geschlagenen Schlachten ist es keineswegs Absicht der vorliegenden Anthologie, diese im philologischen Sandkasten nochmals nachzustellen. Vielmehr geht es darum, den zum Teil absurden und von hartnäckiger Lektüreabstinenz zeugenden Vorwürfen das Werk Walsers zumindest in repräsentativen Auszügen entgegenzuhalten. Sein Beharren auf einem Primären, einem sich in der Sprache als identisch empfindenden Denken, das einer gesicherten Moralität und einem belastbaren Gewissen Grundlage gewähren kann, wurde zum die Auswahl leitenden Prinzip. Gleichzeitig soll nicht nur die Konstanz seiner Auseinandersetzung mit der deutschen Schuld dokumentiert werden, sondern gerade auch die Bedeutung, die diese Auseinandersetzung für seinen Realismusbegriff, seine Sprachtheorie, ja seine Poetik überhaupt besitzt. Von hier aus muss Walsers Werk eine hohe Signifikanz für jene Facetten deutscher Gegenwartskultur zugewiesen werden, deren Merkmal das Ringen um die Integration insbesondere des Zivilisationsbruchs in das kulturelle Gedächtnis zu sein scheint.

So kann Martin Walsers Anteil an den Debatten, die gegen Ende des 20. Jahrhunderts die intellektuelle Situation in Deutschland bestimmten, kaum überschätzt werden. Sein bemerkenswert vielfältiges und umfangreiches literarisches wie essayistisches Werk wurde selbst dort, wo ihm heftig widersprochen wurde, mit einer Aufmerksamkeit wahrgenommen, die seine Repräsentanz für das, was man diskursive Öffentlichkeit nennen mag, eindrucksvoll unter Beweis stellt. Gleichwohl wechselten im Laufe der Jahrzehnte die Paradigmen dieser Repräsentanz wie aufgeklebte Etiketten. Als linksradikal wurde Walser verdächtigt, als er in den sechziger Jahren dagegen war, dass deutsche Politiker und Journalisten den Krieg der Amerikaner in Vietnam guthießen, und als er sich für die Gewerkschaften engagierte. Als rechtskonservative Wende beargwöhnte man wiederum, dass er die deutsche Teilung nicht hinnehmen wollte. Der jeweilige polemische Schlachtendampf überdeckte dabei die Tiefe, in der Themen wie die sogenannte deutsche Frage oder der Modus der Erinnerung an den Holocaust in seinem Werk verankert sind. Schon 1963, lange vor dem Historikerstreit, wies Walser in seinem Essay «Ein deutsches Mosaik» auf das ungelöste Problem der deutschen Teilung hin, und lange vor den großen Antisemitismusdebatten, die u. a. durch seine Friedenspreisrede ausgelöst wurden, gehörte Walser mit Peter Weiss zu jenen Autoren, die die literarische wie überhaupt eine öffentliche Auseinandersetzung mit dem nationalsozialistischen Völkermord anstießen. Aber gerade seine Beschäftigung mit diesen Themen wie auch mit den Werken bedeutender jüdischer Dichter und Denker trug entschieden zur Entstehung einer literarischen Haltung bei, die sich auf besondere Art und Weise dem realistischen Schreiben verpflichtet fühlt und den 1964 formulierten «Realismus X» mit dem Anspruch auf eine vom Jargon des Tages unabhängige Sprache verbindet. Wobei zu betonen ist, dass Walser insbesondere von Autoren mit jüdischen Wurzeln, unter denen etwa Heinrich Heine, Marcel Proust, Franz Kafka oder etwa Victor Klemperer hervorzuheben sind, immer wieder entscheidende Impulse empfing.

Walsers frühe Erzählungen, versammelt in dem Band *Ein Flugzeug über dem Haus* (1955), wurden nicht ohne Grund an der Literatur Franz Kafkas gemessen, schließlich wurde Walser 1951 mit einer von Friedrich Beißner betreuten Dissertation über den Prager Dichter, *Beschreibung einer Form* (1952)[5], in Tübingen promoviert. Einer zeitüblichen Methodik entsprechend, wird Kafka in ihr als Erzähler der Moderne verstanden, wobei Modernität primär als ästhetisches Phänomen begriffen wird – eine Annäherung an Kafka, die sicherlich auch durch die damals noch recht rudimentären Kenntnisse seiner Biographie bedingt wurde. Im gleichen Jahr erschienen von Walser noch weitere Beiträge zu Kafka – eine Rezension der Briefe an Milena, «Bücher, die uns angehen»[6], und der Essay «Kafka und kein Ende», in welchem trotz der für heutige Verhältnisse noch recht überschaubaren Kafka-Forschungsliteratur das Verschwinden des Autors hinter seinen Interpreten befürchtet wird: «Nach 1933 hat man ihn totgeschwiegen. Nach 1945 hat man ihn totgeschrieben.»[7] Kafka wird gleichwohl für Walser in den kommenden Jahren zu einem immer wieder als kritische Instanz zur Überprüfung der eigenen Poetik herangezogenen Dichter,[8] da er, so Walser, die Wahrheit und sowohl die eigenen wie die inneren Tiefenschichten seiner Figuren nur schreibend erproben könne.[9] Neben Kafka, dessen nach und nach edierte Lebenszeugnisse Walser mit großem In-

teresse wahrnimmt,[10] werden mit dem Erscheinen seines ersten
Romans, *Ehen in Philippsburg* (1957), in der Wissenschaft wei-
tere literarische Referenzautoren genannt: Einflüsse Balzacs[11]
und Prousts[12] werden ausgemacht,[13] später auch Spuren der
Lektüre Faulkners.[14] Insbesondere Prousts Werk hinterlässt bei
Walser einen tiefen Eindruck, der sich in den kommenden Jah-
ren auch literarisch manifestieren wird. Mit dem Erscheinen von
In Swanns Welt hatte 1953 der Suhrkamp Verlag, der zwei Jahre
später auch Walsers Verlag werden sollte, den ersten Band der
Übersetzung von Prousts *À la recherche du temps perdu* durch
Eva Rechel-Mertens vorgelegt. In den folgenden Jahren wurde
Walser einer der wohl aufmerksamsten Leser dieses Unterneh-
mens, was dazu führte, dass im Herbst 1958 in den *Frankfurter
Heften* seine «Leseerfahrungen mit Marcel Proust» erschienen.
Als Folge seines subjektiven Lektüreerlebnisses findet Walser
darin zu einer poetischen Standortbestimmung, die keineswegs
mit einer Distanzierung von Kafka verbunden ist, im Gegenteil.
Das, was ihn schon an Kafka faszinierte, die literarische Genauigkeit, findet er bei Proust weiterentwickelt. Auch motivisch vermag er Proust und Kafka durchaus zu verbinden, nimmt doch
beispielsweise Anselm Kristlein zu Beginn von *Halbzeit* (1960)
ausgerechnet die liegende Position ein, die als wiederkehrendes
Motiv Prousts Roman mit Erzählungen Walsers aus *Ein Flugzeug über dem Haus* und darüber hinaus auch mit Kafkas *Ver-
wandlung* intertextuell verschränkt.

   Die Grenzen seiner «Leseerfahrungen mit Marcel Proust»
scheint Walser dann 1966 in seinem Roman *Das Einhorn* aus-
loten zu wollen. Wie Walsers Biograph Jörg Magenau schreibt,
stößt darin das «Proustsche Programm der sinnlichen Wieder-
erweckung des Vergangenen in der Erinnerung» dort an Grenzen,
wo sich

die Augenblicke der Liebe [...] in der Erinnerung nicht bewahren lassen [...] Die Worte, die zur Verfügung stehen, haben nichts mehr mit dem zuvor Empfundenen zu tun. Was war, ist verschwunden; was bleibt, ist Sprache. Vielleicht ist es dieses unüberschreitbare Mangel- und Verlustgefühl, das dazu zwingt, erotische Erfahrungen immer und immer wieder zu suchen. Weil der Augenblick der Liebe nicht festzuhalten ist [...][15]

Diese Einwände gegen Proust hatten sich schon 1963 im Essay «Freiübungen» angedeutet, in dem Walser seine Skepsis gegenüber einer erinnernd bewahrenden Kunst formulierte, die allenfalls zeigen könne, «dass nichts gerettet werden kann»[16]. Seine reflektierte Proust-Lektüre hinterlässt gleichwohl Spuren, sichtbar etwa in der Reduktion motivierter Handlung zugunsten langer, die Außenwelt lediglich im Innern des Protagonisten spiegelnder Passagen. Und die bei Proust spürbare Erosion sozialer Lebensformen, die als Folge der Aufklärung des 18. Jahrhunderts noch bis weit ins 20. Jahrhundert Bestand hatten und mit Begriffen wie «Bürger» oder «Individuum» belegbar sind, bleibt nicht ohne Konsequenzen für das seinen Figuren zugrunde liegende Menschenbild.

Der Mensch der Moderne ist nicht mehr als ‹Wesen› charakterisierbar, sondern als Rolle. Seine Darstellbarkeit ist grundsätzlich in Frage gestellt, weil alles der Zeit unterworfen ist und er sich permanent verändert. Er ist nichts als die Art, in der er erscheint. Jeder Auftritt in einer Gesellschaft stellt frühere Auftritte in Frage.[17]

Damit aber kommen der Erinnerung und dem Gedächtnis die zentrale Rolle für das Moment der Wirklichkeitserfahrung zu, zumal nun jedes Gedächtnisbild in Konkurrenz zu anderen, früheren gesetzt wird. «Die Gegenwart, so Walser mit Proust, ist ein Negativbild, das erst im Gedächtnis entwickelt wird. Wirklichkeit gibt es nur in der Vergangenheitsform.»[18] Von hier erfährt die Vergangenheit eine ungemeine Aufwertung; ihre präzise Rekonstruktion bzw. Verteidigung gegenüber der bloßen Gegenwart wird zur Aufgabe des Romans.

Magenau hebt zu Recht hervor, dass Walser sich durch Proust in seiner literarischen Tendenz zu einer «Geschichtsschreibung des Alltags»[19] bestätigt fühlen musste und dass Walser auf seiner Suche nach einer Möglichkeit der Fixierung der Vergangenheit gerade auf jene Ereignisse sein Augenmerk richtet, die dem unmittelbaren Vergessen unterworfen sind oder gar nicht erst ins Bewusstsein gelangen.[20] Dieser Walser'sche Realismus, den er 1964 in seinem Essay «Imitation oder Realismus» als «Realismus X» bezeichnet, bewirkt beim Leser die gleichen Effekte, die er auch anlässlich seiner Proust-Lektüre beschreibt: dass er nämlich

des Gelesenen nicht habhaft werden konnte, weil es keine Handlungskurven gibt und er sich die Personen nicht mehr vorstellen konnte, sobald er zu lesen aufhörte.[21]

Wie bei Proust sind es sprachlich zu ergründende Innenräume, die sein literarisches Interesse wecken. Eine kleine Szene aus dem zweiten Teil «Ortsnamen – Landschaften» des wiederum zweiten Bandes der *Suche nach der verlorenen Zeit*, *Im Schatten junger Mädchenblüte*, mag dies illustrieren. Der Erzähler wird von Madame de Villeparisis in die Kirche von Carqueville mitgenommen. Als man diese verlässt, nimmt er eine Gruppe junger Dorfmädchen wahr und fixiert eines von ihnen mit angespannter Intensität:

Meine Blicke ruhten auf ihrer Haut, und meine Lippen konnten beinahe glauben, sie seien meinen Augen gefolgt. Doch nicht nur ihren Körper hätte ich damit anrühren mögen, sondern auch die Person, die sie im Innersten war und mit der es nur eine Form des Anrührens geben konnte, die darin bestand, ihre Aufmerksamkeit zu erregen, und nur eine Art, in sie einzudringen, nämlich die, in ihr einen Gedanken zu wecken.[22]

Dieser Gedanke, so der begierige Wunsch des Erzählers, sollte von nun an in ihr fortleben als Reflex jener wenngleich flüchtigen Begegnung mit ihm in Form der Erinnerung. Während sich die Spuren Kafkas und Prousts als Verteidigung von Erinnerungsräumen gegen die als Zumutung empfundene zeitgenössische Welt[23] noch über die mit dem Roman *Sturz* 1973 endende Anselm-Kristlein-Trilogie hinaus bis in Walsers große Memoria-Romane der 1990er Jahre, *Die Verteidigung der Kindheit* (1991) und *Ein springender Brunnen* (1998), verfolgen lassen, so drängt sich Anfang der 1960er Jahre ein schon in *Ehen in Philippsburg* (1957) – wenngleich dort eher randständig – behandeltes Thema unüberhörbar in den Vordergrund: der Umgang mit den Verbrechen des nationalsozialistischen Deutschlands. Zu verfolgen ist dies etwa in den *Tagebüchern 1951–1962*[24], in denen – im Umfeld von *Ehen in Philippsburg* zunächst spärlich,[25] ab Sommer 1959 im Kontext der Arbeit an *Halbzeit* häufiger[26] und noch zahlreicher während der Arbeit an *Eiche und Angora*[27] – Hinweise auf die jüngste deutsche Geschichte zu finden sind.

Etliche Jahre vor den Frankfurter Auschwitz-Prozessen, die Walser im Februar 1964[28] besuchte, hat das Thema Eingang in sein Werk gefunden und wurde dann ab Sommer 1961 in seiner szenischen Trilogie «Deutsche Chronik» in Gestalt von Variationen missglückter Auseinandersetzungen mit der Vergangenheit exemplarisch erprobt. Den Anfang machte 1961/62 das Stück *Eiche und Angora*, das in neun Bildern die Lebensgeschichte Alois Grübels zwischen dem Ende der nationalsozialistischen Diktatur und den ersten Jahren der Bundesrepublik als bittere Groteske präsentiert, in der es Alois aufgrund unzeitgemäßen Rollenverhaltens (als Kommunist in der Diktatur, als Nazi-Mitläufer in der frühen Bundesrepublik und als Pazifist in dem bereits wieder reaktionär erstarrten Wirtschaftswunderland) nicht gelingt, in der Welt einen sicheren Stand zu behaupten. Dieses anachronistische Verhalten Grübels muss auch als Allegorie auf sein mangelndes Vermögen verstanden werden, Vergangenheit und Gegenwart in einer umfassenden Identität zu integrieren. Und auch im zweiten Teil der «Deutschen Chronik», dem kurzen Zweiakter *Der Schwarze Schwan* (1964), wiederholt sich dieses Muster einer durch Verdrängung historischer Schuld gebrochenen Identität, wenn Rudi Goothein seinen Vater in einem Rollenspiel mit dessen Vergangenheit als leitender SS-Offizier in einem Vernichtungslager konfrontiert. Genau dreißig Jahre später ist es dann im letzten Teil der «Deutschen Chronik», *Kaschmir in Parching* (1994/95), der Studienrat Hülsenbeck, der in einer kleinen, ländlichen Gemeinde die Nacht der Synagogenzerstörungen am 9. November 1938 nachspielen will, um den Bürgermeister Kelter von der Schuld seines Großvaters zu überzeugen.

Walsers «Deutsche Chronik» besteht somit aus drei Variationen über das Scheitern im Umgang mit der deutschen Schuld, da es den Figuren nicht gelingt, ihr individuelles, aber gestörtes Verhältnis zur Schuld mit den Erwartungen der Gegenwart in Einklang zu bringen. Auffällig ist, dass sich diese Störungen in sprachlichen Wendungen des Alltags manifestieren – sei es, dass Alois Grübel den Bürgermeister anachronistisch mit «Herr Kreisleiter» anredet oder dass den Kindern Rudi und Irm in *Der*

Schwarze Schwan als Erklärung des Kürzels SS die Auflösung
«Schwarzer Schwan» angeboten wird. In Anlehnung an Adornos
Minima Moralia könnte man konstatieren, dass es kein richtiges
Leben mit einer falschen Sprache gibt. Und auf die Situation
Rudi Gootheins bezogen, die ja auch die Situation jener Generation war, die zwischen 1933 und 1945 Kindheit und frühe Jugend
erlebte, formuliert Walser in seinem 1965 mit unmittelbarem Bezug auf die «Deutsche Chronik» geschriebenen Essay «Hamlet
als Autor»:

> Die Erinnerung ist nicht davon abzubringen, daß die Jugend
> das Beste gewesen sei. Auch wenn diese Jugend stattfand zwi-
> schen 1933 und 1945 in Deutschland. Nachträglich erfährt
> man, was gleichzeitig stattfand in diesem Land. Während ich
> das Proustsche Törtchen zum ersten Mal in die Schokolade
> tunkte, rauchten die Kamine in Auschwitz. [...] So wird Ju-
> gend eine Groteske.[29]

Aufgabe des zeitgenössischen Theaters sei es daher, den Menschen zu einer adäquaten Sprache zu verhelfen, «damit zur Sprache gebracht wird, was geschehen ist». Der Stoff für die Büh-
nenhandlungen sei der komplexen Gegenwart zu entlehnen und
so aufzubereiten, dass er nicht bloß «imitiert», sondern «spielerisch» wirkt.[30] Genau hieran knüpft Walser mit seiner auf dem
Germanistentag 1964 in Essen gehaltenen Grundsatzrede «Imitation oder Realismus»[31] an. Ausgehend von der Feststellung,
dass jeder gern «er selber sein» möchte, macht er als ärgsten Wi-
dersacher dieser Identität «die große Konditionierungsmaschi-
nerie Gesellschaft» aus, die den Menschen mit «konkurrierenden
Jargons» ausstatte. Er entwirft seine Theorie eines «Realismus
X» als Konsequenz einer Suche nach dem für die individuelle
Erinnerung geeigneten Umgang mit Sprache. Damit hebt sich

diese Realismustheorie von anderen Konzepten insofern ab, als er durch die Überwindung der Jargon-dominierten Sprache auf eine individuelle Auffassung von Wirklichkeit und deren Deutung hinwirkt – wodurch diese Realismusvorstellung Wirklichkeit weniger abbildet als konstruiert und somit wiederum einen tendenziell idealistisch-utopischen Charakter bekommt.

Walsers 1965 geforderter «neuer Realismus»[32] soll dem Zeitgenossen also «beweisen, daß alles Bisherige Idealismus war»[33] – weil mit der Überwindung des Jargons die nachahmende Qualität realistischen Schreibens sich nicht allein auf eine äußere Welt bezieht, sondern zugleich auf die Reflexion dieser Wahrnehmungen im Bewusstsein. Für diese neue Art der wirklichkeitsbezogenen Kommunikation, die nicht auf die imitierende Reproduktion von «Meinungen» setzt, definiert er den Terminus «Mitteilung», der sich auf kommunizierbare Gegenstände bezieht, die sich an der Vorstellung einer vorurteilsfreien Äußerung orientieren. Und so verkündet er 1993 in seiner Heidelberger «Rede über des Lesers Selbstverständnis», in der er sich wiederum unter anderem auf Proust und Kafka beruft, «das Zeitalter der rücksichtslosen, also der vollkommenen Mitteilung. Das Zeitalter, in dem Lesen und Schreiben ineinander übergehen, wie sonst nur noch Himmel und Meer»[34].

Gerade der reflexive Charakter der vorurteilsfreien Mitteilung und der damit zusammenhängende Konstruktionscharakter der mitgeteilten Wirklichkeit haben nun für die Möglichkeiten literarischer Rede über Auschwitz weitreichende Folgen, denn realistisch in diesem Sinne ist eine «Mitteilung» nur, wenn ihre Wahrnehmung reflektiert werden kann. Aber «was Auschwitz war, wissen nur die ‹Häftlinge›. Niemand sonst.»[35] Denn die Täter haben in ihrem «Gedächtnis ein ganz anderes Auschwitz aufbewahrt […] ein Auschwitz nämlich, das der SS-Chargen»[36].

In seinem im unmittelbaren Kontext von «Hamlet als Autor» und «Imitation und Realismus» entstandenen Essay «Unser Auschwitz»[37], Walsers Reaktion auf den Frankfurter Auschwitz-Prozess, entwickelt er daraufhin sprachtheoretische Konsequenzen aus der «Faszination, die das Grauenhafte auf uns ausübt» und Auschwitz zum «Greuelzitat»[38] werden lässt. Für den Prozessbeobachter kann die «Wirklichkeit» von Auschwitz, können Mitteilungen über den Prozess nur auf einer kulturanthropologischen Ebene angesiedelt werden, einer Ebene also, auf der man sich fragen kann, ob das sogenannte Dritte Reich mit seiner Gewalt – vor der man reflexhaft den Blick senkte, was nicht ausschloss, dass man geduldig zusah, «wie Juden und Kommunisten aus seiner Umgebung»[39] verschwanden – nicht jene «idealistischen und asozialen Erbschaften mobilisiert[e]», die nun «unseren Anteil an Auschwitz»[40] ausmachen. Im Tagebuch vermerkt er am 6. Dezember 1964 in «Ost-Berlin», dass zwar nicht Auschwitz, aber sehr wohl der Prozess literarisch darstellbar sei. Das Zitat etwa der Prozessakten oder Zeugenaussagen sei einerseits «eine Imitation», denn «das Zitat verbirgt, was in Auschwitz wirklich war. Es gibt keine Sprache für Auschwitz.»[41] Andererseits:

Würde etwa ein Schriftsteller wie H. Kipphardt die Akten des Auschwitz-Prozesses in die Hand nehmen und ein Bühnenstück daraus entwickeln, er hätte einen Welterfolg. Ich bin mir ziemlich sicher, daß er es nicht tun wird. Daß Auschwitz nicht als Großes auf der Bühne aufzubauen ist, mit rhythmisch lodernden Flammen im Hintergrund, ist beweisbar oder ohne Beweis verständlich. Daß aber der Prozeß (oder ein anderer Ort) zum Vehikel gemacht werden könnte, scheint näherliegend.[42]

Nicht Heinar Kipphardt, sondern Peter Weiss war es dann, der nahezu zeitgleich mit Walsers Tagebucheintrag an dem Manuskript *Die Ermittlung* arbeitete, einem «Oratorium in 11 Gesängen», dessen Text in weiten Partien auf einer Collage der Prozessakten beruht.

Aus der Auseinandersetzung mit der bohrenden, auf den Begriff «Auschwitz» zugespitzten Frage nach dem Umgang mit der Vergangenheit entwickelte Walser Mitte der 1960er Jahre also nicht nur zentrale Aspekte seiner Bühnenpoetik, sondern seines Literaturverständnisses insgesamt. Die Vorstellung eines Realismus, der durch reflexive Kontrolle vor einem Absinken in den Jargon bewahrt, wird sich später vor allem in seinem Prosawerk bemerkbar machen. So besitzt der angedeutete perspektivische Wechsel am Ende der Novelle *Ein fliehendes Pferd* (1978) bereits jene das Textgeschehen selbst reflektierende Qualität, die sich etwa auch in *Die Verteidigung der Kindheit* (1991) oder in *Ein springender Brunnen* (1998) aufspüren lässt. Deutlich wird zugleich, dass mit dem Einsetzen des Erzählens nicht nur ein Reflexionsprozess in Gang gesetzt wird, der trotz aller Kontingenzerfahrung rückblickend Identität konstruiert, sondern die erzählte Persönlichkeit ihre Kontur erst im narrativen Vollzug, buchstäblich also eine «narrative Identität»[43] erhält. Die aufgrund ihres manipulativen Potenzials aufkommende Frage nach der Tauglichkeit des Jargons zur Verständigung über Auschwitz wird später in der Walser-Bubis-Debatte (1998/99) nicht ohne Bedeutung sein,[44] wenn etwa Salomon Korn die Sprache der Erinnerung an den Holocaust einen «in floskelhaften Redewendungen kanalisierte[n] Jargon der Betroffenheit»[45] nennt.

Auf dieser poetologischen Basis wird deutlich, warum Walser außerhalb und nach der «Deutschen Chronik» kein literarisches Werk verfasste, das sich ausschließlich dem Holocaust widmet.

Doch selbstverständlich begegnet einem das Thema der deutschen Schuld und insbesondere des Holocaust in seinem Werk dort, wo es gemäß seiner Realismusvorstellung erzählerisch oder spielerisch verankert werden kann – das zeigen die in diesem Band versammelten Auszüge aus seinen Werken. Hier tritt das Thema der deutschen Schuld zudem in den Kontext eines «Erlebnisbogen[s]», den Walser in der Anselm-Kristlein-Trilogie seit dem Beginn der Arbeit an *Halbzeit* (1958) spannt – repräsentativ sowohl für seine eigenen Erfahrungen wie für die zeitgenössische Mentalität insgesamt; eine Mentalität nämlich,

> die innerhalb der Konstitution der Bundesrepublik exemplarisch ist: diese Selbstverwirklichungshoffnung, dieses Wirtschaftswundergefühl der fünfziger Jahre, wo man sich einfach sehr viel zugetraut hat, im Wirtschaftlichen, im Aufbauenkönnen, im Sichdurchsetzenkönnen. Und das hat dann in den sechziger Jahren zu einem rauschhaft kritischen Nachblühen geistig-demokratischer Art geführt. Jetzt aber, in den siebziger Jahren, sehen wir, wie diese wirtschaftlichen und geistigen Aufbrüche sich einebnen zu einer sozialdemokratischen Resignation.[46]

Gemeint ist eine ökonomisch dominierte Realität, mit der alle Romanfiguren gleichermaßen konfrontiert sind, die jedoch je nach Ausbildung ihrer Persönlichkeitsstruktur höchst unterschiedliche Konsequenzen nach sich zieht. Figuren mit fragilen Identitäten – und dies trifft auf die von den Erfahrungen antisemitischer Verfolgung während der nationalsozialistischen Diktatur gezeichneten Jüdinnen Susanne in *Halbzeit* (1960) und Orli in *Das Einhorn* (1966) genauso zu wie auf den aufgrund seiner kleinbürgerlichen Herkunft verunsicherten Anselm Kristlein – zerbrechen unter diesen Bedingungen.

Wie für Kafka und Proust gilt für fast alle Autoren und Philosophen mit jüdischen Wurzeln, dass sie im Laufe ihrer Wirkungsgeschichte als Dichter und Denker einer europäischen Moderne verstanden wurden und auch verstanden werden wollten. So begegnet auch Walser Theodor W. Adorno[47], Ilse Aichinger[48], Ernst Bloch[49], Elias Canetti[50], Ilja Ehrenburg[51] (dessen *Schwarzbuch über die verbrecherische Massenvernichtung der Juden durch die faschistischen deutschen Eroberer* zu diesem Zeitpunkt weder auf Russisch noch auf Deutsch erschienen war) oder seinem Übersetzer ins Russische, Lew Ginsburg, nicht ausdrücklich als Juden.[52] Anders allerdings verhält es sich mit Heinrich Heine. Als Walser sich am 19. Februar 1981 für die Verleihung der Heine-Plakette in Düsseldorf mit der Rede «Heines Tränen»[53] bedankt, nimmt er Heines ironische Position gegenüber der nationalistischen jungdeutschen Bewegung zum Anlass, die Entstehung eines politischen Antisemitismus im Umkreis der Freikorps und Burschenschaften genauer zu betrachten. Gestützt auf Marcel Reich-Ranicki und Dolf Sternberger[54] entwickelt er die These, Heines jüdische Herkunft habe zur Folge gehabt, dass er «es in seinem Leben zu zwei Identitäten [brachte]: zu der eines deutschen Dichters und zu der des Juden. Aber zwei Identitäten, das ist weniger als eine.»[55] Das durch die Hep-Hep-Unruhen 1819 und das Odessa-Pogrom von 1821 aufgeheizte antisemitische Klima, betont Walser, verschärfte die Lebenswirklichkeit der deutschen Juden, die wie auch Heine durch die Aufhebung des Stein-Hardenberg'schen Edikts durch Friedrich Wilhelm III. 1822 sich häufig gezwungen sahen, ihre angesichts des spätfeudalen Regierungswesens ohnehin eingeschränkte Emanzipation durch die Taufe zu erkaufen. So lebt Heine in der «zentralen Verlegenheit, wesenhaft zwei Nationen anzugehören, die so unglücklich-glücklich ineinander verwachsen waren». Allerdings prägt gerade diese kulturelle, politische wie auch religiöse Zerrissenheit «seinen Ton, den Heine-Ton, diese Simultaneität von Tränen und Gelächter»[56], und macht Heine auch hinsichtlich seiner nationalen Identität zum «deutsch-jüdischen Dichter»[57].

In diesem Sinne muss auch Victor Klemperer als deutschjüdischer Philologe und Intellektueller angesprochen werden. Bei Lokalrecherchen zu seinem Roman *Die Verteidigung der Kindheit* wurde Walser im Oktober 1989 in der Sächsischen Landesbibliothek Dresden auf ihn aufmerksam. Dort fand er nicht nur historische Dokumente, die etwa die groteske Fülle an Einschränkungen und Verboten belegten, unter denen Juden in Dresden wie im übrigen Reich zu leiden hatten,[58] er fand auch Klemperers Tagebücher. Als man ihn 1995 bat, aus Anlass der postumen Verleihung des Geschwister-Scholl-Preises an Klemperer die Laudatio zu halten, geriet diese auf der Basis einer breiten Schilderung der brutalen Schikanen durch die Nationalsozialisten zu einer ‹Liebeserklärung› an die sprachliche Ausdruckskraft des bedeutenden Romanisten und berühmten Verfassers der *Lingua Tertii Imperii* (1947), an

seine unter allen Umständen gleichbleibende Genauigkeit, die sich oft genug auswächst zu einer Unerbittlichkeit gegen ihn selber. Ehrlich sein möchte vielleicht jeder. Jeder, der schreibt. Ehrlich sein ist eine Tugend. Genau sein eine Fähigkeit.[59]

Und gerade diese «Ausdrucksfähigkeit bestimmt den Grad der Glaubwürdigkeit», insofern sie das Ergebnis eines tiefsitzenden «Zweifelzwangs» ist, angesichts dessen «die Hörigkeit dem jeweils routinemäßig Gebotenen und Anerkannten gegenüber»[60] aufhört. Daher, so Walser, könne man bei Klemperer lernen, «mit dem eigenen Gewissen umzugehen, statt auf das der anderen aufzupassen»[61]. Nicht im Modus ästhetischer Monumentalität,

Seite aus Martin Walsers Manuskript zu *Die Verteidigung der Kindheit*
mit der Auflistung für Juden geltender Verbote

sondern speziell in «der unwiderstehlichen Genauigkeit dieser in Sprache aufgehobenen Grauensmomente»[62] wird der «Verbrecherstatus der damaligen Machthaber und Funktionäre» plastisch modelliert, «der die einen zur puren Bösartigkeit, andere aber zur reinen Menschlichkeit motivierte. Andere zum Wegschauen.»[63] Die Schlagwörter «routinemäßig» und «Wegschauen», die Forderung nach einem «eigenen Gewissen» und die dieses Gewissen begründende Kraft präziser Sprache kehren als zentrale Begriffe ebenfalls in der Walser-Bubis-Debatte wieder. Und es irritiert, dass im Verlauf dieser hochpolemisch geführten Auseinandersetzung die Bezüge zu Walsers Klemperer-Essay mit seinen sprachlich begründeten diskurskritischen Partien weitgehend unbeachtet blieben ebenso wie der Umstand, dass ausgerechnet der in seinen Tagebüchern um seine deutsche Identität ringende Jude Klemperer auf Walsers Rede einen nicht unwesentlichen Einfluss hatte.

Vor diesem Hintergrund müssen die sprach- und insbesondere medienkritischen Überlegungen, die Walser in seiner Friedenspreisrede formuliert, auch als Konsequenz seiner von Sprachskepsis geprägten Suche nach einer Sprache verstanden werden, die Auschwitz gerecht werden könnte. Immerhin wurden in der daran anschließenden öffentlichen Debatte nicht nur Parameter des Antisemitismusdiskurses erheblich geschärft,[64] sondern die Schwierigkeiten einer individuellen Sprachfindung im Umgang mit dem Holocaust überhaupt grundlegend diskutiert. Wenn Walser gegen Ende eines Gesprächs mit Ignatz Bubis, Salomon Korn und Frank Schirrmacher, das auf Einladung von Frank Schirrmacher am 12. Dezember 1998 in den Räumen der Frankfurter Allgemeinen Zeitung stattfand, konstatiert: «Wir müssen eine neue Sprache finden»[65], dann fasst er damit das Gespräch insofern zusammen, als in dessen Verlauf die Differenz eines öffentlich eingeforderten Erinnerns und einer öffentlichen Moral von einer auf persönlicher Identität und individuellem Gewissen basierenden Sprache deutlich zutage trat:

> Und ich bitte Sie, sich doch auch selbst zu fragen, ob man da nicht im Sprachgebrauch etwas hat einschlafen oder verkommen lassen, was das Gewissen der Menschen betrifft, so daß sich nachher aus meiner Rede so eine Sache entwickeln mußte. […] Wir müssen eine neue Sprachstufe entwickeln.[66]

Mit Bezug auf die Rede von Roman Herzog zum 60. Jahrestag der Synagogenzerstörungen in Deutschland[67] hält Walser zustimmend fest, dass die Art und Weise, «wie wir uns gemeinsam erinnern […] noch nicht gefunden»[68] sei. Seine Warnung vor einer Erinnerungsroutine, die er in seiner Paulskirchenrede als «Lippengebet» bezeichnet hatte, zielte auf jenen uneigentlichen Sprachgebrauch, gegen den «eine Sprache zu finden [ist], in der viele Leute sich ausgedrückt sehen könnten, weil es ihnen letztlich immer selbst überlassen bleibt, wie sie daran denken»[69]. Ein Gedanke, den der Bundespräsident Roman Herzog in seiner Rede «Die Zukunft der Erinnerung» vom 27. Januar 1999 ausdrücklich aufgriff.[70]

Wie akut die Gefahr durch Sprachschablonen gelenkter Wahrnehmungsmuster und Vorurteilsstereotype gerade in der Debatte um den Holocaust war und ist, illustrieren Beispiele grotesker Fehllesungen in Texten Walsers, die nur aufgrund einer vom Verdacht gesteuerten Suche nach antisemitischen Klischees in seinen Texten entstanden sind.[71] Hatte Walser sowohl in seiner Friedenspreisrede wie auch in der Diskussion mit Bubis unter anderem darauf abgezielt, dass Debatten um den Holocaust und Antisemitismus nicht als Treibstoff medialer Selbstinszenierung missbraucht werden sollten, so griff er dieses Thema in seinem

Roman *Tod eines Kritikers* (2002) erneut auf – einem Roman, der weniger eine Abrechnung mit der Kritikerzunft als eine Satire auf die Meinungsmaschinen des Feuilletons ist. Erneut greift Walser die sprach- und medienkritische Haltung der Friedenspreisrede auf und spitzt sie zu, indem er den Kritiker, dessen Tod der Titel des Romans verkündet, am Leben lässt, die Protagonisten wie die Leser im Unklaren bleiben, ob der Kritiker nun ein Jude sei oder nicht, und sich am Ende gar der provokanteste Satz des Romans, «Ab heute nacht null Uhr wird zurückgeschlagen»[72], ins Ungewisse auflöst. Die Sprache des ‹Meinungsdienstes› hat ihre Referenz in der Wirklichkeit eingebüßt und ihren Jargoncharakter offenbart.

Sieht man von dieser literarischen Betriebssatire ab, so zeigen vor allem die jüngeren Essays Walsers zu jüdischen Dichtern und Denkern, dass neben das intellektuelle Interesse die Frage nach der jüdischen Existenz in den Fokus rückt, Essays, in denen die existenz- und häufig leider auch lebensbedrohenden Momente der conditio judaica im 19. und 20. Jahrhundert in den Blick genommen werden, man denke etwa an seine Rezensionen der Edition des Briefwerks von Rudolf Borchardt[73] oder der Lilli Jahn[74]. Diese Hinwendung zur Lebenswelt jüdischer Autoren vollzieht Walser besonders in seinem 2014 erschienenen «Denkmal für Sholem Yankev Abramovitsh», *Shmekendike blumen,* in dem sich nicht nur die Frage nach Auschwitz und dem Holocaust stellt, sondern auch Kafka erneut zum Probierstein dichterischer Selbstbestimmung geworden ist.[75] Ein gewaltiger, über viele Jahrzehnte geschlagener Kreis scheint sich zu schließen, wenn der Prager Meistererzähler, angeregt durch die Abramovitsh-Lektüre, in Walsers Augen zum Autor mit einer Biographie wird, in der die jüdische Welt und die jiddische Sprache eine nicht zu unterschätzende Rolle spielen. Mit der Hinwendung zu Kafkas Lebenswirklichkeit deutet sich sowohl die Aufhebung der frühen, strikt textimmanenten Lesart aus den Zeiten der Promotion bei Friedrich Beißner an[76] als auch die der kategorialen Differenz zwischen wahrer und uneigentlicher Sprache. Kafkas Rede über die jiddische Sprache, sein «Einleitungsvortrag über Jargon»[77], hebt ebendiesen Dualismus schlichtweg auf.

> Gleich im ersten Satz sagt er zu den Zuhörern, «wie viel mehr Jargon Sie verstehen, als Sie glauben». Und er nennt das Jiddische immer Jargon. Und oft ohne Artikel! Also ist Jargon für ihn eine Sprache und kein Jargon.[78]

Kafka und Abramovitsh aber erleben im Jiddischen, so Walser, eine sprachliche Identität, die über die Sprache hinaus auf ihr Volk verweist. Und während Walsers erste literarische Arbeiten noch von der «kritischen Distanz des Schriftstellers zur Gesellschaft»[79] ausgingen, so berichtet er in seinen jüngsten Texten von der ihn beeindruckenden Erkenntnis, dass Kafka und Abramovitsh im Jiddischen mit ihrer Welt identisch werden und die intellektuelle wie ästhetische Distanz zur Welt in der Sprache ihres Volkes überwinden. Hier erlebt Walser eine sprachliche Identität, die er für den deutschen Diskurs über Auschwitz nur als ‹Wunschpotenzial› formulieren kann.

Anmerkungen

1 Vgl. zum Folgenden die Dokumentation von Frank Schirrmacher (Hg.): *Die Walser-Bubis-Debatte. Eine Dokumentation*, Frankfurt am Main, Suhrkamp Verlag 1999 [= *Walser-Bubis-Debatte*]; die Rede erschien zuerst in der FAZ Nr. 290 am 14. Dezember 1998
2 Vgl. hierzu Torsten Gellner: Ein antisemitischer Affektsturm? Walser, Schirrmacher, Reich-Ranicki und der «Tod eines Kritikers», Marburg, Textum Verlag 2004

3 Georg Franck: *Ökonomie der Aufmerksamkeit. Ein Entwurf*, München, Carl Hanser 1998

4 Vgl. etwa zu der Verwechslung der «vermeintlich antisemitisch gezeichnete[n] Nase von Ehrl-König» mit derjenigen des traurigen Helden Hans Lachs und ähnlichen Fällen Dieter Borchmeyer und Helmuth Kiesel in: dies. (Hgg.): *Der Ernstfall. Martin Walsers Tod eines Kritikers*, Hamburg, Hoffmann und Campe 2003, S. 21. Dieser bizarre Fehler einer falschen Zuschreibung antisemitischer Physiognomie-Schablonen unterläuft auch dem Walser-Kritiker Matthias N. Lorenz (vgl. «Auschwitz drängt uns auf einen Fleck». Judendarstellung und Auschwitzdiskurs bei Martin Walser, Stuttgart, Metzler 2005, S. 329 f. Dort auch eine kaum nachvollziehbare Analogie zwischen Jarl F. Kaltammer aus *Schwanenhaus* (1980) und Marcel Reich-Ranicki.

5 Martin Walser: Werke in zwölf Bänden, hrsg. von Helmuth Kiesel unter Mitwirkung von Frank Barsch, Frankfurt am Main, Suhrkamp 1997 [= MWW], II, S. 7–147

6 Funkbeitrag, 3. Februar 1952

7 Martin Walser: Kafka und kein Ende, in: Die Literatur, Nr. 2, April 1952

8 Vgl. Martin Walser: Als Kafka zum zweiten Mal modern wurde, in: Frankfurter Allgemeine Zeitung, 3. Juli 1958; ferner: Arbeit am Beispiel: Über Franz Kafka, in: Franz Kafka: Er. Prosa, Frankfurt am Main, Suhrkamp Verlag 1963 (= Bibliothek Suhrkamp 97), S. 219–225, und in: MWW XII, 178–182; Mein Traum war Kafka, in: Kölner Stadtanzeiger, 18. August 1973; Orwell – Kafka – Beckett, in: Geständnis auf Raten, 1986, MWW XII, S. 704–706

9 Vgl. Martin Walser: Baustein beim Bau der Chinesischen Mauer. Über Tagebücher, in: MWW XII, S. 263 f.; gekürzt auch unter dem Titel: «Schreiben ist: die Wahrheit proben. Franz Kafka und die Bemühung, Geschichte zu gewinnen», in: Stuttgarter Zeitung, Nr. 277, 30. November 1974

10 Vgl. Kafkas Stil und Sterben. Letzte Briefe und Postkarten, in: Die Zeit, Nr. 31, 23. Juli 1991, und in: MWW XII, S. 731–737

11 Vgl. Karl Korn: Satirischer Gesellschaftsroman, in: FAZ, 5. Oktober 1957

12 Vgl. Paul Hühnerfeld: Männer, Frauen und Geliebte, in: Die Zeit, 19. Dezember 1957

13 Vgl. Jörg Magenau: *Martin Walser. Eine Biographie*, Reinbek bei Hamburg, Rowohlt 2005, S. 134

14 Vgl. Andreas Meier: Zwischen «Kahlschlag» und Weltliteratur. Martin Walser und die Literaturästhetik der Nachkriegsjahre, in: Rüdiger Zymner u. a. (Hgg.): Erzählte Welt – Welt des Erzählens, Festschrift für Dietrich Weber, Köln 2000, S. 121–136 (dass. auch: Bericht über die Tagung des Japanischen Germanistentages)

15 Magenau, Walser, S. 236

16 Magenau, Walser, S. 237; vgl. auch «Freiübungen», in: MWW XI, S. 82

17 Magenau, Walser, S. 140

18 Magenau, Walser, S. 141

19 Magenau, Walser, S. 140

20 Vgl. Magenau, Walser, S. 139

21 Magenau, Walser, S. 140

22 Marcel Proust: *Auf der Suche nach der verlorenen Zeit. Im Schatten junger Mädchenblüte 2*. Deutsch von Eva Rechel-Mertens, Frankfurt am Main, Suhrkamp Verlag 1958, S. 382

23 Vgl. ex negativo auch die Rezension zu *Das Einhorn* von Hans F. Nöhbauer: Der Anti-Proust vom Bodensee, in: Abendzeitung, 27./28. August 1966, S. 7

24 Martin Walser: Leben und Schreiben. Tagebücher 1951–1962, Reinbek bei Hamburg, Rowohlt 2005 [= TB 1951–1962]

25 Vgl. TB 1951–1962, S. 196

26 Vgl. TB 1951–1962, S. 385 u. ö., S. 410 u. ö.

27 TB 1951–1962, S. 531 ff.

28 Vgl. Martin Walser: *Leben und Schreiben. Tagebücher 1963–1973*, Reinbek bei Hamburg, Rowohlt 2007 [= TB 1963–1973], bes. die Seiten 99–105 und 134–136

29 Martin Walser: Hamlet als Autor, in: MWW XI, S. 108–115, hier S. 109; zuerst in: Martin Walser: *Erfahrungen und Leseerfahrungen*, Frankfurt am Main, Suhrkamp 1965

30 MWW XI, S. 114

31 Martin Walser: Imitation oder Realismus, in: MWW XI, S. 116–143, zuerst in: *Germanistik in Forschung und Lehre*, Berlin 1965, zeitgleich auch in: Martin Walser: *Erfahrungen und Leseerfahrungen*, Frankfurt am Main, Suhrkamp 1965

32 MWW XI, S. 133

33 Ebd.

34 Martin Walser: Des Lesers Selbstverständnis, in: MWW XI, S. 702–730, hier S. 730; zuerst in: Martin Walser: Des Lesers Selbstverständnis. Ein Bericht und eine Behauptung, Eggingen, Edition Isele 1993

35 MWW XI, S. 160

36 MWW XI, S. 161

37 Martin Walser: Unser Auschwitz, in: MWW XI, S. 158–175, Erstfassung zuerst in: Frankfurter Abendpost, 13. März 1965, erweiterte Fassung zuerst in: Kursbuch 1, Juni 1965

38 MWW XI, S. 159

39 MWW XI, S. 168

40 MWW XI, S. 170

41 TB 1963–1973, S. 135

42 TB 1963–1973, S. 133

43 Vgl. Paul Ricœur: Narrative Identität, in: Heidelberger Jahrbücher 31/1987, S. 57–67

44 Vgl. auch Rafael Seligman: Endlich streiten wir uns. Walser contra Bubis, in: Frank Schirrmacher (Hg.), *Die Walser-Bubis-Debatte*. Eine Dokumentation. Frankfurt am Main, Suhrkamp 1999 [= *Walser-Bubis-Debatte*], S. 198: «Die Zeremonien verkamen zur Routine. Selbst Gutmeinende verloren die Kraft und Geduld. Diesem Nicht-mehr-Können hat Martin Walser in seiner Rede Ausdruck verliehen.» [Zuerst in: Die Welt, 21. November 1998]

45 Salomon Korn: Es ist Zeit. Die andere Seite des Walser-Bubis-Streits, in: *Walser-Bubis-Debatte*, S. 306 [zuerst in: Frankfurter Allgemeine Zeitung, 1. Dezember 1998]

46 Martin Walser: Mein Traum war Kafka [über sein Buch *Der Sturz*], in: Kölner Stadtanzeiger, 18./19. August 1973

47 Vgl. Martin Walser: Benediktiner, in: Noten zu Theodor W. Adorno, in: Frankfurter Allgemeine Zeitung, 6. August 1994

48 Vgl. Martin Walser: Als Ilse Aichinger in Stuttgart erschien, in: Ilse Aichinger, 70. Geburtstag am 1. November 1991, Frankfurt am Main, Fischer Verlag 1991, Blatt 9

49 Vgl. Martin Walser: Prophet mit Marx- und Engelszungen, in: Süddeutsche Zeitung Nr. 231, 26. September 1959; Unentbehrlich, in: Frankfurter Rundschau Nr. 152, 5. Juli 1975; Nie ist ein Linker weniger borniert gewesen, in: konkret, Nr. 9, 9. September 1977

50 Vgl. Martin Walser: Freundlicher als gedacht, in: Akzente, Juni 1995

51 Vgl. Martin Walsers Essay «Internationale der Überlebenden» auf den Seiten 27–28 in diesem Band

52 Vgl. Martin Walser: Nachricht betreffend Lew Ginsburg, in: Die Zeit Nr. 43, 22. Oktober 1971

53 Vgl. Martin Walsers Aufsatz «Heines Tränen» auf den Seiten 138–166 in diesem Band. Zu Walsers Beschäftigung mit Heine gehört, wenngleich marginal, auch die kleine Rezension eines Hörbuchs mit Heine-Rezitationen Lutz Görners: Ein Heine, der leider noch brauchbar ist, in: konkret Nr. 2, 11. November 1977

54 Walser merkt hier selbst an, dass er Reich-Ranickis *Über Ruhestörer. Juden in der deutschen Literatur* (Frankfurt am Main u. a., Ullstein Verlag 1977) und Dolf Sternbergers Heine-Monographie (*Heinrich Heine und die Abschaffung der Sünde*, Frankfurt am Main, Suhrkamp Verlag 1976) konsultiert hatte.

55 MWW XII, S. 397

56 MWW XII, S. 405

57 MWW XII, S. 397

58 Siehe die Reproduktion aus Martin Walsers Manuskript des Romans *Die Verteidigung der Kindheit* auf Seite 387

59 Martin Walser: Das Prinzip Genauigkeit, in: MWW XII, S. 780–805, S. 798 (siehe auch die Seiten 203–229 in diesem Band). Vgl. außerdem «Wir werden Goethe retten. Über den deutschen Traum des jüdischen Schriftstellers Victor Klemperer» auf den Seiten 191–202 in diesem Band. Vgl. auch Walsers Essay «Ich kann mich auf keinen Nenner bringen», in: Focus Nr. 48, 27. November 1995

60 Ebd.

61 MWW XII, S. 803

62 Ebd.

63 MWW XII, S. 804

64 Vgl. Martin Walser: Die Reaktion von Bubis hat mich entsetzt, in: Der Tagesspiegel, 25. Oktober 1998

65 Ignatz Bubis, Salomon Korn, Frank Schirrmacher, Martin Walser: Wir brauchen eine neue Sprache für die Erinnerung. Ein Gespräch, in: *Walser-Bubis-Debatte*, S. 462. Vgl. auch die Seiten 248–284 in diesem Band

66 *Walser-Bubis-Debatte*, S. 460

67 Vgl. die Rede von Bundespräsident Roman Herzog bei der Gedenk-

veranstaltung aus Anlass des 60. Jahrestages der Synagogenzerstö-
rung am 9./10. November («Reichspogromnacht») in Berlin [http://
www.bundespraesident.de/SharedDocs/Reden/DE/Roman-Her-
zog/Reden/1998/11/19981109_Rede.html]

68 *Walser-Bubis-Debatte*, S. 461

69 *Walser-Bubis-Debatte*, S. 446

70 Vgl. Roman Herzog: Die Zukunft der Erinnerung: «Ich will aber
auch sagen, was mich an der Debatte gestört hat. Martin Walsers
Rede? Man mag zu ihr stehen, wie man will; jedenfalls hat sie
nicht für das Vergessen plädiert – hat eine wichtige Auseinandersetzung in unserer Öffentlichkeit provoziert und sollte das wohl
auch. Diese Auseinandersetzung hat in der Tat auch stattgefunden, teils in bemerkenswerten Diskussionsbeiträgen von dritter
Seite, teils in dem faszinierenden, glücklicherweise dokumentier-
ten Streitgespräch zwischen den beiden Hauptkontrahenten. Daneben gab es aber gewissermaßen business as usual: Schon nach
kurzer Zeit fielen Teile der allgemeinen Debatte wieder in die alten
Muster gegenseitiger Beschuldigung zurück: als stünden hier die
ewigen Verdränger oder gar Leugner, dort die ewigen Beschuldi-
ger, ja Selbstbeschuldiger. Solche Art der Auseinandersetzung ist
unsinnig und fruchtlos. Der Holocaust ist das allerletzte, was wir
solchen primitiven Denkschablonen oder – sagen wir es deutlich –
was wir der political correctness überlassen dürfen.» [http://www.
bundespraesident.de/SharedDocs/Reden/DE/Roman-Herzog/Re-
den/1999/01/19990127_Rede.html]

71 Vgl. oben, Fußnote 4

72 Vgl. Martin Walser: *Tod eines Kritikers*, Frankfurt am Main, Suhrkamp Verlag 2002, S. 10, 48 und 144

73 Vgl. Martin Walser: *Ein Lebenskunstwerk*. Zum Briefwechsel Rudolf
Borchardt – Rudolf Alexander Schröder, auf den Seiten 285–331 in
diesem Band

74 Vgl. Martin Walser: Ums Leben schreiben [über «Mein verwundetes
Herz. Das Leben der Lilli Jahn 1900 bis 1944», herausgegeben von
Martin Doerry], auf den Seiten 332–342 in diesem Band

75 Martin Walser: *Shmekendike blumen. Ein Denkmal/A dermonung
für Sholem Yankev Abramovitsh*, Reinbek bei Hamburg, Rowohlt
2014, S. 102: «Mir ist im Lauf der Jahrzehnte vom Auschwitz-Prozess bis heute immer deutlicher geworden, dass wir, die Deutschen,

die Schuldner der Juden bleiben. Bedingungslos. Also absolut. Ohne das Hin und Her von Meinungen jeder Art. Wir können nichts mehr gutmachen. Nur versuchen, weniger falsch zu machen.»

76 Walser, *Shmedendike blumen,* S. 103
77 Vgl. Franz Kafka: *Nachgelassene Schriften und Fragmente I.* Hrsg. von Malcolm Pasley, Frankfurt am Main, S. Fischer 1992, S. 188–193
78 Walser, *Shmekendike blumen,* S. 103 f.
79 Walser, *Shmekendike blumen,* S. 105

Quellenverzeichnis

Ehen in Philippsburg (Auszug, 1957): Hier nach Martin Walser: Werke in zwölf Bänden, hrsg. von Helmuth Kiesel unter Mitwirkung von Frank Barsch, Frankfurt am Main, Suhrkamp Verlag 1997 [= MWW], Band I, S. 112–114; Erstdruck [ED]: Frankfurt am Main, Suhrkamp Verlag 1957; © Suhrkamp Verlag Berlin

Halbzeit (Auszug, 1960): Hier nach MWW II, S. 384–400; ED: Frankfurt am Main, Suhrkamp Verlag 1960; © Suhrkamp Verlag Berlin

Internationale der Überlebenden (1962): Hier nach MWW XI, S. 41–42; ED: Die Zeit, Nr. 32, 10. August 1962; © Suhrkamp Verlag Berlin

Der Schwarze Schwan. Deutsche Chronik 2 (1964): Hier nach MWW IX, S. 257–325; ED: Frankfurt am Main, Suhrkamp Verlag 1964; © Suhrkamp Verlag Berlin

Unser Auschwitz (1965): Hier nach MWW XI, S. 158–172; ED: Frankfurter Abendpost, 13./14. März 1965; © Suhrkamp Verlag Berlin

Das Einhorn (Auszug, 1966): Hier nach MWW III, S. 366–367; ED: Frankfurt am Main, Suhrkamp Verlag 1966; © Suhrkamp Verlag Berlin

Tassilo: Das Gespenst von Gattnau (Auszug, 1978): Hier nach MWW X, S. 253–258 und 280–282; ED: Allmende, 8. Jg., Heft 21/22, Sigmaringen, Jan Thorbecke Verlag 1988, S. 5–39; © Suhrkamp Verlag Berlin

Auschwitz und kein Ende (1979): Hier nach MWW XI, S. 631–636; ED: Deutsch-Polnische Gesellschaft der Bundesrepublik Deutschland e. V. (Hg.): Überleben und Widerstehen. Zeichnungen von Häftlingen des Konzentrationslagers Auschwitz 1940–46. Eine Ausstellung der Deutsch-Polnischen Gesellschaft der Bundesrepublik Deutschland e. V. und des Staatlichen Museums Oswiecim-Brzezinke, Düsseldorf, Dt.-Poln. Ges. der Bundesrepublik Deutschland 1979, S. 8–16; © Suhrkamp Verlag Berlin

Heines Tränen (1981): Hier nach MWW XII, S. 391–417; ED: Süddeutsche Zeitung Nr. 49, 28. Februar 1981; © Suhrkamp Verlag Berlin

Jagd (Auszug, 1988): Hier nach MWW IV, S. 483; ED: Frankfurt am Main, Suhrkamp Verlag 1988; © Suhrkamp Verlag Berlin

Die Verteidigung der Kindheit (Auszug, 1991): Hier nach MWW VI, S. 315–320; ED: Frankfurt am Main, Suhrkamp Verlag 1991; © Suhrkamp Verlag Berlin

Kafkas Stil und Sterben (1991): Hier nach MWW XII, S. 731–737; ED: Die Zeit Nr. 31, 26. Juli 1991; © Suhrkamp Verlag Berlin

Kaschmir in Parching. Szenen aus der Gegenwart. Deutsche Chronik 3 (Auszug, 1995): Hier nach MWW IX, S. 891–898; ED: Frankfurt am Main, Suhrkamp Verlag 1995; © Suhrkamp Verlag Berlin

«Wir werden Goethe retten». Über den deutschen Traum des jüdischen Schriftstellers Victor Klemperer (1995): Hier nach ED: Der Spiegel Nr. 52, 25. Dezember 1995; © Rowohlt Verlag, Reinbek bei Hamburg

Das Prinzip Genauigkeit. Über Victor Klemperer (1996): Hier nach MWW XII, S. 780–805; ED: Martin Walser: Das Prinzip Genauigkeit. Laudatio auf Victor Klemperer, Frankfurt am Main, Suhrkamp Verlag 1996; © Suhrkamp Verlag Berlin

Erfahrungen beim Verfassen einer Sonntagsrede (1998): Hier nach Frank Schirrmacher (Hg.): *Die Walser-Bubis-Debatte. Eine Dokumentation*, Frankfurt am Main, Suhrkamp Verlag 1999, S. 7–17; ED: Friedenspreis des Deutschen Buchhandels 1998. Laudatio: Frank Schirrmacher: Sein Anteil, Frankfurt am Main, Suhrkamp Verlag 1998, S. 7–28; © Suhrkamp Verlag Berlin

Ein springender Brunnen (Auszug, 1998): Hier nach ED: Frankfurt am Main, Suhrkamp Verlag 1998, S. 400–402; © Suhrkamp Verlag Berlin

Wir brauchen eine neue Sprache für die Erinnerung. Ein Gespräch
  (1998): Hier nach: Ignatz Bubis, Salomon Korn, Frank Schirr-
  macher, Martin Walser: Wir brauchen eine neue Sprache für die
  Erinnerung. Ein Gespräch, in: Frank Schirrmacher (Hg.): *Die
  Walser-Bubis-Debatte. Eine Dokumentation*, Frankfurt am Main,
  Suhrkamp Verlag 1999, S. 438–465; ED: Frankfurter Allgemeine
  Zeitung Nr. 290, 14. Dezember 1998; © Suhrkamp Verlag Berlin
Ein Lebenskunstwerk. Zum Briefwechsel Rudolf Borchardt – Ru-
  dolf Alexander Schröder (2001): Hier nach: Martin Walser: *Die
  Verwaltung des Nichts. Aufsätze*, Reinbek bei Hamburg, Rowohlt
  Verlag 2004, S. 177–230; ED: Frankfurter Allgemeine Zeitung,
  6. November 2001; © Rowohlt Verlag, Reinbek bei Hamburg
Ums Leben schreiben (2002): Hier nach: Martin Walser: *Die Verwal-
  tung des Nichts. Aufsätze*, Reinbek bei Hamburg, Rowohlt Ver-
  lag 2004, S. 231–243; ED: Süddeutsche Zeitung, 6. August 2002;
  © Rowohlt Verlag, Reinbek bei Hamburg
Heines Größe (2010): Hier nach ED: Die Zeit Nr. 12, 18. März 2010;
  © Rowohlt Verlag, Reinbek bei Hamburg
Shmekendike blumen. Ein Denkmal/A dermonung für Sholem Yan-
  kev Abramovitsh (Auszug, 2014): Hier nach ED: Martin Walser:
  *Shmekendike blumen. Ein Denkmal/A dermonung für Sholem
  Yankev Abramovitsh*, Reinbek bei Hamburg, Rowohlt Verlag
  2014, S. 91–107; © Rowohlt Verlag, Reinbek bei Hamburg